법의 해석과 적용

법의 해석과 적용

| 김학태 지음 |

HU:iNE

목차

서문 • 7

제1편 법의 해석과 적용 - 법해석방법론

제1장 법의 해석과 적용의 의의 • 13

제2장 자연법, 법실증주의, 법현실주의, 자유법론의 법해석 • 17

제3장 법규의 생성과 해석 • 25

제4장 법해석방법론의 구체적 고찰 : 법해석방법론의 카논(Canones) • 33

제5장 법해석방법론의 역사적 전개 • 39

제6장 입법의 매커니즘과 법해석의 문제 • 63

제7장 유추해석금지의 원칙(Analogieverbot) • 67

제8장 법실현의 구체화 : 유추와 사물의 본성 • 73

제9장 유추 : 해석과 법흠결의 보충 • 89

제2편 대법원 판결과 헌법재판소 결정 - 사례와 적용

1. 복사문서의 문서성 인정사건 • 99

2. 공연음란죄와 과다노출행위 : 고속도로 나체 질주 사건 • 117

3. 책임능력있는 미성년자의 불법행위 책임 • 141

4. 과수원실화사건 • 157

5. 영아살해죄의 주체와 공범의 처벌 • 165

6. 성전환자에 대한 강간죄 성립여부 • 171

7. 성전환자의 법적 지위 : 성전환자 호적 정정 사건 • 183

8. 위험한 물건의 휴대 : '소지' 혹은 '이용' • 211

9. 운전면허증은 오직 운전을 위한 라이센스인가? • 215

10. 금액판결 • 227

11. 자수의 인정시기 : '체포 전' 혹은 '범행발각 전' • 237

12. 상습범판결 • 257

13. 염소판결 • 271

14. 5·18민주화운동특별법 : 공소시효 중단과 소급효 • 273

15. 발행지 기재 없는 어음의 효력 • 287

16. 공무원의 직무상 불법행위 책임 • 307

17. 아름다운 판결 : 형식적 임차인과 실질적 임차인 • 339

18. 딸들의 반란 : 관습법 • 363

19. 대한민국의 수도는 서울인가? • 393

20. 사립학교 임시이사의 법적 지위 : 상지대 사건 • 413

21. 집행유예 기간 중 다시 집행유예를 선고할 수 있는가? • 449

찾아보기 • 461

서문

책머리에

법학에서의 가장 중요한 관심사는 법이란 과연 무엇인가라는 법개념의 문제 혹은 법의 강제적 구속력은 어디에서 오는가 하는 것과 같은 법효력의 문제와 같이 법의 본질 및 실체에 관한 물음이다. 이러한 의문에 대한 답을 찾기 위해서 그 동안 수많은 법철학자들은 법의 존재, 법의 개념, 법의 본질, 법의 효력, 법의 목적, 법의 이념 등과 같은 근본적인 문제에 대한 성찰을 게을리 하지 않았다. 그러나 이러한 법의 본질에 관한 법철학적 성찰 이외에 더욱 중요한 법철학적인 관심사는 법을 어떻게 올바르게 이해하는 가에 관한 것이다. 이는 법의 해석과 적용의 방법에 관한 것으로 별도로 법학방법론으로 불려 왔다. 법의 해석과 적용은 올바른 법해석 및 법발견과 법적 판단의 정당화를 모색한다. 즉 법인식의 방법론으로서 법에 대한 내용적인 진술에로 이르는 사고절차와 그 분석에 관한 진술의 총체라고 할 수 있다. 따라서 법의 해석과 적용은 법이 규정하는 법문의 의미를 구체적 사건에 적용시키기 위한 합리적인 방법을 모색하므로, 법에 대한 이해와 직접적으로 관련된다. 따라서 법의 실체, 법의 본질, 법의 의미, 법의 존재론적 구조, 법의 이념, 법의 효력 등에 관한 법철학의 근본적인 문제에 대한 올바른 접근이 또한 필연적으로 올바른 법의 해석과 적용을 위한 방향을 제시해 준다고 할 수 있다

법의 해석과 적용은 추상적인 문언의 형식으로 규정된 법문의 의미를 올바르게 해석하여 규범 본래의 의미를 실현시키기 위한 길잡이 역할을 한다. 민법이나 형법 등 모든 실정법 연구의 목표가 각 영역별로 올바른 법해석을 통한 규율의 목적을 실현시키는 것이지만, 법해석방법론은 개별 실정법 영역에 국한되지 않고 법학의 모든 영역에서 공통적으로 적용되는 법해석과 적용 자체를 위한 학문이라 할 수 있다. 또한 법의 해석과 적용, 즉 법해석방법론은 입법과 사법의 분업과 협업의 미학이라고 할 수 있다. 법의 해석과 적용의 과정에서 나타나는 소위 법해석과 법형성의 긴장관계를 파헤치며, 법이념과 법현실 사이의 갈등과 모순을 순화시켜서 적절한 조화를 도모함으로써, 진정한 의미의 법을 실현시키는데 일조할 수 있다. 이러한 취지에서 법해석방법론은 특히 법규의 해석과 적용이 명확치 않은 난해한 사안들(hard case)을 문제 삼으며, 추상적 이론과 더불어 구체적 사례연구 및 판례를 분석하여 다수의견이 취한 논리적 근거 및 접근의 타당성을 검토하고, 또 그에 반대하는 소수의견과 보충의견의 주장도 검토해 보면서, 올바른 법해석의 방향을 제시해 준다. 한편 법의 올바른 해석과 적용을 위해서는 단순히 실정법 해석에만 국한하여 분석하고 연구하는 것만 아니라, 입법의 맥락, 법문언의 의미, 법현실의 고려 등 실정법체계 구성과 관련된 모든 것들의 연구가 전제되며, 자연법, 판례, 관습, 사물의 본성 및 이치 등 실정법 해석의 지표가 되는 다양한 요소들에 대한 올바른 이해와 평가가 필수적이다.

독일의 법학자 카우프만(Arthur Kaufmann)은 법해석의 필수요소로 유추와 사물의 본성을 강조하였고, 입법과 사법의 맥락에서 필연적으로 유추를 통한 법실현의 해석학적 절차를 강조하였다. 그에 의하면 입법의 맥락은 당위의 범주인 추상적, 일반적, 초실정적 그리고 초역사적인 법이념 또는 법의 일반원칙과 존재의 영역인 가상적 생활사태와 관계에서 연역과 귀납의 유추를 통하여, 즉 법이념으로부터 생활사태에 적용하기 위한 해석으로 연역의 모습과 반대로 구체적인 사실관계인 생활사태로부터 규범의 정형화를 이끌어내기 위한 귀납의 추론이 상호 상응, 일치되는 점에서 정형화된다고 하였으며, 이렇게 만들어진 법은 역시 당위의 범주인 구체화된 일반적, 형식적, 실정법규범과 마찬가지로 존재의 영역인 현실적인 생활사태와의 관계에서 연역과 귀납의 추론방법을 동해서, 즉 법규범으로부터 구체적이고 현실적인 생활사태에 적용하기 위한 해석으로서 요구되는 연역의 방법과 반대로 구체적이고 현실적인 생활사태로부터 추상적인 법규범의 의미에 적용하는 방식으로서의 귀납의 추론방법이 상호 일치, 상응되는 점에서 비로소 올바른 법의 해석과 적용이 이루어진다는 주장하였다. 이러한 맥락에서 법이 구체화되고, 추상적 의미의 법이 발견되어지며, 법이념과 법원칙이 실현되며, 법의 획득이 이루어진다. 따라서 카우프만은 법은 당위로서의 법이념과 존재인 법현실의 상응, 일치(Recht als Entsprechung von Sollen und Sein)로서 평가된다고 주장하였다.

필자는 대학에서 10년 넘게 법의 해석과 적용이라는 법해석방법론의 연구와 강의를 계속해왔다. 법의 해석과 적용은 단지 사법의 영역에 국한해서 논리적인 근거를 찾는 것이 중요한 것이 아니라, 입법과 사법의 맥락 이해를 바탕으로 법이념과 법현실의 조화를 통한 법의 실현이 목표이다. 따라서 실정법의 의미, 내용, 조건, 효과 등 실정법체계 내재적인 차원에 머무는 것이 아니라, 실정법체계를 넘어서 올바른 법해석과 적용을 위한 합리적인 방법을 모색하기 위한 법철학적 연구가 병행되어야 하고, 또한 근대 서구사회의 제정법이 확립되는 과정에서의 역사적 인식과 정확한 이해을 위해서 많은 기초법학의 분야를 접목시켜야 한다. 다행이 필자가 20년 넘게 법철학을 비롯한 기초법학 분야에 많은 관심을 가지고 연구와 강의를 했던 경험이 이 작은 연구 성과를 세상에 내놓게 되는 결실을 맺은 것으로 생각된다. 필자는 이 작은 연구물에서 올바른 법의 해석과 적용을 위한 다양한 이론적인 접근방법을 논리적으로 정리하였고, 이를 토대로 약 20여개의 실제 사례에서의 적용을 분석하였다. 소위 하드케이스들을 대상으로 우리나라 최고 사법기관인 대법원과 헌법재판소가 어떻게 법을 해석하고 적용했는지를 살펴보고, 필자가 나름대로 이에 대한 논리적 분석과 평가를 첨언하였다. 이러한 연구는 앞으로도 우리가 계속해서 접하게 될 다양한 난문을 올바르고 합리적으로 이해하는데 조금이나마 도움이 될 것으로 기대한다.

이 작은 연구물이 빛을 보게 도와준 많은 분들께 감사의 마음을 전한다. 무엇보다도 한국외국어대학교 법학전문대학원 학생들과 국가리더전공 학생들에게 고마움을 표하고 싶다. 어려운 여건에서도 10년 넘게 매년 많은 학생들이 관심을 가지고 강의에 적극적으로 참여해 준 덕분이다. 그리고 이 작은 연구물을 출간하는데 도움을 준 한국외국어대학교 지식출판콘텐츠원장 가정준 교수, 신선호 팀장 그리고 편집의 노고를 맡아준 김민정 선생께도 깊은 감사를 드린다.

2017. 8. 21.

미네르바 언덕에서,
저자 김학태

제1편
법의 해석과 적용 – 법해석방법론

제1장 법의 해석과 적용의 의의

제2장 자연법, 법실증주의, 법현실주의, 자유법론의 법해석

제3장 법규의 생성과 해석

제4장 법해석방법론의 구체적 고찰 : 법해석방법론의 카논(Canones)

제5장 법해석방법론의 역사적 전개

제6장 입법의 매커니즘과 법해석의 문제

제7장 유추해석 금지의 원칙

제8장 법실현의 구체화 : 유추와 사물의 본성

제9장 유추 : 해석과 법흠결의 보충

제1장 법의 해석과 적용의 의의

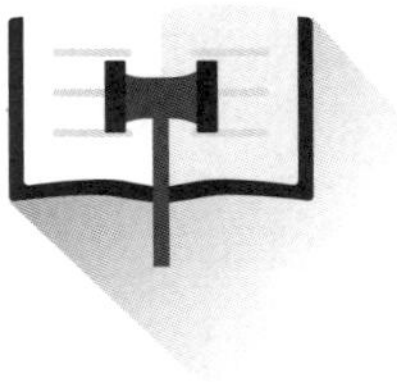

1. 법학방법론의 의미

- 법학방법론은 올바른 법해석을 위한 학문이다. 여러 실정법의 공부가 올바른 법해석이 아닌 것이 없겠지만, 법학방법론은 특별히 법해석 자체를 위한 학문이다.
- 법학방법론은 특히 법규의 적용이 명확치 않은 난해한 사안들(hard case)을 문제 삼는다.
- 법학방법론은 법해석과 법형성의 긴장관계를 파헤치며, 법의 일반성과 형평성의 적절한 조화를 도모한다. 그것은 정의의 실현을 위한 입법과 사법의 분업과 협업의 미학이라고 할 수 있을 것이다.
- 구체적 사례연구 및 판례를 분석하여 다수의견과 같이 해석할 필요성을 음미해 보고, 또 그에 반대하는 소수의견의 주장도 검토해 본다.

2. 법학방법론의 필요성

- 구체적 사례를 유형화하여 공통적인 기준에 따라 추상적인 의미로 구성된 법을 다시 개별사례에 적용하기 위하여 해석의 어려움이 발생한다.
- 법규의 추상적 의미를 법현실에 맞게 해석하기 위한 합리적인 방법을 모색한다.
- 다양한 법현실과 법규의 이념에 맞는 법해석방법론의 모색한다.
- 법실증주의적 해석방법론의 폐쇄성을 인식한다.
- 논리적인 법해석방법론이 요청된다.

3. 법학방법론의 학문성과 범주

- 기초법학: 실정법의 의미, 내용, 조건, 효과 등 실정법체계 내재적인 관점이 아닌 실정법체계를 넘어서 올바른 법해석과 적용을 위한 합리적인 방법을 모색한다.
- 법철학, 법사학, 로마법과 더불어 기초법학의 중심영역이고, 법사상사(법철학+법사학)와 더불어 법철학의 구체적인 방법론으로서의 체계적 지위를 가진다.(법논리학, 법수사학, 비교법, 입법학, 사법제도비교론...)
- 실정법의 올바른 해석과 적용을 위해서는 단순히 실정법 해석에만 국한하여 연구하는 것이 아니라, 입법의 맥락, 법문언의 의미, 법현실의 고려 등 실정법체계 구성과 관련된 부분들의 연구가 전제된다.
- 자연법, 판례, 관습, 사물의 본성 및 이치 등 실정법 해석의 지표가 되는 요소들에 대한 올바른 이해와 평가가 요구된다.
- 근대 서구사회의 제정법이 확립되는 과정에서의 역사적 인식과 정확한 이해가 필수적이다.

4. 법학방법론의 체계구성

1) 법의 해석과 적용의 의의
2) 자연법, 법실증주의, 법현실주의, 자유법론의 법해석
3) 법규의 생성과 해석
4) 법해석방법론의 구체적 고찰 : 법해석방법론의 카논(Canones)
5) 법해석방법론의 역사적 전개
6) 입법의 매커니즘과 법해석의 문제
7) 유추해석 금지의 원칙
8) 법실현의 구체화 : 유추와 사물의 본성
9) 유추 : 해석과 법흠결의 보충
10) 구체적인 사례검토
- 복사문서의 문서성 인정 사건
- 공연음란죄와 과다노출행위 : 고속도로 나체 질주 사건
- 책임능력 있는 미성년자의 불법행위 책임
- 과수원실화사건
- 영아살해죄의 주체와 공범의 처벌
- 성전환자에 대한 강간죄 성립 여부
- 성전환자의 법적 지위 : 성전환자 호적 정정 사건
- 위험한 물건의 휴대 : '소지' 혹은 '이용'
- 운전면허증은 오직 운전을 위한 라이센스인가?
- 금액 판결
- 자수의 인정 시기 : '체포 전' 혹은 '범행발각 전'
- 상습범 판결
- 염소판결
- 5·18민주화운동특별법 : 공소시효 중단과 소급효
- 발행지 기재 없는 어음의 효력
- 공무원의 직무상 불법행위 책임
- 아름다운 판결 : 형식적 임차인과 실질적 임차인

- 딸들의 반란 : 관습법
- 대한민국의 수도는 서울인가?
- 사립학교 임시이사의 법적 지위 : 상지대 사건
- 집행유예 기간 중에 다시 집행유예를 선고할 수 있는가?

11) 법학방법론의 새로운 지평

제2장 자연법, 법실증주의, 법현실주의, 자유법론의 법해석

I. 자연법이론

1. 자연법론의 근본적 필요성

1) 법의 정당성 논의에 기여하고 악법문제에 대한 능동적 해결방안 제시 : 정당한 법이 무엇인지를 밝히는데 이론적 근거를 제시하고 악법이나 총체적 불법상태에 대한 법철학적 해결방안을 제시한다.
2) 법의 도덕적 성격을 밝히는데 기여 : 법과 도덕의 불가분의 관계를 논증하는데 성공했다.
3) 근대시민혁명의 이론적 근거를 제공함 : 근대자연법은 근대시민혁명 시기 시민들이 주장했던 인권사상에 대해 이론적인 근거를 제공했다.

2. 자연법의 정의

- 어원 : Naturrecht, natural law, 自然法 - 어원상 '당연함'의 의미를 담고 있다.
- 내용적으로 '본성상' 올바르고, 따라서 각국의 법제정과는 무관한 진정한 법의 기준을 갖고 있는 입장이다.

- 초실정적으로 규범을 근거지우려는 모든 시도를 의미한다.
- 인간의 동의나 규칙에 구속받지 않으며, 그래서 실정법에 종속됨이 없이 타당한 그런 구속력 있는 질서의 원칙들을 의미한다.
- 자연법론은 현존재 초월적으로 의무를 부과하는 당위를 공리로 삼아서 출발한다.
- 자연법이란 무엇의 옳고 그름을 결정하는 법이며, 본질적으로 — 따라서, 언제 어디서나 타당한 법이다.
- 진실하고 정당한 법, 있어야 할 법, 당위질서의 원칙을 의미한다.
- 이성법, 이념, 가치, 초월적인 고귀한 이념, 도덕, 도덕적 권리, 도덕적 가치성, 도덕적 구속력, 윤리 등을 의미한다.
- 초실정법, 메타법, a higher law, 초법률적 법(übergesetzliches Recht)으로 평가된다.
- 아퀴나스의 종교적 자연법, 풀러의 절차적 자연법, 드워킨의 정합성으로서의 법과 비교한다.

3. 자연법의 실천적 기능

① 실정법의 정당성 척도: 입법의 지침, 새로운 사회문제를 해결하기 위한 척도를 제공한다.

- 법적 정당성의 척도, 실정법의 정당화 근거, 실정법에 대한 경고적·심판적 통제기관, 실정법의 거울, 법제정·법적용·법정책의 기준, 구체적인 법의 성격이나 본질을 시험할 수 있는 척도, 지도지침의 기능을 담당한다.
- 실정법을 자연법을 통해 정당화하거나, 거꾸로 자연법을 원용하여 실정법을 비판할 수 있다. … 자연법이 실정법과는 별개의 법을 창설할 수는 없지만, 개개의 사례에서 실정법을 무효화할 수 있는 권능을 갖는다.

② 자연법과 혁명: 근대시민혁명은 자신들의 권리를 자연법(자연권, 천부인권)라고 주장하면서 이를 관철시키고자했다. 예) 독일농민전쟁, 미국독립전쟁, 프랑스혁명 : 자연법

③ 자연법과 저항권: 자연법은 총체적인 불법국가에 대한 저항권을 정당화

하는 논리로도 그 실천적 기능을 발휘한다.

4. 자연법론의 문제점과 한계

1) 고도의 추상성 : 이로 인해 자연법은 실제 법 문제를 해결하는데 유용하지 못하다는 문제가 지적되기도 한다.
2) 자연법과 논증 : 학문의 문제를 '믿음'의 문제로 환원시킬 위험(특히 종교적 자연법)이 존재한다.
3) 소극적인 기능만을 수행 : 어떤 법을 악법이라고 규정할 수는 있지만, 어떤 법을 정법(正法)이라고 규정하는 데는 자연법이 충분치 않다. 특히 현대사회의 각종 법률(정보통신법, 환경보호법, 의료법 등)에 대해 자연법론은 그 정당성을 판단하기 힘들다.
4) 자연법의 법전화 : 실제 자연법의 내용들은 현대사회에서 헌법규정으로 법전화 되었다.

II. 법실증주의

1. 법실증주의의 의의

1) 체계적인 법학을 성립에 기여 : 법도그마틱 이론을 정치하게 만듦으로써, (자연법론과 비교!) 법학이 독립적 학문으로 존재하는데 큰 기여를 했다.
2) 법치국가이념 형성에 기여 : 엄격성과 형식성을 강조함으로써, '법치국가', '법의 지배', '법적안정성'의 정신을 제시하였다. 즉, 국가권력을 '법'으로 통제하려는 법치국가의 원리에 법률실증주의가 기여한 바가 크다.
3) 법관의 자의를 막는데 기여 : 법관의 자의를 통제하는데 기여한다. 법관이 정치적인 고려나 사회적 상황에 따라 자의적으로 판단한다면, 사회 혼란은 더욱 커질 것이며, 법관의 권한이 비대해 지는 결과를 낳게 된다.

2. 법실증주의의 이론

1) 법규범의 형식적 존재만을 강조 : 법규범의 무흠결성을 강조한다.
- 모든 형이상학, 가치론적 측면을 제외하고,
- 역사적 상황에 관계없이 형식적으로 타당한 실정법을 강조하며,
- 규범의 형식적 실정성만을 인정하는 과학적 실증주의로 평가된다.

2) 형식적, 논리적 방법론(개념법학의 방법론) : 해석방법론
- 법철학을 부정하고 "일반법학"(Allgemeine Rechtslehre)을 지향한다.
- 실정법 연구를 위해 필요한 일반적인 법개념과 명제들을 논리적으로 체계화시키는 방법론('총론', Allgemeiner Teil)을 채택한다.
- 이성적 방법에 따라 논리, 형식, 체계적 구조 속에서 실정법을 정돈한다.

3) 현실에 적용되는 실정법규를 중요시 함 : 실정법규를 기초로 하여 일반적인 법개념을 논리적, 체계적으로 형성하는 '개념법학'을 지향한다. : 교조주의(Dogmatism)

4) 국가주의를 지향 : 그러나 독일의 경우 실제로 근대국가의 성립에는 미치지 못하였다.
- 법규범 제정의 실질적인 힘으로서의 국가의 역할을 강조하고,
- 나치(Nazi)에 의한 불법의 자행(헤겔의 민족정신+법역사학파의 민족정신+법실증주의의 국가주의)을 경험하였다.

3. 법실증주의의 문제점

1) 법의 가치중립성 문제 : 과연 법의 가치중립성을 추구하는 것이 실천적으로 올바른 것인가? 특정한 이데올로기 강요를 내포하고 있는 것은 아닌가? 실제로 법률실증주의는 외부현실에 둔감하고 현실순응적이다.

2) 법효력의 정당성 문제 : 법률실증주의는 합법적 절차를 통해 나온 법은 무조건 법적 구속력이 있다고 보기 때문에, 법률실증주의의 법효력론은 동어반복적이고 지나치게 형식적이라는 문제가 있다. 악법문제에 대해 소극적일 수밖에 없으며, 법이 법답기 위해서는 도덕과 분리해서 생각할 수 없다

는 반론에 취약하다.

3) 법에 있어서 권위와 재량의 문제 : 과연 법관은 '법률을 말하는 입'에 불과 한가? 실제로 법을 창조하는 재량을 발휘하고 있지 않은가?

4) 실정법의 완전성 문제 : 실정법의 무흠결성, 완전성은 현실적으로 가능하지도 바람직하도 않다.

5) 법률실증주의 자체의 난해성 : 법률실증주의 본래 취지와는 달리 이론적으로 지나치게 난해하다.

4. 법실증주의 평가

1) 형식적, 논리적 접근 방법만을 강조한다.
   - 철학, 역사학, 국가학, 사회학적 관점들로부터 고립된 일면적 고찰이고,
   - 실정법 규범(Gesetz)만을 법(Recht)의 대상으로 인정하며,
   - 근대 사회의 안정기, 법전편찬 작업기 등의 시대상황과 맞물려 발전하였다.

2) 개념법학과 사법안정에 일조(삼권분립의 정착)

3) 법의 내용 보다는 형식을 강조한다.
   - 법내용의 정당성은 합법성의 관점으로 대체되고,
   - 부당하고 불합리한 불법도 형식적으로 타당한 합법적인 법으로 조작되며,
   - 내용과 실질면을 무시하는 가치허무주의라 할 수 있으며,
   - 나치(Nazi)에 의한 불법의 자행을 가능케 하였다.

III. 법사회학 (사회학적 법학, 법현실주의)

1. 의의

- 법의 리얼리즘(실제모습, 사회현실) 추구하여, 그것을 법학의 대상으로 삼는다.
- 공식적인 법규범보다는 살아있는 현실 규범을 중시한다.

2. 사회학적 법이론의 기초

① 이성의 원칙에 따라 움직이는 개인적 인간의 학문이 아닌 사회와의 관계 속에서 고찰한다.

- 사회의 존재조건, 사회의 변화법칙등과 인간과의 관계를 중시하며,
- 사회학적 관점에서 볼 때 개인은 더 이상 법의 주동자가 아니고, 법은 사회적 사실로서 사회현상과 법현상 간의 일치로 평가되며,
- 형이상학의 독단을 제거하고 경험적, 실증적 접근방법을 강조한다.

② 법사회학적 방법론을 주장 : 성문법 만능의 법실증주의, 개념법학이 근대사회의 급변속에 형식 논리적 방법만으로 이에 대처할 수 없음을 인식한다.

- 법적 사실 일반을 가치판단으로부터 떠나 객관적으로 연구하는 사회학적 방법론을 발달시키게 되고,
- 현실사회에 적응하는 '살아있는 법'을 탐구하게 되며,
- 법현상과 다른 문화현상과의 사실상의 관계를 설명하며,
- 결국 과학적, 실증적, 사실적 방법론을 주장한다.

3. 법해석을 바라보는 태도

① 사회적 필요에 따른 판결 : 법은 판사가 말하는 것으로서, 사회현실에 적합하고 법의 목적에 맞는 판결이 가장 올바르다고 주장한다. → 사법적극주의로 귀결된다.

② 법발견의 기초로서의 사회 현실 : 법발견의 중심에는 '법규와 논리'가 아니라 '경험과 사회적 실용성'이 자리한다.(르웰린, K. Llewellyn)

③ 법발견은 사실관계의 파악 : 법발견은 법 이전에 사실의 문제이기 때문에, 사실관계를 어떻게 판정하는가가 법발견의 핵심이다. 즉, 법의 참모습은 사실관계의 파악에서 드러난다.

4. 자연법론, 법률실증주의와 법사회학

- 법률실증주의에서 중요시하는 제정법(입법자의 의도), 판례, 학설(교과서) 보다는 '사회적 맥락'에 더욱 관심을 가진다.
- 자연법론에서 중요시하는 윤리적 가치보다는 '구체적인 상황의 현실성'에 더욱 관심을 가진다.

자연법론, 법률실증주의, 법사회학의 비교

	법의 이해	법의 권위	법의 효력	법원(法源)	법관의 지위
자연법론	자연법	초월적 심급 (도덕, 이념, 당위, 가치)	도덕적 구속력	절대적 가치	초월적 심급에 구속되어 법을 발견
법률 실증주의	실정법	법제정 당국 (국가, 사실상의 힘)	합법성	법규범의 문언	법률에 구속되어 법을 발견
법사회학 법현실주의	사회현실	상대적, 사회적 맥락에서 결정됨 (사회현상, 사회의식)	사회적 구속력 (일부는 구속력 부인)	사회적 현실	법관 개인의 책임하에 법을 창조

Ⅳ. 법관에 의한 법형성의 가능성(자유법론)

- 개념법학의 법률만능 기능을 배격하고, 법의 불완전성과 사회의 진보에 따른 법적용을 중요시 한다.
- 법관의 인격적 활동의 범위를 확대하여 법의 보충적 발견 및 창조의 기능까지 인정한다.
- 이는 법과 사회생활과의 사이에서 생기는 간격을 법관의 탄력성 있는 해석으로 메우자는 의미를 가진다.
- 또한 법을 순전한 논리적 형식절차에 의해 구성된 법규체계로 보는 법적 교조주의(dogmatism)를 반대하는 입장이다.

제3장 법규의 생성과 해석

1. 전통적인 법해석방법론

법해석과 법적용

- 법적용(생활사태를 법규범에 포섭)
  - ⇒ 법규범의 내용과 적용범위의 발견
  - ⇒ 확장해석, 축소해석
  - ⇒ 법규범의 직접적인 작용
- 법발견(흠결보충)
  - ⇒ 유추, 역추
  - ⇒ 법관의 자유로운 법발견
  - ⇒ 법규범의 우회적 작용 (법규범의 목적론적 축소)

2. 사비니(Savigny)의 법해석방법론

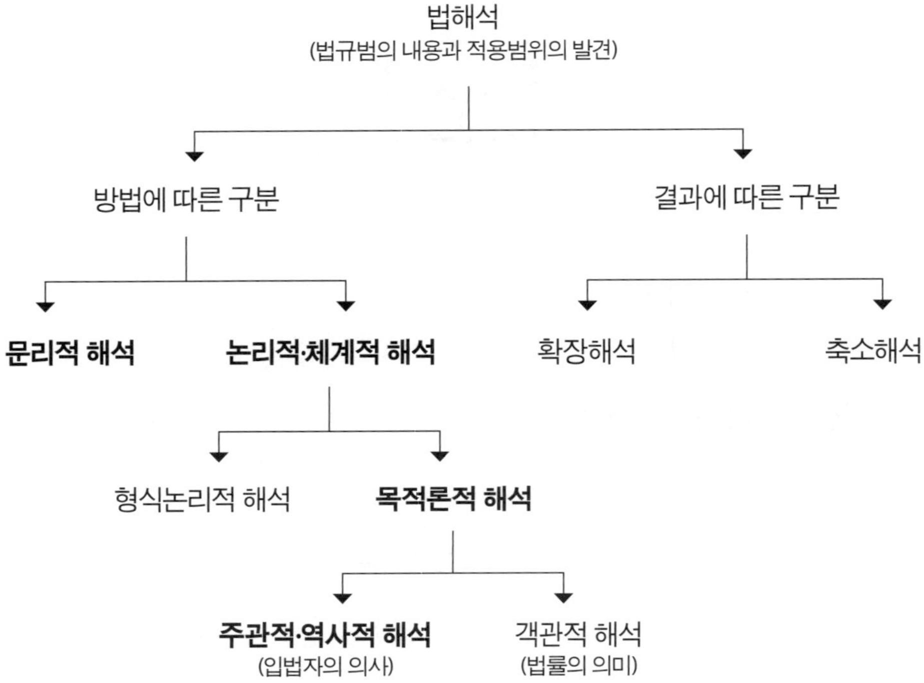

※ 참고

문리적 해석: 어휘(語彙), 어용(語用)의 가능한 의미

형식논리적 해석: 개념으로부터 법률효과가 연역됨(개념법학)

목적론적 해석: 개별법규범의 목적, 의미, 입법이유 내지는 여러 법규범 혹은 법질서 전체의 목적과 의미에 대한 이해

확장해석: 법규범의 적용범위를 어의(語意)를 넘어서 확장시킴

축소해석: 법규범의 어의(語意)를 넘지 않고 그 가능한 어의(語意)를 제한함

목적론적 축소: 법규범의 핵심영역까지 제한하는 것은 더 이상 해석이 아니라, 유추와 마찬가지로 법규범의 보완, 법발견, 즉 규범을 변화시키는 감축이다.

3. 카우프만(A. Kaufmann)의 법해석방법론

- 당위 - - 존재 -

연역 (유추) 귀납

법이념·법원리 (초역사적, 초실정적) → 상응·일치(사물의 본성) ← 가상적 생활사태

↓

<입법>
법규범 (일반적, 형식적)

연역 (유추) 귀납

→ 상응·일치(사물의 본성) ← 현실적 생활사태

↓

<사법>
법발견, 법결정 : 구체적, 실정적, 실질적, 역사적(하나의 상황에 타당)

※ 참고

법이념·법원리: 법의 일반원칙, 법원리로 판결을 내릴 수 없는 추상적, 일반적이며, 비교적 오랜시간에 걸쳐 타당한 초역사적임

법규범: 법률, 관습법, 법관법으로 일정한 시간에 걸쳐 타당한 성격

법이념에서 가상적 생활사태로의 유추(연역): 개념구성

가상적 생활사태에서 법이념으로의 유추(귀납): 이념형적 구성

법규범에서 현실적 생활사태로의 유추(연역): 법의 해석

현실적 생활사태에서 법규범으로의 유추(귀납): 유형의 영역내로의 포섭

법결정: 실질적 의미의 법(존재와 당위의 일치)

※ 아르투어 카우프만의 법해석론

자연법과 법실증주의의 대립을 극복하고, 법의 존재론적 구조 속에서 새롭게 법의 의미를 찾았었던 카우프만은 1970년대 이후에는 법의 생성과 법실현의 과정을 새롭게 모색하기 위한 시도로서 법해석학(juristische Hermeneutik)으로 관심을 전환하였다.[1]

이러한 시도의 배경에는 법의 존재에 관한 평가가 단지 정적이고 구조적인 의미해석에 그치는 것으로서, 이러한 법의 구조 속에서 과연 구체적으로 어떻게 법이 실현되는 지를 보다 명백하게 파악할 것이 요구되기 때문이었다. 카우프만은 기존의 일반적인 법학방법론이 단지 실정법규범의 형식 논리적인 해석을 통한 법적용이라는 기술적인 차원에 머무르는 것과 달리, 법의 존재론적 구조에 기초해서 법의 생성과 실현과정을 역동적으로 추론하는 방법론을 전개하였다. 즉 기존의 일반적인 법학방법론은 법의 존재적 의미와 단절되어 법규범질서를 전제로 하여 오로지 법규범의 형식논리적인 해석만을 강조하였지만, 카우프만의 법해석학은 법의 존재론적 의미로부터 그리고 이를 전제로 하여 이로부터 추론하여 법이 현실과의 관계 속에서 어떻게 실현되는지를 역동적으로 전개시켰다.[2] 이러한 관점에서 본다면 그의 법해석학은 필연적으로 법존재론과 종합적 관계 속에서 파악되므로, 그가 법해석학을 위하여 사용하였던 개념들인 유추(Analogie), 사물의 본성(Natur der Sache) 등도 따라서 단순히 법인식을 위한 수단으로서만 의미있는 것이 아니라, 오히려 필연적으로 법존재론의 의미와 직접적인 연관을 가지게 되고 존재적 모습과 의미를 전제로 평가되는 개념요소라 할 수 있다.

---

1) Kaufmann, “Die Geschichtlichkeit des Rechts im Lichte der Hermeneutik”, in: ders., *Beiträge zur juristischen Hermeneutik*, 1984, S. 45ff. :

2) 김영환, “아르투어 카우프만의 죽음을 애도하며”, 「법철학연구」, 제4권 제1호, 2001, 12면

카우프만은 법해석을 위한 필연적이고 공통적 요소로 유추개념을 강조하였다.[3] 그에 의하면 법적용의 논리절차에 있어서 중요한 것은 사실적인 생활관계에 따른 개별적인 법적 사태의 의미가 무엇인가라는 것으로, 적용될 법규범은 이러한 구체적인 생활관계와 유추를 통한 의미부여라는 점이다. 왜냐하면 존재의 영역에 있는 이러한 사실적이고 구체적인 생활사태는 이미 규범적 의미를 함축하고 있기 때문에, 이를 평가하고 법규범을 맹목적이고 형식논리적으로 해석하는 방법은 올바른 법해석, 법적용이 될 수 없기 때문이라는 것이다. 그가 강조한 것처럼 법해석의 방법으로서 유추[4]의 기준인 사물의 본성은 이미 존재론적 소여로 입법이나 판결을 구속하기 때문이다.

개별적 생활사태는 일정한 정형성을 가지게 되고, 이러한 정형성이 개별적인 생활사태의 규범성과 법규범의 현실성을 맺어주는 가교의 역할을 하기 때문이므로 생활사태의 정형성을 파악하는 것이 법규범의 올바른 해석을 위한 최선의 방법이라고 강조하였다. 그러므로 카우프만이 주장한 법의 실현, 법의 발견, 법의 획득은 당위의 영역에서의 법규범과 존재의 영역에 있는 생활사태를 상호간 연역과 귀납의 추론방법인 유추를 통해서 일치, 상응시키는 것이며, 이러한 유추의 기준으로 사물의 본성이 평가될 수 있다. 따라서 사물의 본성은 개별적인 생활사태의 규범성이고, 유추에 의해서 법규범의 정형성과 개별적인 생활사태의 정형성이 상응하게 되는 것이다.[5]

카우프만은 유추를 통한 법실현의 해석학적 절차를 단계별로 구분하였다. **제1단계**는 당위의 범주인 추상적, 일반적, 초실정적 그리고 초역사적인 법이념 또는 법의 일반원칙과 존재의 영역인 가상적 생활사태와 관계에서 연역과 귀납의 유추를 통하여, 즉 법이념으로부터 생활사태에 적용하기 위한 해석으로 연역의 모습과 반대로 구체적인 사실관계인 생활사태로부터 규범의 정형화를 이

3) Kaufmann, *Analogie und 'Natur der Sache'*, 1982, S. 18ff., 44ff.

4) Kaufmann, *Analogie und 'Natur der Sache'*, 1982, S. 19ff.

5) Kaufmann, *Analogie und 'Natur der Sache'*, 1982, S. 40ff.

끌어내기 위한 귀납의 추론이 상호 상응, 일치되는 점에서 구체적인 법규범이 만들어지게 된다고 하였다. 그리고 **제2단계**는 역시 당위의 범주인 구체화된 일반적, 형식적, 실정법규범과 마찬가지로 존재의 영역인 현실적인 생활사태와의 관계에서 연역과 귀납의 추론방법을 통해서, 즉 법규범으로부터 구체적이고 현실적인 생활사태에 적용하기 위한 해석으로서 요구되는 연역의 방법과 반대로 구체적이고 현실적인 생활사태로부터 추상적인 법규범의 의미에 적용하는 방식으로서의 귀납의 추론방법이 상호 일치, 상응되는 점에서 비로소 올바른 법적용이 이루어진다는 주장하였다. 카우프만에 의하면 이러한 법해석의 방법으로 법이 구체화되고, 추상적 의미의 법이 발견되어지며, 법이념과 법원칙이 실현되며, 법의 획득이 이루어진다.[6] 따라서 카우프만은 법은 단지 법이념이나 법규범(당위)으로부터 순전히 연역적으로 도출되는 것이 아니고, 또한 구체적이고 현실적인 생활사태(존재)에서 순전히 귀납적으로 구성되는 것이 아닌 당위와 존재의 상응, 일치(Recht als Entsprechung von Sollen und Sein)로서 평가된다고 주장하였다.[7]

결국 카우프만에 의하면 입법은 법이념과 장래에 생길 수 있는 생활관계와의 동화, 일치라고 할 수 있으며, 법해석은 법규범과 현실적인 생활관계와의 동화, 일치라고 할 수 있다. 또한 그에 의하면, 이러한 상응화는 법이념 또는 법규범의 당위의 영역과 생활사태라는 존재의 영역을 매개시키는 촉매로서의 사물의 본성이 필요하다고 하며, 이는 당위와 존재, 가치와 현실이 결합하는 방법적 장소로 평가하였다.[8] 그에 의하면 사태에서 규범에 혹은 규범에서 사태로의 추론은 항상 사물의 본성을 통한 추론이 된다고 한다. 사물의 본성은 유추추론의 핵심이 되며 입법 및 법발견을 위한 유추적 방법의 기반이 된다고 하는바, 왜냐하면 사물에 맞는 정의와 규범에 맞는 정의의 중간에 위치하고 있기 때문이며, 그 자체로서 모든 법인식에 대하여 문제가 되는 객관적인 법적 의미의 담

6) Kaufmann, *Analogie und 'Natur der Sache'*, 1982, S. 59

7) Kaufmann, *Analogie und 'Natur der Sache'*, 1982, S. 18ff.

8) Kaufmann, *Analogie und 'Natur der Sache'*, 1982, S. 44ff.

당자로 평가하였다.[9]

9) 최종고, 「위대한 법사상가들 III」, 1985, 381면

제4장 법해석방법론의 구체적 고찰 : 법해석방법론의 카논(Canones)

- 법해석과 적용방법론 일반(사실의 확정과 법해석 적용)
- 법해석의 본질과 실체(법해석으로서의 유추-유추해석 금지의 원칙)
- 법해석방법론일반(문리해석의 한계 및 이에 대한 보완)
- 개별적인 법해석방법론(논리해석, 체계해석, 역사적 해석, 목적론적 해석)

1. 법해석의 의의:

추상화되어있는 법을 구체적 사실에 적용하는 것.

(→ 법획득, 법구체화, 법실현, 법형성, 법발견)

- 가장 포괄적인 개념 : 법획득
- 법해석의 창조적 성격을 강조하는 개념 : 법형성

2. 법해석의 본질로서의 유추(사물의 본성)

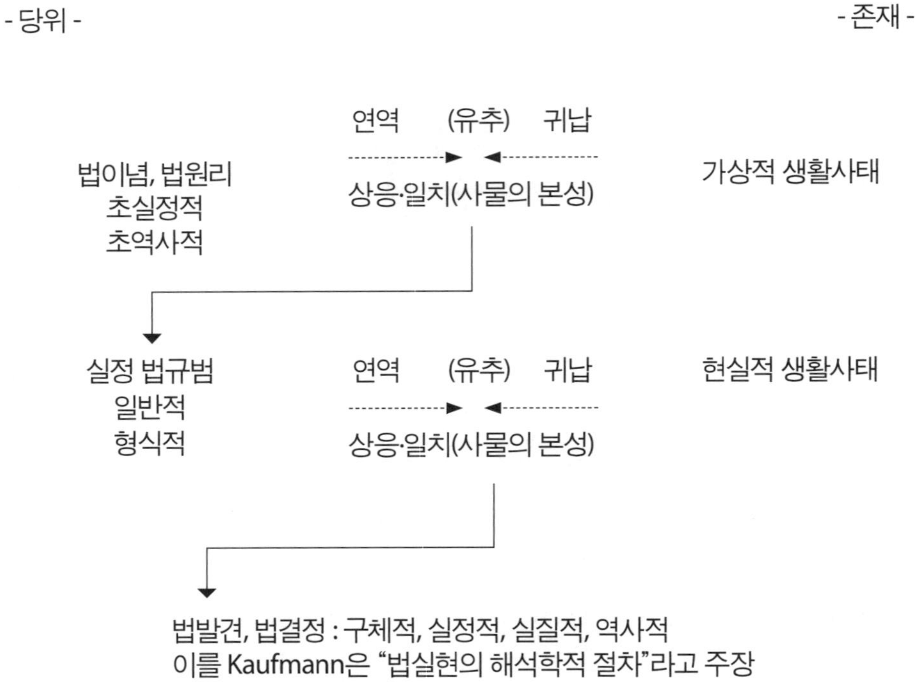

※ 법해석의 본질로서의 유추-유추해석 금지의 원칙과의 관계

3. 전통적인 법해석방법론(사비니)

1) 법률문언의 어의를 확인하라(문리해석 내지 문헌학적 해석)
2) 해석하려는 법규정이 놓여 있는 법률상의 문맥을 유의하라(논리적, 체계적 해석)
3) 입법자의 규율의도가 달성될 수 있도록 법률을 해석하라(역사적, 주관적 해석)
4) 법률의 목적이 달성될 수 있도록 법률을 해석하라(목적론적, 객관적 해석)

1) 문리적(문언·언어적·문법적·字意的) 해석방법

- 법률언어의 일상적 의미나 구문구조에 따라 법률텍스트의 규범적 의미를 파악하는 방법으로 실제로 이 해석방법이 가장 중요하다고 여기는 사람들이 많다.
- 하지만 이 방법은 결코 확실한 방법이 아니다. 왜냐하면 현대사회는 너무나도 복잡해 졌기 때문에, 법조문이 담고 있는 일상적인 의미를 정확하게 포착해 낸다는 것은 거의 불가능하다.

※ 참고 : 사용이론

법률언어의 사용규칙은 법률언어 자체에 내재한 것이 아니라, 법적용자가 법률언어를 사용하는 구체적인 맥락 속에서 다른 사람들의 광범위한 동의를 얻어 낼 수 있는 방식으로 그 법률언어를 사용함으로서 귀납적으로 형성된다. 즉 사용이론은 문리적 해석의 한계를 비판한다. 따라서 법률언어의 문리적 해석의 한계를 벗어나 구체적 맥락(사회적 의미) 속에서 일반인의 관점과 가치를 고려하여 평가되어야 함을 주장한다.

※ 참고 : 법률언어의 유형

- 숫자개념: 14세, 20세, 10년 등. 법해석은 명확하나, 법적용의 탄력성은 없음
- 서술적 개념: 사람, 건조물
- 규범적 개념: 재물, 위험한 물건
- 가치충전개념: 신의성실, 선량한 풍속, 음란성
- 일반조항: 정당한 이유, 상당성
- 백지규범: 법해석의 명확성이 없지만, 적용의 탄력성은 무한대임

※ 사례 : '재물'의 의미 변화

※ 사례 : "위험한 물건을 휴대하여"(폭처법)의 해석

주먹, 드라이버, 주먹크기 만한 돌, 전선절단기, 마요네즈병, 부러진 걸레자루, 마이크, 자동차(소지-이용)

※ 사례 : 실화죄 조항의 해석에 대한 논쟁(대판 1994.12.20 94모32)

형법 제170조 제2항 : 과실로 인하여 자기의 소유에 속하는 제166조(일반 건조물 등의 방화) 또는 제167조(일반물건에의 방화)에 기재한 물건을 소훼하여 공공의 위험을 발생시킨 자

2) 체계적 해석

법규정을 일정한 법적인 연관관계 속에서 이해하는 방법이다.

예) 상법전에 나오지 않는 부분은 민법전에 의거함

※ 사례 : 위계·위력에 의한 미성년자 간음·추행죄(형법 제302조)에서 미성년자의 범위는?

※ 사례 : 절도죄(형법 제329조)의 재물에 '사람의 시체'도 포함되는가?

사체영득죄(제161조)

3) 역사적(주관적) 해석

입법자가 특정한 법률을 제정하면서 그 법률에 의도했던 계획에 맞게 법률을 이해하는 것으로, 입법취지를 중시한다. (입법이유서, 법안작성자의 의견서) '권력분립의 원칙'에 의거한 해석이지만, 과연 자명한 입법자의 의사가 존재하는지는 의문이다. 대부분 법률은 타협의 산물이라는 점을 기억할 것.

※ 사례 : 재혼금지기간(구 민법 제811조)의 해석

입법취지가 부성의 충돌을 막기 위함이라면,

- 전 남편이 실종선고된 경우, 악의의 유기, 생식불능의 경우 재혼금지기간을 적용할 필요가 없다.

※ 사례 : 교통사고처리특례법상의 '도주' 개념의 해석: 입법의도?

- 교통사고 후 피해자를 병원으로 옮겨 놓은 후 몰래 사라진 경우: 생명보호 혹은 손해배상청구권 확보라는 서로 다른 입법취지에 따라서 도주의 해석

이 달라진다.

4) 목적론적(객관적) 해석

법규정을 법률의 객관적인 규율목적에 따라 이해하는 방법으로, 입법자의 입법동기를 재해석하기도 하고, 법정책적 판단, 법학계 의견 등을 참조한다.

※ 사례 : 백화점 사기세일은 사기죄에 해당하는가?

- 사기죄의 목적이 피해자의 현실적 재산피해를 막기 위함인 경우
- 건전한 유통질서를 보호하기 위한 경우(위험범)

※ 사례 : 복사본은 문서인가? : 문서에 대한 공공의 신용을 보호함인 경우는 가능

4. 법해석의 과제

1) 전통적 해석규칙의 한계

전통적 해석규칙들이 해석에 도움을 주는 것은 사실이지만, 해석규칙들이 서로 충돌할 때 이것을 해결할 수 있는 메타규칙은 존재하지 않는다. 따라서 어떤 해석방법을 사용할 것인지는 법관의 자유에 속한다(방법다원주의) 실제로 법관은 결론을 먼저 내 놓고, 사후에 이를 정당화하기 위해 해석규칙을 원용한다.

2) 법관의 논증의무

언어의 불명료성과 의미의 폭의 다양함으로 인해 이견 없이 명확한 해석은 불가능하다. 그렇다면 법관은 자신이 어떤 근거에서 그러한 방법을 사용했는지를 밝혀할 의무(즉, 다른 사람들이 납득할 수 있도록 근거 지을 의무)가 있다. 이것을 '논증의무'라고 한다. 이렇게 본다면, 판결은 독백적인 결단이 아니며, 판결은 민주적인 과정에 놓여 있는 것이다.

※ 사례 : 성전환자에 대한 강간죄 성립여부

제5장 법해석방법론의 역사적 전개[1)]

1. 문제의 제기

법학에서의 가장 중요한 관심사는 법이란 과연 무엇인가라는 법개념의 문제 혹은 법의 강제적 구속력은 어디에서 오는가 하는 것과 같은 법효력의 문제와 같이 법의 본질 및 실체에 관한 물음이라 할 수 있다. 이러한 의문에 대한 답을 찾기 위해서 그 동안 수많은 법철학자들은 법의 존재, 법의 개념, 법의 본질, 법의 효력, 법의 목적, 법의 이념 등과 같은 근본적인 문제에 대한 성찰을 게을리 하지 않았다. 그러나 이러한 법의 본질에 관한 법철학적 성찰 이외에 또한 중요한 법철학적인 관심사는 법을 어떻게 올바르게 이해하는 가에 관한 것이다. 이는 법해석의 방법론에 관한 것으로 주로 법학방법론이라는 별도의 병칭으로 불려 왔다고 할 수 있다. 법학방법론은 올바른 법해석 및 법발견의 방법과 법적 판단의 정당화의 방법을 모색하는 것을 주된 내용으로 한다. 즉 법인식의 방법론으로서 법에 대한 내용적인 진술에로 이르는 사고절차와 그 분석에 관한 진술의 총체라고 할 수 있다.[2)] 따라서 법학방법론은 법이 규정하는 법문의

1) 이 내용은 김학태, "법학방법론의 역사적 발전과 법학교육의 미래",『법철학연구』 제9권 제2호, 2016, pp. 81-110에 수록된 것을 요약, 정리한 것임.

2) 심헌섭, "법철학적 법학방법론-법철학과 합리적 법학방법", 『서울대학교 법학』, 제24권 제1호, 1983, 1면

의미를 구체적 사건에 적용시키기 위한 합리적인 방법을 모색함을 목적으로 하며, 또한 법에 대한 이해와 직접적으로 관련되어 평가된다고 할 수 있다. 따라서 법의 실체, 법의 본질, 법의 의미, 법의 존재론적 구조, 법의 이념, 법의 효력 등에 관한 법철학의 근본적인 문제에 대한 올바른 접근이 또한 필연적으로 올바른 법해석을 위한 방법을 제시해 준다고 할 수 있다

우리를 둘러싼 모든 대상과 현상의 실체에 대한 인식의 가능성과 그 본질을 고찰하는 것이 철학의 본연의 임무인 것과 마찬가지로, 사회규범으로서의 법이라는 대상의 실체에 관한 인식의 가능성과 그 본질을 고찰하는 것이 법철학의 본질적 임무라 할 수 있으므로, 법학방법론의 범주도 역시 법철학의 중심적인 소재에 속한다고 할 수 있다. 법인식은 법철학의 본질적인 관점인 법의 근본적인 의미파악과 법의 한계적인 외연을 구분함으로서 얻어지는 법적 당위판단에 관한 것이고, 이는 궁극적으로 추상적으로 그리고 또한 구체적인 사례와 관련되어 평가되므로 법적 당위판단은 일반적인 법률판단과 구체적인 법률판단으로 나누어서 얻게 된다. 또한 법인식은 그러한 법적 인식의 정당화 내지 올바른 근거를 통해서 도달되어지므로 결국 법학방법론은 법률적 판단이나 법인식의 정당화 및 근거지움을 본질적 내용으로 하여 성찰하는 법철학의 방법론으로서의 의미를 지닌다고 할 수 있고, 이를 통해서 일반적인 법률적 당위판단과 구체적인 법률적 당위판단을 정당화시키고 근거지우는 법철학적 방법론이라고 정의내릴 수 있다.

법철학적인 차원에서 그 동안 다양한 법학방법론들이 전개되었지만 그 어떤 방법론도 이러한 올바른 의미에서의 법학방법론의 역할을 수행하기에는 부족함을 보여주었다. 법실증주의는 형식적인 합법성을 갖춘 실정법만을 법으로 평가하기 때문에, 주어진 실정법의 법문의 가능한 의미를 법해석의 기준으로 설정하고 법문의 논리 및 체계를 문리적 법해석의 범주로 평가한다. 이러한 법해석은 법질서의 안정을 추구할 수 있으며, 법해석의 독립성이 인정되는 방법론으로서 평가되지만, 사회현실을 고려하는 합목적인 법해석의 차원에서는 한계에 부딪히게 된다. 그리고 법사회학의 관점에서는 법의 실정성의 평가보다는 사회적 현실로서의 법제도의 의미파악에 주력하기 때문에, 법해석에 있어서도 법문의 문리적 해석에 주력하는 것이 아니라 사회의 자생적인 질서 및 사회

현실을 반영하는 목적과 사회현실의 이해라는 맥락에서 법해석의 기준이 결정된다고 할 수 있다. 이러한 입장은 법현실주의에서도 같은 의미로 이해될 수 있으며, 결과 고려적 해석의 관점이 중요성을 띄게 되어 법의 사회적 기능성과 사회적 요구를 수용하는데 적극적이며, 또한 사회적 현실을 반영하는 법해석방법론으로 평가된다. 한편 자연법론의 입장에서의 법해석도 실정법의 문언적 의미에 구애받지 않는다는 점에서 사회학적 법학에서의 법해석과 동일하게 평가되며, 무엇보다도 입법의 목적이 무엇인가를 합목적적으로 판단하는 목적론적 법해석의 방법을 선호하게 된다. 그러나 자연법론에 있어서의 법해석은 사회학적 법학이나 법현실주의와 같이 사회적 필요나 결과를 고려하여 법해석에 치중하지 않고, 도덕적 원칙에 입각하여 선험적 가치와 원리의 실현 및 구체적 타당성을 고려하여 합목적적인 법해석을 방법을 제시해 준다고 점에서 차이를 인정할 수 있다.

본고에서는 이처럼 법을 둘러싼 법학의 제 분야의 입장과 관점에 따라서 다르게 나타날 수 있은 법학방법론의 다양한 의미를 고찰해보려고 한다. 그리고 또한 한편으로는 최근 도입 여부가 논란이 되고 있는 법학전문대학원제도와 관련하여, 이러한 법학교육제도에서 법학교육이 어떤 방식으로 이루어져야 할 것인가에 관하여 새로운 방법을 제시하고자 한다.

II. 법학방법론의 역사적 발전

앞에서도 언급한 바와 같이, 법학의 대상이라 할 수 있는 실정법규의 의미를 다양한 관점에 따라 합목적적으로 평가하여 해석하는 법학방법론은 사비니(Savigny)에서부터 본격적으로 전개되었고 그에 의해서 초석이 다져졌다고 할 수 있다.[3] 사비니에 의하면 법학이 그의 과제를 수행하기 위해서는 무엇보다도

3) 법학방법론의 초석을 다진 것 이외에 사비니의 명성은 19세기 독일에서의 통일적인 법전 편찬 작업의 필요성이 요구되는 시점에서, 자연법적인 차원에서 인간의 합리적인 이성을 바탕으로 법체계를 인위적으로 재정비할 것을 주장한 티보오(Thibaut)의 주장에 반대하여, 법을 역사의 산물로 파악하여 수많은 법소재들을 체계적으로 정비하여 법의 역사적 재통일이 더욱

법의 해석방법과 법의 체계화가 필요하다고 주장하였다. 이를 위해서는 우선적으로 문언의 형식으로 이루어진 법규의 의미이해가 필요하고, 그 법규 속에 숨어있는 사상을 재구성하여야 한다고 강조하였다. 이러한 과정은 올바른 법해석을 통해서만 가능한 것으로 파악한 사비니에 의하면, 법해석은 우선적으로 법문의 일상적인 의미에 따라야 하며, 둘째 법규의 체계와 논리에 따라야 할 것이며, 셋째 역사적으로 주관적인 입법자의 의도가 무엇인지를 객관적으로 고려하여 이루어져야 한다는 것이다. 그리고 이러한 법해석은 전체적으로 합리적인 구도 속에서 이루어져야 한다고 주장하였으며, 그는 이러한 법해석의 방법론을 통해서 법학의 체계화에 주력함으로서 법학의 다양성을 내적 상관관계로 통합시키려고 노력하였다.[4] 한편 사비니는 이러한 법학의 통일성을 점차 유기적 생성과정속의 역사적 법제도 속에 살아있는 민족정신에서 구하려고 시도하였으며, 이러한 사비니의 법학방법론은 이른바 역사법학의 초석을 다지기에 충분한 것으로 평가된다.

19세기 독일에서의 법학방법론은 17, 18세기에 걸쳐 사상계를 주도했던 계몽주의에 대한 반작용으로 인간의 보편적인 이성만을 절대적으로 중시하는 것이 아니라, 감성과 같은 비합리적인 요소를 중시하는 전통이 나타났으며, 법철학의 영역에서도 법의 합리성과 보편성이 아니라 법의 역사와 전통이 강조되어, 법을 형성하는 힘에 대한 현실적인 연구가 법의 이념, 이상에 대한 합리주의적 탐구를 대체하기 시작하였다.[5] 이렇게 사비니에 의해서 초석을 마련한 역사법학(Historische Rechtsschule)과 더불어 그 후 다양한 방법론적 노력들에 의해서 보충되고 비판되었다. 우선 사비니에게 있어서 체계란 역사적 법제도를 중심으로 한 의미통일성이었으나, 개념법학에 의해서 체계는 최고개념을 정점으로 한 형식논리적인 개념적 피라미드의 체계로 대체되었고, 개념의 계보학으로

시급하다고 주장한 역사법학파의 창시자로 더욱 잘 알려졌다. 독일 법역사법학파의 등장을 가져온 티보오와 사비니의 논쟁에 관하여는 최종고, 『법사상사』, 184면 이하 : 최종고, 『위대한 법사상가들(I)』, 1984, 148면 이하 참조

4) Larenz/Canaris, *Methodenlehre der Rechtswissenschaft*, 3. Aufl., 1995, S. 11ff.

5) 오세혁, 『법철학사』, 193면 이하 참조

구성되었다.[6] 법의 체계적인 측면만을 강조한 개념법학(Begriffsjurisprudenz)의 대표자인 푸흐타(Puchta)에 의하면, 실정법 체계에는 흠결이 없으며, 논리적인 조작에 의하여 언제나 올바른 판결이 도출될 수 있다고 강조하였다.[7] 이러한 개념법학적 관점은 또한 모든 법적 인식과 결론을 법적 상위개념으로부터 논리적, 연역적 추론에 의해서 얻어지는 것으로 파악하여 법인식 체계의 완결성이 전제되었으며, 법의 목적, 이념, 가치, 사회적 현실과 배제된 형식적 체계 내에서의 해석론을 주장하였다.

그러나 이러한 개념법학적 방법론은 법을 입법자의 목적적 표상에 의한 산물로서 평가하여, 법학을 수학이나 논리학에 비추어서 평가할 것이 아니라 현실적인 생활을 위해서 존재하는 실천적인 방법론을 강조한 목적법학에 의해서 비판되었다.[8] 목적법학의 대표자인 예링(Jhering)은, 목적개념은 인간의 모든 사회생활의 원동력이며 일체의 제도와 문화의 창시자라고 주장하였다. 법은 자연적으로, 또는 무의식적으로 생성되는 것이 아니라 인간의 의식적 노력과 활동에 의하여 만들어지는 것이며, 법이란 특정 목적을 달성하기 위하여 인간의 의지에 의하여 의식적으로 제정되는 것이라 하였다. 따라서 목적이 법의 근거이고 발전의 원동력이며 목적이야 말로 법의 창시자이므로, 법의 본질을 탐구하기 위해서는 법의 목적을 파악함에 주력해야 한다고 강조하였다.[9] 이와 같은 관점은 특히 법학은 법의 현실적 발생인자인 제반 이익과 그 상호관계 내지 충돌에 대한 규율과 해결을 우선적으로 고려하여 평가할 것을 요구하는 이익법학(Interessenjurisprudenz)에 의해서 계승되었다. 이익법학은 개념법학에 대한 반발에서 출발하여 실정법체계가 완벽하지 않고 흠결을 가지고 있으므로, 생

---

6) 이러한 푸흐타의 법이론에 대하여 구체적인 법적 문제를 해결하기 위한 것이 아니라 오로지 개념을 가지고 계산하는 것과 같다고 하여 개념법학(Begriffsjurisprudenz)라고 불려졌다. 이에 관하여는 Larenz/Canaris, *Methodenlehre der Rechtswissenschaft*, 3. Aufl., 1995, S. 20ff.

7) 오세혁,「법철학사」, 204면 이하 참조

8) Jhering, *Der Zweck im Recht*, S. 187ff. : 최종고,「법사상사」, 2000, 213면 이하 참조

9) 예링은 역사법학파의 비합리주의적 입장을 합리주의적 관점으로 대체시켰다고 할 수 있다. 또한 개념의 체계 내에서의 논리적 방법론이 아닌 목적의 실천적 방법론을 주장하여, 역사법학 및 개념법학의 한계를 뛰어 넘었다고 평가할 수 있다. 이에 관해서는 G. Radbruch, *Rechtsphilosophie*, 최종고역,「법철학」, 54면 이하 참조

활 속의 이익개념을 통해서 보충되어야 한다고 주장하였다. 이익법학은 법질서가 단편적이고 흠결 투성이기 때문에 기존 법규범으로부터의 논리적인 추론만으로는 만족스러운 판결이 내려지지 않으며 흠결의 보충이 필요하고 주장하였다. 이익법학에 따르면 흠결이 인정되는 경우 법관은 사안과 관련된 제 이익을 밝혀 낸 다음 이를 평가하고 종합적인 가치판단에 따라 형량 함으로서 필요한 규칙을 보충해야 한다고 주장하였다.[10]

그리고 또한 개념법학이 법의 의미나 실효성과 관계없이 그 규범적 효력 안에서 고찰하여 조문속의 법에 안주한다는 비판은, 자연히 법률의 흠결을 인정해야 한다는 인식을 불러일으켰으며, 논리 필연적으로 법의 유추해석의 가능성을 확인하게 하였다. 또한 이와 더불어 자연스럽게 법률의 흠결이라는 사실에 주목하게 되었으며, 이러한 흠결을 보충하기 위한 방법으로서 법관이 법규에 구속되지 않고 자유롭게 법을 발견하는 기능 내지 새롭게 법을 창조하는 기능을 인정하는 자유법론(Freirechtslehre)이 등장하였다.[11] 자유법론은 개념법학의 대전제인 법의 무흠결성을 부정하면서 출발하였다. 이는 개념법학의 법학방법론이 19세기 자본주의가 발전하면서 이에 따른 사회상황의 변화와 더불어 이에 대처할 수 없는 한계에 부딪히면서 자연스럽게 나타난 것으로 평가할 수 있다. 자유법론자들은 입법자의 불완전성을 인정하는 한 현실의 법이 언제나 흠결을 수반한다고 보았으며, 또한 개념법학의 형식논리적인 방법을 위험한 위장이라고 비판하면서 제정법의 형식논리적인 조작을 통해서 판결을 도출하는 것은, 더 이상 사회의 변화에 따라갈 수 없는 한계에 부딪히게 된다고 강조하였다. 따라서 자유법론은 사법과정에 있어서 직관적이고 감정적인 요소를 강조하였으며, 법관이 정의와 형평에 따라 법을 적용할 것을 주장하였다. 이와 같은 자유법론의 주장은 제정법으로부터 법관의 해방이며, 동시에 법의 무흠결성이라는 도그마로부터의 해방이고, 법학방법론의 형식논리적인 법해석으

10) 오세혁, 「법철학사」, 210면 이하 참조

11) 이익법학과 자유법론이 개념법학의 형식논리와 개념숭배에 대한 비판에서 출발하였다는 점에서 공통점을 찾을 수 있지만, 이익법학은 이익이라는 개념을 법해석 및 그 방법론의 중심에 놓고 적극적인 해석이론을 수립하려고 하였고, 법률에 대한 법관의 충실을 강조하였다는 점에서 자유로운 법형성을 강조한 자유법론과 구별된다.

로부터의 해방이라고 평가할 수 있다.[12)]

또 다른 측면에서 볼 때, 역사법학은 역사적 현실로 주어진 법의 사실적 의미의 재발견 속에서 법해석이나 법발견을 주장하였고, 개념법학은 개념 상호간의 포섭관계를 통한 추론으로부터 법해석과 법적용을 강조하여 법의 이념이나 객관적 목적을 고려하지 못했다는 비판을 받게 되었으며, 이제까지 단순한 심리적·주관적 사실에 불과했던 정신적 형성물은 이제 객관적 관념적 실재로 파악하게 되어 이념과 목적, 가치도 객관적 실재로 인정받게 되었다. 따라서 법도 입법자의 단순한 역사적 산물에 불과한 것이 아니라 그 자체가 하나의 객관적 존재로 인정되게 되어, 법해석도 입법자의 역사적 의도를 재발견하는 것에 그치지 않고 법이념과 법목적의 객관적인 법의 의미를 파악하는 것으로서, 법해석에 있어서의 목적론적 방법론의 등장을 가져오게 하였으며, 확대해석, 축소해석, 흠결의 보충 등의 법해석방법론이 인정되게 되었다.[13)] 이러한 법학방법론의 역사적 전개에 따라 현재의 법해석방법론에서는 더 이상 이익법학적 사고에서가 아니라, 법을 입법자의 가치 평가적 결정체로 파악하여 가치 정향적 법판단을 중시하게 되었으며, 또한 법의 체계를 파악함에 있어서도 개념법학적 관점에서 바라보는 것처럼 단순한 형식적 개념체계로서가 아니라, 법원리를 통한 의미적 통일체로 이해하게 되었다고 할 수 있다.

이와 같이 법학방법론은 법을 둘러싼 법학의 다양한 제 분야의 입장과 관점에 따라서 다르게 나타날 수 있으므로, 이들을 의미를 모두 고려하고 이들 상호간의 관계를 적절하게 조화시켜 올바른 방법을 찾아야 하는 어려운 작업이라 할 수 있다. 모든 법규범은 사회적 현실을 반영하여 만들어진 까닭에 사회적 실재를 가지며, 이를 통해 사회적 갈등을 해결하려는 시도로서 입법의 목적을 파악할 수 있으며, 그리고 또한 당위적 명제로서의 이념과 가치를 가지고 상호 연관되어 존재한다고 할 수 있다. 따라서 올바른 법해석방법론의 방향은 이러한 제반 법학의 의미를 조화시켜 고려하고 상호 보완적인 관계 속에서 진정한 의미의 법실현을 위한 길을 모색함에 있다. 따라서 법해석방법은 법존재의

12) 김려수, 『법률사상사』, 130면 이하 참조

13) 배재식, "법학방법론서설", 『서울대학교 법학』, 제24권 제1호, 1983, 20면 이하 참조

완결성과 무흠결성을 전제로 엄격한 문리해석 및 법의 폐쇄적 체계라는 가정 하에서 형식적, 논리적 해석만을 통해서 이루어지는 것이 아니라, 법의 이념과 가치, 도덕적 원리로서의 당위적 명제 그리고 사회적 현실에 따른 제반 의미들을 고려하여 구체적으로 타당한 법해석의 방법론을 지양해야 할 것이다. 이처럼 법학방법론은 역사적인 전개과정을 거치면서 오늘 날 기본적으로 문리적 해석방법, 논리적·체계적 해석방법, 역사적·주관적 해석방법 그리고 목적론적·객관적 해석방법이 해석의 준칙으로 정립되어 확고한 위치를 차지하게 되었으며, 또한 법률의 흠결시 보충방법으로 사물의 본성에 기초한 유추해석과 목적론적 축소해석의 방법론이 인정되게 되었다. 이하에서는 이러한 법해석방법의 다양한 모습에 관하여 구체적으로 고찰해 보기로 한다.

III. 법해석방법론의 규준

1. 문리적 해석

일반적으로 생각하는 법해석방법론은 법령의 문언적 의미를 밝히고 그 의미를 구체적 사안에 적용하는 것으로서 법규 문언의 의미론적 해석과 사안의 확인으로 법적 판단이 이루어진다고 할 수 있다. 따라서 법의 해석은 법문언의 일반적인 의미를 평가하여 개별적인 사항을 포섭시키는 과정으로서 개념을 평가하고 실질적인 적용의 모습을 결정하는 작업이지만, 본질적 의미나 해석의 한계 등과 관련하여 보는 관점에 따라 그리고 적용되는 의미의 평가와 관련하여 다양한 모습을 띄게 된다. 엄격한 법실증주의적 해석방법론에 의한다면 법문언의 내용과 일치되어 해석함이 요구되기도 하지만, 반대로 문언적 의미와 관계없이 현실적인 모습에 따라 자유로운 평가의 모습을 강조하는 자유법론에서의 해석방법론에 따르면, 규범의 체계나 형식에 얽매이지 않고 구체적이고 다양한 현실의 의미에 적극적으로 대처하여 비교적 자유로운 법해석·적용의 모습이 인정되기도 한다.[14] 그러나 형법에 있어서는 법규범의 의미가 명확하고 규범의 의미를 일반이 이해하고 평가할 수 있게 하여 이에 따라 자신의 행위성을 결정할 수 있어야 함이 요구되므로, 규범의 내용을 해석함에 있어서도 가능한 명확하고 예측가능토록 하는 한계 내에서의 해석 방법론이 요구된다고 할 수 있다. 이와 같이 형법에서 죄형법정주의의 이념을 실질적으로 보장하기 위해서 요구되는 명확성의 원칙은 다른 한편으로 규범의 본질적인 한계에 부딪힐 수 있다. 규범은 성격상 추상적이고 일반적인 개념을 사용하여 개별적이고 구체적인 모든 사실관계에 적용될 수 있는 특징을 가지며, 특히 성문법률의 형식을 통하여 모든 개별적인 사항을 구체적으로 기술하는 형식으로 규정할 수 없기 때문에, 추상적인 의미를 가지는 언어의 방식으로 규정하여야만 모든 경우를 포섭할 수 있게 된다. 따라서 형법규범은 개별적인 불법행위들을 유형화시켜 구성요건으로 형식화하고, 형벌의 경우도 합목적적인 형벌의 부과라는 이념 하에 적용의 폭을 다양하게 규정하는 형식을 택하게 된다. 예를 들어 일반조항 등에 의존하게 되는 경우를 말할 수 있다.[15] 따라서 이와 같은 형법규범의 본질적인 특성이 명확성의 원칙과 상호 충돌될 가능성을 배제할 수는 없게 된다. 이러한 관점에서 볼 때, 형법규범 내재적인 본질적 특성과 명확성의 원칙에 따른 요구는 그 내용과 한계에 있어서 종종 마찰을 일으키게 하는 경우가 발생될 수 있다.[16] 이처럼 규범의 본질적 특성상 명확성의 원칙과 마찰을 일으

14) Riebschläger, *Die Freirechtsbewegung, Zur Entwicklung einer soziologischen Rechtsschule,* 1968, S. 30ff ; Kantorowicz, *Kampf um die Rechtswissenschaft,* 1906 ; Fuchs, "Recht und Wahrheit in unserer hentigen Justiz", 1908, in : *Gerechtigkeitswissenschaft*, S. 65ff ; Kaufmann, "Freirechtsbewegung-lebendig oder tot?", *JuS*. 1965, S. 1-9.

15) 그러나 한편으로는 입법자의 입장에서 일반조항(Generalklausel)이나 해석을 필요로 하는 법규의 제정이 불가피함이 주장된다. 구성요건이 지나치게 구체적으로 정형되면 급변하는 다양한 생활관계를 효과적으로 규율할 수 없기 때문이라는 것이 그 이유이다. 일반조항에 관하여는 심헌섭, "형법과 일반조항", 『손해목교수화갑기념논문집』, 579면 이하 ; Nauke, *Über Generalklauseln und Rechtsanwendung im Strafrecht*, 1973, S.21ff ; Schünemann, *nulla poena sine lege?*, 1978, S. 34

16) 유형론에 관하여는 특히 Kaufmann, *Analogie und Natur des Sache*, 1982, S. 44 참조 : 이러한 관점에서 쉬네만(Schünemann)은 명확성의 원칙이 죄형법정주의 이념의 핵심이라고 주장하였다. Vgl. Schünemann, *nulla poena sine lege?*, 1978, S.6.

킬 수 있는 경우로 법률의 유동성 요구, 형법의 현실 관련성, 형법개념의 다의성 등에서 나타날 수 있다. 그러나 형법에 있어서는 법규범의 의미가 명확하고 규범의 의미를 일반이 이해하고 평가할 수 있게 하여 이에 따라 자신의 행위성을 결정할 수 있어야 함이 요구되므로, 규범의 내용을 해석함에 있어서도 가능한 명확하고 예측가능토록 하는 한계 내에서의 해석의 방법론이 요구된다고 할 수 있다. 따라서 법해석의 다양한 방법들 중에서 일반적인 문리적 해석방법을 택할 수밖에 없으며, 법문에 명시되지 않은 모습에서 다른 사실에 해석을 유추하는 방법은 허용될 수 없다는 것으로 평가된다.[17] 특히 유추해석은 사법영역에서는 법발견의 수단으로서 널리 통용되지만 형법에서는 형법의 보장적 기능이라는 입장에서 그리고 죄형법정주의의 이념과 가치에 의하여 금지되어야 한다는 입장이 지배적이다.[18] 만일 법률에 의하여 규정된 것과 유사한 사례에 대하여 이 규정을 유추적용 한다면, 그 행위의 가벌성이 법률에 의하여 실정화되지 않았음에도 불구하고 행위자를 처벌하게 되기 것이고, 이는 결국 새로운 구성요건이나 형벌규정을 창설하는 것과 다를 바 없게 된다 할 수 있다.

유추해석금지의 원칙은 죄형법정주의, 형법의 보장적 기능, 자의적 국가형벌권 행사로부터 일반국민의 기본권 보장 등의 이념 하에 형법에서 중요한 위치를 차지하고 있지만, 이 원칙을 적용시킴에 있어서 많은 어려움이 따른다. 즉 형법해석의 본질적 의미로서 어느 정도 까지 허용되며, 어느 한도를 넘는 해석은 이른바 '유추해석'으로서 금지되는가 하는 문제의 해결이 매우 어렵기 때문이다. 허용되어지는 해석과 금지되는 유추의 한계를 설정해야 할 이와 같은 문제는, 법해석 자체가 사실상 유추적 사고를 기초로 하고 있으며 법의 본질이

17) 이에 대해 유추적용금지는 명확성의 원칙을 실무적용의 모습에 연장한 것에 불과하다고 하는 주장이 있다. 유추해석금지는 사실상 법관에게 법률규정을 준수하도록 강제케 하는 것으로서 결국 명확성의 원칙을 전제로 할 때는 새삼 재론될 여지가 없고, 반대로 명확성의 원칙이라는 이념은 사실상 유추해석의 금지를 통해서 실질적으로 보장된다는 것이다. 이에 대하여는 배종대, 『형법총론』, 132면 참조.

18) 이형국, 『형법총론연구 I』, 61면 ; 이재상, 『형법총론』, 23면 이하 ; 박상기, 『형법총론』, 33면 이하 ; 김일수, 『한국형법 I (총론 상)』, 217면 ; 정영석, 『형법총론』, 57면 ; 손해목, 『형법총론』, 62면.

유추적이기 때문에[19] 나타나는 문제들이다. 카우프만(Kaukmann)에 의하면 법은 구체적인 개별적 사안들을 유형화시켜 귀납적인 추론의 과정을 거쳐 추상적인 문언의 형식으로 구성되는 것이 본질적인 모습이므로, 이를 다시 구체적인 사안에 적용시키기 위해서는 추상적인 의미를 구체적인 개별사안에 포섭시키는 연역적인 추론의 과정을 거치게 된다고 한다.[20] 그리고 연역적인 추론의 과정에서 법해석의 한계로 인정되는 기준은 '법문의 가능한 의미'(möglicher Wortsinn) 안에서의 추론이라 할 수 있으며, 이를 넘어서는 추론은 문리해석의 한계를 벗어나는 것으로 평가된다. 따라서 형법에서는 특히 죄형법정주의의 이념에 따른 보장적 기능의 강화의 요청에 따라 이와 같이 문리해석의 한계를 경계지우는 문언의 가능한 의미 안에서 법문의 의미를 발견하는 것이고, 이를 기준으로 허용되는 해석과 금지되는 유추가 구별된다고 할 수 있다.[21] 그러나 어려운 문제는 바로 이와 같은 문언의 가능한 의미가 실제로 분명하게 구별될 수 있는 가하는 점이다. 문언의 가능한 의미가 법관이 법해석을 하기 전에 이미 확정되어 있어서 법관이 이를 단지 발견하는 것으로 족한지 혹은 법관의 법해석을 통해서 비로소 형성되는 것인지가 불분명하기 때문이다. 그리고 최근의 대법원의 판결에서 나타나는 의견의 차이도 결국은 문언의 가능한 의미 내의 해석 기준에는 동의하지만, 그것의 실질적인 내용에 관해서는 서로 의견이 다르게 나타나기 때문에 상호 대립적인 해석의 기준을 제시하는 것이라 할 수 있다.

형법의 해석에서 허용되는 해석과 금지되는 유추를 구별하는 기준을 언어의 가능한 의미에서 찾아야 한다고 독일연방법원에서 판단하였지만, 그것의 실질적인 기준에 관해서는 형법학자와 법철학자들 사이에서 논란이 계속되었

---

19) 카우프만은 법의 형성과 이를 적용하는 관점에서의 유추적 추론방식의 필연적 연계성을 주장한다. 법은 본질적으로 당위적 이념과 존재사실적 사태관계 속에서 유추적 상응에 의하여 탄생되고, 또한 당위적 규범이 구체적이며 사실적인 생활사태와의 관계 속에서 유추를 통해 이상적으로 일치되고 상응되는 모습에서 법의 적용 또는 법의 발견이 이루어질 수 있다고 강조한다. Kaufmann, *Analogie und Natur der Sache*, 1982, S. 59.

20) Kaufmann, *Analogie und Natur der Sache*, 1982, S. 50ff..

21) Engisch, *Einführung in das juristische Denken*, 1983, S. 150

다. 예를 들어 삭스(Sax)는 이는 단지 형식적인 기준에 불과하고 구체적인 사례의 해석과정에서 법문의 목적과 관련되어 실질적으로 밝혀질 수 있다고 주장하였다.[22] 삭스에 의하면 해석과 유추를 구별하여 평가하려는 관점은 지지될 수 없으며 유추는 사실상 목적론적 해석과 동일하다고 주장하였으며, 따라서 법문의 의미와 취지에 합치될 수 있는 모든 법적용은 바로 해석의 범위로 포함되므로 결국 유추와 해석은 구별될 수 없다고 강조하였다.[23] 카우프만도 허용되는 해석과 금지되는 유추의 기준으로 일반적으로 제시되는 이른바 가능한 언어의 의미의 한계를 설정한다는 것은 존재론적으로 결코 있을 수 없으므로 양자를 구별할 수 없다고 강조하였다. 모든 의미가 내재된 개념이란 결코 임의적으로 평가될 것이 아니라 오직 유추적으로만 가능하기 때문에, 모든 해석방법은 필연적으로 유추적 방법을 통하는 것이고 따라서 법해석으로서의 법발견의 모든 과정은 유추적인 특성을 가질 수밖에 없다고 강조하였다.[24] 하쎄머(Hassemer)는 죄형법정주의원칙은 '허용될 수 없는 과도한 확장해석'을 금지함으로써 그의 진정한 의미를 실현시킬 수 있으므로, 이러한 관점에서의 유추는 금지되지만 해석과 유추를 구별시킬 수는 없고, 따라서 유추과정을 통해 인정되는 해석의 방법을 부정할 수 없다고 주장하였다.[25] 또한 슈미트호이저(Schmidhäuser)에 의하면 해석과 유추의 구별은 법문 상에서 나타나는 것이 아니라 이에 대한 해석에서 찾아지는 것으로서, 양자를 구별하는 객관적 기준은 존재하지 않으며 결국 죄형법정주의 이념의 요청에 따라 유추해석금지의 원칙을 법관에게 호소라는 형태로 부과할 수밖에 없다고 하였다. 즉 법관의 지식과 양심에 따라 이와 같은 이념을 평가하여 판단할 수밖에 없다고 강조하였다.[26]

---

22) Sax, *Der strafrechtliche Analogieverbot*, 1953, S. 81ff

23) Sax, *Der strafrechtliche Analogieverbot,* 1953, S. 147ff ; Heller, *Logik und Axiologie der analogen Rechtsanwendung*, 1961, S. 135ff ; Schünemann, *nulla poena sine lege?*, 1978, S. 17ff.

24) Kaufmann, *Analogie und Natur der Sache*, 1982, Fn. 5

25) Hassemer, *Tatbestand und Typus*, 1978, S. 162ff. 165; Straßburg, *Analogieverbot-Formalgrenze oder Wertungsgrenze?*, 1974, S. 108ff ; Schünemann, *nulla poena sine lege?*, 1978, S. 8.

26) Schmidhäuser, *Strafrecht, Allgemeiner Teil*, S. 112 ; *Schünemann, nulla poena sine lege?*,

이러한 주장에서 알 수 있듯이 형법에서 죄형법정주의의 요청에 의하여 문언의 가능한 의미라는 형식적인 기준에 따라서 허용되는 해석과 금지되는 유추의 한계를 경계지우는 실질적인 기준을 찾을 수 없으며, 목적론적 해석이나 불법유형 혹은 죄형법정주의의 취지에 부합한 평가가 되기 위한 당위성을 제시하는 모습으로서의 전환이 요구된다고 할 것이며, 결국 구체적인 법해석방법론에 따른 대안이 요구된다고 할 수 있다.

2. 논리적·체계적 해석

법을 해석하는 작업의 우선순위는 법문의 의미를 언어의 일상적인 의미에 따라 해석하고, 언어의 구문구조의 용법에 따라서 해석하여 법령의 의미를 밝히고 그 의미를 사안에 적용하여 이루어지는 작업이지만, 종종 법문의 의미가 명확하게 밝혀지는 않는 경우가 있으며 더러는 하나의 동일한 사안이라도 여러 법규가 중복되어 관련되는 경우에는, 관련되는 여러 법규의 논리적, 또는 전체 체계적인 관계를 올바르게 파악하지 못한다면, 아무리 법규의 문언의 의미를 충실하게 파악하여도 합리적인 법해석과 적용이 이루러진다고 할 수 없게 된다. 이러한 경우에는 단순한 문리해석과는 별도로 법규의 논리적 맥락 및 체계적 관계를 이해하고 합리적인 해석의 기준이 찾아져야 한다. 일반적으로 법규의 구성은 단일한 사태만을 예상해서 이루어지는 것이 아니라 관련되는 사항들을 유형화시켜서 공통적인 기준에 따라 체계화되어진 것이므로, 직접 관련되는 해당 법규의 의미만을 고려하여 판단하는 것보다는 그러한 법규정이 속하는 일정한 법체계 전체의 논리적 맥락에 따라서 해석하는 방법이 합리적인 법해석이라고 할 수 있다.

이와 같은 문리적 해석에 의한 경우가 아닌 논리적·체계적 해석방법에 따른 해석이 오히려 합리적이라고 평가될 수 있는 구체적인 예를 들면, 형법 제302조에서 규정하고 있는 '위계나 위력 등에 의한 미성년자간음죄'에 있어서의 미성년자의 범위를 밝히는 경우이다. 형법은 법익의 종류와 체계에 따라서 개별

1978, S. 19

범죄구성요건을 규정하고 있으므로, 제302조 규정은 제32장에서 규정하고 있는 '강간과 추행에 관한 죄'의 체계 내에 속하고 있는 것으로 평가할 수 있으며, 따라서 같은 체계에 속하는 형법 제305조에서 '13세 미만의 미성년자에 대한 의제강간죄'를 규정하여, 만 13세 미만의 자에 대해서는 폭행, 협박의 수단의 사용여부와 관계없이 강간죄로 처벌되므로, 이 규정과 논리적·체계적으로 연관시켜 해석하면, 13세 미만의 미성년자는 제305조에 적용되고, 제302조는 13세 이상 20세 미만에 해당하는 미성년자에만 국한되어 적용된다고 해석할 수 있는 것이다.

그리고 최근 소위 '실화죄판결'에서는 과실로 타인소유의 일반물건을 소훼한 경우에 형법 제170조 제2항이 적용될 수 있는 가가 문제되었다.[27] 형법 제170조 제2항은 '과실로 인하여 자기의 소유에 속하는 제166조(일반건조물)또는 제167조(일반물건)에 기재한 물건을 소훼하여 공공의 위험을 발생하게 한경우를 처벌한다'는 규정이다. 이 규정에서 문언의 구조에 따른 의미는 '자기의 소유에 속하는'이라는 수식어가 제166조와 제167조 모두에 적용되는 것으로 해석되어지고, 따라서 자기의 소유에 속하는 제166조 및 자기든 혹은 타인의 소유에 속하든 불문하고 제167조에 해당하는 것으로 해석되어지지 않기 때문에, 결과적으로 타인 소유의 일반물건의 경우는 적용되지 않는 것이 되는 것으로 해석되어, 타인의 과수원에서 일하다가 실수로 불을 내 타인소유의 사과나무를 소훼한 당해 사건에 대하여 하급심은 무죄로 판결하였다. 그러나 방화죄 및 실화죄의 전체를 규정하고 있는 형법 제13장은 자기소유보다 타인소유의 물건을 방화하거나 실화한 경우에 더욱 중하게 처벌한다는 취지가 체계적·논리적 해석으로 평가되기 때문에, 이 경우 자기의 물건을 과실로 소훼한 경우는 제170조 제2항의 문리적 해석에 따라 처벌되지만, 타인소유의 물건을 과실로 소훼한 경우에는 처벌되지 않는 다는 것이 매우 불합리하다는 비판이 제기되었었다. 이

27) 이상돈, "법률해석의 한계", 「법이론」, 1997, 121면 이하 ; 신동운, "형벌법규의 흠결과 해석에 의한 보정의 한계", 『판례월보』, 1995/3, 29면 ; 오영근, "형벌법규의 해석", 『형사판례연구』 제4집, 1996, 210면 ; 김영환, "형법해석의 한계", 『형사판례연구』 제4집, 1996, 14면 ; 김영환, "형법상 해석과 유추의 한계", 『저스티스』, 1997/3, 77면 이하 : 이러한 논쟁을 묶어서 정리한 신동운외, 『형법해석의 한계』, 2000 참조

러한 관점에서 대법원은 다수의견에서 관련조문을 전체적으로 논리적·체계적으로 해석하여, 형법 제170조 제2항에서 말하는 '자기의 소유에 속하는 제166조 또는 제167조에 기재한 물건'이라 함은 '자기의 소유에 속하는 166조에 기재한 물건 또는 자기의 소유에 속하든 혹은 타인의 소유에 속하든 불문하고 제167조에 기재한 물건'을 의미하는 것이라고 해석함으로써, 논리적·체계적 해석방법을 근거로 하급심의 판결을 뒤집고 결과적으로 피고인에게 불리한 확장해석을 한 것으로 평가할 수 있다.[28)]

법의 논리적 체계구성은 외면적 체계구성 및 형식적 체계구성에서뿐만 아니라 가치결단의 내적 체계인 목적론적 법원칙의 체계에 있어서도 통일적이어야 한다. 일반적인 법원칙을 찾아내는 것과 그리고 이러한 일반적인 법원칙으로부터 모든 법개념과 법명제의 내적 연관성을 밝혀내는 것은 법학의 가장 어렵고 중요한 과제라 할 수 있다. 따라서 이러한 내적 체계를 구성하는 법원칙들은 모든 법규에서 귀납적 추론을 통해서 도출하여야 하며, 선험적인 법이해에 의해서 연역적으로 추론되어서는 안 될 것이다. 또한 이러한 내적 체계의 기본적인 법원칙 아래에는 다시 하부체계가 존재하고 그 체계마다 별도의 보다 구체적인 원칙들이 연관되어 공동으로 작용한다고 할 것이다. 따라서 논리적, 체계적 해석방법론에서는 모든 법규가 이처럼 유기적으로 연관되어 있는 전체 체계 속에서의 기본적인 법원칙의 의미를 고려하여 해석되어야 한다고 주장한다.

3. 역사적·주관적 해석

사비니가 특히 강조한 역사적·주관적 해석방법은 입법자가 특정한 법률을 제정하면서 의도했던 입법취지에 맞게 법률의 의미를 파악하는 법해석방법론을 지칭하며, 입법자가 의욕한 입법의 규제의도, 목적 및 규범표상을 고려하여 입법자의 목적을 달성하기에 꼭 필요한 의미로 법률문언의 의미를 확정하

28) 김대휘, "형법해석의 한계와 법방법론", 신동운 외, 『형법해석의 한계』, 2000, 127면 이하 참조 : 오세혁, "한국에서의 법령해석", 『법철학연구』, 2003, 119면 이하 참조

는 법해석 방법론이라고 할 수 있다.[29] 입법자의 입법취지를 고려하여 해석한다는 의미에서 역사적이며, 입법자의 주관적 입장을 고려하여 해석한다는 의미에서 주관적 해석방법론이라고 할 수 있는 이 해석방법론에 의하면, 현재의 법문의 문언적 의미에 구속되지 않고 입법 당시의 정치적, 사회적, 이념적, 경제적, 사회적 상황 등을 총체적으로 고려하여 입법자의 입법의도를 추론하고 이에 따라 해석하는 방법으로, 법률의 성립과정에서의 논의가 법규범의 진정한 의미를 확정하는데 중요한 참고자료가 될 수 있기 때문에 올바른 법해석방법론으로서의 가치를 가진다고 할 수 있다.[30] 그러나 입법자의 의도라는 것이 그 내용이 극히 다양하고 그 자체로 불확정적이며, 또한 해석자의 법이론, 언어이론, 정치철학 및 제반 가치관에 의해서 달라질 수 있으며, 게다가 입법준비 자료가 부실하거나 혹은 그러한 것들이 제대로 보관되지 못해서 활용될 수 없는 경우에는, 입법자의 의도를 정확히 파악할 수 없다는 한계가 설정된다. 따라서 역사적·주관적 해석방법은 입법의 역사적 배경이나 입법과정이 비교적 분명할 경우에 복합적 논거의 하나로 활용될 뿐 일반적인 법해석방법론으로 인정될 수는 없다고 판단된다. 그러므로 역사적·주관적 해석방법은 문리적 해석에 반하거나 헌법합치성을 잃은 경우에는 한발 물러나야 할 것이며, 입법자의 목적이 분명하게 명확하지 않거나 또한 상충되는 목적들을 함께 실현하려고 했을 경우에는 한계에 부딪히게 된다고 할 수 있다.[31] 또한 역사적·주관적 해석방법은 무엇보다도 입법자의 의사를 중시하게 되므로 현재의 법발견이 과거의 입법자의 의사에 절대적으로 종속되고 또한 현재의 법해석이 과거의 입법의 역사 속에 이미 설정되어 평가되므로, 법관이 자유로운 판단에서 법을 해석하는 것이 아니라 입법자에 종속되어 법을 해석하는 것이 될 뿐이라는 비판이 제

---

29) Larenz/Canaris, *Methodenlehre der Rechtswissenschaft*, 3. Aufl., 1995, S. 315ff.

30) 이 판결에 대하여 신동운 교수는 대법원의 다수의견과 달리 형법 제170조 제2항의 규정이 입법상의 결함이라고 전제한 후 이러한 결함이 법해석을 통해서 보충될 수 있다고 주장하였다. 즉 입법자가 지나치게 좁은 의미의 표현을 사용한 것과 같은 법전편찬상의 중대한 결함이라고 판단하고, 이는 해석에 의하여 교정될 수 있다고 주장하였다. 이에 관해서는 신동운, "형벌법규의 흠결과 해석에 의한 보정의 한계", 『판례월보』, 1995, 21면 이하 참조

31) 심헌섭, "법철학적 법학방법론-법철학과 합리적 법학방법", 『서울대학교 법학』, 제24권 제1호, 1983, 9면 : 오세혁, "한국에서의 법령해석", 『법철학연구』, 2003, 119면 이하 참조

기된다. 이러한 입장에 의하면 법관이 법률의 문언이나 법률의 의미에 기속되는 것이 아닌 입법자의 의도에 기속되는 입법자의 우월적 지위를 인정하게 되는 결과가 된다고 할 수 있다.

대법원판결에서 나타난 역사적·주관적 해석방법의 예는 이른바 '금액판결'에서 찾아볼 수 있다. 이 판결은 형법 제55조 제1항 6호에서 "벌금을 감경할 때는 그 다액의 2분의 1로 한다"고 명문으로 규정하고 있음에도 불구하고, 법정형이 벌금의 상한과 하한을 함께 규정하고 있는 경우에 하한도 감경될 수 있는지의 여부가 논란이 되었던 사건이었다. 이 사건에서 대법원의 다수의견은 법전편찬위원회의 형법기초자가 착오로 원래 '금액'으로 해야 할 것을 '다액'이라고 잘못 표현한 것으로 해석하여,[32] 당해사건에서의 벌금의 경우도 상한은 물론 하한도 감경될 수 있다고 판단하여 입법자의 주관적 의도에 따른 수정해석을 시도하였다.

4. 목적론적·객관적 해석

목적론적·객관적 해석방법은 법질서에서 객관적으로 요구된 이성적인 목적에 따라서 법규의 의미를 찾는 해석방법론이다. 법질서에서 객관적으로 요구된 이성적인 목적은 현행법질서 안에서 이성적 논의를 바탕으로 결정하려는 주체가 법문의 의미와 입법의 목적, 입법을 통해서 추구하려는 이념과 가치, 현재의 상황에 대한 인식과 분석, 전체 법질서의 체계와 논리적으로 부합되는 해석의 한계 등을 고려하여 설정되어 진다.[33] 이러한 목적론적·객관적 해석방법론에 의할 때 법해석이란 입법자가 이미 고려하였던 것을 단순히 다시 반복하는 것이 아니라, 입법자의 의사가 지향하는 법의 정신을 다시금 새로운 상황을 고려해서 찾아내는 작업이라 할 수 있으며, 따라서 목적론적·객관적 해석에서 법관은 단지 과거의 입법자의 결정에 종속되는 것이 아니라 현재의 법상황에 따라서 입법의 취지를 새롭게 밝혀내는 기능을 가진다고 할 수 있다. 법

32) 대법원 1978.4.25. 선고 78도246 판결 참조

33) Alexy, *Theorie der juristischen Argumentationen*, 1978, S. 296

의 참된 의미는 과거의 입법에 의해서 결정되는 것이 아니라 현재의 상황에 맞게 입법의 정신을 계승시키는 것이므로, 입법된 법률의 문언도 단순히 의미론적 해석에 머무를 필요는 없을 것이다. 또한 법의 해석에 있어서도 법률의 내재적 체계에 국한해서 머무를 필요가 없으므로, 목적론적·객관적 해석은 객관적인 법의 정신과 이념에 따라 법률의 문언을 보충하고 또 필요한 경우에는 법률의 문언에 반하다라도 법의 정신을 실현시키기 위하여 초월적인 법해석이 인정된다고 할 수 있다. 따라서 목적론적·객관적 해석방법은 법률의 문언과 논리적 체계에 국한되지 않고 법의 이념과 가치, 법의 정신을 실현시키기 위해서 법률의 체계를 초월하는 체계초월적 해석의 방법론으로서 평가된다.

공무원이 직무수행 중 불법행위로 타인에게 손해를 입힌 경우 공무원 개인이 불법행위에 기한 손해배상책임을 부담하는지 여부가 쟁점이 되었던 사건에서 대법원은 다양한 목적론적 해석의 방법을 시도하였다.[34] 그리고 최근에 대법원은 문리해석에 따른 결과가 논리적·체계적 해석 또는 목적론적·객관적 해석에 비추어 불합리한 결과에 이른다고 판단될 경우에는, 과감하게 문리를 이탈하여 다른 해석방법을 선택하여, 죄형법정주의 이념에 따른 피고인에게 불리한 유추해석의 금지라는 형법해석에서의 한계를 넘는 시도하기도 하였다. 이처럼 극명하게 문리해석보다 목적론적 해석을 선택한 대법원의 판결로, 폭력행위등처벌에관한법률에서 규정하는 '위험한 물건의 휴대'에 관한 해석의 예를

34) 대법원 다수의견에 의하면, 국가배상법의 입법취지는 공무원의 직무상 위법행위로 타인에게 손해를 끼친 경우에, 변제자력이 충분한 국가에게 선임감독상 과실 여부에 불구하고 손해배상책임을 부담시켜 국민의 재산권을 보장하되, 공무원이 직무를 수행함에 있어 경과실로 타인에게 손해를 입힌 경우에는 그 직무수행상 통상 예기할 수 있는 흠이 있는 것에 불과하므로, 이러한 공무원의 행위는 여전히 국가 등의 기관의 행위로 보아 그로 인하여 발생한 손해에 대한 배상책임도 전적으로 국가 등에만 귀속시키고, 공무원 개인에게는 그로 인한 책임을 부담시키지 아니하여 공무원의 공무집행의 안정성을 확보함에 있다고 평가하였다. 이에 대하여 별개의견에 의하면 경과실의 경우에도 공무원 개인의 배상책임이 면제되지 않는다고 해석하여 공무원의 직무수행의 안정성보다도 피해자보호를 더욱 고려하는 목적론적 해석에 중시하였다고 평가할 수 있으며, 그리고 반대의견은 국가배상책임의 본질을 대위책임으로 해석하여 국가 등이 직접 피해자 개인에게 책임을 부담하여 피해자를 두텁게 보호할 수 있으며, 아울러 공무원의 직무수행의 안정성을 확보하기 위하여 고의 또는 중과실이 있는 경우에도 공무원 개인은 피해자에 대하여 손해배상책임을 부담하지 않는다는 목적론적 해석을 하였다. 이에 관해서는 대법원 1996. 2. 15. 선고 95다38677 전원합의체 판결 참조

들 수 있다.[35]

그러나 목적론적 해석의 적정성은 궁극적으로 입법목적이 얼마나 정확한지, 또 해석자가 이를 어떻게 정확하게 파악하는지에 달려있다고 할 수 있다. 만일 입법목적이 명확하지 못하고 따라서 해석자의 관점에 따라서 다르게 평가될 여지가 크다면, 입법목적은 결국 법관의 다양한 가치관과 고려하는 관점에 따라서 다르게 나타나게 될 것이다. 따라서 사회적 합의에 의한 합리적인 기준이 제시되지 못하면 목적론적 해석을 가장한 자의적이고 독단적인 법해석이 나타날 위험성을 배제할 수 없다. 법은 입법자의 가치평가의 결정체로 볼 수 있으므로 이에 따른 가치 정향적 법판단과 가치 평가적 방법론에 의해서 올바른 법의 의미를 찾을 수 있다. 따라서 목적론적·객관적 해석방법론은 다양한 법의 이념과 가치, 법이 실현하려는 목적, 법을 통해서 규율하는 사회적 현실 등을 합목적적으로 평가하는 방향에서 정당한 법해석방법론으로 안정될 수 있을 것이다.

5. 법률의 흠결과 보충

법학방법론의 일반적인 해석원칙인 법률의 문언의 가능한 의미라는 기준이 가지는 기능은 법을 적용하는 법관이 법률의 문언적 의미에 해당되는 사안에 대해 법을 찾아내는 작업으로서의 법발견이지만, 이와 반대로 해당사안에 대한 법적용이 법문의 가능한 의미라는 기준을 넘어서게 된다면, 이는 적용될 사안에 대하여 적합한 법규정이 존재하지 않는 이른바 '법률의 흠결'을[36] 인정하

35) 이 판결에서 대법원은, 폭력행위등처벌에관한법률 제3조가 흉기 기타 위험한 물건을 휴대하여 폭행 등의 범죄를 범한 자에 대해 가중처벌하려는 목적론적 의미이해를 바탕으로, 휴대라는 말의 일상적 의미인 손에 들거나 몸에 지닌다는 문언적 의미해석의 범주을 벗어나, 위험한 물건과 관련하여 휴대란 소지 뿐 아니라 널리 이용하여 폭행하는 경우도 해당된다는 목적론적 해석을 바탕으로, 승용차를 운전하여 폭행행위를 한 경우도 이에 해당된다고 판단하였다. 이에 관해서는 대법원 1997. 5. 30. 선고 97도597 참조

36) 법률의 흠결(Gesetzeslücke)은 입법자가 의도한 실정법의 법의미 또는 계획에 반하는 불완전성을 의미한다. 이에 관해서는 Larenz/Canaris, *Methodenlehre der Rechtswissenschaft*, 3. Aufl., 1995, S. 191ff. 참조

는 것으로서, 이러한 경우에는 보통 유추라는 추론방법에 의하여 관련되는 법의 의미를 찾아 구체적 사안에 적용할 수밖에 없게 된다. 이러한 경우에는 법관의 의한 법형성이라는 기능적 관계가 나타나게 되어, 법해석에 있어서 엄격하게 법관의 법률에의 구속을 강조하는 원칙과 대립되는 결과가 될 수 있다. 법률의 흠결 여부에 대한 판단은 실제로 법의 해석과정을 통해서 확인되어지고 동시에 흠결되는 법의 보충도 함께 이루어진다.[37] 왜냐하면 입법자가 의도한 것과 달리 법률의 해석에 있어서 흠결되는 지의 여부와 이에 따른 보충은 소위 법문의 가능한 의미 내에서의 해석이 불가능한 것으로 판단되는 경우에 결정되기 때문이다. 따라서 법률의 흠결은 법해석에 앞서서 결정되는 것이 아니라 반대로 법해석의 결과에 의해서 평가되어 진다고 할 수 있다. 법률의 흠결은 두 가지 종류로 구분되는데, 하나는 '명시적인 흠결'로서 누가 보더라도 관련되는 구체적인 사안에 적용될 법규정이 명백히 존재하지 않는 경우로, 예를 들어 형법에서의 불능미수의 중지가 이에 해당하며, 다른 하나는 '은폐된 흠결'로서 관련되는 구체적인 사례에 적용될 법규정은 존재하지만 이를 그대로 적용할 경우 매우 불합리한 결과가 나타나는 경우가 이에 해당된다. 이에 대한 구체적인 예로는 과거 독일형법에서 낙태죄와 관련되어 전개되었던 초법규적 위법성조각사유를 들 수 있다.[38] 이러한 문제는 임신부의 생명을 보호하기 위한 긴급한 상황에서 이루어진 산부인과 의사의 낙태행위의 처벌을 둘러싸고 논란이 되었었다. 당시 독일형법의 규정에 따르면 낙태행위는 예외 없이 처벌될 수밖에 없었으므로, 법문의 가능한 의미에 따른 해석의 의하면 임신부의 생명을 보호하기 위한 긴급한 상황에서 이루어진 산부인과 의사의 낙태행위는 처벌될 수밖에 없었다. 그러나 이러한 경우 일반적인 법감정에 반한다고 할 수 있으므로 독일 제국법원은 이른바 은폐된 법률의 흠결을 인정하여 초법규적 위법성조각을 인정하였다.[39] 그 후 독일은 형법을 개정하여 책임을 조각시키는 긴급피난

---

37) Larenz/Canaris, *Methodenlehre der Rechtswissenschaft,* 3. Aufl., 1995, S. 220ff. : Engisch, *Einführung in das juristische Denken*, 1983, S. 150

38) Larenz/Canaris, *Methodenlehre der Rechtswissenschaft*, 3. Aufl., 1995, S. 198ff.

39) Entscheidung des Reichsgerichts von 11. 3. 1927(RGerStr. Bd. 61, S. 242ff). wiederzitiert in Engisch, *Einführung in das juristische Denken*, 1983, S. 143

과 별도로 위법성을 조각하는 긴급피난을 형법 제34조에 새롭게 규정하여 긴급피난에 관하여 이원적 구조를 취하게 되었으며, 그리고 낙태죄의 허용사유에 관해서는 형법 제218조 a 이하에 새로운 규정 두게 되었다.[40]

법률의 흠결은 법문의 가능한 의미라는 해석의 한계를 넘어서게 되는 것으로 문리해석이라는 법해석방법론에 의한 적용으로는 올바른 법해석이 될 수 없게 된다. 따라서 새로운 방식의 법해석의 방법론이 요구되는데, 여기서는 유추, 목적론적 축소 그리고 일반적인 해석방법으로서 사물의 본성 등에 의한 보충적 방법 등이 적용된다고 할 수 있다.[41] 유추에 의한 법해석방법은 관련되는 구체적인 사례와 유사한 사안을 찾아서 이에 적용될 수 있는 법규범의 의미를 관련사례에도 동일한 원리에 따라 확대하거나 보충하는 방식으로 적용시키는 법해석방법론을 의미한다. 이에 반해서 목적론적 축소해석은 해당규범의 적용범위를 제한시켜 결과적으로 축소하여 적용시키는 법해석방법론으로 유추와 구별되며, 사물의 본성 등의 법원리에 의한 해석방법은 그 적용범위가 포괄적인 법원리를 원용하여 법률의 흠결을 보충하는 방법으로서 평가된다.[42] 형법 제251조의 영아살해죄의 행위주체인 직계존속을 생모에 국한해서 해석할 것인가 혹은 사실상의 직계존속 내지 법률상의 직계존속도 포함하는 것으로 해석할 것인지의 여부에 관해서, 대법원은 "남녀가 사실상 동거한 관계가 있고 그 사이에서 영아가 분만되었다 하더라도, 그 남자와 영아 사이에는 법률상의 직계존속 및 직계비속의 관계가 있다고 할 수 없으므로 남자가 영아를 살해한

---

40) Engisch, *Einführung in das juristische Denken*, 1983, S. 143ff.

41) 염소를 도축한 사람을 축산물위생처리법 위반으로 기소한 사건에서, 염소가 축산물위생처리법에서 정하는 "수축"(獸畜)에 해당하는지 여부가 논란이 되었고, 당시 시행중이던 축산물위생처리법과 동 시행령 및 시행규칙에서 정하는 수축 중에 양(羊)은 포함되어 있었으나 염소는 포함되지 않았었다. 이 사건에서 대법원은 죄형법정주의 원칙을 내세워 양과 염소는 다 같이 우과(牛科)에 속하는 반추하는 가축이기는 하지만, 같은 동물이라고 할 수 없고 양의 개념 속에 염소가 당연히 포함되는 것으로 해석할 수 없다고 판시하여,[1] 법률의 흠결에 따른 유추해석의 적용을 인정하지 않았다. 이에 관해서는 대판 77도405 참조

42) 이에 대해서 일반적인 법해석방법론과 흠결보충으로서의 법해석은 개념적으로 구분이 가능하다고 하더라도 구체적인 방법에 있어서 실질적으로 차이가 없으며, 특히 목적론적 축소와 유추는 동일한 논증구조를 가진다는 주장도 전개된다. 이에 대해서는 장영민. "유추해석과 목적론적 축소해석", 『형사판례연구』 제7집(1999), 9면 아하 참조

경우에는 보통살인죄에 해당한다"고 판시하여,[43] 영아살해죄에서 형벌이 감경되는 이유를 생모의 출산으로 인한 비정상적인 심리상태를 받아들이는 것으로부터 파악하여, 이러한 사정이 인정되지 않는 사실상의 직계존속인 동거남에게는 적용되지 않게 판단하는 목적론적 축소해석을 하였다고 평가할 수 있다.

6. 결론

1) 법해석방법론은 법이 규정하는 법문의 의미를 구체적 사건에 적용시키기 위한 합리적인 방법을 모색함을 목적으로 하며, 이를 위해서 앞서 전술한 문리해석 등의 다양한 법해석방법론 등이 적용될 수 있다. 그러나 이러한 법해석방법론들은 궁극적으로 법에 대한 이해와 직접적으로 관련되어 평가된다고 할 수 있다. 예를 들면, 법의 실체, 법의 본질, 법의 의미, 법의 존재론적 구조, 법의 이념, 법의 효력 등에 관한 법철학의 근본적인 문제에 대한 올바른 접근이 또한 필연적으로 올바른 법해석을 위한 방법을 제시해 준다고 할 수 있다.

2) 법실증주의는 형식적인 합법성을 갖춘 실정법만을 법으로 평가하기 때문에, 주어진 실정법의 법문의 가능한 의미를 법해석의 기준으로 설정하고 법문의 논리 및 체계를 문리적 법해석의 범주로 평가한다. 이러한 법해석은 법질서의 안정을 추구할 수 있으며, 법해석의 독립성이 인정되는 방법론으로서 평가되지만, 사회현실을 고려하는 합목적인 법해석의 차원에서는 한계에 부딪히게 된다.

3) 법사회학의 관점에서는 법의 실정성의 평가보다는 사회적 현실로서의 법제도의 의미파악에 주력하기 때문에, 법해석에 있어서도 법문의 문리적 해석에 주력하는 것이 아니라 사회의 자생적인 질서 및 사회현실을 반영하는

43) 대판 69도2285

목적과 사회현실의 이해라는 맥락에서 법해석의 기준이 결정된다고 할 수 있다. 이러한 입장은 법현실주의에서도 같은 의미로 이해될 수 있으며, 결과고려적 해석의 관점이 중요성을 띄게 되어 법의 사회적 기능성과 사회적 요구를 수용하는데 적극적이며, 또한 사회적 현실을 반영하는 법해석방법론으로 평가된다.

4) 자연법론의 입장에서의 법해석도 실정법의 문언적 의미에 구애받지 않는다는 점에서 사회학적 법학에서의 법해석과 동일한 평가가 인정되며, 무엇보다도 입법의 목적이 무엇인가를 합목적적으로 판단하는 목적론적 법해석의 방법을 선호하게 된다. 그러나 자연법론에 있어서의 법해석은 사회학적 법학이나 법현실주의와 같이 사회적 필요나 결과를 고려하여 법해석에 치중하지 않고, 도덕적 원칙에 입각하여 선험적 가치와 원리의 실현 및 구체적 타당성을 고려하여 합목적적인 법해석을 방법을 제시해 준다고 점에서 차이를 인정할 수 있다.

5) 이와 같이 법해석의 방법론은 법을 둘러싼 법학의 다양한 제 분야의 입장과 관점에 따라서 다르게 나타날 수 있으므로, 이들을 의미를 모두 고려하고 이들 상호간의 관계를 적절하게 조화시켜 올바른 방법을 찾아야 하는 어려운 작업이라 할 수 있다. 모든 법규범은 사회적 현실을 반영하여 만들어진 까닭에 사회적 실재를 가지며, 이를 통해 사회적 갈등을 해결하려는 시도로서 입법의 목적을 파악할 수 있으며, 그리고 또한 당위적 명제로서의 이념과 가치를 가지고 상호 연관되어 존재한다고 할 수 있다. 따라서 올바른 법해석방법론의 방향은 이러한 제반 법학의 의미를 조화시켜 고려하고 상호 보완적인 관계 속에서 진정한 의미의 법실현을 위한 길을 모색함에 있다. 따라서 법해석방법은 법존재의 완결성과 무흠결성을 전제로 엄격한 문리해석 및 법의 폐쇄적 체계라는 가정 하에서 형식적, 논리적 해석만을 통해서 이루어지는 것이 아니라, 법의 이념과 가치, 도덕적 원리로서의 당위적 명제 그리고 사회적 현실에 따른 제반 의미들을 고려하여 구체적으로 타당한 법해석의 방법론을 지양해야 할 것이다.

제6장 입법의 매커니즘과 법해석의 문제

1. 의의

- 범죄와 형벌은 성문법률에 의하여 규정함을 원칙으로 하는 법률주의는 그러나 범죄구성요건의 구체적 모습과 형벌의 종류 및 내용을 명확하게 규정 짓지 않으면 실질적 기능을 가질 수 없다. 즉 이와 같은 전제조건이 충족되지 못하면 결국 법관의 자의적인 판단에 의하여 범죄평가가 이루어지고, 아울러 자의적인 형벌권 행사가 나타나게 되어 결국 죄형법정주의의 이념을 보장할 수 없게 되기 때문이다. 따라서 범죄와 형벌에 관한 내용을 명확하게 규정 짓도록 하는 것을 명확성의 원칙이라 할 수 있다.

- 명확성의 원칙에 의한 요구는 죄형법정주의의 실질적 보장을 위하여 그 의미가 인정될 수 있으나, 반면에 규범의 본질적인 한계에 부딪힐 수 있다. 규범은 성격상 추상적이고 일반적인 개념을 사용하여야만 개별적이고 구체적인 모든 사실관계에 적용될 수 있는 특징을 가진다. 특히 성문법률의 형식을 통하여 모든 개별적인 사항을 구체적으로 기술하는 형식으로 규정할 수 없기 때문에, 추상적인 의미를 가지는 언어의 방식으로 규정하여야만 모든 경우를 포섭할 수 있게 된다. 특히 형법규범은 개별적인 불법행위들을 유형화시켜 구성요건으로 형식화하고, 형벌의 경우도 합목적적인 형벌의 부과라

는 이념 하에 적용을 폭을 다양하게 규정하는 형식을 택하게 된다. 예를 들어 일반조항 등에 의존하게 되는 경우를 말할 수 있다

2. 구성요건의 명확성

• 명확성의 원칙은 범죄구성요건상의 금지된 행위의 의미를 명확하게 규정할 것을 요구한다. 즉 구성요건은 가능한 명백하고 기술적인 개념을 사용하여야만 일반인의 관점에서 그 의미를 쉽게 평가할 수 있다. 따라서 불특정개념이나 구체적 내용이 결여된 구성요건은 명확성의 원칙에 위배된다.

• 그러나 구성요건은 규범의 본질적 특성상 또는 기타의 목적 때문에 순수한 기술적 요소로만 규정할 수 없는 한계가 있다. 예를 들어 개방적 구성요건요소이라든지 규범적 구성요건요소 등의 경우에서처럼 일반적이거나 규범적 개념을 사용할 수밖에 없기 때문에, 명확성의 원칙에 의한 요구로 이들 개념의 사용을 금지할 수 없는 딜레마에 빠지게 된다. 따라서 구성요건의 명확성의 원칙이 어느 정도까지 한계를 설정하여 평가될 수 있는가에 관한 모습은 여러 기준에 따라 평가하여 구체적으로 합리적인 방안을 모색하여야 할 것이다.

1) 판결에 의한 구체화 가능성

• 독일연방헌법재판소는 법문의 의미가 약간 애매하더라도 법원의 판결에 의해 의미가 구체화될 수 있는 경우는 명확성의 원칙에 위배되지 않는다고 한다.(BVerfGE 14, 245 ; 26, 41)

• 이러한 주장은 그러나 결국 법원에 의한 자의적인 판단을 정당화시켜줄 뿐 구체적 기준을 제시하기 어렵다고 할 수 있으며, 입법부의 법제정의 권능을 사법부에 의하여 결정토록 함으로서 삼권분립의 이념과도 합치할 수 없다 할 것이다.

2) 최대한의 구체화 가능성

- 입법자가 제정 시 최대한으로 구체화시킬 수 있었는가에 의하여 명확성의 원칙과 조화될 수 있음을 판단하는 입장이다.
- 마찬가지로 구체적인 판단기준으로 작용할 수 없는 주관적 평가에 의존하는 주장이라 할 수 있다.

3) 구성요건표지의 점용비율에 따른 기준

- 이는 구성요건의 명확성의 기준은 양적으로 판단하여, 형법조항 내에 개별적 범죄행태의 한계에 관하여 충분히 확정될 수 있는 구성요건표지의 점용비율이 50%이상인 경우에 한하여 명확성의 원칙에 반하지 않는다는 주장이다.

- 이에 대하여도 50%를 기준으로 평가하는 근거가 무엇인지, 또한 개략적인 산술평가에 불과하다는 비판이 있다.

4) 해석원칙의 규제한도에 따른 기준

- 형법해석의 기본원칙에서 제시된 방법을 좇아 이 문제를 해결하려는 입장이다. 이에 따르면 형법규정을 그로부터 어떤 분명한 입법의 보호 목적이 도출될 수 있고, 또 그 문언이 임의적인 확장해석을 못하도록 일정한 한계를 설정할 수 있을 때 그 한에서 명확성의 요구를 충족시켜 주고 있다는 것이다.

- 이 같은 해석상의 기본원칙에 비추어 이른바 소위 '모욕', '공연음란' 또는 '공공의 위험' 등과 같은 규범적 가치개념은 해석원칙의 규제범위 안에서 아직도 헌법의 법치국가성의 요청에 합치된다고 할 수 있다.

- 이에 반해서 '사회질서문란'을 이유로 한 처벌 등은 법치국가성에 반하는 위헌법률조항이 된다는 것이다. 또한 독일형법 각칙상의 "풍속위반성"(제226조 a)과 "비난받을 짓"(제240조 2항) 따위의 문언은 극히 제한적

으로 해석될 때에만 그 규정의 합헌성을 인정받을 수 있다.

3. 형사제재의 명확성

- 명확성의 원칙은 구성요건의 내용뿐만 아니라 당연히 형사제재에 있어서도 요구된다. 즉 형벌과 보안처분에서도 그 내용이 명확하여야 한다. 그러나 범죄에 대한 형벌이 명확하게 규정되어야 한다고 해서 획일적으로 절대적 형벌만을 규정하는 것 또한 불가능할 뿐 아니라, 형사정책적 의미에서의 형벌의 목적이라는 측면에서도 바람직하다고 볼 수 없다. 따라서 일정한 범위내로 형벌 및 보안처분의 모습을 가능한 한 명확하게 규정하는 것이 가장 효과적이라 할 것이다.

- 형사제재의 명확성의 원칙은 이와 같이 현실적이고도 형사정책상의 요구 때문에 구성요건의 경우처럼 엄격한 명확성을 지켜야만 하는 것은 아니다. 따라서 일정한 범위 내에서 구체적 형벌을 결정할 수 있도록 상대적으로 법관에게 많은 부분을 위임할 수 있으며, 다만 일정범위내의 한계가 어느 정도인지에 관하여는 양형이론에서도 많은 논란이 있다.

- 이와 같이 형사제재에서 이른바 상대적인 명확성이 인정되므로 구체적인 형벌은 결국 모든 경우에 법관의 양형작업을 통해서 이루어지게 된다. 형벌의 구체적 모습을 정함에 있어서 책임원칙의 근본요청에 따라 기준을 행위자의 책임에서 정하고 일정한 폭의 범위에서 개별적인 예방목적을 고려하여 결정할 수 있다

제7장 유추해석금지의 원칙(Analogieverbot)

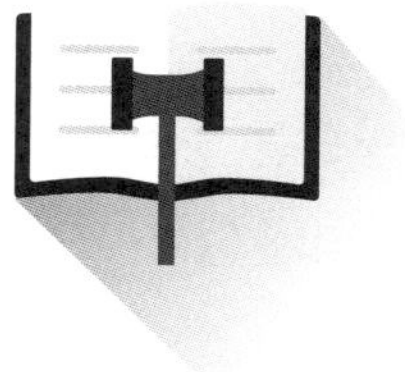

1. 의의

- 형법규범은 불법적 행위를 유형화작업을 통하여 만들어지므로 추상적인 개념으로 구성되어짐이 필연적이다. 따라서 구체적 사례에 적용시키기 위해서는 해석이라는 방법을 통해서 이루어진다.

- 일반적으로 법의 해석은 법문언의 일반적인 의미를 평가하여 개별적인 사항을 포섭시키는 과정으로서, 개념을 평가하고 실질적인 적용의 모습을 결정하는 작업이지만, 본질적 의미나 해석의 한계등과 관련하여 보는 관점에 따라 그리고 적용되는 의미의 평가와 관련하여 다양한 모습을 띄게 된다.

- 엄격한 법실증주의적 해석방법론에 의한다면 법문언의 내용과 일치되어 해석함이 요구되기도 하지만, 반대로 문언적 의미와 관계없이 현실적인 모습에 따라 자유로운 평가의 모습을 강조하는 자유법론에서의 해석방법에 따르면, 규범의 체계나 형식에 억매이지 않고 구체적이고 다양한 현실의 의미에 적극적으로 대처하여 비교적 자유로운 법해석·적용의 모습이 인정되기도 한다.

- 형법에 있어서는 법규범의 의미가 명확하고 규범의 의미를 일반이 이해하고 평가할 수 있게 하여 이에 따라 자신의 행위성을 결정할 수 있어야 함이 요구되므로, 규범의 내용을 해석함에 있어서도 가능한 명확하고 예측가능토록 하는 한계 내에서의 해석의 방법론이 요구된다고 할 수 있다.

- 따라서 법해석의 다양한 방법들 중에서 일반적인 문리적 해석방법을 택할 수밖에 없으며, 법문에 명시되지 않은 모습에서 다른 사실에 해석을 유추하는 방법은 허용될 수 없다. 이와 같이 일정한 행위에 적용할 형법규범이 없는 경우에 유사한 성질의 사항의 규정을 적용하여 해석하는 유추해석은 형법에서 인정될 수 없는 것을 유추해석의 금지라고 할 수 있다.

- 유추해석은 사법영역에서는 법발견(Rechtsfindung)의 수단으로서 널리 통용되지만 형법에서는 형법의 보장적 기능이라는 입장에서 그리고 죄형법정주의의 이념과 가치에 의하여 금지됨이 당연하다. 만일 법률에 의하여 규정된 것과 유사한 사례에 대하여 이 규정을 유추적용 한다면, 그 행위의 가벌성이 법률에 의하여 실정화되지 않았음에도 불구하고 행위자를 처벌하게 되기 때문이다. 이는 새로운 구성요건이나 형벌규정을 창설하는 것과 다를 바 없게 된다 할 수 있다.

2. 적용범위

- 유추해석금지의 원칙은 형법의 모든 구성요건, 그리고 형벌과 보안처분 등의 모든 형사적 제재 등에 관련하여 적용된다. 즉 형법각칙에서 규정하는 개별적인 구성요건들 뿐만 아니라 형법총칙상의 가벌성 근거요소 및 형벌제한규정 등에 대하여도 유추해석이 금지된다. 따라서 정당화 사유, 면책사유, 인적처벌조건 및 객관적 처벌조건 등 행위자에게 불리하게(analogia in malam partem) 유추적용하는 것이 금지된다.

- 소송법의 규정에 대하여는 유추해석금지가 적용되지 않는다는 주장이 다수이지만, 실체법상의 객관적 처벌조건이나 인적처벌조각사유 등과 같이 범죄성립 및 가벌성에 직접적으로 연관되어 의미가 인정되는 요소 등에 대하여는 유추적용을 금지해야 한다는 주장도 있다.

3. 허용되는 해석인가 혹은 금지되는 유추인가?

- 유추해석금지의 원칙은 죄형법정주의, 형법의 보장적 기능, 자의적 국가형벌권 행사로부터 일반국민의 기본권 보장 등의 이념 하에 형법에서 중요한 위치를 차지하고 있지만, 이 원칙을 적용시킴에 있어서 많은 어려움이 따른다.

- 형법해석의 본질적 의미로서 어느 정도까지는 허용되며, 어느 한도를 넘는 해석은 이른바 '유추해석'으로서 금지되는가 하는 문제의 해결이 매우 어렵기 때문이다. 허용되어지는 해석과 금지되는 유추의 한계를 설정해야 할 이와 같은 문제는, 법해석 자체가 사실상 유추적 사고를 기초로 하고 있으며 법의 본질이 유추적이기 때문에 나타나는 문제들이다.

- 카우프만(Kaufmann)은 법의 형성과 이를 적용하는 관점에서의 유추적 추론방식의 필연적 연계성을 주장한다. 즉 법은 본질적으로 당위적 이념과 존재사실적 사태관계 속에서 유추적 상응에 의하여 탄생되고, 또한 당위적 규범이 구체적이며 사실적인 생활사태와의 관계 속에서 유추를 통해 이상적으로 일치되고 상응되는 모습에서 법의 적용 또는 법의 발견이 이루어질 수 있다고 강조한다

- 삭스(Sax)에 의하면 해석과 유추를 구별하여 평가하려는 관점은 지지될 수 없으며 유추는 사실상 목적론적 해석(teleologische Auslegung)과 동일하다고 주장한다.

- 그에 의하면 유추란, 법문에서 규율되는 사례와 규율되지는 않았지만 그 안에서 목적론적으로 평가할 때 법문의 의미 안에 속할 수 있는 사례를 목적론적 법해석의 관점에서 논리적이고 법적으로 합치시킬 수 있는 추론방법을 의미한다. 따라서 법문의 의미와 취지에 합치될 수 있는 모든 법적용은 바로 해석의 범위로 포함되므로 결국 유추와 해석은 구별될 수 없다는 것을 의미한다.

- 카우프만(Kaufmann)에 의하면 허용되는 해석(zulässige Auslegung)과 금지되는 유추(vervotene Analogie)의 기준으로 일반적으로 제시되는 이른바 '가능한 언어의 의미'(der mögliche Wortsinn)의 한계를 설정한다는 것은 존재론적으로 결코 있을 수 없으므로 양자를 구별할 수 없다고 주장한다.

- 그에 의하면 모든 의미가 내재된 개념이란 결코 임의적으로 평가될 것이 아니라 오직 유추적으로만 가능하기 때문에, 모든 해석방법은 필연적으로 유추적 방법을 통하는 것이고 따라서 법해석으로서의 법발견(Rechtsfindung)의 모든 과정은 유추적인 특성을 가질 수밖에 없다고 강조한다.

- 따라서 죄형법정주의이념을 포기하고자 하는 것으로서가 아니라 다만 유추 안에서 믿을 수 있는 표지를 통해 죄형법정주의를 실현시키고자 하였다. 이러한 의미에서의 기준을 카우프만은 불법유형으로 규정하고 이를 기준으로 한계를 설정할 수 있다고 한다.

- 하쎄머(Hassemer)는 죄형법정주의원칙은 '허용될 수 없는 과도한 확장해석'을 금지함으로써 그의 진정한 의미를 실현시킬 수 있으므로, 이러한 관점에서의 유추는 금지되지만 해석과 유추를 구별시킬 수는 없고, 따라서 유추과정을 통해 인정되는 해석의 방법을 부정할 수 없다고 주장하였다.

- 슈미트호이저(Schmidhäuser)에 의하면 해석과 유추의 구별은 법문상에서 나타나는 것이 아니라 이에 대한 해석에서 찾아지는 것으로서, 양자를 구별

하는 객관적 기준은 존재하지 않으며 결국 죄형법정주의이념의 요청상 유추해석금지의 원칙을 법관에게 호소라는 형태로 부과할 수밖에 없다고 한다.

- 즉 법관의 지식과 양심에 따라 이와 같은 이념을 평가하여 판단할 수밖에 없다고 강조한다.

- 이들 주장의 공통점은 허용되는 해석과 금지되는 유추의 한계 및 구별에 대하여, 이를 임의적으로 또는 과학적으로 엄격히 구별할 수 없다는 관점에서 목적론적해석이나 불법유형 혹은 죄형법정주의의 취지에 부합한 평가가 되기 위한 당위성을 제시하는 모습 등으로 보여진다.

- 사실 법문의 가능한 의미의 기준과 한계를 법해석의 관점에서 명확하게 한정지우는 것이 불가능할지도 모른다. 그러나 유추해석금지의 형법적 당위성은 이와 같은 존재적 이유로 인해서 침해될 또는 포기될 수는 없으므로, 이러한 이념 하에서 평가하는 것이 바람직할 것이다.

제8장 법실현의 구체화 : 유추와 사물의 본성[1)]

1. 들어가는 말

- 법은 기술적으로 가능한 한 많은 구체적인 사안들에 대하여 적용될 수 있도록 일반적인 명제로 정립되어지며, 현실적으로 적용되기 이전에는 추상적인 의미를 갖는 명제로 존재한다. 이러한 추상적인 규범명제는 가치 또는 도덕적 개념 등 다양한 이념을 함유하고 있기 때문에 법관을 비롯한 모든 수범자들의 관념과 경험을 통해서 다의적으로 평가되어 진다.
- 법원의 법해석은 법의 이념과 가치 그리고 법의 목적 등을 실현시키는 과정이다. 법해석의 주체인 법관이 헌법과 법률에 구속되어 재판한다는 것(헌법 제103조)은 당연한 것으로 여기고 있지만, 그러나 실제 사건 해결에 있어 법관이 '양심에 따라 독립하여' 재판할 때 가지는 상당한 범위의 해석여지에 당황스럽기도 하고, 한편으로는 법치주의 이념, 법적 신뢰를 해치지 않을 까 하는 우려를 불러일으킨다.
- 우리나라 최고 법원의 법해석의 경우에도 "이러한 것이 법의 입법취지에 부합하므로.." 또는 "이와 같은 것이 이 법의 규율의 목적에 부합하므로.." 등

1) 김학태, "법실현의 구체화와 법학방법론: 유추와 사물의 본성", 『외법논집』 제43권 제3호, 2016, pp. 135-151에 수록된 논문을 요약, 정리한 것임.

으로 해석의 이유를 밝히고 있지만, 구체적으로 법원의 해석이 법의 입법취지나 규율목적에 부합되는 이유를 밝히지 않은 채 해석의 방법으로 사용되는 경우를 자주 발견할 수 있다. 목적론적 법해석의 적정성은 궁극적으로 입법목적을 명확하게 해석하여 적용시키는 것에 달려있지만, 입법목적이 명확하지 않고 해석하는 법관의 주관에 따라 다르게 이해될 소지가 있다면, 법관이 가지고 있는 생각을 투영한 것일 뿐 올바른 법해석을 근거지우는 기능을 하지 못하게 된다.

- 법규범은 사회생활 내재의 구체적인 법질서를 필연의 인과관계로 법칙화하고, 초현실의 자연법으로 이념화하며, 논리의 형식으로 체계화하고, 결단의 제정법으로 경직화시킨다.
- 법의 해석은 보편화가 아닌 구체화 과정 속에서 법의 의미와 적용의 맥락을 찾는 어려운 작업이고, 법이념과 법현실의 조화로운 일치됨을 목표로 한다. 따라서 법의 구체화 과정에 있어서 가장 중요한 요소는 법이념과 법현실을 조화롭게 일치시키는 근거와 기준으로 평가되는 '유추와 사물의 본성'이라 할 수 있다.

II. 법실현의 구체화(법이념과 법현실과의 상응·일치)

- 법의미 발견으로서의 모든 법인식과 법실현(Rechtsverwirklichung)은 추상적인 규범과 구체적인 생활관계가 상호 상응되어 일치되는 것을 지향한다. 따라서 양자의 상응과 일치는 단순한 삼단논법(Syllogismus)에 의하여 가능하지 않으며 언제나 목적론적(teleologisch) 판단에 의하여 가능해진다.
- 엥기쉬(Engisch)는 "법해석에 있어서 본질적인 포섭(Subsumtion)은 삼단논법이 아니고 규범적인 관점에서의 일정한 생활관계의 선택이다"[2] 라고 하였으며,

2) Engisch, *Einführung in das juristische Denken*, 7. Aufl., 1977, S.57 : ders., *Logische Studien zur Gesetzesanwendung*, 3. Aufl., 1963, S.33

- 에써(Esser)는 "법률의 모든 적용은 해석을 통해서만 가능하다. 왜냐하면 조문의 해석이 필요하지 않다는 명백한 것이라는 판단은 이미 하나의 해석에 의한 것이다"라고 주장하였다.[3]
- 따라서 법실현의 구체화는 생활관계와 규범의 상응이며, 이 과정은 일면으로는 생활관계를 규범에 동화시키는 것 그리고 또 다른 면으로는 규범을 생활관계에 동화시킴으로써 가능해진다. 따라서 법실현의 구체화는 본질적으로 법규범의 지적인 인식이 중요한 것이 아니라, 법적·규범적인 관점에서 생활관계를 분석해서 상호 의미와 가치를 일치시키는 것이 중요하다.
- 카우프만(Kaufmann)은, 법의 존재론적 구조에 기초해서 법의 생성과 실현과정을 역동적으로 추론하는 방법론을 전개하였다. 즉 기존의 일반적인 법학방법론은 법의 존재적 의미를 고려하지 않고 법규범질서만을 전제로 하여 오로지 법규범의 형식논리적인 해석만을 강조하였지만, 카우프만의 법해석학은 법의 존재론적 의미로부터 그리고 이를 전제로 하여 이로부터 추론하여 법이 현실과의 관계 속에서 어떻게 실현되는지를 역동적으로 전개시켰다[4].

  그가 법해석을 위하여 사용하였던 개념들인 유추(Analogie), 사물의 본성(Natur der Sache) 등도 따라서 단순히 법인식을 위한 수단으로서만 의미있는 것이 아니라, 오히려 필연적으로 법존재론의 의미와 직접적인 연관을 가지게 되고 존재적 모습과 의미를 전제로 평가되는 개념요소라 할 수 있다.
- 카우프만은 우선 자연법과 법실증주의 사이의 극단적 대립을 해소하고 양자 간의 변증법적 지양을 통한 법실현의 구체화 과정을 추구하였다.
- 첫째 단계는 당위의 범주인 추상적, 일반적, 초실정적 그리고 초역사적인 법이념 또는 법의 일반원칙과 존재의 영역인 가상적 생활사태와의 관계에서, 연역과 귀납의 유추를 통하여, 즉 법이념으로부터 생활사태에 적용하기 위한 해석으로 연역의 모습과, 반대로 구체적인 사실관계인 생활사태로부터 규범의 정형화를 이끌어내기 위한 귀납의 추론이 상호 상응, 일치되는 점에

3) Esser, *Grundsatz und Norm in der richtlichen Fortbildung des Privatsrechts*, 3. Aufl. 1974, S.38

4) 김영환, "아르투어 카우프만의 죽음을 애도하며", 『법철학연구』 제4권 제1호, 2001, 12쪽

서 구체적인 법규범이 만들어지게 된다고 하였다.

- 두 번째 단계는 역시 당위의 범주인 구체화된 일반적, 형식적 실정법규범과 마찬가지로 존재의 영역인 현실적인 생활사태와의 관계에서, 연역과 귀납의 추론방법을 통해서, 즉 법규범으로부터 구체적이고 현실적인 생활사태에 적용하기 위한 해석으로서 요구되는 연역의 방법과 반대로 구체적이고 현실적인 생활사태로부터 추상적인 법규범의 의미에 적용하는 방식으로서의 귀납의 추론방법이 상호 일치, 상응되는 점에서 비로소 올바른 법적용이 이루어진다는 주장하였다.
- 카우프만에 의하면 이러한 법해석의 방법으로 법이 구체화되고, 추상적 의미의 법이 발견되어지며, 법이념과 법원칙이 실현되며, 법의 획득이 이루어진다는 것이다.[5] 따라서 카우프만은 법은 단지 법이념이나 법규범(당위)으로부터 순전히 연역적으로 도출되는 것이 아니고, 또한 구체적이고 현실적인 생활사태(존재)에서 순전히 귀납적으로 구성되는 것이 아닌, 당위와 존재의 상응, 일치(Recht als Entsprechung von Sollen und Sein)로서 평가된다고 주장하였다.[6]
- 이와 같이 당위와 존재의 상응으로서의 결합이 이루어지고, 따라서 법은 조문의 복합체가 아니고 규범의 통일체도 아닌 관계로서의 통일체인 유추로 평가된다.[7]
- 결국 카우프만에 의하면 입법은 법이념과 장래에 생길 수 있는 생활관계와의 동화, 일치라고 할 수 있으며, 법실현의 구체화 과정은 법규범과 현실적인 생활관계와의 동화, 일치라고 할 수 있다. 또한 그에 의하면, 이러한 과정은 법이념 또는 법규범의 당위의 영역과 생활사태라는 존재의 영역을 매개시키는 촉매로서의 사물의 본성이 필요하다고 하며, 이는 당위와 존재, 가치와 현실이 결합하는 방법적 장소로 평가하였다.[8]

---

5) Kaufmann, *Analogie und 'Natur der Sache'*, 1982, S.59

6) Kaufmann, *Analogie und 'Natur der Sache'*, 1982, S.18ff.

7) Radbruch, *Rechtsphilosophie*, 8. Aufl., 1973, S.87ff.

8) Kaufmann, *Analogie und 'Natur der Sache'*, 1982, S.44ff.

III. 법실현의 구체화 과정 -유추에 관하여-

1. 유추에 관하여

- 많은 법학자들은 유추를 법률의 흠결의 경우에 이를 보정하는 방법으로 이해한다.[9] 법의 대상을 오직 제정법에 국한해서 생각하면 '법의 흠결'은 '법률의 흠결'과 같은 뜻이 되지만, 이에 반해 법을 제정법과 관습법을 포함한 전체 법질서로 이해하게 되면, 법의 흠결은 법률의 흠결에 국한되지 않고 전체 법질서의 흠결을 의미한다.[10] 그러나 형이상학적 의미에서 법의 흠결은 있을 수 없으며, 단지 구체적인 상황에 맞는 제정법으로 존재하지 않는 경우만을 의미하게 된다.[11]
- 카우프만은 법률의 불완전성이나 불충분성이 존재하기는 하지만 그렇다고 해서 '흠결'이 있다고 할 수는 없다고 주장하였다. 왜냐하면 법은 당위와 존재, 즉 법이념과 법현실의 상응·일치이지만, 입법에서 생활사실의 다양성과 변화가능성 때문에 법현실의 모습을 법규정에 완벽하게 반영할 수 없으므로 불완전성 및 불충분성이 나타난다고 주장하였다.[12]
- 카나리스(Canaris)는 "흠결이란 실정법률상 법문의 가능한 의미 범위 내에

9) 김영환, "법학방법론의 관점에서 본 유추와 목적론적 축소", 『한국법질서와 법해석론』 법철학연구총서 1, 2013, 350쪽 이하 : 김영환, "한국에서의 법학방법론의 문제점-법발견과 법형성: 확장해석과 유추, 축소해석과 목적론적 축소 간의 관계를 중심으로- ", 『법철학연구』 제18권 제2호, 2015, 143쪽 이하 : Engisch, 안법영, 윤재왕 역, 『법학방법론』, 2010, 228쪽 이하 참조

10) Engisch, 안법영, 윤재왕 역, 『법학방법론』, 2010, 231쪽

11) 이와 같이 법의 흠결을 법률의 흠결과 구별하는 입장에 대하여, 일부 영역에서 법의 흠결을 인정한다고 해도 이 부분은 입법자에 의해서 보충될 것이지 법관에 의해서 보충할 수 없으며, 또한 법질서 전체는 세분화되어 있으므로 이것의 통일적인 전체 계획을 파악하기는 불가능하고, 따라서 법의 흠결을 전체 계획에 반하는 불완전성으로 파악하는 개념에도 적합하지 않다는 반대 주장이 제기된다. 이에 관해서는 Larenz/Canaris, *Methoden der Rechtswissenschaft,* 3. Aufl., 1995, S.196f. : 김영환, "법학방법론의 관점에서 본 유추와 목적론적 축소", 『한국법질서와 법해석론』 법철학연구총서 1, 2013, 353쪽

12) Kaufmann, "Naturrecht und Rechtspositivismus zur juristischen Hermeneutik", in: *JZ* 1975, S.337ff.

서는, 가치의 충족을 필요로 하는 전체 법질서에 비추어 볼 때 계획과는 반대로 불완전한 것을 의미하므로, 해석을 통해 대답이 가능하다면 법의 흠결은 존재하지 않는 것이 원칙이다"고 주장하였다.[13]

- 유추는 관계에 따른 일치로 파악된다. 유추는 동일함도 아니고 서로 다른 상위도 아닌 그 양자 모두이다. 그러므로 유추에서는 일정한 관계라는 기준에 따라서 서로 다른 것을 같게 하는 일이 문제가 된다.
- 아리스토텔레스는 "정의는 형식적인 평등이 아니라 관계들의 평등, 결국 비례적인 것이고 또한 대응적인 것으로 그 중심이 유추"[14]라고 주장하였으며. 또한 유추추론을 연역적·귀납적 방법의 혼합추론이라고 설명하였다.
- 엥기쉬(Engisch)는 법학적 차원에서의 유추의 문제를 다루면서, "일반적으로 유추는 특수에서 특수를 도출하는 추론이다. 연역은 보편에서 특수를 도출하는 추론이고, 귀납은 특수에서 보편을 도출하는 추론이다. 한편 유추는 귀납과 연역의 조합으로 구성되므로, 특수한 현상으로부터 보편적 사고를 추론할 수 있을 때 결국 특수한 현상으로부터 다른 특수한 현상이 추론된다. 또한 법의 영역에서 유추추론은 소전제로 기능하는 유사성 판단(본질적인 측면에서 일치한다는 확인)을 명백히 평등원칙에 연원한다고 볼 수 있는 대전제(본질적인 관점에서 일치하는 것은 같게 다루어야 한다는 것)와 결합시키는 것"이라고 주장하였다.[15]
- 라렌츠(Larenz)는 "유추는 모든 점에서는 동일하지 않고 단지 유사한, 즉 몇몇의 관점에서는 동일하지만 다른 관점에서는 서로 다른 두 개의 크기를 동일화하는 것을 의미한다. 두 개의 모든 점에서 동일하지 않은 사례 군들의 법적인 동일화는, 이 사례 군들이 바로 그 것에 연결된 법적 효과의 문제에 대해 본질적 관점에서 일치하면 정당화되며, 이 것을 연결하는 기준은 법률적 가치평가를 척도로 한다. 따라서 서로 비교되는 구성요건들의 외적인 유사성의 확정이 관건이 아니라 법적 가치평가를 기준으로 하여 판단된다. 즉

---

13) Canaris, *Die Feststellung von Lücken im Gesetz,* 2. Aufl., 1983, S.24ff.

14) Aristoteles, *Nikomachischen Ehtik*, 5. Buch, 1130 a

15) Engisch, 안법영, 윤재왕 역, 『법학방법론』, 2010, 244쪽 이하 참조

유추는 개별적인 구성요건요소들을 이미 인식된 법적 가치평가로 연관지우고 이에 따라 차등을 주는 법적 구성요건의 분석을 전제로 한다"고 주장하였다.[16)]

- 라드브루흐(Radbruch)는 "법이 직관적 세계로부터 받아들이는 모든 개념은 항상 목적론적인 변형을 경험하는 것이라고 하면서, 논리는 유추의 절차를 전제로 하고 있으며, 변증법도 유추를 통하지 않고는 불가능하고 또한 우리의 모든 인식의 근원은 궁극적으로 유추다"라고 강조하였다. [17)]
- 하이데거(Heidegger)는 "유추를 동일성과 상위의 공속"(Zusammengehörigkeit von Identität und Differenz)[18)]이라고 하였으며,
- 라케브린크(Lakebrink)는 "유추는 동일성과 상반의 중간", 즉 "본질을 달리하는 것 사이의 상응의 통일"[19)]이라고 하였고,
- 에를리히(Ehrlich)는 "유추는 최고도의 정신행위에 속하며, 유추는 그 정신적 기초에서뿐만이 아니고 그 성과에 있어서도 창조적인 것이다. 유추적인 인식은 인간의 정신이 행할 수 있는 최고의 것을 의미한다"[20)]고 하였으며,
- 헤겔(Hegel)은 "변증법적인 동일성, 통일성과 대립의 통일성, 동일과 비동일의 동일"이라고 하였다.[21)] 이와 같이 본질을 달리하는 것, 당위와 존재, 규범과 생활관계사이의 상응의 통일성이 구체적이고 현실적인 법이 되며, 따라서 법에 있어서는 당위와 존재는 동일도 아니고 상위도 아니라 유추적으로 결합된다고 할 수 있다. 법 자신의 현실성은 유추 속에 기초를 얻게 되고, 법적 인식은 항상 유추를 통해 가능해진다.
- 카우프만은 법해석을 위한 필연적이고 공통적 요소로 유추개념을 강조하

16) 김영환, "방법론적 문제로서 법관의 법형성", 『한양대 법학논총』 제25권 제1호, 2008, 204쪽 이하

17) Radbruch, *Rechtsphilosophie*, 8. Aufl., 1973, S.215f.

18) Heidegger, *Identität und Differenz*, 2. Aufl., 1957, S.10

19) Lakebrink, *Hegels dialektische Ontologie und die thomistische Analektik*, 1955, S.12

20) Ehrlich, *Die juristische Logik*, 1918, S.227

21) Hegel, *Sämtliche Werke*, 3. Aufl., 1951, S.31ff.

였다.[22] 그에 의하면 법적용의 논리절차에 있어서 중요한 것은 사실적인 생활관계에 따른 개별적인 법적 사태의 의미가 무엇인가라는 것으로, 적용될 법규범은 이러한 구체적인 생활관계와 유추를 통한 의미부여라는 점이다. 왜냐하면 존재의 영역에 있는 이러한 사실적이고 구체적인 생활사태는 이미 규범적 의미를 함축하고 있기 때문에, 법규범을 맹목적이고 형식논리적으로 해석하는 방법은 올바른 법해석, 법적용이 될 수 없기 때문이라는 것이다. 그가 강조한 것처럼 법해석의 방법으로서 유추[23]의 기준인 사물의 본성은 이미 존재론적 소여로 입법이나 판결을 구속하기 때문이다. 개별적 생활사태는 일정한 정형성을 가지게 되고, 이러한 정형성이 개별적인 생활사태의 규범성과 법규범의 현실성을 맺어주는 가교의 역할을 하기 때문에, 생활사태의 정형성을 파악하는 것이 법규범의 올바른 해석을 위한 최선의 방법이라고 강조하였다.

- 그러므로 카우프만이 주장한 법의 실현, 법의 발견, 법의 획득은 당위의 영역에서의 법규범과 존재의 영역에 있는 생활사태를 상호간 연역과 귀납의 추론방법인 유추를 통해서 일치, 상응시키는 것이며, 이러한 유추의 기준으로 사물의 본성이 평가될 수 있다. 따라서 사물의 본성은 개별적인 생활사태의 규범성이고, 유추에 의해서 법규범의 정형성과 개별적인 생활사태의 정형성이 상응하게 되는 것이다.[24]

2. 죄형법정주의 원칙과 유추

- 형법에서는 죄형법정주의 이념에 따라 법규범의 의미가 명확하고 규범의 의미를 모든 일반인이 이해하고 평가할 수 있게 하여 이에 따라 자신의 행위성을 결정할 수 있어야 함이 요구되므로, 규범의 내용을 해석함에 있어서

22) Kaufmann, *Analogie und 'Natur der Sache'*, 1982, S.18ff., 44ff.

23) Kaufmann, *Analogie und 'Natur der Sache'*, 1982, S.19ff..

24) Kaufmann, *Analogie und 'Natur der Sache'*, 1982, S.40ff.

도 가능한 명확하고 예측가능토록 하는 한계 내에서의 해석의 방법론이 요구된다고 할 수 있다. 따라서 법해석의 다양한 방법들 중에서 일반적인 문리적 해석방법을 택할 수밖에 없으며, 법문에 구체적으로 명시되지 않은 모습에서 다른 사실에 해석을 유추하는 방법은 허용될 수 없다. 특히 일정한 행위에 적용할 형법규범이 없는 경우에, 유사한 성질의 관련 규정을 적용하여 해석하는 유추해석을 형법에서 엄격하게 통제하는 유추해석의 금지 원칙이 법해석과 관련되어 논란이 된다.[25)]

- 유추해석은 사법영역에서는 법발견의 수단으로서 널리 통용되지만 형법에서는 형법의 보장적 기능이라는 입장에서 그리고 죄형법정주의의 이념과 가치에 의하여 엄격하게 금지된다. 만일 법률에 의하여 규정된 것과 유사한 사례에 대하여 이 규정을 유추 적용한다면, 그 행위의 가벌성이 법률에 의하여 실정화되지 않았음에도 불구하고 행위자를 처벌하게 되기 때문에, 이는 새로운 구성요건이나 형벌규정을 창설하는 것과 다를 바 없게 된다고 평가되기 때문이다.
- 형법해석의 유추금지와 관련해서 허용되는 해석과 금지되는 유추의 한계로 독일연방법원이 제시한 '언어의 가능한 의미'는 외형적으로 유추금지의 내용을 결정하는 해석의 외연적 기준이 마련되었다고 볼 수도 있지만, 그 한계가 구체적으로 무엇인지를 둘러싸고 논란이 계속되고 있다. 일상 언어나 법률전문 언어가 올바른 판단 기준이 될 수 있는지, 단어 의미의 최대한의 한계가 어디이며 어디까지 수용될 수 있는지, 단어의 의미 확정을 위한 어떤 절차들이 적용될 수 있는 등에 관해 여전히 다양한 기준들이 난무하고 있는 상황이다.

삭스(Sax)에 의하면, 해석과 유추를 구별하여 평가하려는 관점은 지지될 수 없으며 유추는 사실상 목적론적 해석과 동일하다고 주장하였다. 그에 의하

---

25) 이에 대해 유추적용금지는 명확성의 원칙을 실무적용의 모습에 연장한 것에 불과하다고 하는 주장이 있다. 유추해석금지는 사실상 법관에게 법률규정을 준수하도록 강제케 하는 것으로서 결국 명확성의 원칙을 전제로 할 때는 새심 재론될 여지가 없고, 반대로 명확성의 원칙이라는 이념은 사실상 유추해석의 금지를 통해서 실질적으로 보장된다는 것이다. 이에 대하여는 배종대, 『형법총론』, 132면 참조.

면 유추란, 법문에서 규율되는 사례와 규율되지는 않았지만 그 안에서 목적론적으로 평가할 때, 법문의 의미 안에 속할 수 있는 사례를 목적론적 법해석의 관점에서 논리적이고 법적으로 합치시킬 수 있는 추론방법을 의미한다고 하였다.[26] 따라서 법문의 의미와 취지에 합치될 수 있는 모든 법적용은 바로 해석의 범위로 포함되므로 결국 유추와 해석은 구별될 수 없다는 것을 의미한다.

- 하쎄머(Hassemer)는 해석과 유추 사이에 논리적인 차이가 없으므로 법해석은 필연적으로 유추라고 주장하였으며, 언어의 불명확성은 입법자와 법적용자에 대하여 현실의 살아있는 일상언어의 의미와 맥락을 고려하여 해석하라는 것을 허용하는 것이므로 유추를 제한할 수 없으며, 단어의 한계 내에서 모든 의미론적 개념들의 해석은 비교의 제3점을 통해 법이념과 법현실이 상응하게 된다고 주장하였다.[27] 따라서 죄형법정주의 원칙은 허용될 수 없는 과도한 확장해석을 금지함으로써 그의 진정한 의미를 실현시킬 수 있으므로, 이러한 관점에서만 과도한 확장해석으로서의 유추만 금지될 뿐, 해석과 유추를 본질적으로 구별할 수 없고, 유추를 통해 인정되는 해석의 방법을 부정할 수 없다고 주장하였다.[28]
- 슈미트호이저(Schmidhäuser)에 의하면 해석과 유추의 구별은 법문 상에서 나타나는 것이 아니라 이에 대한 해석에서 찾아지는 것으로서, 양자를 구별하는 객관적 기준은 존재하지 않으며 결국 죄형법정주의 이념의 요청 상 유추해석금지의 원칙을 법관에게 호소라는 형태로 부과할 수밖에 없다고 주장하였다. 즉 법관의 지식과 양심에 따라 이와 같은 이념을 평가하여 판단할 수밖에 없다고 강조하였다.[29]

---

26) Sax, *Der strafrechtliche Analogieverbot*, 1953, S.147ff ; Heller, *Logik und Axiologie der analogen Rechtsanwendung*, 1961, S.135ff ; Schünemann, *nulla poena sine lege?*, 1978, S.17ff.

27) 김성룡, “유추의 구조와 유추금지”, 『한국법질서와 법해석론』 법철학연구총서 1, 2013, 386쪽 이하 참조

28) *NK-Hassemer/kargl*, 2. Aufl., 2005, §1 Rn. 95 : Hassemer, *Tatbestand und Typus*, 1978, S.162ff. 165 ; Schünemann, *nulla poena sine lege?*, 1978, S.8.

29) Schmidhäuser, *Strafrecht, Allgemeiner Teil*, S.112 ; Schünemann, *nulla poena sine lege?*, 1978, S.19

- 벨첼(Welzel)은 유추가 형법해석의 범위에 포함된다고 주장하여[30] 죄형법정주의 이념이 강하게 적용되는 형법에 있어서도 법해석의 본질적 요소에 등을 돌리지 않은 것으로 평가된다.
- 법실증주의자인 베르크봄(Bergbohm)은 "실정법이 결함을 지니고 있다는 전제는 잘못된 것이다. 실정법은 아무런 결함도 없다. 만약 누가 법에 결함이 있다고 지적한다면, 그 결함은 다만 법을 연구하고 있는 자 자신 속에 있는 것이지, 법 속에 있는 것이 아니다. 연구자는 지식을 보충할 것이 필요할 뿐, 법은 그 규범의 보충을 필요로 하지 않는다. 사물의 본성은 존재하지도 않는 법규범을 강탈하는 것이다"고 주장하여[31], 법률과 법을 동일시하는 법실증주의 이론을 강조하였다.
- 카우프만은, 모든 의미가 내재된 개념이란 결코 임의적으로 평가될 것이 아니라 오직 유추적으로만 가능하기 때문에, 모든 법해석은 필연적으로 유추적 방법을 통하는 것이고 따라서 모든 법실현의 구체화 과정은 유추적인 특성을 가질 수밖에 없다고 강조하였다.[32]
- 그는 죄형법정주의이념을 포기하고자 하는 것으로서가 아니라 다만 유추 안에서 믿을 수 있는 표지를 통해 죄형법정주의를 실현시키고자 하였다. 이러한 의미에서의 기준을 카우프만은 불법유형으로 규정하고[33] 이를 기준으로 한계를 설정할 수 있다고 하였다.[34] 카우프만은 허용되는 해석과 금지되는 유추의 기준으로 일반적으로 제시되는 이른바 '언어의 가능한 의미'(der mögliche Wortsinn)의 한계를 설정한다는 것은 존재론적으로 결코 있을 수 없으므로 양자를 구별할 수 없다고 주장하였다.

---

30) Welzel, *Das deutsche Strafrecht*, 8. Aufl., 1963, S.22

31) Bergbohm, *Jurisprudenz und Rechtsphilosophie*, 1973, S.352f., S.372f., S.382f., S.384f.

32) Kaufmann, *Analogie und 'Natur der Sache'*, 1982, Fn. 5

33) 엥기쉬는 형법적 영역에 있어서도 순수한 기술적인 구성요건과 순수한 규범적인 위법성을 구별하는 예전의 형법체계는 이제 더 이상 유지될 수 없으며, 형법 구성요건은 유형화된 반가치적인 생활관계의 불법유형이라고 평가하였다. Engisch, "Zur 'Natur der Sache' im Strafrecht", in: *Festschrift für Eberhard Schmidt*, 1961, S.90ff.

34) Kaufmann, *Analogie und Natur der Sache*, 1982, S.41ff ; ders, *Rechtsphilosophie im Wandel*, 1972, S.278ff ; Schünemann, *nulla poena sine lege?*, 1978, S.18.

• 모든 법규범은 이념과 현실을 유추로 하여 가능하며, 따라서 같은 것도 아닌 다른 것도 아닌 중간, 동일성과 상이성의 중간은 유추이며, 숫자를 제외한 모든 법개념은 유추개념이므로, 법실현의 구체화 과정은 필연적으로 유추를 통해서만 가능하다.[35]

• 허용되는 해석과 금지되는 유추의 한계 및 구별에 대하여, 형법의 보장적 기능을 수행하는 죄형법정주의와 법해석의 본질로서의 유추는 실제로 서로 다른 차원의 문제로 존재하고, 기능하며, 추구하는 목적과 이념도 각각 다른 차원에서 관계된다는 관점에서 평가하는 것이 바람직할 것이다.[36]

Ⅳ. 법실현의 구체화 과정 -사물의 본성-

• '사물의 본성'(Natur der Sache)은 일상생활에서 너무나도 당연하고 설명과 증명이 요구되지 않는 물론의 자명함을 뜻하기도 하지만, 법학에서는 다의적인 의미로 이해된다.

• 라드브루흐는 "사물의 본성은 사물에 내재하는 질서이며, 법률가는 법률이 결여되거나, 불완전하거나 혹은 불명료한 경우에 사물의 본성에 의해서 해석해야 한다.[37] 사물의 본성은 생활관계의 의미, 사회 내에서의 생활관계와 생활 질서의 전체, 그러한 생활관계나 생활 질서의 구성부분을 이루는 생활사실이며, 이 의미는 존재에 대하여 실현된 당위이고 현실 속에 나타나는 가

---

35) Kaufmann, *Rechtsphilosophie im Wandel*, 1972, S.295, 297

36) 죄형법정주의 원칙과 유추해석에 관한 국내에서의 논의는, 이상돈, "형법상 유추금지의 대화이론적 재구성", 『형사법연구』 제5호, 1993, 1~21쪽 ; 이상돈, "법률해석의 한계", 『법이론』, 1997, 121쪽 이하 ; 신동운, "형벌법규의 흠결과 해석에 의한 보정의 한계", 『판례월보』 1995/3, 29쪽 ; 오영근, "형벌법규의 해석", 『형사판례연구』 제4집 1996, 210쪽 ; 김영환, "형법해석의 한계", 『형사판례연구』 제4집 1996, 14쪽 ; 김영환, "형법상 해석과 유추의 한계", 『저스티스』 1997/3, 77쪽 이하 : 안성조, "법문의 가능한 의미의 생재론적 의의", 『한국법질서와 법해석론』 법철학연구총서 1, 2013, 138쪽 이하 : 변종필, "해석근거로서의 '법질서의 통일성'과 '형법의 독자성', 『비교형사법연구』 제13권 제2호, 2011, 13쪽 이하

37) 카우프만·하쎄머 저, 심헌섭 역, 『현대법철학의 근본문제』, 1983, 116쪽

치이다. 사물의 본성은 존재의 인식과 가치판단과의 결합이다.[38] 그리고 사물의 본성에 의해 발견된 생활관계의 의미와 그 의미의 기초인 이념이 법률의 정신과 모순되지 않은 한 사물의 본성은 법해석의 수단이 된다. 사물의 본성은 유추적인 법적용의 수단 및 기준으로 작용한다"고 하였으며[39],

- 라렌츠(Larenz)는 "사물의 본성은 존재론적인 구성사실과 동시에 규범적인 구성사실을 의미한다. 존재의 의의 중에 부여된 또 존재 중에 많거나 적거나 이미 실현되어 있는 당위며, 또 소여 중에 과하여진 것이다. "보충을 필요로 하는 법률의 결함이 생기면 일반적으로 유추의 방법이 적용되지만, 그러나 사물의 본성을 원용하는 것도 가능하다"고[40] 설명하였고, 또한 "한편으로는 어떤 법규범이 더 이상 의미와 사안에 적합하지 않을 수 있는 한계가 사물의 본성으로부터 도출되며, 다른 한편으로는 특정한 법규범의 해석 방향을 사물의 본성에서 찾을 수 있다. 그리고 사물의 본성은 유추나 전체 법질서 가치평가의 기초와 결합해서 법해석의 근거가 된다"고[41] 하여, 사물의 본성이 법인식과 법해석의 연원이 된다고 주장하였다.
- 마이호퍼(Maihofer)는 "사물의 본성은 존재와 당위 사이의 가교이고, 선재적인 것과 동시에 과하여진 것의 산물"[42]이라고 하였으며,
- 슈트라텐베르트(Stratenwerth)는 "사물의 본성은 존재적 소여인 사물논리적 구조이며, 그것은 어떤 일정한 관점아래서 그것에 상응하는 사물구성 사이에 맺어진 관계"[43]라고 하였으며,
- 바라타(Baratta)는 "사물의 본성은 존재의 영역에서 당위의 영역을 손더듬

---

38) Radbruch, "Die Natur der Sache als juristische Denkform", in: *Festschrift für Rudolf Laun*, 1948, S.157

39) Esser, *Grundsatz und Norm in der richtlichen Fortbildung des Privatsrechts,* 3. Aufl. 1974, S.102

40) Larenz, *Methodenlehre der Rechtswissenschaft*, 4. Aufl. 1979, S.366

41) 김영환, "방법론적 문제로서 법관의 법형성", 『한양대 법학논총』 제25권 제1호, 2008, 207쪽 이하

42) Maihofer, "Die Natur der Sache", in: *ARSP* 44, 1958, S.152 : ders., *Naturrecht als Existenzrecht*, 1963, S.20

43) Stratenwerth, *Das rechtstheoretische Problem der 'Natur der Sache'*, 1957, S.17, S.25

으로 구하는 것이며, 규범적인 것과 사실적인 것과의 변증법적 관련성"[44] 이라고 하였으며, - 샴벡(Schambeck)은 "사물의 본성은 소여의 본질적 근거요, 같은 사실성과 이상성의 표현이다. 사물의 본성은 현존하는 존재와 이 존재 속의 유의미한 내용을 동시에 보여주는 것"[45]이라 하였으며,

- 페히너(Fechner)는 "사물의 본성은 사물의 유의적 내용이요, 사회적 관계와 함께 존재한 현실적 관계 그리고 그 중에 있는 의미 내용을 뜻한다"[46]고 하였다.
- 벨첼(Welzel)은 "모든 법적 판단은 사물 논리적 구조에 적합하게 이루어져야 한다. 어느 법 개념의 의미를 이해한다는 것은, 그 개념이 표상하는 인식작용 이전부터 그리고 인식작용과 무관하게 존재하는 그 자체를 알아내는 것을 뜻하고,[47] 법 해석은 무엇을 창조하는 작업이 아니라 주어진 대상으로서의 현상의 사물 논리적 구조를 발견하는 것"이라고 주장하였다.[48]
- 카우프만은 "입법은 법이념과 가능한 생활관계와의 상응이며 법실현은 법규범과 현실적인 생활관계와의 상응이다"라고 주장하여, 사물의 본성이 이러한 입법과 법실현 과정의 촉매자 역할을 한다고 강조하였다. 입법 과정에서는 법이념과 생활사실을 그리고 법실현의 구체화 과정에서는 법규범과 법현실을 연결시켜서 당위와 존재를 상응시키고 일치시키는 역할을 한다고 강조하였다. 이와 같이 사물의 본성은 입법과 법실현의 유추적 방법의 기초를 담당하므로, 현실에서 규범으로 혹은 규범에서 현실로의 추론은 사물의 본성을 통해서만 가능하다고 주장하였다.[49]
- 이러한 모든 주장의 공통분모를 구하면 사물의 본성은 특수적인 것 속의

---

44) Baratta, "juristische Analogie und Natur der Sache", in: Kaufmann, *Die ontologische Struktur des Rechts*, 1965, S.104f.

45) Schambeck, *Der Begriff der 'Natur der Sache'*, 1964, S.143

46) Fechner, *Rechtsphilosophie*, 2. Aufl., 1962, S.147

47) Welzel, "Die moderne Strafrechtsdogmatik und die Wertphilosophie", in: ders. *Abhandlungen zum Strafrecht und zur Rechtsphilosophie*, 1975, S.104

48) Welzel, *Um die finale Handlunslehre*, 1949, S.10 : 김호기, "형법학의 기능적 해석방법에 관하여", 『한국법질서와 법해석론』 법철학연구총서 1, 2013, 469쪽 이하 참조

49) Kaufmann, *Analogie und 'Natur der Sache'*, 1982, S.44

일반적인 것, 사실적인 것 속의 가치적인 것의 발현이라고 할 수 있으며, 법이념은 사물의 본성을 통하여 실현될 소재로 나타나게 되고, 또한 법규범도 사물의 본성을 통하여 존재와 관계를 맺게 된다. 따라서 사물의 본성에 따라 같은 것은 같게 그리고 다른 것은 다르게 구별하는 유추가 실현되어 질 수 있으며, 사물의 본성을 통하여 존재와 당위가 굳게 맺어지는 구조적 착종이 이루어지고, 현실의 존재구조와 이념적 가치가 연결된다. 한편 사물의 본성에 기초한 판단은 유형적 판단일 수 밖 에 없으므로 결국 법실현의 구체화 과정은 유추와 사물의 본성 그리고 유형화를 통해서 이루어진다고 할 수 있다.[50]

• 독일 기본법 제20조 제3항에 의하면 "재판은 법률과 법에 구속된다"고 규정하고 있어서, 법관의 판결은 법률 이외에 생활사실, 즉 사물의 본성에 따라 이루어져야 한다고 해석된다.

V. 결론

1. 법의미 발견으로서의 모든 법인식과 법실현은 추상적인 규범과 구체적인 생활관계가 상호 상응으로 일치되는 것을 지향한다. 그러나 규범은 개념적으로 표현된 당위의 영역에 있고 구체적인 생활관계는 경험적인 사실의 영역에 있으므로, 양자의 상응과 일치는 단순한 삼단논법에 의하여 가능하지 않으며 언제나 목적론적 판단에 의하여 가능해진다.

2. 법실현의 구체화 과정은, 첫째 단계는 당위의 범주인 법이념 또는 법의 일반원칙과 존재의 영역인 가상적 생활사태와 관계에서 연역과 귀납의 유추를 통하여 상호 상응, 일치되는 점에서 구체적인 법규범이 만들어지게 되고, 두 번째 단계는 역시 당위의 범주인 실정법규범과 존재의 영역인 현실

50) 입법자는 유형을 기초로 단지 예시적으로 법에 기술하므로 법관이 유추와 사물의 본성을 통한 법실현의 구체화를 이룩하게 된다. Kaufmann, *Rechtsphilosophie im Wandel*, 1972, S.312

적인 생활사태와의 관계에서 연역과 귀납의 유추를 통해서 상호 상응, 일치되는 점에서 비로소 올바른 법적용이 이루어진다. 이러한 과정에서 법이 구체화되고, 추상적 의미의 법이 발견되어지며, 법이념과 법원칙이 실현되며, 법의 획득이 이루어진다.

3. 법적용의 논리절차에서 적용될 법규범은 구체적인 생활관계와 유추를 통해 의미가 부여된다. 존재의 영역에 있는 사실적이고 구체적인 생활사태는 이미 규범적 의미를 함축하고 있기 때문에, 법규범을 형식논리적으로 해석해서는 올바른 법적용이 될 수 없다. 개별적 생활사태는 일정한 정형성을 가지게 되고, 이러한 정형성이 규범성과 법규범의 현실성을 맺어주는 가교의 역할을 하기 때문에, 유추를 통해 생활사태의 정형성을 파악하는 것이 올바른 해석의 방법이다.

4. 형법에서 죄형법정주의 원칙과 이념에서 요구하는 허용되는 해석과 금지되는 유추의 기준으로 제시되는 이른바 언어의 가능한 의미의 한계를 설정한다는 것은 존재론적으로 불가능하므로, 죄형법정주의 원칙과 법실현의 구체화로서의 유추해석은 서로 다른 차원의 문제로 다루어야 할 것이다. 형법의 보장적 기능을 수행하는 죄형법정주의와 법해석의 본질로서의 유추는 실제로 서로 다른 차원의 문제로 존재하고, 기능하며, 추구하는 목적과 이념도 각각 다른 차원에서 관계된다.

5. 사물의 본성이 입법과 법해석을 포함한 모든 법실현 과정의 촉매자 역할을 한다. 현실에서 규범으로 혹은 규범에서 현실로의 추론은 사물의 본성을 통해서만 가능하기 때문에, 입법 과정에서는 법이념과 생활사실을 그리고 법실현의 구체화 과정에서는 법규범과 법현실을 연결시켜서 유추의 방법을 통해서 당위와 존재를 상응시키고 일치시킨다. 또한 사물의 본성에 기초한 판단은 유형적 판단일 수 밖 에 없으므로 결국 법실현의 구체화 과정은 유추와 사물의 본성 그리고 유형화를 통해서 이루어진다고 할 수 있다.

제9장 유추 : 해석과 법흠결의 보충

1. 문제의 제기

- 대법원은 1965년부터 유추해석의 표현을 사용하고 있다. 그러나 의미와 한계가 불분명하다.
- 대법원 논증 방식은 3가지 유형으로 분류할 수 있으며,
- 이러한 논증은 법해석방법론의 논리적 의미와 한계를 간과하고 있다.

ㄱ. 원칙: "형벌법규의 해석은 문언에 따라 엄격하게 해석, 적용하여야 하고 함부로 지나치게 확장해석하거나 유추해석해서는 안된다.."

ㄴ. 예외1(목적론적 해석)): "형벌법규의 해석에서도 법률문언의 통상적인 의미를 벗어나지 아니하는 한 그 법률의 입법취지와 목적, 입법연혁 등을 고려한 목적론적 해석이 배제되는 것은 아니다.."(대법원 판결 2005도6525, 2007도2162, 2009도2629)

ㄷ. 예외2(체계적·논리적 해석): "형벌법규의 해석에 있어서도 가능한 문언의 의미 내에서 당해 규정의 입법취지와 목적 등을 고려한 법률체계적 연관성에 따라 그 문언의 논리적 의미를 분명히 밝히는 체계적·논리적 해석방법

은 그 규정의 본질적 내용 해석을 위한 것으로서 죄형법정주의의 원칙에 부합된다"(대법원 판결 2002도2362, 2007도2162, 2011도6287)

2. 확장해석과 유추의 개념과 구별, 축소해석과 목적론적 축소의 개념과 구별

- 법발견: 법문의 가능한 문언을 중심으로 허용되는 해석
- 법형성: 법흠결의 보충
- 코흐와 뤼스만의 세가지 영역이론, 헥크의 개념이론

ㄱ. 적극적 후보자: 한 단어가 의심 없이 적용될 수 있는 대상(개념의 핵)
ㄴ. 소극적 후보자: 한 단어가 의심 없이 적용될 수 없는 대상(개념의 한계 밖)
ㄷ. 중립적 후보자: 앞의 두 부류에 속하지 않는 대상(개념의 뜰)

- 확장해석: 법문의 가능한 의미 내에서 적극적인 후보자에 적용되는 의미규칙을 중립적인 후보자에게까지 넓히는 것(문언의 일상적 의미→문언의 가능한 의미)
- 유추: 법적 평가의 유사성에 근거하여 소극적인 후보자를 중립적인 후보자 혹은 적극적인 후보자로 재규정(포함)시키는 것
- 축소해석: 법문의 적용범위를 중립적인 후보자로부터 적극적 후보자 또는 그 이상(예를 들어 개념의 핵)으로 한정시키는 것(문언의 가능한 의미→문언의 일상적 의미)
- 목적론적 축소: 하나의 적극적인 후보자에 속하는 대상을 해당 법률행위의 목적에 따라 소극적인 후보자로 만들어 법적용으로부터 배제시키는 것

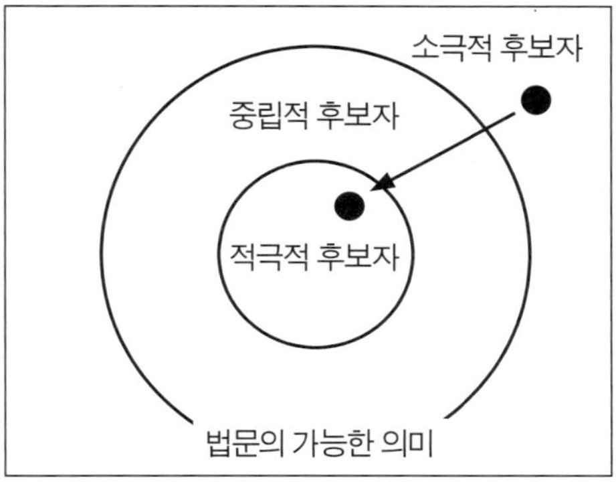

그림 1 유추

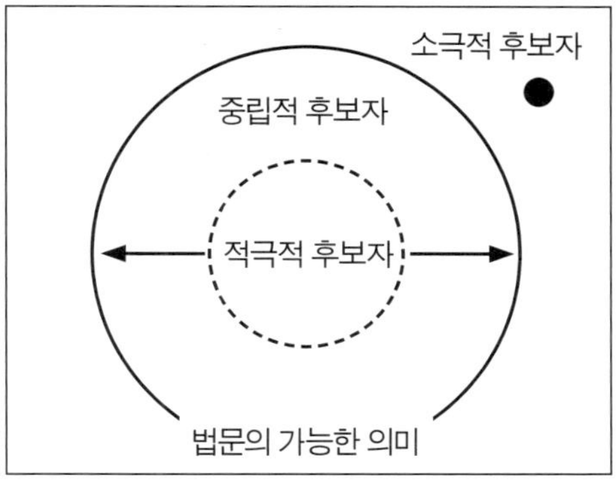

그림 2 확장해석

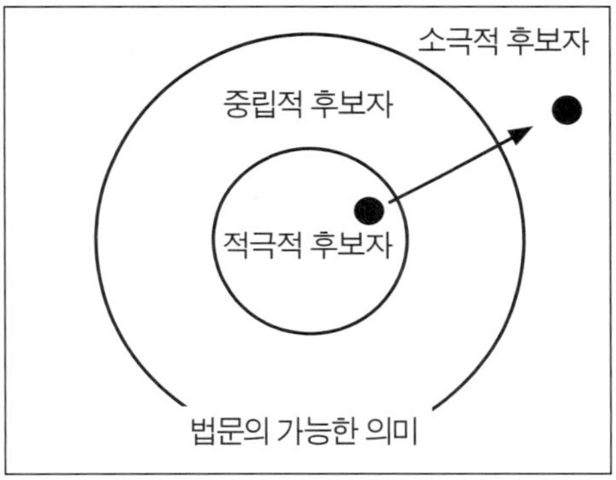

그림 3 목적론적 축소

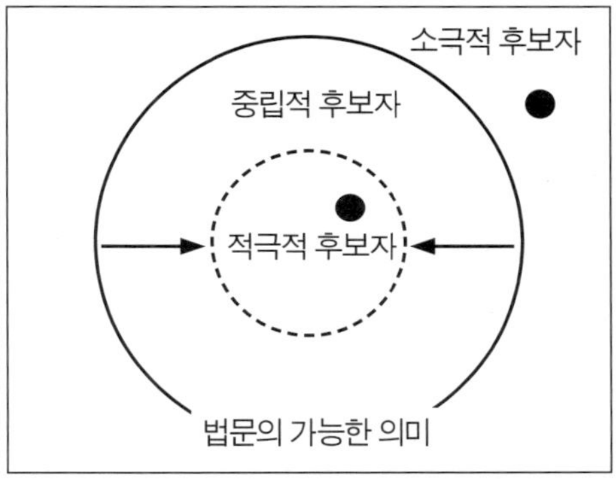

그림 4 축소해석

3. 헌법재판소의 법형성결정 표현방식(헌재 2012.5.31. 2009헌바123)

"일반적으로 법률문언의 의미와 내용을 분명히 하는 법률해석에 있어서, 법률조항의 문구의 의미가 명확하지 않거나 특정한 상황에 들어맞는 규율을 하고 있는 것인지 애매할 경우에는, 입법목적이나 입법자의 의도를 합리적으로 추정하여 문언의 의미를 보충하여 확정하는 합목적적인 해석을 하거나, 유사한 사례에 관하여 명확한 법률효과를 부여하고 있는 법률조항으로부터 유추해석을 하여 법의 흠결을 보충하거나, 심지어 법률의 문언 그대로 구체적 사건에 적용할 경우 터무니없는 결론에 도달하게 되고 입법자가 그런 결과를 의도하였을 리가 없다고 합리적으로 판단되는 경우에는, 문언을 약간 수정하여 해석하는 경우도 있을 수 있다. 또한 어떤 법률조항에 대한 여러 갈래의 해석이 가능한 경우, 특히 법률조항에 대한 해석이 한편에서는 합헌이라는 해석이, 다른 편에서는 위헌이라는 해석이 다 같이 가능하다면, 원칙적으로 헌법에 합치되는 해석을 선택하여야 한다는 '헌법합치적 법률해석의 원칙'이 존중되어야 함은 당연할 것이다."

4. 대법원의 법형성 판결 표현방식(1998.4.23. 선고 95다36466)

법률을 해석·적용함에 있어서는 법률규정의 문언의 어의(語義)에 충실하게 해석하여야 함이 원칙임은 말할 것도 없다. 그러나 법률 제정 당시에 입법자가 전혀 예상하지 못하였기 때문에 법률로 규정되지 않았거나 불충분하게 규정된 경우가 있을 수 있고, 이 경우에도 법원은 재판을 하지 않으면 아니 되므로 법원의 법형성적 활동이 개입될 수밖에 없다. 뿐만 아니라 법률에 명문의 규정이 있는 경우에도 시대가 바뀌고 사회가 달라짐에 따라 법과 실제 생활과의 사이에 불가피하게 간격이 생길 수 있으며, 이때에 만일 명문규정의 엄격한 적용만을 고집한다면 그것은 법적 안정성이 유지될지는 모르나 사회생활의 유동·발전에 대한 적응성을 결여하는 중대한 결함이 생길 수 있으므로 이를 실제 생활에 부합하게 해석할 사회적 필요가 생기게 된다. 이와 같은 경우 법원은 형식적인 자구 해석에 얽매일 것이 아니라 그 법이 구현하고자 하는 입법정신이 무엇인가를 헤아려서 그 입법정신을 실현하는 방향으로 법의 의미를 부여하여야 하며, 그 실현을 위하여 필요한 한도 내에서 명문규정의 의미를 확대해석하거나 또는 축소·제한해석을 함으로써 실질적인 법형성적 기능을 발휘하여야 할 것이다. 일반적으로 모든 법은 법규정의 본질을 바꾸는 정도의 것이 아닌 한도에서 이를 합리적으로 해석함으로써 뒤쳐진 법률을 앞서가는 사회현상에 적응시키는 일방 입법기관에 대하여 법률의 개정 등을 촉구하는 것은 법원의 임무에 속하는 일이라 할 것이고, 그 뒤쳐진 법규정의 재래적 해석·적용이 부당한 결과를 초래한다는 것을 알면서도 법률 개정이라는 입법기관의 조치가 있을 때까지는 이를 그대로 따를 수밖에 없다고 체념해 버리는 것은 온당치 않은 태도라고 할 것이다(대법원 1978. 4. 25. 선고 78도246 전원합의체 판결 참조).

특히 사법(私法)은 국민의 사생활관계를 규율하는 법률이므로, 국민의 사법적 거래의 관행을 뒷받침하여 그 거래를 원활하게 유지하도록 하는 것은 사법의 본래의 영역이며 사명에 속하는 것이다. 국민의 대부분이 명문규정에 별 의미가 없는 것으로 생각하고 그 규정에 맞지 아니한 행위도 유효한 것으로 믿고 그에 따라 행동하는 경우에, 그것이 선량한 풍속 기타 사회질서에 위배되어 무효로 되는 등 특별한 사정이 없다면 법원만이 그 행위를 무효로 보아 국민의 거래행위를 제약할 것은 아니라 할 것이다.

5. 개별사례

("주차금지" 경고 사례)

ㄱ. 확대해석: 적극적 후보자인 자동차 외에 중립적 후보자인 오토바이도 포함하여 해석

ㄴ. 유추: 적극적 후보자의 자동차의 범주에 주차금지의 목적에 따라 소극적 후보자인 자전거도 포함시켜 적용

ㄷ. 목적론적 축소: 주차금지의 문언은 모든 자동차의 주차를 금지시키는 것이지만, 규율의 목적이 자신의 자동차를 주차시키기 위한 공간을 확보하기 위한 것이므로 적극적 후보자인 자신의 자동차를 배제하여 규범에 포섭되지 않는 소극적 후보자로 해석하여, 적극적 후보자인 자신의 자동차가 규범의 목적에 따라 이 규범에 포섭되지 않는 소극적 후보자로 된 것

ㄹ. 축소해석 집 주인이 차라는 개념 안에 단지 승용차(개념의 핵)만을 포함하는 것으로 여기는 것으로 하는 해석

(실화죄 사례)

ㄱ. "내 민법책과 형법책": 내가 가지고 있는 민법책과 나 또는 타인이 가지고 있는 형법책으로 이해할 수 있는가?

ㄴ. 형법 제170조 제2항에서 "타인의 물건"은 소극적 후보자이다.(명시적 흠결)

ㄷ. 대법원판결: 일상적인 문언의 의미와 달리 유추를 통해 흠결을 보충하였다.

ㄹ. 자기 소유의 물건에 대한 실화가 처벌되므로 타인 소유의 물건에 대한 실화는 당연히 처벌되는 것으로 해석된다.(유추: 대에서 소로의 추론)

(자수 사례)

ㄱ. 구 공직선거법 제262조에서 자수한 자에 대한 형의 면제를 규정하였다.

ㄴ. 자수자에 대한 형의 면제는 비난가능성이 적고 자수자를 통해 범행발각을 용이하게 하여 부정선거를 원천적으로 막고자 함이다.

ㄷ. 그러나 자수의 시기를 범행발각 전으로 제한하지 못한 채로 입법하였다.(은폐된 흠결)

ㄹ. 따라서 범행 발각 이후의 자수도 형의 면제를 인정할 것인 지가 문제된다.

ㅁ. 목적론적 축소: 자수라는 법문의 가능한 범위 안에는 범행발각 전의 자수와 범행발각 후의 자수가 모두 포함되는데(적극적인 후보자), 법의 규율목적에 따라 범행발각 후의 자수라는 적극적인 후보자를 소극적인 후보자로 만들어 법의 적용에서 배제한다.

ㅂ. 축소해석: 자수의 적용 범위를 범행 발각 전에 진심으로 자신의 죄를 뉘우쳐서 자발적으로 경찰에 출두한 경우에로만 한정한다.(개념의 핵)

6. 정리

- 대법원 판결에서는 유추와 확장해석, 그리고 축소해석과 목적론적 축소를 정확한 구별 없이 개념적으로 혼동하여 사용하고 있다.
- 법해석을 통한 법발견의 개념과 범주 내: 확장해석, 축소해석
- 법률의 흠결인 경우 보충으로서: 유추, 목적론적 축소

7. 기타: 법해석과 법형성(라렌츠/카나리스)

ㄱ. intra(secundum) legem(법률 안에서, 법에 따른): 법원에 의한 법률의 단순한 해석(문언의 가능한 의미)--법률의 흠결이 아니므로 법해석의 차원으로 평가!

ㄴ. praeter legem(법률을 통한): 위의 한계를 넘어서지만, 법률의 원래 계획인 목적의 범위 안에서 방법적으로 이루어진 법형성인 협의의 흠결보충(법률 내재적인 법형성)

a. 규범흠결(법률에 이자지급을 명시하였으나 이자율이 명시되지 않은 경우)과 규율흠결(독일 민법에서 이행지체와 이행불능이 규율되어 있지만, 불완전이행이 규율되어 있지 않은 경우): 2002년 법개정으로 해결
b. 시원적 흠결과 후발적 흠결
c. 명시적 흠결과 은폐된 흠결(예외적 흠결): 명시적 흠결은 유추로, 은폐된 흠결은 목적론적 축소의 방식으로 흠결보충!

ㄷ. extra legem(법률을 초월하는): 위의 한계를 넘어서지만, 전체 법질서의 범주와 그 지도원리 안에서의 법형성(법률초월적인 법형성)

a. 사물의 본성에 입각한 법형성: 독일 민법 제54조 제1항이 권리능력 없는 사단에는 조합에 관한 규정을 준용하도록 규정하고 있음에도 불구하고, 시간의 지남에 따라 등록하지 않은 단체가 만연하게 된 상황에서, 그리고 기본법 제9조에 표현된 결사의 자유의 적극적 보장과 함께, 법문의 규정에 반하지만 권리능력 없는 사단 중 하나인 노동조합에 사물의 본성에 입각하여 적극적 당사자 능력을 인정한 판결
b. 거래에 필요성에 입각한 법형성: 독일 민법의 목적론에 반함에도 실제적인 필요성에 따라 양도담보를 허용한 판결
c. 법윤리적 법원리를 고려한 법형성: 신의성실의 원칙에 근거한 권리남용금지, 헌법상 비례성의 원칙에 근거한 여러 법리들, 신뢰보호원칙에 근거

한 소급효 관련 법리, 비물질적 손해배상규정에 인격권이 포함되고 있지 않음에도 법원이 헌법적 원리를 인용하여 일반적 인격권 침해에 대한 손해배상책임을 인정 등

ㄹ. contra legem(법률에 반하는): 초법률적인 법형성을 넘어서는 법률에 반하는 법형성-- 매우 제한적으로만 가능하므로 엄격한 조건과 한계를 설정!!(법치국가의 원리)

a. 첫째조건: 법적 답변을 필요로 하는 법적 문제의 존재해야 함
b. 둘째조건: 법률해석이나 법률내재적 법형성만으로는 거래의 필요나 법규범의 실행가능성, 사물의 본성, 전체 법질서의 기초에 놓인 법윤리적 원리로부터 도출되는 최소한의 요구를 충족시킬 수 없는 경우
c. 셋째조건: 이러한 요구를 충족시키는 해결방법이 법률내재적 법형성의 방법으로 불가능하다는 점에 의심의 여지가 없어야 함

※ 법적 긴급피난에 의한 법률에 반하는 법형성: "화폐평가절상 사례"

1차 세계대전 전 독일화폐법이 지폐 1마르크는 금화 1마르크로 한다고 규율하고 있었지만, 전쟁 후 몇 백만배 인플레이션이 발생한 상황에서도 입법자는 여러 가지 이유에서 법률개정을 하지 않고 있는 경우에, 법원이 이 조항을 그대로 적용한다면 채권자에게 대단히 가혹한 결과를 감내하게 하는 상황이었다. 이러한 상황에서 법원은 법문에 반하는 판결을 하였다.

제2편
대법원 판결과 헌법재판소 결정 – 사례와 적용

1. 복사문서의 문서성 인정 사건
2. 공연음란죄와 과다노출행위 : 고속도로 나체 질주 사건
3. 책임능력 있는 미성년자의 불법행위 책임
4. 과수원실화사건
5. 영아살해죄의 주체와 공범의 처벌
6. 성전환자에 대한 강간죄 성립 여부
7. 성전환자의 법적 지위 : 성전환자 호적 정정 사건
8. 위험한 물건의 휴대 : '소지' 혹은 '이용'
9. 운전면허증은 오직 운전을 위한 라이센스인가?
10. 금액 판결
11. 자수의 인정 시기 : '체포 전' 혹은 '범행발각 전'
12. 상습범 판결
13. 염소판결
14. 5·18민주화운동특별법 : 공소시효 중단과 소급효
15. 발행지 기재 없는 어음의 효력
16. 공무원의 직무상 불법행위 책임
17. 아름다운 판결 : 형식적 임차인과 실질적 임차인
18. 딸들의 반란 : 관습법
19. 대한민국의 수도는 서울인가?
20. 사립학교 임시이사의 법적 지위 : 상지대 사건
21. 집행유예 기간 중에 다시 집행유예를 선고할 수 있는가?

1. 복사문서의 문서성 인정사건

(대법원 1989.9.12. 선고 87도506 전원합의체판결)

판시사항

복사문서가 문서위조 및 동행사죄의 객체인 문서에 해당하는지 여부(적극)

판결요지

(다수의견)

사진기나 복사기 등을 사용하여 기계적인 방법에 의하여 원본을 복사한 문서, 이른바 복사문서는 사본이더라도 필기의 방법 등에 의한 단순한 사본과는 달리 복사자의 의식이 개재할 여지가 없고, 그 내용에서부터 규모, 형태에 이르기까지 원본을 실제 그대로 재현하여 보여주므로 관계자로 하여금 그와 동일한 원본이 존재하는 것으로 믿게 할 뿐만 아니라 그 내용에 있어서도 원본 그 자체를 대하는 것과 같은 감각적 인식을 가지게 하고, 나아가 오늘날 일상거래에서 복사문서가 원본에 대신하는 증명수단으로서의 기능이 증대되고 있는 실정에 비추어 볼 때 이에 대한 사회적 신용을 보호할 필요가 있으므로 복사한 문서의 사본은 문서위조 및 동행사죄의 객체인 문서에 해당한다.(목적론적 해석)

(반대의견)

위조한 문서를 전자복사기로써 복사본을 만들어 낸 경우에 그 복사본은 형법 제231조 소정의 문서라고 보기도 어려울 뿐 아니라 그 복사본을 만들어 낸 행위를 「타인명의로 문서를 작성하였다」고 할 수도 없어 그 행위가 형법 제231조 소정의 문서위조행위에 해당한다고 보기 어렵고, 그러한 경우 문서위조의 성립을 인정하는 것은 죄형법정주의의 원칙에 의하여 금지된 유추확장해석이 되며 같은 법조 소정의 문서의 개념 속에 전자복사본은 포함되고 필사본은 포함되지 않는다고 해석한다면 그 규정을 다의적으로 해석하는 것이 되어 형법 법규의 명확성에 반하는 결과가 된다.(문리적 해석)

(별개의견)

위조문서의 원본을 복사하는 행위 자체는 이미 위조가 완성되어 작성명의의 진정이 침해된 문서의 표시내용을 사본으로 재현하는 것에 불과하고 복사로서 새롭게 그 문서의 작성명의의 진정을 침해하는 것은 아니므로 이러한 사본의 작성행위를 문서의 위조라고 볼 여지가 없으나, 위조문서를 전자복사나 사진복사 등의 기계적 방법에 의하여 복사한 사본은 문서원본의 외관과 의식내용을 원본 그대로 재현한 것으로서 복사과정에서 의도적인 조작을 가하지 않는 한 원본의 외관과 의식내용을 그대로 타인에게 전달하는 기능을 가지고 있으므로, 이러한 사본을 제시하는 행위는 기계적 복사라는 중개수단을 통하여 문서원본의 외관과 의식내용을 상대방이 인식할 수 있게끔 간접적인 방법으로 문서원본을 제시하는 것이 되므로 위조문서행사죄를 구성한다.

참조조문

형법 제231조, 제234조

주 문

원심판결을 파기하고, 사건을 부산지방법원 합의부에 환송한다.

이 유

검사의 상고이유를 본다.

이 사건 공소사실 중 위조사문서행사죄의 요지는 피고인들은 공모하여 행사할 목적으로 1983.3.25. 공소외 김우곤이 제1심판시 골프장시설공사 도급권을 피고인 2에게 위임하는 내용의 사실증명에 관한 김우곤 명의의 위임장 1매를 위조한 다음 이를 전자복사하여 그 사본을 진정하게 성립된 것처럼 피해자 서대원에게 제시하여 행사하였다는 것이다.

원심판결 이유에 의하면, 원심은 형법에 규정된 위조문서행사죄에 있어서의 문서라 함은 작성명의인의 의사가 표시된 물체 그 자체의 의미한다 할 것이므로 원본을 기계적인 방법에 의하여 사진 복사한 경우에 그 사본 또는 등본은, 사본 또는 등본의 인증이 없는 한 위 죄의 행위객체인 문서에 해당되지 아니한다고 판시하여 같은 이유로 피고인들에게 무죄를 선고한 제1심판결을 그대로 유지하고 있다.

그러나 문서위조 및 동행사죄의 보호법익은 문서자체의 가치가 아니고 문서에 대한 공공의 신용이므로 문서위조죄의 객체가 되는 문서는 반드시 원본에 한한다고 보아야 할 근거는 없고 문서의 사본이라 하더라도 원본과 동일한 의식내용을 보유하고 증명수단으로서 원본과 같은 사회적 기능과 신용을 가지는 것으로 인정된다면 이를 위 문서의 개념에 포함시키는 것이 상당하다 할 것이다.

그러므로 문서의 사본 중에서도 사진기나 복사기 등을 사용하여 기계적인 방법에 의하여 원본을 복사한 문서 이른바 복사문서는 사본이라 하더라도 필기의 방법 등에 의한 단순한 사본과는 달리 복사자의 의식이 개재할 여지가 없고, 그 내용에서부터 모양, 형태에 이르기까지 원본을 실제 그대로 재현하여 보여주므로 관계자로 하여금 그와 동일한 원본이 존재하고 있는 것으로 믿게 할 뿐만 아니라 그 내용에 있어서도 원본 그 자체를 대하는 것과 같은 감각적 인식을 가지게 하는 것이고, 나아가 오늘날 일상거래에서 복사문서가 원본에 대신하는 증명수단으로서의 기능이 증대되고 있는 실정에 비추어 볼 때 이에 대한 사회적 신용을 보호할 필요가 있다 할 것이므로 위와 같이 사진복사한 문서의 사본은 문서위조 및 동행사죄의 객체인 문서에 해당한다고 보아야 할 것이다. 형법에 규정된 문서위조 및 동행사죄에 있어서 문서의 개념에 관하여 이와 상대되는 견해를 표시한 종전의 본원 판례(1969.11.26. 선고 69모85 결정; 1978.4.11. 선고 77도4068 판결; 1981.12.22. 선고 81도2715 판결;1982.5.25. 선고 82도715 판결; 1983.9.13. 선고 83도1829 판결; 1983.11.8. 선고 83도1948 판결; 1985.11.26. 선고 85도2138 판결; 1988.4.12. 선고 87도2709 판결 및 1988.10.24. 선고 88도1680 판결 등)는 이를 폐기하기로 한다. 따라서 이 사건에서 위조된 위임장을 사진복사한 문서의 사본을 제시 행사한 피고인들의 행위는 형법 제234조 소정의 위조사문서행사죄에 해당한다 할 것임에도 불구하고 원심이 위와 같이 판단한 것은 문서의 개념에 관한 법리를 오해하여 법령적용을 잘못한 위법을 저지른 것이라 할 것이므로 이 점을 지적하는 상고논지는 이유 있다.

그러므로 원심판결 중 위조사문서행사에 관한 부분 및 이와 형법 제37조 전단의 경합범 관계에 있는 사문서위조, 사기에 관한 유죄부분을 모두 파기하고 사건을 원심인 부산지방법원 합의부에 환송하기로 하여 대법관 이재성의 반대의견과 대법관 이회창의 별개 의견을 제외한 관여 법관의 일치된 의견으로 주문과 같이 판결한다.

대법관 이재성의 반대의견은 아래와 같다.

다수의견이 설시하는 바와 같이 사진기나 복사기 등을 사용하여 기계적인 방법에 의하여 원본을 복사한 문서, 이른바 복사문서가 그 문서의 내용에서부터 모양, 형태에 이르기까지 원본을 실제 그대로 재현하여 보여줌으로서 관계자로 하여금 그와 동일한 원본이 존재하고 있는 것으로 믿게 할 염려가 있고 일상거래에서 복사문서가 원본에 대신하는 증명 수단으로서의 기능이 증대되고 있는 실정이어서 진정문서에 대한 사회적 신용을 보호할 필요가 있다고 하는 점은 수긍할 수 있다.

그러므로 이 사건의 경우와 같이 위임사실이 없음에도 불구하고 위임이 있었던 것처럼 위임장을 위조하고 그 위조위임장을 전자복사기로 복사한 후 그 복사본을 진정한 위임장의 복사본인 것처럼 제시 행사한 경우 그 행위가 위법하고 심히 부도덕한 것임을 말할 나위가 없다.

그러나 행위자의 어떤 행위가 위법하고 심히 부도덕하다는 사실만으로는 그 행위자를 처벌할 수 없다. 즉 법률에 명시된 처벌규정에 해당하지 아니하면 아무리 위법성이 중대하고 심히 부도덕한 행위라 할지라도 처벌할 수 없는 것이다(헌법 제11조). 죄형법정주의의 원칙은 입법자에게는 처벌법규를 제정함에 있어서 그 범죄의 구성요건과 법적효과(처벌내용)을 일반국민이 잘 이해할 수 있도록 일의적으로 명확하게 규정할 것을 요구하고 법관에게는 처벌법규를 해석하는데 있어서 가능한 한 엄격한 해석을 할 것을 요구하고 있는 것이다.

그리하여 법조문에 분명하게 표시되지 아니한 사실에 대하여 다른 유사한 사실에 관한 법규정을 유추적용하는 것을 금지하는 것이다. 즉 처벌법규의 해석에 있어서는 유추해석이나 확장해석은 할 수 없는 것이다.

그런데 다수의견은 위조된 위임장을 전자복사한 행위를 형법 제231조 소정의 사문서위조죄로 처단하고 그 복사본의 제시행위를 형법 제34조 소정의 위조사문서행사죄로 처단하여야 한다는 것이다.

우리 형법 제231조는 「행사할 목적으로 권리의무 또는 사실증명에 관한 타인의 문서 또는 도화를 위조 또는 변조한 자는 5년 이하의 징역에 처한다」고 규정하였다. 위 조문에서 「문서를 위조한 자」라는 뜻이 무엇인가 하는 점이 문제가 되는데 그것은 첫째로 「문서」라고 하는 것이 무엇을 말하느냐 하는 점을 해석하고 그 다음에 「위조」라고 하는 것이 어떠한 행위를 가르키는 것이냐를 해석함으로서 문제를 해결할 수 있다고 할 것이다.

그런데 지금까지는 일반적으로 문서는 문서작성명의인의 의사표시가 문자 등으로 지편 등 물체 위에 영속되는 상태로 표현(기재)되어 있는 것을 말하고 그것은 문서의 원본을 의미하는 것이고 그 원본을 사진을 찍어 내거나 전자복사한 복사본 따위는 문서의 개념에 포함되지 아니하는 것으로 여겨왔었다. 그리고 「위조」라는 행위의 개념도 「정당한 작성권한 없는 자가 타인의 명의로 문서를 작성하는 것」으로 풀이하여 왔다. 그러므로 위조한 위임장을 전자복사기로 복사본을 만들어 낸 경우에 그 복사본을 형법 제231조에 규정한 문서라고 보기도 어렵거니와 그 복사본을 만들어 낸 행위를 「타인명의로 문서를 작성하였다」고 할 수도 없을 것이다. 즉 그와 같은 행위는 복사본을 만들어 낸 행위가 형법 제231조 소정의 문서위조행위에 해당한다고 보기 어렵고 만들어낸 복사본도 그 법조가 정한 문서에 해당한다고 보기는 어렵다고 생각한다.

그러함에도 불구하고 그러한 경우 문서위조와 성립을 인정하는 것은 죄형법정주의의 원칙에 의하여 금지된 유추확장해석을 하는 것이 된다고 믿는다.

전자복사본에 의한 부정서류의 범람으로부터 진정문서에 대한 사회적 신용을 보호할 필요가 있다고 하여도 그러한 행위를 처벌할 수 있는 명확한 규정이 없는 이상 법원으로서는 무죄를 선고하여야 하고 필요성을 강조하여 처벌법규를 적용하는 것은 부당하다. 그러한 사태에 대한 대책은 입법으로 하여야하고 법원이 형벌법규의 유추확장해석으로 대처할 일이 아니라고 믿는다. 또 다수의견은 복사문서가 필기의 방법 등에 의한 단순한 사본과는 달리 복사자의 의식이 개제할 여지가 없다 하여 필사본을 만들어 그러한 원본이 존재한다고 속인 경우와 전자복사본을 제시하고 그러한 원본이 있다고 속인 경우를 구별하려고 하나 형법 제231조가 규정한 문서의 개념 속에 전자복사본은 포함되고 필사본은 포함되지 않는다고 해석한다면 그 규정은 다의적으로 해석하는 것이 되어 형벌법규의 명확성에 반하는 결과가 될 것이다.

이상과 같은 소견으로 당원 1978.4.11. 선고 77도4068호 판결은 유지되어야 하고 이 사건 검사의 상고는 기각하여야 한다고 믿는다.

대법관 이회창의 별개의견은 다음과 같다.

(1) 다수의견은 위조문서를 전자복사나 사진복사 등 기계적 방법에 의하여 복사한 사본은 원본과 동일한 의식내용을 보유하고 증명수단으로서 원본과 같은 사회적 기능과 신용을 갖는 것이므로 문서위조 및 동행사의 객체인 문서에 해당하고 따라서 그 사본의 작성과 행사는 문서위조죄 및 동행사죄를 구성한다고 주장하나, 이러한 견해는 형법상 범죄구성요건의 기본적 요소는 행위이고 형벌의 기초는 행위책임의 추구에 있음에도 불구하고 위조행위의 실체를 살펴봄이 없이 오직 객체인 문서의 개념에만 집착하여 위조문서의 사본이 문서개념에 합치되는 이상 그 사본 작성행위의 실체가 어떻든 간에 당연의 문서의 위조가 된다는 논리여서 수긍하기 어렵다.

문서위조죄의 객체인 문서란 문자 또는 문자에 갈음하는 부호에 의하여 구체적인 의식내용과 작성명의를 표시한 서면 기타 물체를 말하며 문서위조죄의 보호법익은 이러한 문서가 갖는 증명수단으로서의 사회적 기능과 신용성을 보호하려는 데에 있는 바, 이러한 문서의 개념에 비추어 본다면 전자복사나 사진복사 등 기계적 방법에 의하여 원본을 복사한 사본도 원본과 동일한 의식내용과 작성명의를 표시한 문서로서 정도의 차이는 있을지언정 증명문서로서의 사회적 기능과 신용성을 인정받아 통용되고 있으므로 그 문서성을 부인할 수는 없을 것이다.

그러나 이러한 사본을 작성하는 행위 즉 위조문서의 원본을 복사하는 행위 자체는 이미 위조가 완성되어 작성명의의 진정이 침해된 문서의 표시내용을 사본으로 재현하는 것에 불과하고 복사로서 새롭게 그 문서의 작성명의의 진정을 침해하는 것은 아니므로 이러한 사본의 작성행위를 가리켜 문서의 위조라고 볼 여지가 없는 것이다(다만 진정한 문서를 복사한 사본의 기재일부를 변개하거나 보충기입을 하는 등 조작을 가한 후 이를 다시 기계적 방법으로 복사하여 원본과 다른 의식내용을 표현한 사본을 작성한 경우에는 그 사본의 작성행위 자체가 문서의 작성명의자의 작성권한을 침해한 것이므로 문서위조에 해당한다).

(2) 위와 같이 위조문서를 복사하는 행위는 문서위조에 해당하지 않으므로 그 사본을 위조문서라고 볼 수는 없으나, 다만 그 사본을 타인에게 제시하여 행사하는 행위는 복사방법을 통하여 위조문서원본을 행사한다는 것과 같이 볼 수 있으므로 위조문서행사죄를 구성한다고 보아야 한다.

위조문서의 행사는 위조문서를 진정한 문서인 것처럼 타인에게 제시하거나 열람할 수 있게 비치하는 등 타인이 인식할 수 있는 상태에 두는 것을 말하는 것인 바, 여기에서 제시라 함은 문서자체의 외관과 의식내용을 상대방이 지각작용에 의하여 인식할 수 있도록 내 보여주는 것으로서 그 제시방법은 직접적인 경우뿐만 아니라 간접적으로 문서의 외관과 의식내용을 원본 그대로 전달하는 중개수단을 통하여 제시하는 경우도 포함한다. 간접적인 경우의 예로는 위조문서를 타인에게 환등기로 영사하여 제시하거나 팩시밀리로 전송하여 제시하는 경우를 들 수 있고 이러한 경우에는 영사나 전송 등 중개수단을 통하여 간접적으로 위조문서원본을 제시한 것으로 볼 것이다.

그런데 위조문서를 전자복사나 사진복사 등의 기계적 방법에 의하여 복사한 사본은 문서원본의 외관과 의식내용을 원본 그대로 재현한 것으로서 복사과정에서 의도적인 조작을 가하지 않는 한 그 문서 원본의 외관과 의식내용을 그대로 타인에게 전달하는 기능을 가지고 있으므로, 이러한 사본의 제시는 기계적 복사라는 중개수단을 통하여 문서원본의 외관과 의식내용을 상대방이 인식할 수 있게끔 제시하는 것으로서 환등기의 영사방법이나 팩시밀리의 전송방법과 같이 간접적인 방법으로 문서원본을 제시하는 것이라고 할 수 있다.

그러므로 위조문서의 복사행위는 문서위조행위가 아니어서 그 사본 자체를 위조문서로 볼 수는 없다고 하더라도 그 사본을 제시하는 행위는 위조문서원본을 복사라는 중개수단을 통하여 제시하는 것으로서 위조문서행사죄를 구성한다고 보아야 할 것이다(문서원본의 복사과정에서 조작을 가하여 원본과 다른 복사본을 작성한 경우에는 그 복사본 자체가 위조문서가 되므로 이를 행사하는 것은 당연히 위조문서의 행사에 해당함은 더 말할 나위도 없다).

(3) 결국 위조문서를 전자복사나 사진복사 등 기계적 방법에 의하여 복사하는 행위는 문서위조가 되지 않으므로 그 사본을 위조문서라고 볼 수 없음에도 불구하고, 다수의견이 위조문서의 복사도 문서위조가 된다고 보고 그 사본 자체를 위조문서로 보아 그 행사를 위조문서행사에 해당한다고 주장하는 것은 위조행위의 실체를 외면한 이론이어서 찬성할 수 없으나, 다만 그 사본 자체는 위조문서가 아니라고 하여도 이를 제시하여 행사하는 행위는 위조문서원본의 행사로서 위조문서행사죄를 구성한다고 볼 것이므로 이 점에서 원심판결은 유지될 수 없는 것이어서 원심판결을 파기하는 결론에 동조하는 바이다.

[사건개요]

이 사건 공소사실 중 위조사문서행사죄의 요지는 피고인들이 공모하여 행사할 목적으로 1983.3.25 공소외 ○○○이 제1심판시 골프장시설공사 도급권을 피고인에게 위임하는 내용의 사실증명에 관한 △△△ 명의의 위임장 1매를 위조한 다음 그 위조된 위임장을 전자복사하여 그 사본을 진정하게 성립된 것처럼 피해자에게 제시하여 행사하였다는 것이다.

[제1심과 원심판결이유]

검사의 항소이유에 따르면, 이 사건의 공소사실 중 위조사문서행사에 대하여 위조문서의 전자복사본도 그 사회적 기능과 공공의 신용성을 고려하면 그 문서성을 인정하여야 함에도 불구하고, 제 1 심판결이 피고인들이 행사한 위조위임장의 전자복사본은 문서성이 없다는 이유로 위조사문서행사에 대하여 무죄를 선고하였음은 위조사문서행사죄에 대한 법리를 오인하여 판결에 영향을 미친 위법이 있다는 것이다. 그러나 형법에 규정된 위조사문서행사죄에 있어서의 문서라 함은 작성명의인의 의사가 표시된 그 자체를 의미한다 할 것이므로 원본을 기계적인 방법에 의하여 사진복사한 경우에는 그 사본 또는 등본은 사본 또는 등본의 인증이 없는 한 위 죄의 행위객체인 문서에 해당되지 아니하므로 제 1 심이 그 판시의 이유로 무죄를 선고하였음은 정당하다.

[판결요지와 이유]

(1) 다수의견—복사문서의 문서성 인정

사진기나 복사기 등을 사용하여 기계적인 방법에 의하여 원본을 복사한 문서, 이른바 복사문서는 사본이더라도 필기의 방법 등에 의한 단순한 사본과는 달리 복사자의 의식이 개재할 여지가 없고, 그 내용에서부터 모양, 형태에 이르기까지 원본을 실제 그대로 재현하여 보여주므로 관계자로 하여금 그와 동일한 원본이 존재하는 것으로 믿게 할 뿐만 아니라 그 내용에 있어서도 원본 그 자체를 대하는 것과 같은 감각적 인식을 가지게 하고, 나아가 오늘날 일상거래에서 복사문서가 원본에 대신하여 증명수단으로서의 기능이 증대되고 있는 실정에 비추어 볼 때 이에 대한 사회적 신용을 보호할 필요가 있으므로 복사한 문서의 사본은 문서위조 및 동 행사죄의 객체인 문서에 해당한다.

(2) 소수의견

(가) 반대의견: 유추적용금지원칙을 근거로 복사문서의 문서성 부정

사진기나 복사기 등을 사용하여 기계적인 방법에 의하여 원본을 복사한 문서, 이른바 복사문서가 그 문서의 내용에서부터 모양, 형태에 이르기까지 원본을 실제 그대로 재현하여 보여주므로 관계자로 하여금 그와 동일한 원본이 존재하는 것으로 믿게 할 염려가 있고 일상거래에서 복사문서가 원본에 대신하여 증명수단으로서의 기능이 증대되고 있는 실정이어서 진정문서에 대한 사회적 신용을 보호할 필요가 있다고 하는 점은 수긍할 수 있어서 위임장을 위조하고 그 위조위임장을 전자복사기로 복사한 후 그 복사본을 진정한 위임장의 복사본인 것처럼 제시 행사한 경우 그 행위가 위법하고 부도덕한 것으로 볼 수 있다.

그러나 이러한 행위가 법률에 명시된 처벌규정에 해당하지 아니하면 처벌할 수 없다는 죄형법정주의원칙은 입법자에게는 처벌법규를 제정함에 있어서 그 범죄의 구성요건과 법적 효과(처벌내용)를 일반국민에게 명확하게 규정할 것을 요구하고 법관에게는 처벌법규의 해석을 가능한 한 엄격하게 할 것을 요구한다. 즉 처벌법규의 해석에 있어서 유추해석이나 확장해석은 허용되지 아니한다.

지금까지는 일반적으로 문서는 문서작성명의인의 의사표시가 문자 등으로 지편 등 물체 위에 영속되는 상태로 표현 기재되어 잇는 것을 말하고 이는 문서의 원본을 의미하는 것이기 때문에 복사본 따위는 문서개념에 포함되지 아니하였다. 또한 위조라는 행위의 개념도 정당한 작성권한이 없는 자가 타인의 명의로 문서를 작성하는 것으로 이해하고 있다. 그러므로 위조한 문서를 전자복사기로써 복사본을 만들어 낸 경우에 그 복사본은 형법 제231조 소정의 문서라고 보기도 어려울 뿐 아니라 그 복사본을 만들어 낸 행위를 타인명의로 문서를 작성하였다고 할 수도 없어 그 행위가 형법 제231조 소정의 문서위조 행위에 해당한다고 보기 어렵고, 그러한 경우 문서위조의 성립을 인정하는 것은 죄형법주의의 원칙에 의하여 금지된 유추확장해석이 되며 같은 법조 소정의 문서의 개념 속에 전자복사본은 포함되고 필사본은 포함되지 않는다고 해석한다면 그 규정을 다의적으로 해석하는 것이 되어 형법법규의 명확성에 반하는 결과가 된다.

따라서 법원은 형벌법규의 유추확정해석으로 대처할 것이 아니라 입법으로 진정문서에 대한 사회적 신용을 보호하는 대책을 마련해야 할 것이다.

(나) 별개의견: 복사문서의 문서성을 인정하면서 문서의 위조가 아니라 위조문서행사죄는 성립

다수의견이 문서를 문자 또는 문자에 갈음하는 부호에 의하여 구체적인 의식내용과 작성명의를 표시한 서면 기타 물체로 보고 문서위조죄의 보호법익을 문서가 갖는 증명수단으로서의 사회적 기능과 신용성보호에 있다고 보아 원본을 복사한 사본도 원본과 동일한 의식내용과 작성명의를 표시한 문서로서 정도의 차이는 있지만 증명문서로서의 사회적 기능과 신용성을 인정받아 통용되고 있으므로 그 문서성을 부인할 수 없다는 점에 대해서는 이의가 없다.

그러나 이러한 사본을 작성하는 행위, 즉 위조문서의 원본을 복사하는 행위 자체는 이미 위조가 완성되어 작성명의의 진정이 침해된 문서의 표시내용을 사본으로 재현하는 것에 불과하고 복사로서 새롭게 그 문서의 작성명의의 진정을 침해하는 것은 아니므로 이러한 사본의 작성행위를 문서의 위조라고 볼 여지가 없으나, 위조문서를 전자복사나 사진복사 등의 기계적 방법에 의하여 복사한 사본은 문서원본의 외관과 의식내용을 원본 그대로 재현한 것으로서 복사과정에서 의도적인 조작을 가하지 않는 한 원본의 외관과 의식내용을 그대로 타인에게 전달하는 기능을 가지고 있으므로, 이러한 사본을 제시하는 행위는 기계적 복사라는 중개수단을 통하여 문서원본의 외관과 의식내용을 상대방이 인식할 수 있게끔 간접적인 방법으로 문서원본을 제시하는 것이 되므로 위조사문서행사죄를 구성한다.

즉 위조문서의 복사행위는 문서위조행위가 아니어서 그 사본 자체를 위조문서로 볼 수는 없다고 하더라도 그 사본을 제시한 행위는 위조문서원본을 복사라는 중개수단을 통하여 제시하는 것으로 위조문서행사죄를 구성한다.

※ 복사문서의 문서성을 부정한 이전 판결

(대법원 1978.4.11. 선고 77도4068 판결)

판시사항

복사문서가 형법상 문서위조죄 소정문서에 해당되는지 여부

판결요지

형법에 규정된 문서위조죄나 행사죄에 있어서의 문서라함은 작성명의인의 의사가 표시된 물체 그 자체를 의미한다 할 것이므로 원본을 기계적 방법에 의하여 사진복사한 경우에도 그 사본 또는 등본은 사본 또는 등본의 인증이 없는 한 위 각 죄의 행위객체인 문서에 해당되지 아니한다.(다수의견)

참조조문

형법 제225조, 제229조, 제231조, 제234조

주 문

원판결을 파기하고 사건을 서울고등법원에 환송한다.

이 유

변호인의 상고이유를 판단한다.

원심판결에 의하면 원심은 피고인의 진술과 검사가 내세운 여러 증거들에 의하면 피고인에 대하여 1976.10.29자로 공소제기된 공소사실인 영업자납세번호증의 사본을 위조행사하고 연합고사문제집에 대한 단일 발행증명서의 사본을 위조행사한 사실등을 인정할 수 있는바 문서위조죄나 변조죄에 있어서 그 객체인 문서는 원본에 한하는 것이 보통이나 본건에 있어서와 같이 기계적 방법에 의한 사진복사의 경우에는 그 내용과 필적 및 형상 등이 원본과 같이 정확히 재현되어 원본과 동일한 외관을 가지고 있어 거래에 있어서 원본과 같이 신용되고 그와 동일한 사회적 기능을 영위한다는 취지로 판단하여 본건과 같은 경우에는 원본의 사진복사에 대하여도 역시 문서로 인정함이 타당하다는 취지로 판단하여 이를 각 유죄로 인정하였다.

그러나 형법에 규정된 공문서와 사문서의 위조죄나 위조공,사문서행사죄에 있어서의 문서라 함은 작성 명의인의 의사가 표시된 물체 그 자체를 의미한다 할 것이고 사본 또는 등본은, 사본 또는 등본의 인증이 없는 한 위 각 죄의 행위객체인 문서에 해당되지 아니한다고 할 것임에도 불구하고 원심이 위와 같이 판단한 조처는 문서위조죄 등의 법리를 오해한 위법이 있어 이점에 대한 논지는 그 이유 있어 대법원판사 주재황, 민문기, 양병호, 임항준, 이일규, 나길조, 유태흥을 제외한 관여법관의 일치된 의견으로 원판결을 파기 환송하기로하여 주문과 같이 판결한다.

대법원판사 주재황, 민문기, 양병호, 임항준, 이일규, 나길조, 유태흥의 반대의견은 다음과 같다.

문서위조죄에 있어서 그 보호법 익은 문서자체의 가치가 아니고 문서에 대한 공공의 신용이므로 문서에 관한 죄의 규정에 의하여 보호되는 문서는 그 위조나 변조로 인하여 공공의 신용이 침해될 위험이 있으면 족하다 할 것이요 반드시 원본에 한한다고 보아야 할 근거는 없다 할 것이다. 즉 복사문서라 할지라도 원본과 동일한 의식내용을 보유하고 증명수단으로서 원본과 동일한 사회적 기능과 공공의 신용을 가지는 것으로 인정된다면 그 위조로 인하여 공공의 신용은 침해된다 할 것이니 이러한 복사문서는 이를 문서위조죄의, 객체가 된다고 해석함이 상당하다.

즉 사본 중에서도 필기의 방법에 의한 사본은 그 자체로써 원본작성자의 의식 내용을 직접 표시하는 것이 아니라는 것이 분명하게 나타나 있어서 그 자체로써 공공의 신용성이 있을 수 없고 권한 있는 사본작성자의 인증이 없는 이상 원본과 동일한 사회적 기능을 가지지 못하여 이를 문서 위조죄의 객체가 된다고 볼 수 없을 것이나 사진기, 복사기 등을 사용하여 원본을 복사한 문서는 그 내용과 필적형상에 있어서 원본과 동일한 외관을 가지고 있어 보는 사람으로 하여금 동일한 내용과 형상의 원본이 존재하고 있는 것으로 믿게 하는 강력한 증명력을 가지고 있기 때문에 오늘날 각계의 거래사회에 있어서는 사무의 간소화, 신속화, 합리화를 기하기 위하여 문서의 원본을 요구하는 대신 이러한 복사문서를 제출시키고 있는 관행이 정착되어 가고 있는 현실에 비추어볼때 이러한 복사문서의 작성은 작성명의를 모용하여 문서를 위조한 행위에 해당한다고 보아야 할 것이니 이와 같은 취지로 판단한 원판결은 타당하다 할 것이다.

대법원판사 강안희의 보충의견은 다음과 같다.

문서는 그 본래의 기능으로서 그 문서에 의해서 인식할 수 있는 작성명의자의 의식내용을 직접 표현하는 것이라고 할 것이고, 그 문서의 사본(여기서 사본이라고 하는 것은 사진 기타 기계의 사용에 의하여 복사된 것을 포함한다)은 그것이 사진기 등 기계에 의해서 그 문서(여기서는 편의상 원본이라고 부르기로 한다)를 그대로의 형상으로 정확히 현출한 것이라고 하더라도 그것은 어디까지나 그가 현출하고 있는 내용의 문서(원본)의 존재를 추인시키는 자료로서 기능하는 것이라고 할 것이므로 원본과 사본은 그 본래의 기능면에 있어서 상호 그 본질을 달리하고 있다고 할 것이다 더구나 사본작성과정에서의 사진기등 기계적 기술의 조작 여하에 따라서는 그에 의해서 작성된 사본이 원본과는 매우 다른 경우가 있게 될 수 있다는 점을 고려할 때 사본을 원본 그 자체와 형법적으로 동일시할 수 있는 이유로서 기계의 정확성 때문에 사본작성 과정에 제3자의 의식이 개입할 여지가 없는 것으로서 사진등 기계적 방법에 의한 사본은 원본을 정확히 재현하는 것이라는 점을 내세운다는 것은 매우 불충분한 것이라고 아니할 수 없다.

그러므로 사본과 원본을 형법적인 평가면에서 동일시하려면 양자가 그의 본래적인 기능을 달리하고 있으면서도 실제로 사본이 정확히 원본을 그대로 현출한 것으로 사회일반에서 신용되어 원본과 거의 다름없이 그에 갈음해서 널리 사용되고 있어서 그에 대한 사회일반의 신용을 보장함에 있어서 양자에 대한 형법적인 평가를 달리하는 것이 명백히 불합리하다고 하지 않을 수 없는 사회실정이 실증적으로 논증되어야 할 것으로 사료된다. 그런데 우리사회 일반에서 과연 사본이 원본 그 자체와 동일시되어 그에 갈음해서 널리 사용되고 있는지 매우 의심스러워서 그의 사회적 기능과 사회일반의 신용도의 실체가 매우불분명할 뿐만 아니라 어느 면에서 보면 사본은 그 자체만으로는 곧 원본에 갈음해서 사용되는 것이 아니고 그가 원본에 갈음해서 사용되려면 그 과정에서 그 사본이 그가 현출하였다는 원본을 그대로 정확히 현출하였다는 것을 확인하는 조치가 개입되는 것이 실정이라고 할 수 있고, 따라서 우리 사회에서는 아직은 사진등 기계적 방법에 의한 사본이라고 하더라도 그것이 막바로 원본의 작성명의자의 의식을 직접 표시하는 문서라는 인식이 형성되어있다고도 할 수 없다. 과연 그렇다면 사본을 원본 그 자체와 동일시하여 형법적 취급을 같이 함으로써 부정한 사본의 작성과 사용을 억압하고 그에 대한사회일반의 신용을 보호하는 방향으로 해석 태도를 취하는 것이 현책인지 그렇지 아니하고 양자에 대한 형법적인 취급을 달리함으로써 결과적으로 원본과의 대조를 조장시키고 그로써 부정한 사본이 작성되고 사용될 기회를 말살 내지 감소시킴으로서 결국 사본에 대한 신용도를 높이게 것으로 유도하는 방향으로 해석태도를 취하는 것이 현책인지 현 사회실정에서는 좀처럼 판가름하기가 어렵다고 아니할 수 없다.

이점에 있어서 사본의 작성과 사용에 관한 우리의 실정은 물품에 첨부되는 납세필증 등 각종문서(원본)그 자체가 사진기등 기계적 방법에 의해서 작성되어 널리 사용되고 있는 외국의 실정과는 현저하게 다르다고 할 것이므로 사본에 관한 외국의 형법적인 해석태도를 그대로 우리사회에 받아들이기에는 난점이 있다고 아니할 수 없다. 더구나 사본과 원본을 형법상 동일시한다면 사진에 의한 사본은 누구든지 용이하게 그리고 자유스럽게 작성할 수 있는 실정에 비추어 문서위조에 있어서의 작성권한에 관한 문제에 대하여도 충분한 검토가 수반되어 마땅하다고 할 것인데 이 점에 관한 논의도 아직 성숙을 보지 못한 상태에 있다고 아니할 수 없다.(작성권한 자에 의한 사전승인이 있다고 보아야 한다는 것은 지나친 의제라고 할 것이고 기타 방법에 의한 해명도 매우 막연함을 면치 못한다.) 따라서 이상과 같은 상황에 있다고 하여야 할 현시점에서는 사본을 원본 그 자체와 동일시하고 형법적인 취급을 같이 하려는 것은 조급하다고 아니할 수 없다

2. 공연음란죄와 과다노출행위 : 고속도로 나체 질주 사건

(대법원 2000.12.22. 선고 2000도4372 판결)

판시사항

[1] 공연음란죄의 음란한 행위의 의미 및 그 주관적 요건

[2] 고속도로에서 승용차를 손괴하거나 타인에게 상해를 가하는 등의 행패를 부리던 자가 이를 제지하려는 경찰관에 대항하여 공중 앞에서 알몸이 되어 성기를 노출한 경우, 음란한 행위에 해당하고 그 인식도 있었다고 한 사례

판결요지

[1] 형법 제245조 소정의 '음란한 행위'라 함은 일반 보통인의 성욕을 자극하여 성적 흥분을 유발하고 정상적인 성적 수치심을 해하여 성적 도의관념에 반하는 것을 가리킨다고 할 것이고, 위 죄는 주관적으로 성욕의 흥분 또는 만족 등의 성적인 목적이 있어야 성립하는 것은 아니지만 그 행위의 음란성에 대한 의미의 인식이 있으면 족하다.

[2] 고속도로에서 승용차를 손괴하거나 타인에게 상해를 가하는 등의 행패를 부리던 자가 이를 제지하려는 경찰관에 대항하여 공중 앞에서 알몸이 되어

성기를 노출한 경우, 음란한 행위에 해당하고 그 인식도 있었다고 한 사례.

참조조문

[1] 형법 제245조
[2] 형법 제245조

주 문

원심판결 중 무죄 부분을 파기하고, 이 부분 사건을 수원지방법원 본원 합의부에 환송한다.

이 유

상고이유를 판단한다. 원심판결 이유에 의하면, 원심은 피고인이 2000. 4. 10. 19:30경 하남시 천현동 소재 중부고속도로 하행선 서울기점 약 5㎞ 지점에서 승용차를 운전하여 가던 중 앞서가던 △△△ 운전의 승용차가 진로를 비켜주지 않는다는 이유로 그 차를 추월하여 정차하게 한 다음, 승용차를 손괴하고 그 안에 타고 있던 □□□를 때려 상해를 가하는 등의 행패를 부리다가 신고를 받고 출동한 경찰관이 이를 제지하려고 하자, 시위조로 주위에 운전자 등 사람이 많이 있는 가운데 옷을 모두 벗어 알몸의 상태로 바닥에 드러눕거나 돌아다닌 사실을 인정한 다음, 위와 같이 피고인이 공중 앞에서 단순히 알몸을 노출시킨 행위가 음란한 행위에 해당한다고 보기는 어렵다고 판단하여, 이 부분 공연음란의 공소사실에 대하여 무죄를 선고하였다.

형법 제245조 소정의 '음란한 행위'라 함은 일반 보통인의 성욕을 자극하여 성적 흥분을 유발하고 정상적인 성적 수치심을 해하여 성적 도의관념에 반하는 것을 가리킨다고 할 것이고, 위 죄는 주관적으로 성욕의 흥분 또는 만족 등의 성적인 목적이 있어야 성립하는 것은 아니지만 그 행위의 음란성에 대한 의미의 인식이 있으면 족하다고 할 것인바, 원심이 인정한 바와 같이 피고인이 불특정 또는 다수인이 알 수 있는 상태에서 옷을 모두 벗고 알몸이 되어 성기를 노출하였다면, 그 행위는 일반적으로 보통인의 정상적인 성적 수치심을 해하여 성적 도의관념에 반하는 음란한 행위라고 할 것이고, 또 피고인이 승용차를 손괴하거나 타인에게 상해를 가하는 등의 행패를 부리던 중 경찰관이 이를 제지하려고 하자 이에 대항하여 위와 같은 행위를 한 데에는 피고인이 알몸이 되어 성기를 드러내어 보이는 것이 타인의 정상적인 성적 수치심을 해하는 음란한 행위라는 인식도 있었다고 보아야 할 것이다. 그럼에도 불구하고 원심이 피고인이 시위조로 공중 앞에서 단순히 알몸을 노출시킨 행위가 음란한 행위에 해당한다고 보기 어렵다는 이유로 이 부분 공연음란의 공소사실에 대하여 무죄를 선고한 것은, 공연음란죄의 음란한 행위와 그 고의에 관한 법리를 오해하여 판결에 영향을 미친 위법을 저지른 것이라고 할 것이다. 상고이유 중 이 점을 지적하는 부분은 이유 있다.

그러므로 원심판결 중 무죄 부분을 파기하고, 이 부분 사건을 다시 심리·판단케 하기 위하여 원심법원에 환송하기로 관여 법관의 의견이 일치되어 주문과 같이 판결한다.

(판결에 대한 평가)

I. 문제의 제기

현행 형법 제245조에서 규정하고 있는 '공연음란죄'는 공연히 음란한 행위를 함으로서 성립되는 범죄로서, 1년 이하의 징역, 또는 500만원 이하의 벌금, 구류 또는 과료에 처한다고 규정하고 있다. 공연음란죄는 음란물에 관한 죄(형법 제243조와 제244조의 음화전시 및 음화제작 등)에서와 같이 음란물을 대상으로 하는 범죄가 아니라 음란한 행위 자체를 처벌하는 범죄로서 일종의 거동범이라 할 수 있으며, 또한 행위자의 주관적 행위경향을 구성요건 표지로서 요구하는 경향범의 일종이라 할 수 있다. 그리고 본 범죄의 보호법익은 사회의 선량한 성풍속 내지 성도덕을 보호하는 사회적 법익에 대한 죄이므로 일반적으로 위험범으로 평가된다. 한편 공연음란죄는 음란물에 관한 범죄에서와 마찬가지로 공연성을 요건으로 하고 음란성을 판단하여 범죄의 성립을 인정한다.[1] 따라서 음란성을 내포하지 않는 행위는 본 범죄의 행위로 평가될 수 없기 때문에 지나친 노출행위에 따른 수치심과 불쾌감을 불러일으키는 행위를 규제하는 경범죄처벌법 상의 과다노출행위(제1조 41호)로 평가될 뿐이라고 할 수 있다.[2]

이런 관점에서 볼 때, 앞에서 소개한 대법원 판결은 음란성 평가를 무리하게 적용한 것으로 보인다. 고속도로 상에서 승용차를 운전하여 가던 중 앞서가던 승용차가 진로를 비켜주지 않는다는 이유로 그 차를 추월하여 정차하게 하고, 승용차를 손괴하거나 상해를 가하는 등의 행패를 부리다가 신고를 받고 출동한 경찰관이 이를 제지하려고 하자 시위 조로 알몸의 상태로 바닥에 드러눕거나 돌아다닌 행위에 대하여, 음란성에 대한 의미인식이 있었다는 이유로 공연음란죄에 해당한다고 판결하였다. 음란성이라는 개념이 매우 추상적이고 일반적이기 때문에 그 정확한 판단의 기준을 정하기가 어려울 뿐 아니라, 시대의 변화에 따라 가변적으로 평가되는 모습을 보여준다. 따라서 이에 대한 판단의 기준을 둘러싸고 많은 논쟁이 제기되어 진다고 할 수 있다. 그렇지만 이번 대법원의 판결은 음란성 개념에 대한 발전적 모습과는 전혀 다른 심각한 자의적인 판단의 모습을 보여주고 있으며, 일반적으로 수긍하기 어려운 판결이라고 생각된다.

이하에서는 이 번 대법원 판결을 비판적으로 검토하는 의미에서 음란성의 개념에 대하여 살펴보고 이를 평가하기 위한 구체적인 기준을 제시하고자 한다. 이와 더불어 우리 대법원의 음란성에 대한 평가의 모습을 살펴보고, 아울러 외국의 입법례와 판례 등을 비교 검토하여 합리적인 기준을 제시해 보기로 한다.

---

1) 배종대, 『형법각론』, 제4판, 686면 : 이재상, 『형법각론』, 신정판, 567면 : 김일수, 『한국형법』 V, 462면 : 박상기, 『형법각론』, 전정판, 539면 : 백형구, 『형법각론』, 555면

2) 배종대, 『형법각론』, 687면 : 김일수, 『한국형법』 V, 464면

II. '공연음란죄'의 음란성

1. 음란성 평가의 기준

음란물(Pornographie)[3]이라 함은 일반적으로 볼 때, 인간의 육체 혹은 성행위를 노골적으로 묘사, 서술한 것으로 성적인 자극과 만족을 위하여 표현되는 성표현물로 평가된다.[4] 음란물에 대한 평가로 현재 우리나라의 통설은 음란성의 의미를 사회 일반의 보통인을 기준으로 하여 사람의 성욕을 자극하거나 흥분케하여 성적 수치심을 침해하거나 성도덕을 침해하는 것으로 정의하고 있으며[5], 판례도 거의 일관되게 이러한 개념평가와 일치하고 있다.[6] 이러한 음란성의 평가는 음란물에 관한 범죄와 공연음란죄를 사회의 건전한 성풍속을 침해하는 범죄로서 파악하는 것을 전제로 한다는 것을 의미한다. 그리고 한편으로 이러한 음란성의 평가는 사회유해성의 관계나 청소년보호와 같은 입장을 고려하고 있지 않으며,[7] 단지 추상적인 법개념을 사용하고 있어서 그 해석에 있어서도 많은 문제점을 가지고 있다. 따라서 구체적인 음란성을 판단하는 경우 '보통인의 정상적인 성적 수치심'과 '선량한 성적 도의관념' 등의 개념의 다의성과 애매성, 그리고 이를 판단하는 사람들의 주관적인 기준이 작용될 수 있다는

---

3) 음란물이라는 용어는 어원적으로 그리스어로부터 유래되었다. 창녀를 의미하는 'porno'와 문서를 의미하는 'graphos'의 합성어로 '창녀에 관한 문서'라는 의미에서 비롯된 것을 알 수 있다. 이에 관하여는 김영환, 이경재, "음란물의 법적 규제 및 대책에 관한 연구", 『형사정책연구원 연구보고서』, 91-21, 1992, 11면 각주 1 참조

4) 김영환, "이경재, 음란물의 법적 규제 및 대책에 관한 연구", 『형사정책연구원 연구보고서』, 91-21, 1992, 11면

5) 김일수, 『한국형법』, 435면 : 박상기, 『형법각론』, 574면 : 이재상, 『형법각론』, 562면 : 백형구, 『형법각론』, 557면 : 배종대, 『형법각론』, 681면

6) 대법원 1990.05.08 선고, 89도2508 판결 : 대법원 1991.09.10 선고, 91도1550 판결 : 대법원 1995.06.29 선고, 94누2558 판결 : 대법원 1996.06.11 선고, 96도980 판결 : 대법원 1997.08.22 선고, 97도937 판결 : 대법원 2000.10.27 선고, 98도679 판결

7) 이러한 관점에서 음란물의 평가를 전통적인 일반인이 가지는 성적 도덕에 따라 판단할 것이 아니라 사회유해성의 관점에서 새롭게 해석되어야 한다는 주장에 관하여는 조국, "공연음란죄 재검토", 『판례월보』 365호, 2001, 33면 이하 : 임웅, 『형법각론』, 96면 참조

점을 배제할 수 없다.[8] 그리고 본 사안과는 직접적으로 관련이 없지만 문제된 음란성의 모습이 예술작품의 가치로서 인정되는 경우나, 혹은 교육, 정치, 문화적 가치를 함축하고 있는 경우, 이를 음란성으로서 일방적으로 단정짓는 것이 타당한가라는 등의 많은 문제를 야기시킨다. 이러한 경우 보통 음란성의 일면적이고 표현적인 모습에도 불구하고 전체적으로 볼 때 예술성이나 교육적 가치를 지니고 있기 때문에, 이러한 가치를 인정해야 할 상호 이율배반적인 관계가 발생되기 때문이다. 따라서 음란성의 평가는 이러한 제반 관계성에 입각하여 전체적인 의미에서 법익 상호간의 이익교량적 가치를 비교 고찰하여 다각적으로 판단되어야 할 문제이다.

2. 목적론적 해석

음란성의 개념은 -다른 범죄구성요건의 요소들과 마찬가지로- 음란물에 대한 범죄의 보호목적에 따라 목적론적으로 해석되어야 한다. 성범죄의 영역에서 음란물을 전파함에 있어 어떤 묘사행위가 법익을 침해하는지 혹은 성표현의 금지의 경우에 관련되는 법익을 침해하는 것이 과연 어떤 묘사인지를 묻는 대신에, 음란물 묘사가 어린아이와 청소년의 발전을 위하여 그리고 또한 인간의 공동 삶 즉, 혼인과 가족 등에 어떠한 영향을 미칠 수 있는가 하는 점이 더욱 더 중요하다. 그러나 현행법은 이와 같은 의미에서의 구체적으로 음란물 평가의 기준을 제시하여야 할, 그리고 또한 특별한 위해의 근원을 밝히기 위한

8) 현행 형법에서 규정하고 있는 음란성의 규범적 평가는 그 것을 이해하는 시대와 장소에 따라서 다르게 적용되어야 하는 문화적 특성에 의존한다. 따라서 전통적인 성도덕을 강조하는 유교문화와 자유롭고 개방적인 성문화를 가지고 있는 서구사회에서의 음란성 평가는 당연히 구별되는 해석차원의 문제로서 이해된다. 이와 같이 상이한 문화적 특성과 맥락에 의하여 이해되는 음란성의 평가는 또한 각 제도에 의하여 그리고 정책적인 흐름에 따라서도 다르게 평가되어 진다. 시대적인 정치상황과 이에 따른 법정책적인 집행의 필요성도 형법규범의 입법과 해석의 기준이 되기도 하며, 심지어는 적용과 집행의 잣대로 작용할 수 있기 때문에, 넓은 의미에서 음란성에 대한 형법규범은 상징적 기능(symbolische Funktion)을 가지게 된다고 할 수 있다. 법의 상징적 기능에 관하여는 졸고, "법의 상징기능에 관한 연구-상징입법의 개념과 기능에 대한 비판적 고찰-", 『법철학연구』, 제3권 제2호, 2000, 171면 이하 참조

의무를 소홀히 하였으므로, 학문과 판례는 목적론적인 해석을 통하여 소홀히 방치한 것을 따라잡아야 할 과제를 더욱더 많이 가지게 된다.

이와 같은 목적으로부터 학문적으로 그리고 판례에서의 해석을 위한 과제가 나타나게 된다. 즉 음란물의 개념을 특별히 보호되는 법익에 따라 해석하고, 이와 더불어 가능한 다양하게 해석해야 할 과제가 부여된다. 개별적인 구성요건의 복합적 연관성에 따라 그리고 보호법익에 따라 음란물의 개념을 다양하게 해석하여야 할 것이다.

우선적으로 성에 의한 부정적 영향으로부터 아동과 청소년의 보호가 음란물의 해석에 있어서 기준으로 적용될 것이 요구된다. 음란물의 부정적인 영향으로부터 아동과 청소년의 보호는 우선적으로 아동과 청소년에 대한 어떤 위해가 나타날 수 있는가를 판단하는 문제와 직결된다. 비록 지금까지 이러한 분야에서 유해적 영향이 학문적으로 그리고 경험적으로 확실하게 증명되지 못하였지만, 다음의 부정적 효과들을 고려함으로서 음란성 평가의 기준이 제시될 수 있다.

① 성에 대한 콘트롤을 약화키는 영향을 가져올 수 있는 표현물 및 몇몇 성에 대한 태도방법에 대한 억제를 제한시키는 영향을 주는 성에 관한 표현물
② 성에 대한 이성적 판단과 본능적 판단과의 조화를 방해하거나 제지시키는 성표현물
③ 성범죄를 야기시키는 성표현물
④ 아동과 청소년의 인격성에 대한 심각한 장애를 불러일으키는 성표현물
⑤ 건전한 이성관계에 대한 부정적 효과를 가져오는 성표현물
⑥ 일반적으로 정신적인 그리고 특히 성적인 성숙에 대한 부정적 효과를 미치는 성표현물
⑦ 인간적 삶에 있어서 성에 대한 과장된 평가를 야기시키는 성표현물
⑧ 다른 이성에 대하여 멸시나 조장하거나 혹은 가치를 평가절하 시키는 입장을 고취시키는 성표현물 등이다.[9]

---

9) Friedrich-Christian Schröder, *Pornographie, Jugendschutz und Kunstfreiheit*, S. 21ff.

음란물 묘사가 어린아이와 청소년의 발전을 위하여 그리고 또한 인간의 공동 삶 즉, 혼인과 가족 등에 어떠한 영향을 미칠 수 있는가 하는 점에 대한 실증적인 연구는 아직 충분히 밝혀지지 않았지만, 독일의 함부르크 대학병원의 정신심리과의 연구조사에서 밝혀진 바에 의하면 37명에 달하는 청소년인 살인범들 중에서 공포영화 또는 포르노영화를 자주 접했던 행위자들이 많은 부분을 차지하였으며,[10] 1973년 미국의 한 연구조사에 의하면 6-10세사이의 아동들 중에서 성범죄자 들의 경우 통제된 그룹보다 15배 이상 하드코어 포르노를 탐닉한 것으로 밝혀졌다.[11] 이러한 연구결과에 의하면 성적 자극적이고 폭력적인 방송매체가 특히 아동들과 청소년들에게 매우 심각한 부정적인 효과를 미친다고 할 수 있다.

성에 대한 비정상적인 묘사는 주로 시각적 자극으로만 받아들여지고 단지 성에 대한 탐욕으로만 이끌어 간다. 공포를 야기시키고 불쾌한 감정을 불러일으키는 섹스묘사들이 성에 대한 본성에 따른 방향과 조화를 이루지 못하는 부정적인 결과로 이끌게 되고 일반적으로 청소년의 정신적 혹은 성적인 성숙에도 나쁜 영향을 미치게 하며, 심각한 인격장애의 결과를 가져오게 하여 상대방 이성에 대한 저속한 태도를 보이게 하는 원인이 되기도 한다. 따라서 성적 영역에서 사회적으로 용인될 수 없으며, 아동들이나 청소년들에게 절대적으로 금지되어야 할 음란물은 폭력에 의한 성묘사, 아동에 대한 성묘사 그리고 또한 근친상간의 성묘사 등이며, 또한 동성애적 섹스와 매춘의 묘사도 당연히 청소년 유해적인 음란물로 평가되어야 할 것이다. 그 밖에 성 상대방에 대한 비인간적인 행위나 태도를 경탄시하는 것으로 묘사하거나,[12] 인간적인 성에 있어서 이를 과대평가 하는 경우와 다른 삶을 표현하는 것으로서의 섹스를 별도로 떼

10) Strehlow/Piesiur/Müller-Küppers, "Tötungsdelikte Jugendlicher und Heranwachsender aus der Sicht des jugendpsychiatrischen Gutachters". in; *Zeitschrift für Kinder- und Jugendpsychiatrie* 1988, S. 80ff.

11) United States. *Attomey General's Commission on Pornography*. Final Report of the Attomey General's Commission on Pornography. 1986 S. 265

12) 이러한 경우는 음란물로서의 평가 뿐 아니라 헌법상의 인간 존엄의 이념에도 위배되는 것으로 평가된다

어 평가하는 것 등이 이러한 경우에 해당한다.[13] 음란물의 전파를 금지시켜 아동이나 청소년의 성장을 보호하려 한다면, 앞서 언급한 내용을 가지고 저울질하여 전체적으로 고려를 해야 할 것이다. 이렇게 함으로서 아동들과 청소년들이 잘못되게 성장되는 것을 보호할 수 있으며, 성에 대한 올바른 인식을 가질 수 있게 될 것이다.

음란물의 개념에 대한 목적론적 해석의 두 번째 기준은 음란물의 탐닉과 관련하여 자기결정권의 보호에 있다. 즉 원하지 않는 음란물의 접촉으로부터 자유롭고 평온한 상태를 보호하기 위하여 음란물의 평가개념이 제시되어야 한다. 이러한 보호목적과 관련하여 볼 때, 원하지 않는 음란물의 접촉은 개개인 사생활의 있어서 보장되어야 할 평온에 대한 강한 침해로 평가된다. 이러한 점에서 음란물의 접촉으로부터 반감을 일으킬 수 있는 변태적인 성묘사들 들이 음란물죄의 구성요건에 충족시키게 된다. 그리고 한편 이러한 유형의 범죄 구성요건에 해당되는 행위들이 원하지 않는 음란물접촉에서 나타나기 때문에, 음란묘사의 강제성의 요구가 또한 이에 해당하는 것으로 나타난다. 일반적인 이해와는 반대로 음란물로부터 성인을 보호해야 한다는 이러한 요구가 결코 사소한 것이 아니라 어쩌면 반대로 청소년보호에서 보다 더욱 강조될 수 있다. 왜냐하면 원하지 않는 음란물의 접촉으로부터의 보호는 사전적(事前的)인 요구나 가능한 의지변화 없이 이러한 과제를 포함하지만, 청소년 보호의 경우에는 가벌적인 형태에 있어서 보통 청소년의 상응하는 희망을 전제로 하기 때문이다. 따라서 원하지 않은 음란물의 접촉으로부터 보호함이 결국 음란적인 표현을 제한시키는 지의 여부, 또한 어떤 성행위 묘사를 포함해서는 안되는 지의 여부를 결정할 수 있는 기준이 될 수 있다. 예를 들어보면, 서울시 성북구에 위치한 속칭 '미아리 텍사스' 지역이나, 부산시 완월동의 공창지역 등은 보통의 성인들도 거의 자유롭게 통행할 수 없을 정도로 선정적이고 자극적인 장면을 연출하게 하는데, 이러한 모습은 단지 청소년을 보호하기 위해서만이 아니라

13) 독일 형법의 음란물 죄(§184 Abs. 1 No. 1, 3-4, 8, 9 StGB)에서의 음란성(포르노)의 개념에 대한 평가가 바로 이와 같은 유형의 묘사를 의미한다. 즉 성범죄, 동성애, 매춘, 타 이성을 비하시킴, 성의 과대평가, 타 이성의 영역의 침해들을 보급 전파시키거나 혹은 성을 공포감정, 혐오감정, 치욕의 감정 등을 느끼게 만드는 것을 의미한다

성인들도 또한 받아들이기 어려울 정도로 고통을 주는 것으로 평가된다. 왜냐하면 이러한 장면 자체가 인간으로서의 존엄과 가치에 대한 침해가 될 수 있으며(이러한 모습자체가 인간의 가치를 저하시키고 거부적인 평가를 가지기 때문이다), 한편으로는 원하지 않는 음란물로부터의 접촉을 보호하려는 입장에서 음란물의 개념을 규정지움이 개인의 사생활에 있어서의 평온의 보장이라는 헌법상의 기본권 보호의 의미도 함께 부여된다고 할 수 있다.[14)]

음란물 개념에 대한 목적론적 해석의 기준으로 여성의 인간존엄의 보장을 거론할 수 있다. 페미니즘의 측면에서 최근 음란물에 대하여 여성으로서의 인간존엄의 침해라는 관점이 제기되어 왔다. 페미니스트들은 남녀의 차이가 생물학적인 자연적 성에 의하여 나타나는 것이 아니라 사회적 후천적인 성에 의하여 발생한다고 보고, 여성과 남성의 성에 대한 인식이 모두 남성들에 의한 전통적인 관념 속에 날조되어 있다고 주장한다. 따라서 모든 성 풍속은 주체였던 남성들에 의하여 남성위주로 만들어 졌으며 여성은 단지 대상으로서의 의미가 있을 뿐이라고 하며, 음란물도 그러한 인식 하에 만들어지게 되므로 음란물 자체가 남녀평등의 이념을 해치게 되므로 이에 대한 해석의 기준으로 페미니즘의 관점이 적용되어야 한다고 주장한다.[15)] 그러나 모든 음란물이 여성으로서의 인간존엄에 대한 침해로 작용한다는 명제는 반드시 적합하다고 할 수 없을 것이다. 물론 여성의 인간존엄에 대한 침해가 음란물의 묘사에서 상당부분 차지한다고 할 수 있을지 모르나, 그러한 관점은 음란물과 관련된 청소년 보호 및 자기 결정권의 보호를 의미하는 범주로 평가될 수 있다. 앞에서 서술한 바와 같이 원하지 않은 음란물 접촉으로부터의 보호의 관점에서도 女性은 남성과 마찬가지로 인간 존엄의 침해로써 적합하게 고려될 수 있다. 그럼에도 불구하고 이러한 맥락에서 보여지는 여성으로서의 인간의 존엄의 보호는 결국 가벌성의 확대를 전제로 하게 되고, 부정적인 결과로 이끌게 될 위험성이 있다. 이는 현존하는 가벌성의 범위·영역을 엄청나게 확대시킬 뿐만 아니라, 지금까지

---

14) 1968년 동독 형법은 '포르노문서의 전파'(§125)를 인간의 자유와 존엄에 대한 범죄로 규정하였다

15) 강진철, "포르노그라피에 관한 법철학적 고찰", 『법철학연구』 제1권, 1998, 218면

인간존엄에 대한 침해의 평가로서 모욕이나 명예훼손 행위를 범죄로써 처벌하는 기존 형법체계의 변화와 파괴를 동시에 가져오게 할 수 있다.[16]

3. 금지될 음란성의 유형

음란물에 대한 개념 평가를 이와 같은 목적론적 해석의 기준에 따라 설명한다면, 현재 우리나라의 통설과 대법원의 판례에 따른 정의와는 많은 차이를 보여주게 된다. 이러한 목적론적 해석방법에 입각하여 독일에서는 음란물에 관한 논란을 입법적으로 해결하려고 시도하였다. 음란물죄에 관한 1973년 제4차 독일형법개정법률 특별위원회는 음란물의 평가에 대한 기준으로 우선 첫째로 '일반인의 관점에서 볼 때 전적으로 혹은 주로 성적자극을 불러일으킴을 목적으로 하는 표현'과, 둘째로는 '일반적으로 사회의 가치평가에 견주어 설정될 수 있는 성적모습의 한계를 현저히 넘는 표현'으로 근거지웠다.[17] 이에 따라 규정된 독일형법 제184조는[18] 음란물죄의 구성요건의 평가를 포르노그라피(Pornographie)로 규정하고, 이를 하드코어포르노그라피와 소프트코어포르노그라피로 나누면서, 원칙적으로 하드코어포르노그라피의 반포 등의 행위를 처벌하고 소프트코어포르노그라피의 경우는 이를 원하는 않는 성인과 18세 미

---

16) 독일형법 제 184조 (1)의 1호(포르노그래피를 18세 미만의 자에게 제공, 인도, 입수할 수 있게 하는 행위), 2호(18세 미만의 자들이 출입할 수 있거나 그 들이 볼 수 있는 장소에 진열, 게시, 공람 또는 입수하게 하는 경우), 5호(18세 미만의 자가 출입할 수 있거나 그 들이 볼 수 있는 장소에 공연히 또는 반포함으로 광고, 선전하는 행위) 등에서 18세 미만의 자에 대한 음란물 관련 행위들을 규정하고 있으며, 동조 (3)에서는 폭력적 음란물, 아동을 상대로 하는 음란물, 동물과 인간과의 성행위를 대상으로 하는 음란물 등에 대한 행위를 규정함으로서 하드코어 포르노그래피에 대한 구체적인 행위태양을 예시하는 입법을 하고 있다. 이에 대하여 더 자세히는 Friedrich-Christian Schröder, *Pornographie, Jugendschutz und Kunstfreiheit*, S. 21ff. 참조

17) 그러나 이러한 두 가지의 기준도 역시 일반적 성도덕이라는 추상적 개념에 대한 구체적인 기준을 제시하여 주지 못한다는 비판이 제기된다. 박상기, 『형법각론』, 575면 : Friedrich-Christian Schröder, *Pornographie, Jugendschutz und Kunstfreiheit*, S. 16ff.

18) 이에 대하여 자세히는 김영환, 이경재, "음란물의 법적 규제 및 대책에 관한 연구", 『형사정책연구원 연구보고서』 91-21, 1992, 265면 이하 참조

만의 청소년 등에게 유통시키는 행위를 처벌하도록 규정하였다.[19] 이러한 입법적인 해결을 위한 논의에서 금지되는 하드코어포르노그라피의 개념에 대한 기준제시가 목적론적 해석방법론에 의하여 적용되었다고 할 수 있다.

이와 같이 제시되는 기본적인 개념의 틀에 따라 음란물의 기준을 구체적으로 살펴보면, 우선 첫째로 성에 대한 일방적인 자극경향과 이를 통한 성 인식에 대한 건전한 태도를 침해하는 것을 포함하는 성적 표현물을 들 수 있다. 이러한 평가기준은 물론 이미 우리의 학설과 판례가 취하는 기준에 포함되는 것으로 평가할 수 있는 것으로서 가장 고전적인 영역에서 전개되며,[20] 이를 통하여 음란물의 개념을 평가할 것인 가에 대하여는 논란이 되고 있다. 이에 해당하는 경우로는 주로 남녀의 성기노출이 수반되는 성행위의 표현이나, 혹은 부부간이 아닌 부정한 관계에서의 성관계를 노골적이며 자극적으로 묘사하는 경우 등이다.

둘째로는 성행위 과정을 비현실적으로 묘사하거나 매우 심하고 거칠게 그리고 왜곡하여 표현하는 경우도 이에 해당한다고 할 수 있다. 예를 들어 폭력이 포함된 성관계 또는 강제적인 성관계 등을 노골적으로 표현하는 경우이다. 여기에는 강간에 의한 성묘사, 새디즘-메조키즘적인 성묘사, 성적인 고문의 묘사 그리고 채찍질 등의 폭력이 거칠게 묘사된 것이 이에 해당된다.

세 번째의 요소는 인간의 본성으로서의 성의 평가를 이와 분리시켜 오직 섹스 그 자체로 축소시키는 경우이다. 이러한 입장에 따르면 성행위의 묘사가 인간의 성이라는 관점에서의 표현이라는 의미결합 없이 이루어지는 경우로 성이

---

19) Friedrich-Christian Schröder, *Pornographie, Jugendschutz und Kunstfreiheit*, S. 16ff.

20) 이러한 성표현물이 음란성 개념의 범주에 해당되는 지의 여부는, 우리 형법에서처럼 음란물의 개념 및 보호법익을 주로 사회의 건전한 성도덕이라는 입장에서 기준을 정하는 경우에 포함되는 것으로 평가할 수 있지만, 앞서 언급한 것처럼 음란물의 평가기준을 목적론적 해석의 입장에서 찾는 경우에는 배제되는 것으로 해석할 수 있을 것이다. 왜냐하면 이러한 성표현물은 성인에게 유해한 영향을 미치거나 어떤 구체적인 법익침해를 야기시키는 것으로 보기 어렵기 때문이다. 해악적인 폭력이나 강제성이 없고 서로 합의 하에 이루어지는 성적 관계는 어쩌면 자연스러운 인간의 성적 본성을 나타내는 것으로 해석할 수 있으므로, 단지 성기노출을 하였다는 것만으로 음란물 개념의 범주로 평가하여 형법적 적용의 대상으로 포함시키는 것은 적절하다고 보기 어렵다. 같은 입장으로는 김영환, 이경재, "음란물의 법적 규제 및 대책에 관한 연구", 『형사정책연구원 연구보고서』 91-21, 1992, 141면 이하

그 자체 스스로 '축소되어지는 것'으로써 평가되며, 이러한 성묘사의 모습에는 인간이 음란물을 통하여 오로지 육체적인 자극만을 추구하고 이에 대한 반응을 보이는 것으로만 설정되어 인간 본질의 의미가 퇴색되거나 무한히 축소되는 것으로 등장된다. 특히 이와 같은 요소는 문학작품이나 예술작품의 음란물을 평가함에 있어서 매우 적절하게 이용된다.

넷째로는 인간을 순전히 단순한 성적 대상으로 전락시키는 유형으로 이를 통하여 음란물을 평가할 수 있다. 즉 인간을 성적 탐욕의 대상으로 전락시키거나 성적 유희의 대상으로 전락시켜 인간의 의미와 가치를 평가절하 시키는 경우 등이 이에 해당된다. 예를 들어 여성을 근본적으로 남성의 성욕을 충족시켜주는 수단으로 평가절하 시키는 성묘사물이나, 또는 여성들을 성적 욕구에 가득차서 남성과의 성행위를 원하고 충족될 수 없는 성충동으로 가득찬 일종의 동물적인 객체로 묘사함으로서 여성의 지위와 품위를 해치는 것이 이에 해당되며, 그리고 남성과의 성관계에서 무조건적으로 종속되어 성적으로 지배를 받는 것으로 여성을 묘사하여 여성의 인간으로서의 가치를 침해하는 것을 내용으로 하는 성묘사물 등이 이에 해당된다. 이러한 성표현물은 비록 과격한 폭력이 수반되지 않지만 여성의 인간으로서의 존엄과 가치를 해치는 것으로서 평가되기 때문이다.[21]

다섯 번째는 성의 본질을 왜곡시켜 성을 통한 비인간의 모습이 나타나는 경우로서, 성의 본질과 이것을 인간성의 모습과 관련시켜 비교함으로서 의미를 찾게된다. 이러한 요소의 형태들은 음란성을 평가하는 기준으로 작용될 뿐 아니라, 심지어 매우 유해적인 경우로서 해석될 수 있을 것이다. 근친상간, 수간, 오랄섹스와 항문섹스 그리고 그룹섹스 등의 표현이 이러한 경우에 해당되는 것으로 파악 될 수 있다.

---

21) 김영환, 이경재, "음란물의 법적 규제 및 대책에 관한 연구", 『형사정책연구원 연구보고서』 91-21, 1992, 134면 이하

III. 대법원 판례의 입장

1. 소설 '반노' 사건에서 음란물을 부정한 사례

소위 '반노사건'[22]에 대하여 대법원은

"소설이 음란문서인가의 점에 대하여 살피건대, 음란문서라 함은 과도하게 성욕을 자극하고 보통 사람의 정상적인 수치심을 해치며 선량한 성적도의 관념에 반하는 문서라 할 것인바, 무릇 문학작품의 음란성의 여부는 그 작품 중 어느 일부분만을 따로 떼어 논할 수는 없고 그 작품 전체와 관련시켜 이를 판단하여야 할 것이므로 보건대, 피고인은 이건 '반노'는 인간의 도태를 전제로 하지 않는 단순한 향락만을 위주로 한 성의 본능을 노예적인 것으로 보고 남녀 간의 성교와 그 뒤에 오는 허탈감을 되풀이하여 묘사함으로써 인간의 성행위에서 향락적이고 유희적인 면을 없애고 성에 대한 권태와 허무를 깨닫게 하는, 다시 말하여 위 성의 노예성을 딛고 일어나 새로운 자아를 발견하는 것을 주제로 한 작품이었다고 변소하고 있는 것으로, 압수된 증 제1호 (반노 책1권)의 기재내용을 보면 공소사실 기재와 같이 남녀 간의 성교장면을 다소 실감적으로 반복하여 묘사한 대목이 있기는 하나, 그렇다고 그 표현에 있어 과도하게 성욕을 자극시키거나 또는 정상적인 성적 정서를 크게 해칠 정도로 노골적이고 구체적인 묘사라고도 볼 수 없으며, 더욱이 그 전체적인 내용의 흐름이 피고인의 변소와 같이 인간에 내재하는 향락적인 성욕에 반항함으로써 결국 그로부터 벗어나 새로운 자아를 발견하는 과정으로 이끌어 매듭된 사실을 인정할 수 있으니, 이에 비추어 이건 소설을 음란한 작품이라고 단정할 수는 없다."[23]

---

22) 반노사건은 1969년 소설가 염재만이 쓴 '반노'의 제13장과 제14장의 내용이 형법상 음란물에 해당한다고 하여 기소된 사건으로 제1심에서 벌금 3만원의 유죄판결이 선고되었고, 피고인의 항소로 항소심에서는 무죄가 선고되었다. 검찰은 이에 불복하여 상고하였고 1971년 8월 대법원에서는 무죄를 선고하고 파기환송하였다. 1973년 11월 서울지법 항소심에서 다시 무죄를 선고하였으나, 검찰이 다시 상고하였고 대법원은 1975년 12월 다시 무죄를 선고한 사건이다.

23) 대법원 1975. 12. 9 선고 74도976 판결

라고 판시하였다. 이 판결은 이 판결이 나오기 5년 전에 있었던 성냥갑 사건의 판결의 취지와 다른 것으로 성냥갑 사건에서 대법원은 예술품이라 하더라도 그 표출방법 여하에 따라서는 음란물이 될 수 있다고 판단하였지만, 반노 사건에서는 "문학작품의 음란성의 여부는 그 작품 중 어느 일부분만을 따로 떼어 논할 수는 없고 그 작품 전체와 관련시켜 이를 판단하여야 할 것이므로.... 남녀 간의 성교장면을 다소 실감적으로 반복하여 묘사한 대목이 있기는 하나, 그렇다고 그 표현에 있어 과도하게 성욕을 자극시키거나 또는 정상적인 성적 정서를 크게 해칠 정도로 노골적이고 구체적인 묘사라고도 볼 수 없으며, 더욱이 그 전체적인 내용의 흐름이 피고인의 변소와 같이 인간에 내재하는 향락적인 성욕에 반항함으로써 결국 그로부터 벗어나 새로운 자아를 발견하는 과정으로 이끌어 매듭된 사실을 인정할 수 있으니"라고 하여 음란성 평가를 부정하였다.[24)]

이 판결은 이전의 판결에서와는 달리 문학작품의 음란성 판단의 모습을 부분적이고 일면적으로 파악할 것이 아니라 전체적인 의미에서 판단할 수 있다는 의미에서 진일보한 판결이라 할 수 있으며, 과거의 전통적인 음란성 판단의 방법에서 탈피하여 문학작품의 예술성과 창작성을 인정한 최초의 판결이라 할 수 있다. 그러나 한편으로는 음란성 판단의 기준으로서의 사회일반의 건전한 성도덕이라는 추상적 개념으로부터 탈피한 구체적인 기준을 제시하는 목적론적 해석에 따른 판결이라고 평가할 수 있는 요소를 발견할 수 없다.

2. 월간 부부라이프 사건에서 음란물로 인정한 사례

이 사건은 판매할 목적으로 '성교체위 10선'이란 글과 함께 전라 또는 반라의 여자가 성교장면을 연상케하는 여러가지 자세를 취하고 있는 사진(3-10면), '부부여 충만한 섹스데이트를'이란 글과 함께 남자가 여자의 유두를 빨고 있는 장면과 남녀의 성행위 장면의 사진 등(14-17면)을 게재하고 '아들 낳는 성교체위법', '화려한 성관계를 위한 콘트롤', '당신도 대물이 될 수 있다' '사랑을 위해

24) 심의기, "문예작품의 음란성 판단기준", 『영남법학』 제4권 제1, 2호 1998/2, 265면 이하 참조

성의 노예가 되자', '흔들의자에서 즐기는 일본인들의 현란한 색정놀이' 등 각종 외설기사를 게재하는 등 전반적으로 성관계를 노골적으로 묘사한 기사가 게재된 월간 부부라이프 10월호 1만부를 제조하여 전국에 판매한 것으로, 공연히 일반인으로 하여금 성적 충동감과 수치심을 불러일으키게 할 음란한 도서를 각 제조하여 판매한 것이라고 유죄판결을 내린 사건이다.

이에 대하여 대법원은 판결이유에서 "형법 제243조에 규정된 음란한 문서 또는 도화라 함은 성욕을 자극하여 흥분시키고 일반인의 정상적인 성적정서와 선량한 사회풍속을 해칠 가능성이 있는 도서를 말하며 그 음란성의 존부는 작성자의 주관적 의도가 아니라 객관적으로 도서자체에 의하여 판단되어야 할 것인바.... 성행위 등 성관계를 노골적이고 구체적으로 묘사하여 독자의 호색적 흥미를 돋구는 것이어서 소론이 주장하는 성교육을 위한 성계몽 지도서의 한계를 벗어나 위 법조 소정의 음란성의 요건을 충족하고 있다고 인정된다..... 오늘날 잡지를 비롯한 대중매체가 민주화와 개방의 바람을 타고 자극적이고 선정적인 방향으로 흐르고 있는 것이 일반적인 추세라고 하여도 정상적인 성적정서와 선량한 사회풍속을 침해하고 타락시키는 정도의 음란물까지 허용될 수 없는 것이어서 그 한계는 분명하게 그어져야 하고 오늘날의 개방된 추세에 비추어 보아도 위 판시 각 간행물은 위 한계를 벗어나는 것이다"라고 판시하였다.[25)]

이 판결에서 대법원은 음란물의 판단 기준으로 '성욕을 자극하여 흥분시키고 일반인의 정상적인 성적정서와 선량한 사회풍속을 해칠 가능성이 있는 경우로서 그 음란성의 존부는 작성자의 주관적 의도가 아니라 객관적으로 도서자체에 의하여 판단되어야 한다'라고 하여 역시 일반적인 사회적 성도덕을 기준으로 평가하였다. 한편 성도덕이라는 추상적인 기준의 평가에 있어서도 '오늘날 잡지를 비롯한 대중매체가 민주화와 개방의 바람을 타고 자극적이고 선정적인 방향으로 흐르고 있는 것이 일반적인 추세라고 하여도 정상적인 성적정서와 선량한 사회풍속을 침해하고 타락시키는 정도의 음란물까지 허용될 수 없는 것이어서 그 한계는 분명하게 그어져야 한다'고 하여 시대와 상황에 따

---

25) 대법원 1987.12.22.선고, 87도2331 판결

라서 가변적으로 평가할 수 있음을 밝혔지만, 역시 전통적인 입장을 버리지 않았다고 할 수 있다. 따라서 폭력적인 성행위, 변태적인 성행위, 아동을 상대로 하는 성행위, 동물과의 성행위 등을 묘사하는 하드코어 포르노그래피의 범주에 속하지 않는, 단순한 성인을 상대로 하는 대중잡지의 성행위 표현물에 대한 대법원 판결의 이와 같은 음란물 평가는, 역시 구체적인 기준에 따른 판단이라고 할 수 없는 비판을 면치 못할 것이다.

3. 연극공연의 음란성을 인정한 사례(미란다사건)

이 사건은 연극공연에서 남녀 주인공의 성행위하는 장면을 음란성이 인정된다고 판시한 사건이다. 대법원 판례를 보면, 남자 주인공은 옷을 모두 벗은 채 팬티만 걸친 상태로 침대 위에 누워 있고, 여주인공은 뒤로 돌아선 자세로 입고 있던 가운을 벗고 관객들에게 온몸이 노출되는 완전나체 상태로 침대 위의 피고인에게 다가가서 끌어안고 서로 격렬하게 뒹구는 등 남자 주인공을 유혹하여 성교를 갈구하는 장면을 연기하고, 제6장 마지막 부분에 이르러 남자 주인공이 여주인공을 폭행하여 실신시킨 다음 침대 위에 쓰러져 있는 그녀에게 다가가서 입고 있던 옷을 모두 벗기고 관객들에게 정면으로 그녀의 전신 및 음부까지 노출된 완전나체의 상태로 만든 다음, 그녀의 양손을 끈으로 묶어 창틀에 매달아 놓고 자신은 그 나신을 유심히 내려다보면서 자위행위를 하는 장면을 7 내지 8분 동안 연기하는 등의 연극에서 음란행위를 인정하였고, 특히 이러한 연극공연이 평균 250명에 이르는 남녀 관객이 지켜보는 가운데 그들 관람석으로부터 4-5m도 되지 않는 거리 내에 설치되어 있는 무대 위에서 위 배우들의 신체 각 부분을 충분히 관찰할 수 있을 정도의 조명 상태 하에서 행하여진 사실, 여주인공이 완전나체의 상태에서 그녀의 음부가 관람객들에게 정면으로 노출되는 방식으로 연기가 행하여졌다는 점, 남자주인공이 여주인공을 창틀에 묶고 자위행위를 하는 등 가학적이고 변태적인 성행위의 장면을 연출한 점에서 볼 때 성에 관한 묘사, 연출의 정도가 지나치게 상세하고 노골적일 뿐만 아니라, 위 나체상태의 연기가 상당 기간 지속되어 성의 묘사, 연출이 작품 전체에서 차지하는 비중이 결코 작지 않은 점 등을 고려하면 위 공연행위는 정상인의 성욕을 자극하여 성적 흥분을 유발하거나 그 호색적 흥미를 돋구기에 충분한 것이라고 할 수 있다고 판단하였다.

이와 같은 사실관계로부터 대법원은 "형법 제245조의 공연음란죄에 규정한 음란한 행위라 함은 일반 보통인의 성욕을 자극하여 성적 흥분을 유발하고 정상적인 성적 수치심을 해하여 성적 도의관념에 반하는 것을 가리킨다고 할 것인바, 연극공연행위의 음란성의 판단에 있어서는 당해 공연행위의 성에 관한 노골적이고 상세한 묘사·서술의 정도와 그 수법, 묘사·서술이 행위 전체에서 차지하는 비중, 공연행위에 표현된 사상 등과 묘사·서술과의 관련성, 연극작품의 구성이나 전개 또는 예술성·사상성 등에 의한 성적 자극의 완화의 정도, 이들의 관점으로부터 당해 공연행위를 전체로서 보았을 때 주로 관람객들의 호색적 흥미를 돋구는 것으로 인정되느냐의 여부 등의 여러 점을 검토하는 것이 필요하고, 이들의 사정을 종합하여 그 시대의 건전한 사회통념에 비추어 그것이 공연히 성욕을 흥분 또는 자극시키고 또한 보통인의 정상적인 성적 수치심을 해하고, 선량한 성적 도의관념에 반하는 것이라고 할 수 있는가의 여부에 따라 결정되어야 할 것이다"라고 판시하였다.[26]

그러나 특히 이러한 예술 작품에서의 음란성 판단은 전체적인 작품의 연결관계와 의미를 고려하고 창작자의 작품의도를 판단하여야 하지만 대법원의 입장은 작품공연에서 나타나는 부분적인 표현에 치중하여 음란성을 평가하였다는 비판을 받을 수 있다. 그리고 연극공연은 일반적으로 몇 십 명의 젊은 관객을 대상으로 하는 실험적인 예술로서 음란성의 부정적 효과가 일반적인 문서나 도화와 달리 평가되어야 할 수 있으므로, 일반적인 음란물죄에 있어서와 마찬가지로 공연성을 광범위하게 인정할 수는 없을 것이다. 비록 성행위와 자위행위 등이 행하여짐으로서 음란성을 인정할 수 있겠지만, 예술작품으로서 가지는 상술한 요소들을 무시하고 단지 추상적인 사회의 건전한 성도덕이라는 기준을 통하여 음란물을 판단하였음을 부정할 수 없을 것이다.

26) 대법원 1996. 6. 11 선고, 96도980 판결

4. '오렌지걸' 사진첩을 음란물로 평가한 사례

이 사건은 '오렌지걸'이라는 외설적 성표현물인 사진첩에 대하여 음란물로 평가한 사례이다. 이 사진첩에 수록된 내용은 여러 장소에서 전라 또는 반라의 상태로 다양한 자세를 취하고 있는 우리나라 여자 모델들을 촬영한 사진으로서, 그 수록된 사진들 중에는 비키니 수영복 차림으로 서서 한쪽 손을 팬티 속에 넣어 국부를 만지는 모습의 사진, 음모의 일부가 보이는 전라의 상태로 침대 위에 눈을 감고 누워있는 모습의 사진, 수영복 차림 또는 속이 비치는 잠옷과 끈 형태의 팬티 차림으로 침대 또는 방바닥에서 무릎을 꿇고 엎드려 있는 모습을 뒤쪽에서 촬영하여 엉덩이와 국부 부위를 유난히 강조한 사진, 전라로 엎드린 자세에서 다리를 벌리고 엉덩이를 치켜세워 얇은 천으로 국부 주변을 가리고 있는 모습을 뒤쪽에서 촬영하여 역시 천으로 가려져 있는 국부 부위를 강조한 사진, 여자가 사무실에서 성적 감정에 도취된 표정으로 자신의 유방이나 국부를 만지면서 옷을 하나씩 벗어 나가다가 전라로 되어 책상 위에 누워 국부 위에 종이를 대고 눈을 감고서 손으로 국부를 만지는 모습의 일련의 사진들이 있다.

이 사건에서 대법원은 "사진 전체로 보아 선정적 측면을 강조하여 주로 독자의 호색적 흥미를 돋구는 것으로서 일반 보통인의 성욕을 자극하여 성적 흥분을 유발하고 정상적인 성적 수치심을 해하는 것으로서 성적 도의관념에 반하는 것이라고 아니할 수 없고, 성에 관한 표현이 종전과 비교하여 점차 자유로워지고 있는 작금의 세태를 감안하더라도 오늘날 우리의 사회통념에 비추어 볼 때 피고인의 주장과 같이, 이 사건 사진첩에 남자 모델이 전혀 등장하지 아니하고 남녀 간의 정교 장면에 관한 사진이나 여자의 국부가 완전히 노출된 사진이 수록되어 있지 않다는 것만으로 달리 볼 수는 없다 할 것이다"라고 판결하였다.[27]

이 사진첩의 내용은 여성의 선정적인 자태를 수록하여 주로 성적인 오락 기능을 추구하는 오늘날의 일반적인 대중적 성적 표현물로 평가될 수 있다. 따라

---

27) 대법원 1997. 8. 22 선고, 97도937 판결

서 앞서 전개한 음란물 평가의 목적론적인 해석방법에 의하면 결코 음란물로 평가될 수 없는 것으로서, 이에 대한 대법원 판례의 입장은 여전히 추상적인 사회적 성도덕이라는 기준을 목적론적 의미없이 적용한 것에 지나지 않는다는 비판을 면할 수 없을 것이다. 만일 이러한 성적 표현물을 음란물로서 평가한다면 현재 시내의 일반 가판대에서 살 수 있는 수많은 오락잡지들도 모두 음란물로서 처벌받을 수밖에 없을 것이다.

5. 소설 '내게 거짓말을 해봐'를 음란물로 인정한 사례

당시 세간의 이목을 끌었던 작가 장정일의 소설 '내게 거짓말을 해봐'에 대하여 대법원은 음란물로 평가하였다. 대법원 판결에 의하면 소설 '내게 거짓말을 해봐'는 38세의 유부남인 작가 '제이'가 서울과 여러 도시들을 다니며 18세의 여고생 '와이'와 벌이는 괴벽스럽고 변태적인 섹스행각의 묘사가 소설의 대부분을 차지하고, 주인공인 '제이'는 여러 여자를 성적으로 탐닉하는 유부남이며, '와이'는 성 경험이 전혀 없는 상태에서 한달 여 동안 '제이'와 이른바 폰섹스를 하고, '제이'와 함께 괴벽스러운 섹스행각을 벌이면서도 이를 자연스럽게 받아들일 뿐만 아니라 이를 행복이라고 생각하는 점, 주인공 외에 위 소설에 등장하는 인물들도 학생을 성의 대상으로 보는 미술선생 및 교수, 동성에 대한 연애의 감정을 가지고 있는 듯한 여학생 등 성적으로 왜곡된 인물들이라는 점, '제이'가 '와이' 등과 하는 성애의 장면이 폰섹스, 구강성교, 항문성교, 가학 및 피학적인 성행위, 1남 2녀 간의 섹스 등 매우 다양할 뿐만 아니라 그 묘사방법도 노골적이고도 아주 구체적으로 묘사되고 있으며, 그러한 묘사부분이 양적으로나 질적으로 이 소설의 많은 부분을 차지하고 있는 점을 인정할 수 있다고 하여, 문학작품으로서의 창작성과 예술성을 고려하고 오늘날 우리 사회의 개방된 성관념에 비추어 보더라도 음란성을 부정할 수 없다고 하였다.

대법원 판결에 따르면, "형법 제243조 및 제244조에서 말하는 음란이라 함은 정상적인 성적 수치심과 선량한 성적 도의관념을 현저히 침해하기에 적합한 것을 가리킨다 할 것이고, 이를 판단함에 있어서는 그 시대의 건전한 사회통념에 따라 객관적으로 판단하되 그 사회의 평균인의 입장에서 문서 전체를 대상으로 하여 규범적으로 평가하여야 할 것이다. 한편 문학성 내지 예술성과 음란성은 차원을 달리하는 관념이므로 어느 문학작품이나 예술작품에 문학성 내지 예술성이 있다고 하여 그 작품의 음란성이 당연히 부정되는 것은 아니라 할 것이고, 다만 그 작품의 문학적·예술적 가치, 주제와 성적 표현의 관련성 정도 등에 따라서는 그 음란성이 완화되어 결국은 형법이 처벌대상으로 삼을 수 없게 되는 경우가 있을 수 있을 뿐이다"라고 하였다.[28]

소설 '내게 거짓말을 해봐'는 문학작품의 음란성 평가와 관련된 문제로서 근본적으로는 헌법에서 보장하는 예술의 자유에 대한 제한의 문제가 된다. 흔히들 예술이냐 혹은 외설이냐는 식의 절대적 대응관계로 나타내지만, 이는 수학적인 등식의 관계로 파악될 문제가 아니라 상호 보완적 관계로 평가할 필요가 있다. 예술은 외설의 반대개념으로서의 관계를 가지는 것이 아니기 때문에 예를 들어 예술로서의 평가를 가지면서도 동시에 외설일 수도 있게 된다. 이러한 경우에 있어서 예술적 평가가 축소된다면 다만 예술로서의 보호를 받게 되지 못하게 되는 것이다. 즉 예술작품으로서의 일정한 가치를 얻을 수 있느냐의 여부가 예술작품의 음란성 평가에 있어서 본질적인 요소인 것이다.[29] 진정한 예술로서의 가치가 인정되는 작품은 그것이 아무리 많은 성표현을 포함하더라도 이를 정신적으로 승화시켜 도덕적으로 가치있는 것으로 평가될 수 있다. 예술작품에서의 성적 표현을 추상적인 도덕적 기준을 통하여 판단하면 할수록 음란성 평가와 예술의 자유는 더욱 더 상충되어 나타나게 된다. 따라서 이러한 관점을 고려하여 평가해 보면 전체 작품에서 간직하는 예술적 가치와 관련하여 개별적인 성묘사물의 음란성 판단이 이루어져야 할 것이다. 즉 작품의 구성이나, 주제연관성, 작가의 의도, 가치관 등을 고려하여 모든 성표현의 음란성을 판단하여야 하며, 오로지 사회의 일반적인 성적 도덕이라는 추상적인 기준에 의하여 판단하여서는 안될 것이다.

28) 대법원 2000. 10. 27선고, 98도679 판결

29) 독일연방헌법재판소도 포르노소설이 작가의 감정과 경험, 그리고 상상을 표현한 자유로운 창작으로서 가치를 가지는 경우 비록 포르노소설이라 할 지라도 예술의 자유의 보호영역에 속한다고 판단하였다. 명재진, "예술의 자유에 대한 독일연방헌법재판소 판례의 변화", 『판례월보』 328, 1998. 1, 68면

Ⅳ. 사안의 검토

문제되는 대법원판결의 사안을 살펴보면, 피고인이 2000. 4. 10. 19:30경 하남시 천현동 소재 중부고속도로 하행선 서울기점 약 5㎞ 지점에서 승용차를 운전하여 가던 중 앞서가던 △△△ 운전의 승용차가 진로를 비켜주지 않는다는 이유로 그 차를 추월하여 정차하게 한 다음, 승용차를 손괴하고 그 안에 타고 있던 □□□를 때려 상해를 가하는 등의 행패를 부리다가 신고를 받고 출동한 경찰관이 이를 제지하려고 하자, 시위조로 주위에 운전자 등 사람이 많이 있는 가운데 옷을 모두 벗어 알몸의 상태로 바닥에 드러눕거나 돌아다닌 사실을 공연음란죄로 인정한 것이다. 이 판결에서 쟁점이 되는 것은 과연 알몸으로 성기를 노출하는 행위를 음란한 행위로 볼 수 있는 가하는 것이다. 이에 대한 대법원의 판결이유를 살펴보면, "형법 제245조 소정의 '음란한 행위'라 함은 일반 보통인의 성욕을 자극하여 성적 흥분을 유발하고 정상적인 성적 수치심을 해하여 성적 도의관념에 반하는 것을 가리킨다고 할 것이고, 위 죄는 주관적으로 성욕의 흥분 또는 만족 등의 성적인 목적이 있어야 성립하는 것은 아니지만 그 행위의 음란성에 대한 의미의 인식이 있으면 족하다고 할 것인바, 원심이 인정한 바와 같이 피고인이 불특정 또는 다수인이 알 수 있는 상태에서 옷을 모두 벗고 알몸이 되어 성기를 노출하였다면, 그 행위는 일반적으로 보통인의 정상적인 성적 수치심을 해하여 성적 도의관념에 반하는 음란한 행위라고 할 것이고, 또 피고인이 승용차를 손괴하거나 타인에게 상해를 가하는 등의 행패를 부리던 중 경찰관이 이를 제지하려고 하자 이에 대항하여 위와 같은 행위를 한 데에는 피고인이 알몸이 되어 성기를 드러내어 보이는 것이 타인의 정상적인 성적 수치심을 해하는 음란한 행위라는 인식도 있었다고 보아야 할 것이다."라고 주장하였다.

공연음란죄는 공연히 음란한 행위를 함으로서 성립되는 범죄이므로, 사안에서처럼 행위자가 불특정 또는 다수인이 알 수 있는 상태에서 옷을 모두 벗고 알몸이 되어 성기를 노출한 행위를 음란한 행위로 평가할 수 있는가 하는 것이 문제이다. 이에 대하여 성기노출행위가 음란한 행위로 인정되어 공연음란죄가 성립된다고 주장하는 견해도 있으나,[30] 이를 음란한 행위로 인정할 수 없다. 앞에서 서술한 바와 같이 음란성의 평가는 사회 일반인의 성적 수치심을 야기시키는 행위라는 불명확하고 추상적인 기준에 의할 것이 아니라, 목적론적이고 구체적인 사회유해성의 원칙에 의하여 해석방법을 찾아야 한다. 미란다판결에서와 같이 성행위 자체를 하거나 혹은 자위행위라면 음란성의 평가를 인정할 수도 있겠지만(물론 그러한 경우에도 예술작품으로서의 의미와 가치를 고려하여 신중하게 판단하여야 한다), 경찰관에 대한 시위의 일환으로 이루어진 알몸노출행위는 이러한 관점으로 보아 음란성을 인정할 수 없을 것이다. 또한 현행 경범죄처벌법에 이와 같은 알몸노출행위를 처벌하는 규정을 가지고 있으므로,[31] 만일 이러한 행위를 형법상의 공연음란죄로 평가한다면 경범죄처벌법 상의 과다노출행위와의 구별이 없어지게 되는 문제가 발생할 수 있다. 고속도로 상에서의 알몸시위가 비록 사회 일반인의 성적 수치심을 일으키는 행위로 평가될 수 있을지라 하더라도, 이러한 행위는 그 자체가 어떠한 해악이나 구체적인 법익침해를 가져오는 행위라 할 수 없으며, 또한 이러한 행위는 성행위와 직접, 혹은 간접적으로 연결되어 있지 않으며 아울러 성행위를 자극하는 행위로도 인정될 수 없는 단순한 시위행위 그 자체일 뿐이다. 따라서 이러한 알몸시위를 음란행위로 평가하여 공연음란죄로 평가한 대법원의 판결은 잘못된 것이며, 단지 경범죄처벌법상의 과다노출 행위로 평가하는 것이 타당하다.

V. 결론

형법에서 규정하는 음란물은 이른바 외설적 성표현물이라고 정의 내릴 수 있다. 현행형법은 이러한 음란물을 제작하는 등의 행위와 이러한 음란물을 유통시키는 행위 등을 금지시키는 한편 공연히 음란한 행위를 금지시키는 구성

30) 정영석, 『형법각론』, 1983, 193면 : 김종원(7인공저), 『형법각론』, 1996, 804면

31) 경범죄처벌법 제1조 41(과다노출)에서는 여러 사람의 눈에 뜨이는 곳에서 함부로 알몸을 지나치게 내놓거나 속가지 들여다보이는 옷을 입거나 또는 가려야 할 곳을 내어놓아 다른 사람에게 부끄러운 느낌이나 불쾌감을 주는 행위를 처벌한다고 규정하고 있다.

요건을 갖추고 있다. 이러한 금지규범의 해석은 사회 일반의 건전한 성도덕을 지킨다는 추상적인 원칙과는 별도로 청소년 보호 및 원하지 않는 음란물로부터의 접촉을 막아준다는 것, 그리고 인간의 존엄과 가치 등을 보호하려는 목적론적인 의미에서 이루어져야 한다. 이러한 관점에서 금지되는 음란물을 구별할 수 있는 기준이 설정될 수 있으며, 특히 학문의 자유 및 예술의 자유 그리고 표현의 자유라는 국민의 기본권 보호의 측면을 고려하여 신중하게 판단하여야 한다. 따라서 음란물범죄에 관한 현형 형법의 태도는 규정방식이 너무 추상적이기 때문에 죄형법정주의의 기본원칙인 명확성의 원칙에 반한다는 비판을 받을 뿐 아니라, 이를 해석, 적용하는 학설과 판례도 역시 사회일반의 건전한 성도덕이라는 추상적인 기준에 의존하고 있으므로 이에 대한 구체적인 기준을 제시할 필요성이 요구된다. 우리 판례에서 판단한 것처럼 모든 외설적 성표현물이 모두 형법의 적용대상이 되어 형사처벌이 요구되어진다고 판단하는 것은 시대착오적 발상이라 할 수 있다. 사회 일반의 가치기준도 시대와 상황에 따라 변할 뿐 아니라, 이를 판단하는 기준도 불투명하기 때문에 자의적이고 독선적으로 판단될 위험성이 있음을 부정할 수 없다. 이러한 문제점을 해결하는 것이 법원의 역할임에도 불구하고 본 사안에서와 같이, 경찰관에 대한 시위의 일환으로 이루어진 알몸노출행위에 음란성을 인정하여 공연음란죄로 판단한 대법원의 입장은, 이러한 현실에 역행하는 잘못된 판단이라 할 것이다. 특히 경범죄처벌법에서 알몸노출행위 등의 과다노출행위를 처벌하는 규정이 있으므로, 이와는 별도로 형법에서의 공연음란죄는 성에 대한 심각한 수치심을 야기시키는 변태적 성행위 등에 적용되는 것이 타당할 것이다.

※ 경범죄처벌법 제1조 41호 "과다노출행위"

"여러 사람의 눈에 뜨이는 곳에서 함부로 알몸을 지나치게 내 놓거나 속까지 들여다 보이는 옷을 입거나 또는 가려야 할 곳을 내어 놓아 다른 사람에게 부끄러운 느낌이나 불쾌감을 준 사람"을 '과다노출행위'로 규정하고 있다.

3. 책임능력있는 미성년자의 불법행위 책임
(대판 93다13650 전원합의체 판결)

판시사항

책임능력 있는 미성년자에 대한 감독의무자의 손해배상책임의 요건 및 입증책임

판결요지

미성년자가 책임능력이 있어 그 스스로 불법행위책임을 지는 경우에도 그 손해가 당해 미성년자의 감독의무자의 의무위반과 상당인과관계가 있으면 감독의무자는 일반불법행위자로서 손해배상책임이 있고 이 경우에 그러한 감독의무위반사실 및 손해발생과의 상당인과관계의 존재는 이를 주장하는 자가 입증하여야 한다.

참조조문

민법 제750조, 제755조 제1항, 민사소송법 제261조

주 문

상고를 모두 기각한다.
상고비용은 원고들의 부담으로 한다.

이 유

상고이유를 본다.

1. 민법 제750조에 대한 특별규정인 민법 제755조 제1항에 의하여 책임능력 없는 미성년자를 감독할 법정의 의무 있는 자가 지는 손해배상책임은 그 미성년자에게 책임이 없음을 전제로 하여 이를 보충하는 책임이고, 그 경우에 감독의무자 자신이 감독의무를 해태하지 아니하였음을 입증하지 아니하는 한 책임을 면할 수 없는 것이나, 반면에 미성년자가 책임능력이 있어 그 스스로 불법행위책임을 지는 경우에도 그 손해가 당해 미성년자의 감독의무자의 의무위반과 상당인과관계가 있으면 감독의무자는 일반불법행위자로서 손해배상책임이 있다 할 것이므로(당원 1991.11.8. 선고 91다32473 판결, 1992.5.22. 선고 91다37690 판결, 1993.8.27. 선고 93다22357 판결 각 참조), 이 경우에 그러한 감독의무위반사실 및 손해발생과의 상당인과관계의 존재는 이를 주장하는 자가 입증하여야 할 것이다.

소론이 인용하는 당원 1984.7.10. 선고 84다카474 판결의 해석은 위와 같은 견해와 저촉되는 것이므로 이를 변경하기로 한다.

2. 이 사건에서 원심은 제1심판결이유를 인용하여, 소외 △△△은 그가 오토바이를 운전하던 중 일으킨 이 사건 교통사고 당시 만 17세 9개월 남짓된 고등학교 3학년생으로서 자기 행위에 대한 책임을 변식할 지능이 있었으므로 그 부모인 피고들은 피해자인 원고 □□□과, 그 가족인 나머지 원고들에 대하여 민법 제755조 제1항에 의한 손해배상책임이 없고, 위 △△△은 이 사건 사고

를 일으키기 8개월여전에 원동기장치자전거운전면허를 취득하였는데, 그 판시와 같은 원고들의 입증만으로는 피고들이 위 △△△에 대한 감독을 게을리한 과실이 있고, 그로 말미암아 위 사고가 발생하였다고 인정하기에 부족하고, 달리 증거가 없으므로 피고들에게는 민법 제750조에 의한 손해배상책임이 없다고 판시하여 원고들의 청구를 모두 기각하였는 바, 기록에 나타난 증거관계에 비추어 보면 이러한 원심의 인정 및 판단은 정당하고, 거기에 소론이 지적하는 바와 같은 미성년자의 감독의무자의 손해배상책임이나, 입증책임에 관한 법리오해 또는 채증법칙위반의 위법이 없다. 논지는 이유 없다.

3. 그러므로 상고를 모두 기각하고 상고비용은 패소자들의 부담으로 하여 관여 법관 전원의 일치된 의견으로 주문과 같이 판결한다.

(관련조항)

- 민법 제750조(불법법행위의 내용) 고의 또는 과실로 인한 위법행위로 타인에게 손해를 가한 자는 그 손해를 배상할 책임이 있다.
- 민법 제753조(미성년자의 책임능력) 미성년자가 타인에게 손해를 가한 경우에 그 행위의 책임을 변식할 지능이 없는 때에는 배상의 책임이 없다.
- 민법 제755조(책임무능력자의 감독자의 책임)
- ① 전 2조의 규정에 의하여 무능력자에게 책임없는 경우에는 이를 감독할 법정의무 있는 자가 그 무능력자의 제3자에게 가한 손해를 배상할 책임이 있다. 그러나 감독의무를 해태하지 아니한 때에는 그러하지 아니하다.
- ② 감독의무자에 갈음하여 무능력자를 감독하는 자도 전항의 책임이 있다.

(사실관계)

소외 甲이 1991.6.18. 수원시 권선구 인계동에 있는 옛성다방 앞길에서 친구 소유인 오토바이를 운전하다, 횡단보도상에서 전방주시의무 태만 및 일단정지 또는 서행의무 위반으로 A(여)를 충격하여, A에게 약 11개월의 치료를 요하는 상해를 입혔다. 甲은 이 사건 사고당시 17년 9개월 남짓된 고등학교 3학년에 재학중인 학생이었고, 1990.10.8. 원동기장치자전거운전면허를 취득한 바 있다.

이에 원고(A와 그 남편 B, 그리고 아들 C)는 甲의 부모(피고)를 상대로, 제755조에 의한 미성년자의 법정감독의무자로서의 책임을 묻고, 나아가 제750조의 일반부법행위에 의한 책임을 물으면서, 즉 피고는 甲이 오토바이를 운전하다가 사고를 야기할 가능성이 있으니 그에 관하여 친권자로서 세심하게 감독할 주의의무가 있음에도 이를 게을리 한 과실이 있고, 그로 인해 이 사건 사고가 발생하였다고 하여, A의 일실수입 손해금 18,410,418원, 치료비 손해금 7,073,299원. 위자료 7,000,000원 등 합계 금 32,483,717원과, B와 C의 위자료 합계 8,000,000원의 손해(도합 40,000.000원)를 연대하여 배상할 것을 청구하였다.

<판결이유>

1. 1심 및 원심법원의 판결이유

1) 민법 제755조의 책임무능력자의 법정감독의무자의 배상책임규정은 불법행위자에게 그 행위 당시에 책임능력이 없는 경우에 그 법정감독의무자가 그 배상책임을 지는 것인데, 이 사건에서 甲은 고등학교 3학년에 재학중인 학생으로서 미성년자이기는 하지만 책임변식지능을 갖추고 있고, 따라서 피고는 甲의 불법행위에 대해 위 규정을 근거로 해서는 배상책임을 지지 않는다.

2) 책임능력 있는 미성년자의 불법행위로 인하여 손해가 발생한 경우에, 그 발

생된 손해가 당해 미성년자의 감독의무자의 감독의무 위반과 상당 인과관계가 있으면, 그 감독의무자는 일반불법행위자로서 손해배상의무가 있다 할 것인데, 원고가 주장하는 내용만으로는, 피고들이 甲에 대한 감독 의무를 게을리한 과실이 있고, 그것이 사고의 원인이 되었다고 인정하기에는 부족하다.

3) 1심의 판결에 대해 원고가 항소를 하였는데, 원심(서울고등법원 1993.1.26. 선고, 92나52063 판결)은 1심의 판단이 정당하다고 하여 원고의 항소를 모두 기각하였다.

2. 대법원의 판결이유

민법 제750조에 대한 특별규정인 민법 제755조 제1항에 의하여 책임능력 없는 미성년자를 감독할 법정의 의무 있는 자가 지는 손해배상책임은 그 미성년자에게 책임이 없음을 전제로 하여 이를 보충하는 책임이고, 그 경우에 감독의무자 자신이 감독의무를 해태하지 아니하였음을 입증하지 아니하는 한 책임을 면할 수 없는 것이나, 반면에 미성년자가 책임능력이 있어 그 스스로 불법행위책임을 지는 경우에도, 그 손해가 당해 미성년자의 감독의무자의 의무위반과 상당인과관계가 있으면, 감독의무자는 일반불법행위자로서 손해배상책임이 있다 할 것이므로, 이 경우에 그러한 감독의무 위반사실 및 손해 발생과의 상당인과관계의 존재는 이를 주장하는 자가 입증하여야 할 것이다.

- 소론이 인용하는 당원 1984.7.10. 선고, 84다카474 판결의 해석은 위와 같은 견해와 저촉되는 것이므로 이를 변경하기로 한다.

- 기록에 나타난 증거관계에 비추어 보면, 원심의 인정 및 판단은 정당하고, 거기에 소론이 지적하는 바와 같은 미성년자의 감독의무자의 손해배상책임이나, 입증책임에 관한 법리오해 또는 채증 법칙위반의 위법이 없다.

(판결에 대한 평가)

1. 과거 대법원의 판결 [84다카474 등]

(1) 민법 제755조의 책임무능력자의 법정감독의무자의 배상책임규정은 책임능력이 있었느냐 여부에 불구하고 감독책임자는 배상책임을 지는 것이다.

(2) 과실은 추정되므로 감독의무자가 그 감독을 게을리 하지 않았다는 것을 증명하지 않는 한 배상책임을 면할 수 없다.

2. 현재 대법원 전원합의체 판결 등

[93다13650 전원합의체 및 따름 판결 93다22357/96다15374/97다49404/99다19957 등]

(1) 민법 제750조에 대한 특별규정인 제755조 제1항에 의한 손해배상책임은 그 '미성년자에게 책임이 없음을 전제로 하여 이를 보충하는 책임'이다. (과거 84다카474판결 등은 위와 같은 견해에 저촉되므로 변경한다.

(2) 미성년자가 책임능력이 있어 그 스스로 불법행위책임을 지는 경우에도, 그 손해가 당해 미성년자의 감독의무자의 의무 위반과 상당인과관계가 있으면 감독의무자는 일반불법행위자로서 손해배상책임을 진다.

1) 이 경우 그러한 감독의무 위반사실 및 손해발생과의 상당인과관계의 존재는 이를 주장하는 자가 입증하여야 한다.

2) 상당인과관계의 성립 여부는 경제적 의존도, 동거 여부, 행위의 예측 가능성 등이다.

3. 쟁점의 연구

1) - 민법 제755조의 반대해석을 인정하지 않음

if--- : 앞의 내용이 부정된다고 반드시 후의 내용이 부정되는 것은 아님
only if--: 앞의 내용이 부정되면 반드시 후의 내용이 부정됨

• 자식의 불법행위에 대한 부모의 손해배상 책임을 인정

우선 문리해석과 논리해석의 관점에서 대법원의 판결을 생각해 본다. 즉 법률의 문언과 논리에 따라 볼 때, 부모의 책임이 긍정될 수 있는지 아니면 부정되는지 알아보는 것이다. 먼저 755조에 주목하면, 이는 미성년자가 책임능력이 없는 경우, 즉 미성년자가 책임을 질수 없는 경우에 그 부모가 감독자로서 책임을 진다는 규정이다. 따라서 이 규정만 보아서는 미성년자가 책임능력이 있는 경우에는 부모는 책임을 지지 않는 것으로 해석할 수 있다. - 반대해석 즉 주어 법률요건에 반대되는 사태의 경우, 법률요건에 따른 법적 효과와 반대되는 효과를 부여하는 것이다.

그러나 반대해석은 항상 가능한 것은 아니라는 점에 주의해야 한다. 이 경우에도 그러한 반대해석이 논리적으로 필연적인지는 확실치 않다. 755조의 규정을 자세히 읽어 보면, 이 규정은 "미성년자가 책임이 없는 경우에는... 부모가 책임을 진다"로 되어 있지, "미성년자가 책임이 없는 경우, 오직 그 때에만... 부모가 책임을 진다"로 되어 있지 않다. 반대해석이 논리적으로 타당한 추론이 되는 것은 바로 후자의 경우로, "미성년자가 책임이 없는 경우에만" 부모에게 책임을 지우고자 할 때 비로소, 미성년자 자신이 책임이 있다면 부모는 책임을 면하게 되는 것이다. 즉 논리적으로 말하여 전건(前件)이 only if로 규정되어 있는 경우에, 전건을 부정하면 후건도 부정되지만, 단지 if만 되어 있는 경우, 전건을 부정한다고 하여, 후건 또한 논리적으로 부정되는 것은 아니다.

예를 들어, '사과는 과일이다'라는 명제에서 사과라는 전건을 부정한다고 하여 후건이 반드시 부정되는 것은 아니다. 즉 사과가 아니라고 하여 항상 과일이 아닌 것은 아니다. 다시 말하면, '사과는 과일이다'는 참이지만 그 전건 부정식인 '사과가 아닌 것은 과일이 아니다'는 명제는 참이 아니다. 참고로 말하면 그와 반대로 후건을 부정하면 전건 또한 부정된다. 즉 '과일은 사과이다'라는 명제로부터 '과일이 아니면, 사과가 아니다'라는 명제가 타당하게 도출된다. 제755조의 문리해석과 논리해석상 부모가 책임지는 경우를 오직 자식인 미성년자가 책임이 없는 경우로 한정해 놓은 것인지는 명확치 않다. 즉 단순히 if인지 only if인지가 불확실하므로 이 규정을 반대해석하여 미성년자가 책임이 있다면, 부모는 책임을 면한다는 논리가 그 자체로 성립하는 것은 아니다. 대법원이 부모의 책임을 인정한 것은 이처럼 제755조의 반대해석의 타당성을 긍정하지 않았다는 것을 의미한다.

정리하면, 미성년자가 책임능력이 있는 경우, 제755조의 반대해석으로 부모의 책임을 면하게 하는 것이 논리적으로 필연은 아니라는 점을 확인하였다. 여기서 다시 주의할 점은, 부모의 책임을 면케하는 것이 타당치 않다고 할 때, 다시 그로부터 바로 부모가 책임을 져야 한다는 결론이 나오는 것은 아니라는 점이다. 즉 미성년자가 책임능력이 있는 경우 제755조의 논리적 해석의 결과가 부모를 면책케 하는 것은 아니라고 하여도, 그것이 바로 부모가 책임져야 한다는 명령을 내포하는 것은 아니라는 점이다. 부모에게 책임을 지우는 것을 금하는 명제, 즉 금지의 부정은, 명령이 아니라, 단지 (적극적)허용일 따름이다. 그리고 '--하지 마라'의 부정은 '--하라'가 아니고, '--하지 않아도 된다' 이다. 부모에게 책임을 지우는 것을 금하는 금지를 부정한다고 하여, 바로 책임을 지우는 명령이 나오는 것은 아니므로. 부모로 하여금 책임을 지우고자 한다면, 다른 근거를 찾아야만 한다. 대법원도 부모의 일반 불법행위를 근거지울 수 있는 제750조에서 부모의 책임을 논하고 있다. 대법원은 제755조를 반대해석하지 않음으로써 부모의 책임의 여지를 남겨 놓고, 다시 그 책임의 적극적인 근거는 제750조에서 구한 것이다.

그러나 제750조는 불법행위의 일반조항이므로, 즉 고의 또는 과실로 인한 위법행위로 타인에게 손해를 가한 경우 손해배상의 책임이 있다고 하는 것이다. 이 규정의 문언으로 볼 때, 직접 가해자인 미성년자의 경우에는 확실히 손해배상의 책임이 있다고 할 수 있지만, 대법원은 이를 부모의 경우에도 적용하는 것이다. 그러한 해석이 문리적으로 가능한지는 명확치 않다. 자식이 타인에 가한 위법행위가 과연 부모 자신의 위법행위가 되는 것인지, 또 자식이 잘못한 것을 부모의 과실의 탓으로 볼 수 있는 것인지 즉 인과관계가 긍정되는지는 불명확하다. 물론 대법원은 부모의 양육의 잘못, 교육상의 고의와 과실을 통해서 그것을 긍정하고 있다. 그리고 그 과실이 자식의 위법행위로 연결되었다고 보는 것이다. 결과적으로 자식의 위법행위가 곧 부모의 위법행위가 되는 것이다. 제750조의 문언에서 부모의 책임을 쉽게 긍정할 수는 없지만, 제750조는 그 자체 포괄적이고 일반조항적 성격을 지니므로 그 적용가능성은 넓다고 할 수 있다. 따라서 제750조의 문언 자체에서 부모의 책임이 그대로 도출되는 것은 아니지만 그렇다고 그 규정으로써 다시 부모의 책임을 완전히 배제할 수는 없다.

우리는 지금까지 문리해석과 논리해석의 관점에서 살펴보았고. 그리고 그 경우 부모에게 책임을 묻는 대법원의 판례를 어떻게 이해할 수 있는지 알아보았다. 이러한 논의에서 문리해석과 논리해석의 관점에서 대법원의 판례가 그릇된 것이라고 단정할 수는 없지만, 다시 문리해석과 논리해석만으로 대법원의 판례를 근거지울 수는 없다는 것도 알았다. 따라서 대법원의 판례의 당부를 논하기 위하여는 다음 단계. 즉 체계적 해석과 목적론적 해석을 검토할 필요가 있다.

2) 민법 제753조는 if -- only if 로 설명가능. 즉 책임있는 미성년자의 불법행위의 경우 부모의 손해배상 책임이 부정됨

먼저 체계적 해석의 관점에서 생각하면, 책임능력이 있는 미성년자의 불법행위에 대하여 부모에게 책임을 묻게 하는 대법원의 태도는 의문시된다. 우리 민법은 불법행위에 관해서는, 법률행위의 무능력 제도와 같은 일반적 간주규정

을 두고 있지 않으므로, 미성년자의 불법행위의 경우, 미성년자의 의사능력을 기준으로 그 책임능력을 개별적으로 판단하여야 한다. 민법 제753조의 규정을 해석하면 미성년자라고 하여도 책임능력이 인정될 때가 있고, 책임능력이 부인될 때가 있게 되고, 만약 책임능력이 인정되면 즉 의사능력이 있는 경우라면 그 미성년자는 손해배상의 의무를 부담하게 된다. 법률행위의 경우에 미성년자는 그 의사능력을 불문하고 모두 무능력자로 규정하여, 미성년자의 법률행위는 취소될 수 있지만, 불법행위의 경우에는 그렇지 않다. 이는 기본적으로 미성년자라고 하여도 사리를 판단할 의사능력이 있으면 그 위법행위에 대해 스스로 책임을 지우려는 취지로 이해할 수 있다. 따라서 부모 등이 책임져야 할 부분은 오직 미성년자가 책임능력이 없는 경우에 한정되는 것이다. 제755조의 규정은 바로 그런 관점에서 이해되어야 할 것이며, 나아가 근대 민법의 기본 정신인 개인책임의 원칙과 각 행위의 독립성을 요구하는 공동불법행위의 법리 등을 생각할 때, 이러한 해석은 더욱 민법체계에 부합하는 것이라 할 수 있다. 따라서 체계적 해석의 관점에서 보면 755조의 if는 only if로 해석될 수 있고, 따라서 이 경우 반대해석은 타당한 추론이 된다. 즉 책임능력 있는 미성년자의 불법행위의 경우, 부모에게까지 책임을 지울 수는 없는 것이다.

3) 목적론적 해석: 피해자 보호, 동양적 가족윤리
- 자기 책임의 원칙에 반함
- 무과실책임, 위험책임으로 전환됨

대법원 다수의견 해석의 근거는 바로 목적론적 객관적 해석이라고 할 수 있다. 대법원은 피해자의 구제라는 관점을 강하게 고려한 것이다. 즉 결과고려적 판결이라고 할 수 있다. 비록 책임능력이 있다고 하여도 미성년자인 경우, 부모나 친척으로부터 특별히 증여를 받거나 하는 등의 특별한 경우가 아닌 이상 재산이 많이 있을 리가 없다. 따라서 미성년자만이 책임을 지고, 그 부모는 책임을 지지 않는다고 하면, 피해자는 그 손해를 배상받기가 어려워지므로, 즉 피해자의 손해배상청구권은 유명무실해질 수 있다. 가해자의 부모는 전혀 책임지지 않고, 따라서 피해자에게 손해를 감수케하는 것은 손해의 공평부담의 원칙에 비추어 옳지 않으며, 나아가 미성년자의 잘못에 대하여 그 부모에 책임을 지우는 것은 동양적인 가족윤리의 관점에서도 이해할 수 있다. 자식의 잘못에 대하여 부모가 책임을 지지 않는 것은 부모된 도리로서 있을 수 없는 것이므로, 대법원의 판례는 우리 사회의 윤리를 법적으로 고려한 것이다. 이처럼 우리 대법원의 판례는 법률의 문언이나 체계보다는 법의 정신, 곧 피해자 구제의 목적과 손해의 공평부담의 요청에 중점을 둔 해석이라고 할 수 있다. 또 주어진 법규범에 따라 원칙적으로 판결한 것이기보다, 판결의 결과가 야기할 수 있는 사회적 영향을 고려한 공리적 및 실용주의적 판결이라고 할 수 있다. 그리고 이렇게 해서 대법원은 민법의 규정에 반하는 혹은 적어도 민법의 규정상 명확치 않는 부분에 대하여 새롭게 법을 형성하는 해석을 하였다고 볼 수 있다.

그러나 대법원의 판례를 비판하는 입장에서도 목적론적 근거를 제시할 수 있다. 불법행위의 범위와 인과관계의 범위를 그렇게 넓힌다면 이는 법적 안정성을 크게 해치는 결과를 낳을 수 있다. 여기서의 목적은 사회윤리적 이유 혹은 사회적 필요와 같은 공리적 목적이 아니라, 오히려 법질서의 내재적인 목적을 뜻한다. 제750조의 불법행위는 과실책임의 원칙을 천명하고 있고 위험책임의 원칙과 대비를 이룬다. 우리 불법행위법의 기본 정신은 위험책임이 아니라 과실책임이며, 과실책임의 원칙은 과실이 있으면 책임을 진다는 뜻과 아울러 직접적인 과실이 없으면 책임을 지지 않는다는 뜻을 담고 있다. 아이를 잘못 키웠다는 이유로 부모에게 윤리적 비난을 넘어 법적 제재를 가하는 것은 민법의 체계와 맞지 않는다. 이렇게 되면 극단적으로 말하여 아이가 성인이 된 경우에도 부모의 책임은 면할 길이 없게 된다. 부모가 아이와 함께 불법행위를 저지르는 공동불법행위의 경우라면 당연히 부모와 아이가 같이 책임을 져야 하지만, 아이가 저지른 잘못에 대하여 부모에게 공동의 불법행위의 책임을 지우는 것은 과실책임의 법리에 비추어 옳지 않고, 법의 내재적인 목적에 비추어 보면 대법원의 해석은 합당치 못한 것이라 할 수 있다.

4) 법철학의 지평에서

법의 해석은 무엇을 법으로 보는가라는 법원(法源)에 대한 견해로 귀결되며 법원은 다시 법의 본질론으로 연결되므로, 법학방법론은 결국 법철학으로 이행해간다. 이러한 이행은 다시 두가지 의미가 부여되는데. 그 하나는 법학방법론은 법철학적 고찰의 결론에서 도출될 수 있다는 것이고, 다른 하나는 법학방법론의 필요에 의하여 법철학이 규정된다는 의미이다. 법학방법론은 그 자체로 독립적인 법철학 분과를 이루고 있으므로 다른 법철학 사조들과 무관할 수 없다.

우선 법률실증주의는 공식적인 실정법을 법으로 보는 결과, 주어진 실정법의 문언과 그 논리 및 체계를 해석의 기준으로 본다. 즉 법률실증주의는 문리, 논리, 체계적 해석을 강조한다. 독일의 개념법학과 벤담의 엄격해석의 경우가 이에 해당하여, 이들은 입법자의 의사를 중시하는 역사적 해석을 취한다. 이는 법의 질서와 안정성의 확보에 유리하지만 사회학적 법학은 실정법이 아니라 사회의 자생적인 질서 혹은 사회 속의 필요와 목적에서 법의 참모습을 구하므로, 이들은 입법자의 의도와 법률의 문언을 중시하는 역사적 해석 등에 반대한다. 특히 사회적 필요와 목적을 중시하는 입장에서는 목적론적 해석을 취하게 된다. 역사적 해석은 이들에게 고식적이며 위선적인 방법이 되고, 특히 법현실주의에서는 결과고려적 해석이 중요하게 고려된다. 이러한 입장들은 법의 사회적 기능성과 사회적 부응성의 확보에 유리하지만, 한편 자연법론도 실정법에 구애받지 않는다는 점에서 역사적 해석보다는 목적론적 해석을 취한다고 볼 수 있다. 하지만 자연법론은 사회학적 법학이나 법현실주의와 같이 사회적 필요나 결과고려의 측면보다는 선험적으로 주어진 가치와 원리의 실현에 주안점을 두고, 여기서 법해석의 과제는 도덕적 원리의 구현이라 할 수 있다.

한편 이러한 차이는 법관의 지위에 대한 견해에서도 나타난다. 법학방법론의 또 하나의 실천적 쟁점은 바로 법관의 위상에 관한 것이다. 역사적 해석을 강조하는 법률실증주의에서 법관은 입법자에 종속되며. 법관은 전혀 자유롭지 못하고 법관의 재량의 여지는 인정하기 어렵다. 법관은 주어진 법을 정확하게 인식하기만 하면 되고, 그것으로써 올바른 답을 발견할 수 있다고 본다. 반면에 실정법규에 구애받지 않는 사회학적 법학이나 법현실주의에서 법관은 입법자에 종속되지 않고 자유롭게 법을 발견한다. 심지어 법관은 입법자의 지위에 오르게 되어, 판결의 사회적 결과를 적정하게 고려하여 사회적 목적과 필요를 올바르게 실현해야 하는 책무가 인정된다. 여기서 법은 곧 법관에 의하여 만들어진다. 자연법론은 실정법에 구속받지 않는다는 점에서는 사회학 법학 등과 일치하지만 그렇다고 법관이 법을 창조한다고 보지는 않고, 자연법론에서 법관은 실정법에 구속받지 않지만, 보다 근원적인 원리에 의해 구속된다. 법관은 법을 창조하는 것이 아니라 올바른 법을 발견해야 하는 것이다.

4. 비교법적 검토

(1) 독일민법 제832조 제1항 전단

미성년으로 인하여 또는 정신적인 상태나 신체적인 상태로 인하여 감독을 요하는 자를 법률에 의거 감독할 의무를 부담하는 자는 피감독자가 제3자에게 위법하게 가한 손해를 배상할 책임이 있다.

(2) 프랑스민법 제1384조

부모는 그들이 친권을 행사하는 한 그들과 주거를 같이하는 미성년자에 의하여 야기된 손해에 대하여 연대책임을 진다.

독일의 경우 입법으로 미성년자의 불법행위에 대해 그의 책임능력의 유무와는 관계없이 친권자가 그의 감독의무를 게을리하지 않았음을 입증하지 못하는 한 배상책임을 지는 것으로 규정하고 있다. 프랑스의 경우에도 '주거를 같이하는'으로 약간의 제한을 두고 있지만, 입법으로 설사 미성년자가 책임능력이 있더라도 친권자가 일정한 요건 하에 그 책임을 지는 것으로 규정하는 점에서 공통된다.

(3) 일본민법 제714조 (책임무능력자의 감독의무자 등의 책임)

전2조의 규정에 의해 책임무능력자가 그 책임을 지지 않는 경우에 있어서, 그 책임무능력자를 감독하는 법정의 의무를 지는 자는 그 책임무능력자가 제3자에 가한 손해를 배상할 책임을 진다. 그러나 감독의무자가 그 의무를 해태하지 아니한 때 또는 그 의무를 해태하지 아니하여도 손해가 발생하였을 때에는 그러하지 아니하다.

일본은 독일 민법 제832조를 모범으로 삼으면서도 이를 그대로 따르지 않고, '미성년자가 책임능력이 없는 경우에만 감독의무자가 책임을 지는 것'으로 수정하여 규정하였다. 그러나 현재 일본의 통설과 판례는 우리나라와 같이 '미성년자가 책임능력이 있는 경우'에도 일반불법행위로서 그 책임을 인정하고 있다.

5. 평가

- 책임능력 있는 미성년자의 부모의 손해배상책임을 부정할 경우 그 미성년자는 대부분 경제적 능력이 없어 피해자 구제의 관점에서 적절하지 않다는 점에서 그 책임은 긍정하는 것이 타당하다고 생각한다.

- 하지만, 현재 우리 민법체계 하에서는 책임능력 있는 미성년자의 부모의 책임근거가 곧바로 도출되지 않기 때문에 법해석 방법을 통해 그 근거를 마련해야 한다.

- 이러한 관점에서 책임긍정의 가능성 또는 여지만을 제시하는 문리해석이나, 책임을 부정 혹은 대법원 판결들을 타당하지 않게 하는 체계적 해석보다는, 피해자의 구제, 손해의 공평부담의 원칙, 동양적인 가족윤리의 관점 및 사회적 영향을 고려한 공리적 및 실용주의적 해석인 목적론적·객관적 해석이 타당하다고 볼 수 있다.

- 한편 목적론적·객관적 해석으로써 자칫 자의적인 판결을 낳을 수 있다는 우려에 대해서도, 대법원이 제시하는 '상당인과관계' 인정기준인 경제적 의존도, 동거여부, 미성년자의 불법행위 예측 가능성 등을 엄격하고 고려하고, '입증책임'을 피해자에게 부담시켜 부모의 위험책임이 아닌 중간책임으로 인정하다는 점에서 사전에 제한 할 수 있는 법리 및 입증책임이 충분히 마련되었다고 판단된다.

- 이에 더하여 독일, 프랑스, 일본 등 조문 및 판결을 통해 책임능력 있는 미성년자의 부모의 손해배상책임 인정하는 외국의 추세를 볼 때, 이러한 법해석의 적용이 무리하다고도 볼 수 없다.

- 따라서 책임능력 있는 미성년자의 부모의 손해배상책임에 있어서 민법 제750조에 통한 목적론적·객관적 해석을 적용하여, 발생손해와 부모의 과실 사이의 상당인과관계의 판단을 종합하여 '책임능력있는 미성년자의 부모의 손해배상책임'을 인정하는 것이 타당하다.

4. 과수원실화사건

(대법원 1994.12.20. 자 94모32)

판시사항

가. 형법 제170조 제2항 소정의 '자기의 소유에 속하는 제166조 또는 제167조에 기재한 물건'의 해석과 죄형법정주의 원칙

나. 제1심의 공소기각결정과 그에 대한 원심의 항고기각결정을 모두 취소하고 사건을 제1심법원에 환송한 사례

결정요지

가. [다수의견] 형법 제170조 제2항에서 말하는 '자기의 소유에 속하는 제166조 또는 제167조에 기재한 물건'이라 함은 '자기의 소유에 속하는 제166조에 기재한 물건 또는 자기의 소유에 속하든, 타인의 소유에 속하든 불문하고 제167조에 기재한 물건'을 의미하는 것이라고 해석하여야 하며, 제170조 제1항과 제2항의 관계로 보아서도 제166조에 기재한 물건(일반건조물 등) 중 타인의 소유에 속하는 것에 관하여는 제1항에서 규정하고 있기 때문에 제2항에서는 그중 자기의 소유에 속하는 것에 관하여 규정하고, 제167조에 기재한 물건에 관하여는 소유의 귀속을 불문하고 그 대상으로 삼아 규정하고 있는 것이라고

봄이 관련조문을 전체적, 종합적으로 해석하는 방법일 것이고, 이렇게 해석한다고 하더라도 그것이 법규정의 가능한 의미를 벗어나 법형성이나 법창조행위에 이른 것이라고는 할 수 없어 죄형법정주의의 원칙상 금지되는 유추해석이나 확장해석에 해당한다고 볼 수는 없을 것이다.

[반대의견] 형법 제170조 제2항은 명백히 '자기의 소유에 속하는 제166조 또는 제167조에 기재한 물건'이라고 되어 있을 뿐 '자기의 소유에 속하는 제166조에 기재한 물건 또는 제167조에 기재한 물건'이라고는 되어 있지 아니하므로, 우리말의 보통의 표현방법으로는 '자기의 소유에 속하는'이라는 말은 '제166조 또는 제167조에 기재한 물건'을 한꺼번에 수식하는 것으로 볼 수밖에 없고, 같은 규정이 '자기의 소유에 속하는 제166조에 기재한 물건 또는, 아무런 제한이 따르지 않는 단순한, 제167조에 기재한 물건'을 뜻하는 것으로 볼 수는 없다.

나. 제1심의 공소기각결정과 그에 대한 원심의 항고기각결정을 모두 취소하고 사건을 제1심법원에 환송한 사례.

참조조문

제13장 방화와 실화의 죄

제164조(현주건조물방화죄)

① 사람이 주거로 사용하거나 현존하는 건조물에 방화... 소훼한 경우 ----- 3년 이상의 징역

제165조(공용건조물방화죄)

공익 또는 공용건조물 방화... 소훼한 경우 ----- 3년 이상의 징역

제166조(일반건조물방화죄)

① 일반건조물 방화... 소훼 --- 2년 이상의 징역

② 자기소유에 속하는 일반건조물 방화...소훼하여 공공의 위험발생 ----- 7년 이하의 징역

제167조(일반물건방화죄)

① 일반물건 방화...소훼하여 공공의 위험 발생 --- 10년 이하의 징역

② 자기소유에 속하는 일반물건 방화...소훼하여 공공의 위험발생 ------- 3년 이하의 징역

제170조(실화죄)

① 과실로 164조(현주건조물) 또는 165조(공용건조물) 또는 타인의 소유에 속하는 제166조(일반건조물)... 소훼한 경우

② 과실로 자기의 소유에 속하는 제166조(일반건조물) 또는 제167조(일반물건)... 소훼하여 공공의 위험을 발생한 경우

주 문

원심결정 및 제1심 결정을 취소하고, 사건을 대전지방법원에 환송한다.

이 유

재항고이유를 본다.

1. 기록에 의하면, 검사는 피고인이 1993.3.23. 16:00경 대전 대덕구 송촌동 129의 1 피해자 △△△ 등 소유의 사과나무 밭에서 바람이 세게 불어 그냥 담뱃불을 붙이기가 어렵자 마른 풀을 모아 놓고 성냥불을 켜 담배불을 붙인 뒤, 그 불이 완전히 소화되었는지 여부를 확인하지 아니한 채 자리를 이탈한 과실로, 남은 불씨가 주변에 있는 마른 풀과 잔디에 옮겨 붙고, 계속하여 피해자들

소유의 사과나무에 옮겨 붙어 사과나무 217주 등 시가 671만원 상당을 소훼하였다는 것을 공소사실로, 형법 제170조 제2항, 제167조를 적용법조로 하여 공소를 제기하였는바, 이에 대하여 제1심 법원은 형법 제170조 제2항은 타인의 소유에 속하는 제167조에 기재한 물건(일반물건)을 소훼한 경우에는 적용될 수 없고, 형법상 그러한 물건을 과실로 소훼한 경우에 처벌하도록 하고 있는 규정이 없으므로 결국 공소장에 기재된 사실이 진실하다고 하더라도 범죄가 될 만한 사실이 포함되어 있지 아니한 때에 해당한다는 이유로 공소기각의 결정을 하였고, 위 결정에 대하여 검사가 즉시항고하자, 원심법원은형법 제170조 제2항의 '자기의 소유에 속하는 제166조 또는 제167조에 기재한 물건'을 '자기의 소유에 속하는 제166조에 기재한 물건 또는 자기나 타인의 소유에 속하는 제167조에 개재한 물건'으로 해석하는 것은 죄형법정주의의 원칙, 특히 유추해석금지 또는 확장해석금지의 원칙에 반한다는 이유로 즉시항고를 기각하여 제1심결정을 유지하고 있다.

2. 그러나 형법 제170조 제2항의 '자기의 소유에 속하는 제166조 또는 제167조에 기재한 물건을 소훼하여 공공의 위험을 발생하게 한 자'를'자기의 소유에 속하는 제166조에 기재한 물건 또는 자기의 소유에 속하는 제167조에 기재한 물건을 소훼하여 공공의 위험을 발생하게 한 자'로 해석하여 '타인의 소유에 속하는 제167조에 기재한 물건을 소훼하여 공공의 위험을 발생하게 한 자'를 제외함으로써 타인의 물건을 과실로 소훼하여 공공의 위험을 발생하게 한 경우에는 처벌하지 아니한다면, 우리 형법이 제166조에서 타인의 소유에 속하는 일반건조물 등을 방화한 경우(이 경우 공공의 위험을 발생하게 함을 요건으로 하고 있다)보다 더 무겁게 처벌하고 있고, 제167조에서 타인의 소유에 속하는 일반물건을 소훼하여 공공의 위험을 발생하게 한 경우를 자기의 소유에 속하는 물건에 대한 경우보다 더 무겁게 처벌하고 있으며, 제170조에서 과실로 인하여 타인의 소유에 속하는 제166조에 기재한 물건(일반건조물 등)을 소훼한 경우에는 공공의 위험발생을 그 요건으로 하지 아니하고 있음에 반하여 자기의 소유에 속하는 제166조에 기재한 물건을 소훼한 경우에는 공공의 위험발생을 그 요건으로 하고 있음에 비추어, 명백히 불합리하다고 하지 아니할 수 없다.

따라서 형법 제170조 제2항에서 말하는 '자기의 소유에 속하는 제166조 또는 제167조에 기재한 물건'이라 함은 '자기의 소유에 속하는 제166조에 기재한 물건 또는 자기의 소유에 속하든, 타인의 소유에 속하든 불문하고 제167조에 기재한 물건'을 의미하는 것이라고 해석하여야 할 것이며, 제170조 제1항과 제2항의 관계로 보아서도 제166조에 기재한 물건(일반건조물 등) 중 타인의 소유에 속하는 것에 관하여는 제1항에서 이미 규정하고 있기 때문에 제2항에서는 그중 자기의 소유에 속하는 것에 관하여 규정하고, 제167조에 기재한 물건에 관하여는 소유의 귀속을 불문하고 그 대상으로 삼아 규정하고 있는 것이라고 봄이 관련조문을 전체적, 종합적으로 해석하는 방법일 것이다. 이렇게 해석한다고 하더라도 그것이 법규정의 가능한 의미를 벗어나 법형성이나 법창조 행위에 이른 것이라고는 할 수 없어 죄형법정주의의 원칙상 금지되는 유추해석이나 확장해석에 해당한다고 볼 수는 없을 것이다. 따라서 이 점을 지적하는 논지는 이유 없다.

3. 그러므로 재항고를 받아들여 원심결정과 제1심 결정을 모두 취소하고, 사건을 제1심법원인 대전지방법원에 환송하기로 하여(다만, 이 사건 공소사실만을 보면, 마치, 피고인이 과실로 인하여 피해자의 사과나무를 소훼한 사실에 대하여 공소를 제기한 것처럼 보이나, 공소장에 그 적용법조로 형법 제170조 제2항, 제167조가 기재되어 있으므로, 사실심으로서는 먼저 위 법조에 맞게 공소사실을 정리하여야 할 것이다), 대법관 천경송, 대법관 정귀호, 대법관 박준서, 대법관 김형선을 제외한 관여 대법관의 일치된 의견으로 주문과 같이 결정한다.

<반대의견> - 대법관 천경송, 대법관 정귀호, 대법관 박준서, 대법관 김형선의 반대의견은 다음과 같다.

다수의견은 형법 제170조 제2항의 '자기의 소유에 속하는 제166조 또는 제167조에 기재한 물건'이라는 표현을, 먼저, '자기의 소유에 속하는 제166조에 기재한 물건 또는 제167조에 기재한 물건'을 축약한 것으로 보고, 나아가 이를 '자기의 소유에 속하는 제166조에 기재한 물건, 또는, 자기의 소유에 속하는

수식어가 걸리지 아니하는, 다시 말하여, 자기나 타인의 소유에 속하는 제167조에 기재한 물건'으로 해석하여야 한다는 것이다.

그러나 형벌법규의 해석은 문언해석으로부터 출발하여야 하고, 문언상 해석 가능한 의미의 범위를 넘어서는 것은 법창조 내지 새로운 입법행위 바로 그것이라고 하지 아니할 수 없으며, 이는 죄형법정주의의 중요한 내용인 유추해석의 금지원칙상 쉽게 허용되어서는 안 될 것이다.

형법 제170조 제2항은 명백히 '자기의 소유에 속하는 제166조 또는 제167조에 기재한 물건'이라고 되어 있을 뿐 '자기의 소유에 속하는 제166조에 기재한 물건 또는 제167조에 기재한 물건'이라고는 되어 있지 아니하므로, 우리말의 보통의 표현방법으로는 '자기의 소유에 속하는'이라는 말은 '제166조 또는 제167조에 기재한 물건'을 한꺼번에 수식하는 것으로 볼 수밖에 없고, 위 규정이 '자기의 소유에 속하는 제166조에 기재한 물건 또는, 아무런 제한이 따르지 않는 단순한, 제167조에 기재한 물건'을 뜻하는 것으로 볼 수는 없다고 하지 아니할 수 없다.

과실로 인하여 타인의 소유에 속하는 일반물건을 소훼하여 공공의 위험을 발생하게 한 경우 그 처벌의 필요성이 있다는 점에는 의견을 같이 할 수 있으나, 그 처벌의 필요성은 법의 개정을 통하여 이를 충족시켜야 할 것이고 법의 개정에 의하지 아니한 채 형법의 처벌규정을 우리말의 보통의 표현방법으로는 도저히 해석할 수 없는 다른 의미로 해석하는 것에 의하여 그 목적을 달성하려고 한다면 그것은 죄형법정주의의 정신을 훼손할 염려가 크다고 아니할 수 없다.

(판결에 대한 평가)

대법원 다수의견은 그 입론의 과정에서 특히 논리적, 체계적 해석에 중점을 두고 있다. 다수의견은 형법규범들의 체계적, 논리적 연관성을 들어 가치평가상의 모순을 역설한다. 구체적으로 다수의견은 제164조 이하의 방화죄의 조문들이 타인 소유의 물건에 대한 방화를 자기 소유의 물건에 비하여 보다 완화된 요건으로, 그리고 보다 중한 법정형으로 처벌하고 있기 때문에 자기 소유의 물건에 대한 실화죄를 벌하면서 타인 소유의 물건에 대한 실화죄를 처벌하지 않는 다면 그것은 명백히 불합리하다고 주장하고 있다. 다수의견에 따르면 170조 2항의 경우 법문의 가능한 의미를 구체화하는 기준은 법문의 문리적 해석 이외에도 논리, 체계적인 기준이라고 역설하고, 법문의 가능한 의미의 범위를 논리, 체계적인 해석기준에 힘입어 우리말의 보통의 표현방법에 의한 범위보다 넓게 잡고 있다고 할 수 있다.

물론 다수의견 역시 형식적으로는 죄형법정주의의 원칙을 지지해서 그 파생원칙인 유추에 의한 법창조행위를 배격하고 있지만, 내용적인 관점에서 볼 때 가치평가상의 모순은 해석에 의해 해소될 수 있으며, 이 경우 해석의 결과가 법문의 일상적인 표현방식을 넘어선다고 해서 이것은 법문의 가능한 의미 안에서 이루어지는 올바른 해석이지 확장해석이나 유추는 결코 아니라는 것이다. 이에 반해 반대의견은 법문의 일상적인 의미에 머물러 입법과 사법의 역할 분담이 이루어질 수 있으며, 따라서 이를 넘어서는 경우에는 금지된 유추이고 이는 법관의 입법행위라고 주장한다.

과수원실화사건에서 대법원의 판결에 역사적 해석 방법이 적용될 여지는 없었는가를 살펴보면 1951년 6.25전란 중에 국회에 제출된 우리나라의 형법정부초안은 일본형법가안의 영향을 받아 공용건조물등에대한방화죄를 기존의 방화죄의 유형에 추가하였다. 그리고 실화죄를 규정함에 있어서 제180조 제1항에서는 제174조(현주건조물) 또는 제175조(공용건조물등)에 기재한 물건 또는 타인의 소유에 속하는 제176조(일반건조물등)에 기재한 물건을 소훼한자를 처벌하기로 하고, 제2항에서는 과실로 인하여 “자기의 소유에 속하는 제176조(일반건조물등) 또는 제177조(일반물건등)에 기재한 물건”을 소훼하여 공공의 위험을 발생한 자를 처벌하기로 하였다. 이러한 입법방식은 앞에서 본 일본형법가안과 매우 흡사하지만 차이는 1951년의 형법정부초안은 제176조 제2항에서 일본형법 가안처럼 "자기의 소유에 속하는 제176조(일반건조물등)에 기재한 물건 또는 제177조(일반물건등)에 기재한 물건"이라는 표현을 사용하지 아니하고 보다 축약된 형태인 "자기의 소유에 속하는 제176조(일반건조물등) 또는 제177조(일반물건등)에 기재한 물건"이라는 표현을 사용한 점이 특기할 만하다. 그런데 이와 같이 변화된 표현방식에 대해서는 형법안의 입법자료 어느 곳에서도 그 이유가 제시되고 있지 않다. 특히 자기소유의 일반물건에 대한 실화는 처벌하면서 타인소유의 일반물건에 대한 실화를 처벌하지 않겠다는 적극적 태도표명은 어떠한 입법 자료에서도 찾아볼 수 없다. 이러한 변화는 아마도 일본형법 가안의 실화죄 규정처럼 "~에 기재한 물건"이라는 표현을 되풀이 하여 사용하는 방법이 조문의 작성상 지나치게 번거롭다고 생각했기 때문에 초안작성자들이 이를 삭제한 결과 발생한 것이 아닌가 여겨진다.

형법 제170조 제2항은 입법자의 법전편찬상의 과오로 인하여 혼란을 야기한 것으로 보인다. 대법원 다수의견이 제시한 바와 같은 종합적 해석방법을 통해서 이러한 결함을 보완하고 있지만 이 또한 유추해석금지에 원칙에 반할 수 있다는 비판이 제기된다. 그러나 관련조문의 연관성과 실화죄 조문의 연혁에 비추어볼 때 충분히 수긍할 수 있는 해석이며, 따라서 소수의견이 지적하는 바와 같은 유추해석의 문제는 발생하지 않는다고 할 수 있다.

5. 영아살해죄의 주체와 공범의 처벌

(대판 69도 2285 판결)

1. 문제의 제기

"남녀가 사실상 동거한 관계가 있고 그 사이에 영아가 분만되었다 하여도 그 남자와 영아와의 사이에 법률상 직계존속, 비속의 관계가 있다 할 수 없으므로 그 남자가 영아를 살해한 경우에는 보통살인죄에 해당한다."(대판 69도 2285) 이 판결과 관련하여 쟁점이 될 수 있는 사항은 영아살해죄의 행위 주체인 '직계존속'의 범위를 어디까지 볼 수 있는지의 문제, 즉 직계존속을 생모에 국한해서 해석(목적론적 축소)할 것인가 혹은 사실상의 직계존속 내지 법률상의 직계존속도 포함되는 것으로 해석할 것인가가 문제와, 영아살해죄 범죄에 가담한 비신분자의 처벌은 어떻게 할 것인 지이 문제이다.

2. 형법 제251조(영아살해죄)의 해석

영아살해죄(형법 제251조): "직계존속이 치욕을 은폐하기 위하거나 양육할 수 없음을 예상하거나 특히 참작할 만한 동기로 인하여 분만 중 또는 분만직후의 영아를 살해한 때에는 10년 이하의 징역에 처한다."

(1) 법적 성격

영아살해죄는 보통살인죄에 비해 형벌이 낮은 감경적 구성요건이다. 다른 범죄와 구별되는 본죄의 특징은 행위객체의 보증인지위에 있는 자가 항상 행위주체가 된다는 점이다. 보호객체로서의 영아는 앞으로의 생존을 위해 타인의 보살핌이 절대적으로 요구되는 존재인 반면, 여기서의 주체는 영아의 생명을 법적. 도덕적 의무 이전에 본능적으로 보호하고 책임져야 할 사람인 것이다. 보증인지위는 보통의 경우 일정한 상황에서 특정 법익을 보호해야 하는 의무를 발생시킴으로써 범죄를 성립시키거나 혹은 적어도 형을 가중시키는 기능을 하지만 여기서는 반대로 형의 감경에 이르게 하는 기능을 한다.[1] 이러한 상황에서 영아살해죄는 범죄주체가 갖는 특별한 사정 때문에 책임이 감경되는 경우를 유형화하여 보통살인죄에 비해 형벌을 감경하고 있는 것으로 볼 수 있다. 구체적으로 어떠한 근거에서 책임이 감경되는 것인가 하는 점에 대해서는 견해가 일치하지 않는다. 출산으로 인하여 심신의 균형이 상실된 비정상적인 심신상태로 인하여 행위자의 책임이 감경된다는 견해가 있다. 이와 달리, 영아살해죄의 책임을 감경하는 이유를 주로 친족의 명예의 고려라는 점에서 찾는 견해, 일정한 동기와 상황으로 인해 직계존속에게 적법행위의 기대가능성이 적다는 점에서 찾는 견해도 있다. 첫 번째 견해는 영아살해죄의 주체를 생모에 국한시키고 있는 입법례에서는 타당하지만, 우리 형법처럼 주체를 직계존속으로 하고 있는 경우에는 타당하다고 볼 수 없다. 예를 들어, 영아의 생부 혹은 조부모 등이 영아살해죄를 범한 경우 이들에게는 비정상적인 심신상태를 인정하기 어렵기 때문이다. 결국 본죄의 책임감경의 근거는 '직계존속이라는 신분'에 있는 자의 '특별한 범행동기'와 '상황 (분만중 또는 분만직후)'에 참작할 만한 사유가 있다고 본다.[2]

(2) 직계존속의 해석

법률상 '직계존속'이라는 명문의 규정에도 불구하고 이를 산모로 축소하는

---

1) 성낙현, "영아살해죄의 해석론과 입법론", 『법조』, 2010, Vol.59(7), 5면 이하

2) 유남석, 「주석형법」(집필대표: 박재윤), 2006, 210면

입장에 따르면, 본 규정의 입법이유, 입법취지를 근거로 제시한다. 즉 영아살해죄는 산모의 책임능력 경감으로 인하여 책임이 감경되는 행위를 특별히 유형화한 것으로 보고, 이에 따라 산모 이외의 책임능력의 경감이 없는 부나, 조부, 조모가 영아를 살해한 경우는 그 적용범위에서 배제한다는 것이다.[3] 이는 목적론적 축소에 따른 결과라고 볼 수 있는데 목적론적 축소란 법문의 의미와 입법의 목적, 입법을 통해서 추구하려는 이념과 가치, 현재의 상황에 대한 인식과 분석, 전체 법질서의 체계와 논리적으로 부합되는 해석의 한계 등을 고려하여 어의의 '가능적 의미' 보다 더 축소하는 해석방법이다. 이는 영아살해에 적용되는 법규정은 존재하지만 이를 그대로 적용할 경우 매우 불합리한 결과가 나타나는 이른바 '은폐된 흠결'에 해당하는 경우로 보아, 본 규정의 입법취지, 입법의 목적을 살리기 위하여 명문의 규정의 어의를 문언의 가능적 어의보다 더 축소시키고 있는 것이다.[4]

이에 반해 사실상 직계존속을 포함시키는 입장에 따르면, 본 규정이 법률상의 혼인관계에서 출생한 영아에 대한 살해보다는 혼전 혹은 혼외의 영아살해에 대한 감경을 염두에 둔 입법이라는 점을 감안하지 않을 수 없다는 점에서 여기서의 직계존속에는 존속살해죄의 경우와 달리 사실상의 직계존속도 포함되는 것으로 넓게 해석해야 한다는 입장이다. 실제로 법률상의 존속보다는 사실상의 존속이 본죄에 노출될 가능성이 오히려 높고 본 규정은 감경구성요건으로서 그 주체에 대한 해석범위를 넓히는 것이 행위자에게 유리하게 작용하는 것이므로 죄형법정주의 원칙에 위배되지 않으며 오히려 이러한 해석방법이 입법자의 취지에 상응한다고 판단한다.[5]

판례의 태도에 따르면 사실상 동거관계에서 출생한 영아를 생부가 살해한 경우 영아살해죄가 아닌 보통살인죄를 인정한다. 판례는 존속살해죄의 행위객체로서의 직계존속을 법률상의 의미로 파악하고 있으며, 영아살해죄의 경우에도 직계존속의 의미를 존속살해죄에서의 의미와 달리 해석해서는 안된다

3) 장영민, "유추금지와 목적론적 축소해석", 『형사판례연구』 제7권, 1999, 4면

4) 장영민, "유추금지와 목적론적 축소해석", 『형사판례연구』 제7권, 1999, 4면

5) 성낙현, "영아살해죄의 해석론과 입법론", 『법조』, 2010, Vol.59(7), 17~18면

는 입장을 취하는 것으로 볼 수 있다.[6]

영아살해죄의 주체인 '직계존속'의 범위를 산모로 제한하는 목적론적 축소는, 영아살해죄의 형벌감경이유를 생모의 출산으로 인한 비정상적인 심리상태에서 찾고 이에 따라 형벌이 감경된다고 볼 수 있으며, 분만 중 또는 분만 직 후라는 시간을 의미하는 구성요건도 이러한 관점에서 합리적으로 해석 될 수 있다. 특히 독일 형법에서는 이러한 취지에서 영아살해죄를 규정하고 있다는 증거로 행위주체를 산모로 규정하고 있으므로 논리적인 해석이라고 볼 수 있다. 그러나 결과적으로 형벌권의 발생범위를 확대시키는 유추와 동일한 결과를 가져오고 피고인에게 불리한 해석으로서 평가된다. 따라서 행위주체를 축소해서 산모에 국한시키는 것은 피고인에게 불리하게 해석하는 것이므로 피고인에게 유리한 유추해석이라는 형법상 원칙과 맞지 않는다는 비판을 피하기가 어렵다고 할 수 있다.

3. 영아살해죄의 공범에 관련된 해석

형법 제33조: "신분관계로 인하여 성립될 범죄에 가공한 행위는 신분관계가 없는 자에게도 전3조의 규정을 적용한다. 단 신분관계로 인하여 형의 경중이 있는 경우에는 중한 형으로 벌하지 아니한다."

(1) 진정신분범의 공범: 본문의 규정에 의하여 전3조인 공동정범, 교사범, 방조범의 성립이 인정된다.(예를 들면 공무원수뢰죄에 있어서 비신분자의 공범 성립이 인정됨)

(2) 형이 가중되는 부진정신분범의 공범: 형이 가중되는 경우에는 비신분자에게는 중한 형으로 벌할 수 없으므로 개별책임의 원칙에 따라서 비신분자는 가중되지 않은 형으로 처벌된(예를 들면 비신분자가 존속살해죄의 공범으로 가담

6) 이승호, "존속살해죄와 영아살해죄에서 직계존속 개념의 비교", 『고시연구』, 2001, 85면

한 경우 신분자는 존속살해죄로 처벌되지만 비신분자는 보통살해죄로 처벌됨)

(3) 형이 감경되는 부진정신분범의 공범:

논리적 해석의 입장에 따르면, 33조 단서의 규정은 비신분자에게 신분관계에 따른 형의 가중이나 감경을 인정하지 않는다는 의미로 해석하여 개별행위자의 형사책임을 인정한다는 의미로 해석할 수 있다고 주장한다. 이에 따르면 신분관계로 형이 감경되는 행위에 비신분자가 가담한 경우에도 비신분자에게는 신분관계에 따른 형의 감경이 인정되지 않는다.(예를 들어 영아살해죄에 비신분자가 공범으로 가담한 경우 비신분자는 보통살해죄의 공범으로 처벌된다)

그러나 체계적 목적론적 해석의 입장에 따르면, 공범의 종속성이라는 형법의 체계론적 관점에서 볼 때 이 경우 공범이 정범보다 중하게 처벌되어 체계적인 모순이 발생될 수 있으며, 영아살해죄에 있어서 형을 감경하는 목적은 산모 및 주변인의 수치심을 고려하고 양육의 어려움을 예상하기 때문이라는 관점에서 비신분자도 이러한 목적론적 의미에 합치될 수 있다고 주장한다(예를 들어 영아살해죄에 비신분자가 공범으로 가담한 경우 비신분자도 영아살해죄의 공범으로 처벌된다).

(4) 검토

제33조 단서의 '중한 형으로 벌하지 아니한다'는 법문의 의미를 문리적으로 해석하여 '비신분자가 신분관계로 인해 형의 경중이 있는 신분범에 가공한 경우 비신분자를 신분자보다 중한 형으로 벌하지 않는다'는 의미로 해석하는 것이 가장 자연스럽고 문법적 구조에 맞는 해석이라고 생각한다.[7] 책임개별화를 명문으로 인정하고 있는 독일형법 독일형법 제28조 제2항 법규가 특수한 인적 요소를 형의 가중. 감경 또는 조각사유로 정하고 있는 때에는, 이 법규는 그 인적 요소가 존재하는 관여자에 대해서만 적용한다. 독일형법[8]에 있어서는 책임

7) 이정하, "형법 일부개정법률안의 '공범과 신분' 규정에 관한 검토", 『서강법률논총』 제2권 제2호, 2013, 123면

8) 제29조 각 관여자는 타인의 책임과 관계없이 자기의 책임에 따라 벌한다.

개별화 내지 신분개별화가 당연히 인정된다고 할 것이나, 우리 형법 제33조 단서는 '중한 형으로 벌하지 아니한다'라고만 규정하고 있으므로 비신분자의 형벌이 신분자의 형벌보다 중한 때에는 중한 형으로 벌하지 않는다는 의미로 해석하여야 하고, 형법이 명문으로 '중한 형으로 벌하지 아니한다'고 규정하고 있음에도 불구하고 책임개별화라는 실정법적 근거가 없는 이론으로서 형법의 규정보다 비신분자에게 불리한 형벌을 인정하는 다수의 견해는 피고인에게 불리한 해석으로서 허용되지 않는다고 보아야 할 것이다.[9] 또한 판례는 제33조 본문은 진정신분범 뿐만 아니라 부진정신분범의 성립에 관한 규정이라고 하면서 부진정신분범에 한하여 과형의 문제를 제33조 단서에 따라 처리한다고 하는데, 제33조 단서의 규정을 책임 개별화 규정으로 이해하면 논리적 모순이 발생할 수 있다. 예컨대 비신분자가 직계존속을 교사하여 영아살해죄를 범하게 한 경우 비신분자에게는 제33조 본문에 따라 영아살해죄의 교사범이 성립하고 제33조 단서(책임 개별화 규정으로 이해한다면)에 따라 보통살인죄의 교사범으로 처벌되는데, 이는 성립한 범죄에 대한 형벌보다 중한 형벌을 과하는 것으로서 이러한 결과는 논리적으로 모순되며 책임주의 원칙에 반하는 것이다.[10]

9) 이와 관련하여 책임개별화 원칙을 형법 제33조 단서에서 찾을 수는 없으나, 헌법상 인간의 존엄성 보장, 과잉금지원칙에서 도출되는 대원칙인 책임주의에 당연히 내재된 형법의 원칙이라고 보는 견해가 있다. 이에 관해서는 한상훈, "신분범과 공범-형법 제33조의 시론적 해석론-", 「형사법연구」 제19호, 2003, 287~288면

10) 이정하, "형법 일부개정법률안의 '공범과 신분' 규정에 관한 검토", 「서강법률논총」 제2권 제2호, 2013, 124면

6. 성전환자에 대한 강간죄 성립여부

(대법원 1996. 6. 11. 선고 96도791 판결)

판시사항

[1] 강간죄의 객체인 부녀에 대한 판단 기준

[2] 성전환 수술을 받은 자가 강간죄의 객체인 '부녀'에 해당하지 않는다고 본 사례

판결요지

[1] 형법 제297조는 '폭행 또는 협박으로 부녀를 강간한 자'라고 하여 객체를 부녀에 한정하고 있고 위 규정에서 부녀라 함은 성년이든 미성년이든, 기혼이든 미혼이든 불문하며 곧 여자를 가리키는 것이다. 무릇 사람에 있어서 남자, 여자라는 성(性)의 분화는 정자와 난자가 수정된 후 태아의 형성 초기에 성염색체의 구성(정상적인 경우 남성은 xy, 여성은 xx)에 의하여 이루어지고, 발생과정이 진행됨에 따라 각 성염색체의 구성에 맞추어 내부생식기인 고환 또는 난소 등의 해당 성선(性腺)이 형성되고, 이어서 호르몬의 분비와 함께 음경 또는 질, 음순 등의 외부성기가 발달하며, 출생 후에는 타고난 성선과 외부성기 및 교육 등에 의하여 심리적, 정신적인 성이 형성되는 것이다. 그러므로 형법 제297

조에서 말하는 부녀, 즉 여자에 해당하는지 여부도 위 발생학적인 성인 성염색체의 구성을 기본적인 요소로 하여 성선, 외부성기를 비롯한 신체의 외관은 물론이고 심리적, 정신적인 성, 그리고 사회생활에서 수행하는 주관적, 개인적인 성역할(성전환의 경우에는 그 전후를 포함하여) 및 이에 대한 일반인의 평가나 태도 등 모든 요소를 종합적으로 고려하여 사회통념에 따라 결정하여야 한다.

[2] 피고인이 어릴 때부터 정신적으로 여성에의 성귀속감을 느껴 왔고 성전환 수술로 인하여 남성으로서의 내·외부성기의 특징을 더 이상 보이지 않게 되었으며 남성으로서의 성격도 대부분 상실하여 외견상 여성으로서의 체형을 갖추고 성격도 여성화되어 개인적으로 여성으로서의 생활을 영위해 가고 있다 할지라도, 기본적인 요소인 성염색체의 구성이나 본래의 내·외부성기의 구조, 정상적인 남자로서 생활한 기간, 성전환 수술을 한 경위, 시기 및 수술 후에도 여성으로서의 생식능력은 없는 점, 그리고 이에 대한 사회 일반인의 평가와 태도 등 여러 요소를 종합적으로 고려하여 보면 사회통념상 여자로 볼 수는 없다고 본 사례.

참조조문

[1]형법 제297조/ [2]형법 제297조

주 문

검사의 피고인들에 대한 상고를 모두 기각한다.

이 유

상고이유를 본다.

1. 원심은 이 사건 주위적 공소사실, 즉 "피고인들이 공소외인과 합동하여, 1995. 4. 24. 00:30경 서울 용산구 한남동 산 10의 136 하이얏트호텔 부근에서 호객행위를 하던 피해자 △△△(36세)을 승용차에 납치하여 서울 중구 장충동 2가 산 5에 있는 한국자유총연맹 건물 부근의 골목길로 끌고 간 후 폭행과 협박을 가하여 피해자의 반항을 억압한 다음 차 안에서 피고인1, 위 공소외인, 피고인 2순서로 성기를 위 피해자의 음부에 삽입하여 여성으로 성전환 수술을 받은 위 피해자를 각 강간하고 이로 인하여 위 피해자로 하여금 전치 1주를 요하는 안면부타박상 등을 입게 하였다"는성폭력범죄의처벌및피해자보호등에관한법률 제9조, 제6조 제1항, 형법 제297조위반의 점에 대하여 위 피해자 길종필은 형법 제297조의 객체가 되는 부녀라고 할 수 없다는 이유에서 이를 무죄라고 판단한 제1심판결을 그대로 유지하였다.

2. 형법 제297조는 '폭행 또는 협박으로 부녀를 강간한 자'라고 하여 객체를 부녀에 한정하고 있다. 위 규정에서 부녀라 함은 성년이든 미성년이든, 기혼이든 미혼이든 불문하며 곧 여자를 가리키는 것이라 할 것이다.

무릇 사람에 있어서 남자, 여자라는 성(性)의 분화는 정자와 난자가 수정된 후 태아의 형성 초기에 성염색체의 구성(정상적인 경우 남성은 xy, 여성은 xx)에 의하여 이루어지고, 발생과정이 진행됨에 따라 각 성염색체의 구성에 맞추어 내부생식기인 고환 또는 난소 등의 해당 성선(性腺)이 형성되고, 이어서 호르몬의 분비와 함께 음경 또는 질, 음순 등의 외부성기가 발달하며, 출생 후에는 타고난 성선과 외부성기 및 교육 등에 의하여 심리적, 정신적인 성이 형성되는 것이다. 그러므로 형법 제297조에서 말하는 부녀, 즉 여자에 해당하는지의 여부도 위 발생학적인 성인 성염색체의 구성을 기본적인 요소로 하여 성선, 외부성기를 비롯한 신체의 외관은 물론이고 심리적, 정신적인 성, 그리고 사회생활에서 수행하는 주관적, 개인적인 성역할(성전환의 경우에는 그 전후를 포함하여) 및 이에 대한 일반인의 평가나 태도 등 모든 요소를 종합적으로 고려하여 사회통념에 따라 결정하여야 할 것이다.

그런데, 원심판결 이유와 기록에 의하면, 위피해자는 1958. 8. 3.생이고 남성으로서의 성기구조를 갖춘 남자로 태어나 남자 중학교까지 졸업하였으나 어릴 때부터 여자 옷을 즐겨 입거나 고무줄놀이와 같이 여자가 주로 하는 놀이를 즐겨하는 등 여성으로서의 생활을 동경하고 여성으로서의 성에 귀속감을 느낀 나머지 1989년경부터 수년간 여장남자로서의 행세를 하여 오다가 1991년과 1992년 일본에 있는 병원에서 자신의 음경과 고환을 제거하고 그 곳에 질(膣)을 만들어 넣는 방법으로 여성으로의 성전환 수술을 받음으로써 여성으로서의 질 구조를 갖추고 있고 유방이 발달하는 등 외관상으로는 여성적인 신체구조를 갖추게 되어 보통의 여자와 같이 남자와 성생활을 할 수 있으며 성적쾌감까지 느끼고 있으나 여성의 내부성기인 난소와 자궁이 없기 때문에 임신 및 출산은 불가능한 상태라는 것이다. 그리고 위피해자은 본래 남성으로서, 달리 여성의 성염색체 구조를 갖추고 있다거나, 성염색체는 남자이면서 생식선의 분화가 비정상적으로 되어 고환과 난소를 겸비한 진성반음양, 또는 고환이나 난소의 발육이 불완전한 가성반음양이라고는 인정되지 아니한다.

그렇다면 위피해자가 비록 어릴 때부터 정신적으로 여성에의 성귀속감을 느껴 왔고 위의 성전환 수술로 인하여 남성으로서의 내·외부성기의 특징을 더 이상 보이지 않게 되었으며 남성으로서의 성격도 대부분 상실하여 외견상 여성으로서의 체형을 갖추고 성격도 여성화되어 개인적으로 여성으로서의 생활을 영위해 가고 있다 할지라도, 기본적인 요소인 성염색체의 구성이나 본래의 내·외부성기의 구조, 정상적인 남자로서 생활한 기간, 성전환 수술을 한 경위, 시기 및 수술 후에도 여성으로서의 생식능력은 없는 점, 그리고 이에 대한 사회일반인의 평가와 태도 등 여러 요소를 종합적으로 고려하여 보면 위피해자를 사회통념상 여자로 볼 수는 없다 할 것이다.

원심판결은 그 이유 설시에서 강간죄의 보호법익 등에 관하여 선뜻 납득할 수 없는 근거들을 내세우는 등 흠이 없지 아니하나, 위와 같은 취지에서 판단한 결론은 정당한 것으로 수긍이 가고 거기에 상고이유로 내세운 바와 같은 부녀의 개념이나 강간죄의 법리를 오해한 위법이 있다 할 수 없다.

3. 그러므로 검사의 피고인들에 대한 상고는 모두 이유 없으므로 이를 모두 기각하기로 하여 관여 법관의 일치된 의견으로 주문과 같이 판결한다.

※ 2000년대 이후 성전환자 관련 대법원 판결

1. 2004스42 전원합의체 결정

'종래에는 사람의 성을 성염색체와 이에 따른 생식기·성기 등 생물학적인 요소에 따라 결정하여 왔으나 근래에 와서는 생물학적인 요소뿐 아니라 개인이 스스로 인식하는 남성 또는 여성으로의 귀속감 및 개인이 남성 또는 여성으로서 적합하다고 사회적으로 승인된 행동·태도·성격적 특징 등의 성 역할을 수행하는 측면, 즉 정신적·사회적 요소들 역시 사람의 성을 결정하는 요소 중의 하나로 인정받게 되었으므로, 성의 결정에 있어 생물학적 요소와 정신적·사회적 요소를 종합적으로 고려하여야 한다.

성전환증을 가진 사람의 경우에도, 남성 또는 여성 중 어느 한쪽의 성염색체를 보유하고 있고 그 염색체와 일치하는 생식기와 성기가 형성·발달되어 출생하지만 출생 당시에는 아직 그 사람의 정신적·사회적인 의미에서의 성을 인지할 수 없으므로, 사회통념상 그 출생 당시에는 생물학적인 신체적 성징에 따라 법률적인 성이 평가될 것이다. 그러나 출생 후의 성장에 따라 일관되게 출생 당시의 생물학적인 성에 대한 불일치감 및 위화감·혐오감을 갖고 반대의 성에 귀속감을 느끼면서 반대의 성으로서의 역할을 수행하며 성기를 포함한 신체 외관 역시 반대의 성으로서 형성하기를 강력히 원하여, 정신과적으로 성전환증의 진단을 받고 상당기간 정신과적 치료나 호르몬 치료 등을 실시하여도 여전히 위 증세가 치유되지 않고 반대의 성에 대한 정신적·사회적 적응이 이루어짐에 따라 일반적인 의학적 기준에 의하여 성전환수술을 받고 반대 성으로서의 외부 성기를 비롯한 신체를 갖추고, 나아가 전환된 신체에 따른 성을 가진 사람으로서 만족감을 느끼고 공고한 성정체성의 인식 아래 그 성에 맞춘 의복, 두발 등의 외관을 하고 성관계 등 개인적인 영역 및 직업 등 사회적인 영역에서 모두 전환된 성으로서의 역할을 수행함으로써 주위 사람들로부터도 그 성으로서 인식되고 있으며, 전환된 성을 그 사람의 성이라고 보더라도 다른 사람들과의 신분관계에 중대한 변동을 초래하거나 사회에 부정적인 영향을 주지 아니하여 사회적으로 허용된다고 볼 수 있다면, 이러한 여러 사정을 종합적으로 고려하여 사람의 성에 대한 평가 기준에 비추어 사회통념상 신체적으로 전환된 성을 갖추고 있다고 인정될 수 있는 경우가 있다 할 것이며, 이와 같은 성전환자는 출생 시와는 달리 전환된 성이 법률적으로도 그 성전환자의 성이라고 평가받을 수 있을 것이다.'

2. 2009도3580 판결

이 판결에서는 호적정정에 관한 대법원 2006. 6. 22. 자 2004스42 전원합의체 결정을 많이 차용한 사실이 드러난다. 즉 판결 내용 중 ① 출생 후의 성장에 따라 일관되게 출생 당시의 생물학적 성에 대한 불일치감 및 위화감, 혐오감을 갖고 반대의 성에 귀속감을 느끼면서 반대의 성으로서의 역할을 수행하며 성기를 포함한 신체 외관 역시 반대의 성으로서 형성하기를 강력히 원하여, 정신과적으로 성전환증의 진단을 받고, ② 상당기간 정신과적 치료나 호르몬 치료 등을 실시하여도 여전히 위 증세가 치유되지 않고 반대의 성에 대한 정신적, 사회적 적응이 이루어짐에 따라, ③ 일반적인 의학적 기준에 의하여 성전환 수술을 받고 반대 성으로서의 외부 성기를 비롯한 신체를 갖추고, ④ 나아가 전환된 신체에 따른 성을 가진 사람으로서 만족감을 느끼며 공고한 성정체성의 인식 아래 그 성에 맞춘 의복, 두발 등의 외관을 하고, ⑤ 성관계 등 개인적인 영역 및 직업 등 사회적인 영역에서 모두 전환된 성으로서의 역할을 수행함으로써 주위 사람들로부터 그 성으로서 인식되고 있으며, ⑥ 전환된 성을 그 사람의 성이라고 보더라도 다른 사람들과의 신분관계에 중대한 변동을 초래하거나 그 사회에 부정적인 영향을 주지 아니하여 사회적으로 허용된다고 볼 수 있다면, 이러한 여러 사정을 종합적으로 고려하여 사람의 성에 대한 평가 기준에 비추어 사회통념상 신체적으로 전환된 성을 갖추고 있다고 인정될 수 있는 경우가 있다 할 것이며 이와 같은 성전환자는 출생 시와는 달리 전환된 성이 법률적으로도 그 성전환자의 성이라고 평가받을 수 있을 것이라고 전제하였다.[1]

3. 검토

위에서 본 바와 같이 성전환자가 강간죄의 객체가 되기 위한 요건을 제시한 2009도3580 판결은 2004스42에서 제시한 호적상의 성을 정정하기 위한 요건을 거의 그대로 차용하고 있다. 그리고 위에서 우리는 사람의 성을 결정하는 기준은 여러 가지 요건을 종합적으로 고려하여 조화적으로 해석해야 한다고 하였다. 그런데 과연 이와 같은 기준에 의하여 사회생활의 모든 영역에서 사람의 성을 판단할 수 있을 것인지가 문제된다.

죄형법정주의의 파생원칙인 유추해석 금지의 원칙은 형법규정 없는 생활관계에 대하여 이와 비슷한 형법규정을 적용하여 규율해서는 안 된다는 원칙이며, 그 목적은 형법법규 수범자들의 예측가능성을 확보하고 법집행기관의 자의적인 법해석을 배척함으로써 국민들의 자유와 권리를 보장하기 위한 것이다. 또한 백 명의 범인은 풀어주더라도 단 한 사람의 무고한 사람을 만들어서는 안 되며, 의심스러울 때에는 피고인의 이익으로 한다는 법언은 형사절차에서 무죄추정의 원칙이 강하게 적용된다는 점을 시사한다. 그런데 위와 같이 강간죄의 객체에 아직 그 성별의 인정기준이 명확하지 않은 성전환자를 포함한다고 해석할 경우 형법법규 수범자들은 자신의 행위가 범죄가 되는 지를 확실히 알지 못하게 되고, 법해석집행기관의 자의적인 공권력 행사가 가능하게 되어 국민의 인권을 보장하기 못하는 결과를 가져오게 된다. 따라서 형법에 있어 성을 판단하는 기준은 구체적 개별적인 사례에서 달라질 것이 아니라 일률적으로 명확하게 정해져야 할 필요성이 있다.

---

1) 이주형, "성전환자의 강간죄 객체성립 여부", 『형사판례연구』 18, 박영사, 2010, pp.99-100.

4. 성전환자의 가족관계등록부 정정

1) 가족관계등록부 정정 방법

먼저, 가족관계등록부를 정정하는 방법은 크게 4가지로 나눌 수 있다.

① 등록부의 기록이 법률상 무효인 것이거나 그 기록에 착오 또는 누락이 있음을 안 때에는 시·읍·면의 장은 지체 없이 신고인 또는 신고사건의 본인에게 그 사실을 통지하여야 하는 경우(제14조)

② 등록부의 기록이 법률상 허가될 수 없는 것 또는 그 기재에 착오나 누락이 있다고 인정한 때에는 이해관계인은 사건 본인의 등록기준지를 관할하는 가정법원의 허가를 받아 등록부의 정정을 신청하는 경우(제104조)

③ 신고로 인하여 효력이 발생하는 행위에 관하여 등록부에 기록하였으나 그 행위가 무효임이 명백한 때에는 신고인 또는 신고사건의 본인은 사건 본인의 등록기준지를 관할하는 가정법원의 허가를 받아 등록부의 정정을 신청하는 경우(제105조)

④ 확정판결로 인하여 등록부를 정정하여야 할 때에는 소를 제기한 사람은 판결확정일부터 1개월 이내에 판결의 등본 및 그 확정증명서를 첨부하여 등록부의 정정을 신청하는 경우(제107조)

2) 성전환자의 가족관계등록부 정정 방법

위와 같이 가족관계등록부를 정정하는 방법은 가정법원의 허가에 의한 경우와 법원의 확정판결에 의한 경우로 나뉜다. 그런데 어떤 경우에 가정법원의 허가를 얻어야 하고, 어떤 경우에 법원의 확정판결을 얻어야 하는지 법조문 상으로는 그 구별기준이 명확하게 제시되어 있지 않다. 이와 관련하여 대법원은 2004스42 전원합의체 결정에서 일반론적으로 그 구별기준을 제시하였다.

"가족관계의 등록 등에 관한 법률(이하 '법'이라 한다) 제104조는 가족관계등록부의 기록이 법률상 허가될 수 없는 것 또는 기재에 착오나 누락이 있다고 인정한 때에는 이해관계인은 사건 본인의 등록기준지를 관할하는 가정법원의 허가를 받아 등록부의 정정을 신청할 수 있도록 규정하고 있다. 법이 이러한 간소한 절차에 의해 가족관계등록부의 기록사항을 정정할 수 있도록 한 취지를 고려하면, 정정하려고 하는 가족관계등록부의 기록사항이 신분관계에 중대한 영향을 미치기 때문에 그 기록사항에 관련된 신분관계의 존부에 관하여 직접적인 쟁송방법이 가사소송법 등에 마련되어 있는 경우에는 법 제107조에 따라 그 사건의 확정판결 등에 의해서만 가족관계등록부의 기록사항을 정정할 수 있다. 그러나 이와 달리 가족관계등록부의 기록사항과 관련하여 가사소송법 등에 직접적인 쟁송방법이 없는 경우에는 법 제104조 에 따라 정정할 수 있는데"라고 하여, 가족관계등록부의 기록과 관련된 신분관계의 존부에 관한 직접적인 쟁송방법이 있는지 여부에 따라서 제104조와 제107조의 규율대상을 구별하고 있다.

위 전원합의체 결정에 근거하여 대법원은 2009스117결정에서 우리가 논의하고 있는 성전환자가 어떤 절차를 거쳐서 가족관계등록부를 정정할 수 있는지를 제시하였다. 즉, "성전환자의 경우에는 출생 시의 성과 현재 법률적으로 평가되는 성이 달라, 성에 관한 가족관계등록부의 기재가 현재의 진정한 신분관계를 공시하지 못하게 되므로, 가족관계의 등록 등에 관한 법률 제104조 의 절차에 따라 가족관계등록부의 성별란 기재의성을 전환된 성에 부합하게 수정하는 것을 허용함이 상당하다."라고 하였다.

부가적으로 대법원은 2011스160 결정에서 "가사소송법 등이 사람이 태어난 일시 또는 사망한 일시를 확정하는 직접적인 쟁송방법을 별도로 정하고 있지 아니하므로 특별한 사정이 없는 한 가족관계등록부 기록사항 중 출생연월일·사망일시는 법 제104조 에 의한 가족관계등록부 정정 대상으로 봄이 타당하다."라고 하였다.

이렇듯 대법원은 출생연월일과 사망일시, 성전환자가 성을 정정하는 경우 가족관계의등록등에관한법률 제104조에 따라 법원의 확정판결이 없더라도 가정법원의 허가만으로 가족관계등록부의 정정이 가능하고 판단하였다.

5. 가족관계등록부 정정의 한계-판례(2009스117 전원합의체 결정)

1) 다수의견

대법원 다수 의견은 성전환수술 등으로 신체적 특성이나 사회적 활동을 함에 있어서는 전환된 성이 그 사람의 성으로 인식되더라도, 가족관계등록부상의 성별 표시에 대한 정정을 허가하기 위해서는, 다른 사람들과의 신분관계에 변동을 초래하거나 사회에 부정적인 영향을 주지 아니하여 사회적으로 허용된다고 볼 수 있는 등 여러 사정을 종합적으로 고려하여야 하므로, 성별정정으로 배우자나 자녀와의 신분관계에 중대한 변경을 초래하거나 사회에 미치는 부정적 영향이 현저한 경우 등 특별한 사정이 있다면, 성별정정을 허용하여서는 아니 된다고 전제하면서, 성전환자가 혼인 중에 있는 경우 성전환자에 대하여 성별정정을 허용할 경우 법이 허용하지 않는 동성혼을 인정하는 것이 되고, 상대방 배우자의 신분관계 등 법적·사회적 지위에 중대한 영향을 미치게 되므로 성별정정이 허용되지 않는다고 하였다. 또한 성전환자에게 미성년자인 자녀가 있는 경우 성전환자에게 성별정정을 허용한다면 미성년자인 자녀의 입장에서는 법률적인 평가라는 이유로 부가 남성에서 여성으로, 또는 모가 여성에서 남성으로 뒤바뀌는 상황을 일방적으로 감내해야 하므로, 이로 인한 정신적 혼란과 충격에 노출될 수 있음을 쉽게 짐작할 수 있다는 점, 성별정정을 허용하게 되면 가족관계증명서에 동성혼의 외관이 현출될 수밖에 없으므로 동성혼에 대한 차별이 존재하는 사회 분위기 속에서 감수성이 예민한 미성년자인 자녀를 이러한 사회적 차별과 편견에 무방비하게 노출되도록 방치하는 것은 친권자로서 또는 사회구성원으로서의 기본적인 책무를 도외시하는 것이라는 점, 그와 같은 친권자와 미성년자인 자녀 사이의 특별한 신분관계와 미성년자인 자녀의 복리에 미치는 현저한 부정적인 영향, 그리고 가족관계등록부상 성별란 정정의 효과가 '기존의' 친자관계 등 법률관계에 영향을 미치지 않는다는 것만으로는 그 이후 새롭게 생겨나는 미성년 자녀의 생활관계상의 곤란이 다 해결된다고 보기는 어려운 점 등을 고려하여 성전환자에게 미성년자인 자녀가 있는 경우에는 성별정정이 허용되지 않는다고 하였다.

2) 반대의견

① [대법관 양창수, 대법관 이인복의 반대의견] 미성년자인 자녀가 있다는 사정은 이와 더불어 그 자녀의 연령과 취학 여부, 부모의 성별정정에 대한 자녀의 이해나 동의 여부, 자녀에 대한 보호·교양·부양의 모습과 정도, 기타 가정환경 등 제반사정과 함께 그 성전환자가 사회통념상 전환된 성을 가진 자로서 인식될 수 있는지 여부를 결정하는 여러 가지 요소들의 일부로 포섭하여 법원이 구체적 사안에 따라 성별정정의 허가 여부를 결정하면 충분하고, 미성년자인 자녀가 있다는 사정을 성별정정의 독자적인 소극적 요건으로 설정할 것이 아니다.

② [대법관 박시환, 대법관 김지형, 대법관 전수안의 반대의견] 미성년자인 자녀가 있는 성전환자의 경우 성별정정을 허용할 것인지는 입법정책의 문제에 속하는 것이고, 나아가 이미 부모의 전환된 성에 따라 자연스러운 가족관계가 형성된 경우 등에서는 성별정정을 허용하지 않는 것이 오히려 미성년자의 복리에 장애가 될 수 있다. 한편 다수의견이 과거의 혼인사실을 이유로 성별정정이 제한되는 것은 아니라고 본 점에 대하여는 견해를 같이 하나, 현재 혼인 중에 있다는 사정을 성별정정의 독자적인 소극적 요건으로 보는 데에는 찬성할 수 없다. 혼인 중에 있다고 하더라도, 성별정정신청 당시 그 혼인관계의 실질적 해소 여부와 그 사유, 혼인관계의 실질적 해소로부터 경과한 기간, 실질적으로 해소된 혼인관계의 부활가능성 등 제반사정을 종합적으로 고려하여 가족관계등록부상의 성별란 정정이 신분관계에 혼란을 줄 염려가 있는지를 가리고 그에 따라 성별정정 여부를 결정하면 충분하다.

3) 검토

2009스117 전원합의체 결정의 다수의견은 성전환자가 혼인 중이거나 성전환자에게 미성년 자녀가 있는 경우에는 전혀 예외를 인정하지 않고 가족관계등록부의 정정을 허용하지 않고 있다. 다수의견은 성전환자와 혼인한 자와 미성년 자녀는 성전환자의 성별정정에 대해 깊은 이해관계를 가지고 있기 때문에 이들을 보호하기 위하여 성별정정을 허용하지 않은 것이라고 생각된다. 하지만 성전환자가 혼인 중인 경우라고 하더라도 성전환자의 배우자가 성전환자의 사정을 깊이 이해하고 받아들여서 자신의 법적·사회적 지위에 영향이 있는 것을 감내하는 경우가 있을 수 있다. 또한 거의 성년에 이른 미성년자의 경우 부모의 성전환에 대해 충분히 이해하고 사회적인 편견에 대응할 의지와 능력을 갖춘 경우가 있을 수 있다. 이러한 경우까지 성전환자의 성별정정을 허용하지 않는 것은 성전환자가 변경된 성으로 법적 지위를 향유할 권리를 과도하게 침해하는 것이라고 생각된다. 따라서 성전환자가 혼인 중이거나 그에게 미성년 자녀가 있는 경우에도 예외를 인정할 필요가 있다.

7. 성전환자의 법적 지위 : 성전환자 호적 정정 사건[1)]

(대법원 2004스42 전원합의체 결정,
2009스117 전원합의체 결정, 2009도3580 판결)

1. 들어가는 말

일반적인 의미에서 성전환자란 성전환증으로 성적 정체성의 혼란을 겪으며 불편하게 지내다가, 성전환수술을 받거나 다른 치료를 통해 자신의 성이 아닌 반대의 성으로 살아가는 자를 뜻한다.[2)] 의학적으로 성전환증은 성정체성 장애의 가장 심한 형태로 사춘기 이후에도 자신의 선천적 성에 대해 지속적으로 불편함과 부적절함을 느끼며 2년 이상 일차 및 이차적 성징을 제거하고 반대 성징을 획득하려는 집착에 사로잡혀 있는 상태를 말한다. 국제보건기구는 국제질환분류에서 성전환증은 성정체성 장애의 하나로 분류하여, 자신의 해부

---

1) 김학태. "성전환자의 법적 지위에 관한 연구", 『외법논집』 제33권 제3호, 2015, pp. 1-19에 수록된 논문을 요약·정리한 것임.

2) 사전적 의미에서 성전환자(Transgender)는 생물학적으로 타고난 성과 정신적인 성이 일치하지 않는 사람, 즉 「성 동일성 장애(gender identity disorder)」를 겪고 있는 사람을 의미하며, 신체적으로는 남성 또는 여성의 몸으로 태어났지만 본인은 타고난 자신의 성과 반대되는 성을 가진 사람이라고 여기는 사람을 통칭한다. 트랜스젠더 중에는 의료적 수술이나 치료를 원하는 사람도 있지만 그렇지 않은 사람도 있다. 특히 이들 중에서 수술이나 치료를 받아 생물학적인 성을 버리고 정신적인 성으로 삶을 사는 사람 또는 이러한 조치를 희망하는 사람들을 트랜스섹슈얼(transsexual)이라고 한다. http://terms.naver.com/entry.nhn?docId=931543&cid=43667&categoryId=43667

학적 성에 대한 불편함이나 부적절함을 가지고 있으면서 자신과 반대되는 성으로 살고 인정받고 싶은 욕망, 그리고 그가 선호하는 성의 신체에 가능한 일치되도록 호르몬 치료와 수술을 받고자하는 욕구라고 정의하였고, 대한의사협회는 해부학적인 성과 정신적 성에서 성적 주체성의 불일치를 주된 증상으로 하는 성정체성 장애라고 판단하였다. 이러한 성적인 장애 내지 질병을 극복하고 자신의 성적 정체성을 찾아서 성전환수술을 받은 성전환자에게 반대의 성적 지위를 인정할 수 있는 가의 문제는, 성별 질서의 유지라는 사회적 기본도덕의 차원에서 서로 부합되지 않기 때문에 이들의 법적 성전환 인정 여부가 사회적으로 논란이 되는 심각한 문제이다.

최근 우리사회에서는 성전환자의 성적 정체성과 더불어 사회적 성을 인정하여 법적으로 성전환자를 수용해야 한다는 주장이 점점 힘을 키워가고 있다. 우리나라에는 1980년대 후반에 성전환수술이 도입된 이래 성전환 수술을 받은 자의 수가 1980년대에는 약 300-400명 정도에 불과했지만, 2006년 기준으로 전체 수가 4,500여명에 이르고 있는 것으로 추정된다.[3] 그러나 성전환자에 대하여 법적으로 성전환을 인정한 경우는 2002년부터 매년 10여건에 불과 성전환자에 대한 성별정정 허가는 2002년 7월부터 2003년 8월까지 21건이 허가되었고, 2004년에는 10건, 2005년에는 17건에 불과[4]하여, 이처럼 성문화 내지 성별 질서에 대한 변화된 사회현상의 요청에도 불구하고 우리사회는 아직까지 성전환에 대하여 아무런 법적, 제도적 정비가 이루어지지 않고 있다. 이로 말미암아 과학문명 이기와 왜곡된 가치관의 결합으로 무분별한 성전환이 이루어져 성별질서의 혼란을 가져오고, 성전환증 환자로서 최종적 치료개입 수단으로 성전환수술을 받은 자의 법적 지위가 불안정하여 심각한 인권침해가 초래

---

3) 김태명, "성전환을 둘러싼 법적 문제점에 대한 검토", 『저스티스』, 2003, 26쪽 이하 ; 김민규, "성전환(증)자에 대한 법학과 의학의 가교 -대법원 2006.6.22. 2004스42 결정을 계기로-", 『법과 사회』, 2006, 207쪽 이하 ; 신윤동욱, "한국최초 트랜스젠더 실태조사", 『한계레21』 2006년 9월 6일 제626호

4) 성전환의 현실과 법제도적 갭이 매우 큰 것으로 나타났다. 이에 관해서는 강태경, "법적추론에 대한 비판적 분석으로서의 인지적 분석", 『서울대법학』, 제55권 제4호, 2014, 210쪽 ; 김방호, "성전환자의 성별 정정 요건에 관한 고찰", 『법률신문』 2011년 12월 1일 제3988호

되고 있다.[5]

우리나라에서는 이러한 심각한 문제를 해결하기 위하여 사법부의 판결을 통한 노력이 이루어졌다. 1996년 성전환자의 강간죄 객체를 부정한 대법원 판결에서부터 2006년 성전환자의 호적정정 관련 대법원 판결, 2009년 강간죄 인정 판결 그리고 가장 최근의 2012년 성전환자의 호적정정을 불허하는 소극적 요건을 규정한 대법원 판결이 나왔으며, 특히 2006년 성전환자의 호적 정정을 인정하는 판결 직후에는 호적 예규 제716호 '성전환자의 성별허가신청사건 등 사무처리지침'을 제정하여 실무적으로 반영하였다.[6] 한편 입법적인 노력으로 2002년 김홍신 의원 대표발의로 '성전환자의 성별 변경에 관한 특례법(안)'이 국회에 제출되었으나 회기만료에 따라 자동 폐기되었다.

외국의 경우 독일은 1980년 '이름의 변경 및 성별의 확인에 관한 특별법'을 제정하여 트랜스젠더를 법적으로 보호하고 있다. 이 법률에 따라 성전환자는 당사자가 신청할 경우 성별재전환이 가능하고 신청인의 동의 없이 변경 이전의 이름을 제시하거나 조사하는 것을 금지하고 있다. 미국의 경우 대부분의 주에서는 2002년부터 성전환자에게 수술 후의 성에 따른 법적 지위를 인정하고 있으며, 네덜란드는 1985년부터 성전환을 법제화하고 성전환 수술시 의료보험 혜택을 주고 있으며, 영국은 2004년 '성별승인법'을 제정하여 성전환자에게 현재의 성에 맞는 새로운 출생증명서를 발급받을 수 있도록 하였으며, 유엔인권이사회는 2011년 '성적 지향 및 성정체성에 대한 결의안'을 통과시켜 각국의 성

---

5) 2006년 성전환자의 인권실태를 조사하기 위하여 조직된 인권실태조사 기획단은 성전환자의 생애와 차별에 대한 실태조사를 하기 위해서, 2006년 4월부터 8월까지 60명의 성전환자들을 심층면접하고 78명의 설문조사를 진행하였다. 이에 관해서는 성전환자 인권실태조사 기획단, 『성전환자 인권실태조사』, 2006년 참조

6) '성전환자의 성별허가신청사건 등 사무처리지침'은 대법원 2006.6.24., 2004스42 결정을 실무적으로 반영하기 위하여 제정된 '가족관계등록예규' 제716호(2007.9.6.)로, 이후 가족관계등록법이 제정됨에 따라 '가족관계등록예규' 제256호(2007.12.10.)로 제정되었다. 그리고 국가인권위원회의 진정에 따른 권고 결정의 일부를 수용하여 '가족관계등록예규' 제239호(2009.1.20.)로 일부 개정되었으며, 또한 도로명 주소 도입에 따라 '가족관계등록예규' 제339호(2011.11.10.)로 재개정되었다. 그리고 성전환자의 호적정정을 불허하는 소극적 요건을 규정한 대법원 판결을 반영하여 '가족관계등록예규' 제346호(2011.12.5.)로 일부 개정되어 현재에 이르고 있다.

적 지향과 성정체성에 대한 차별적 법률과 관행 등을 조사, 공개하도록 결정하였다.

본 연구에서는 이러한 성전환자의 사회적 요청과 법제도적 현실과의 갭을 극복하기 위하여 성전환자의 법적 지위에 관하여 구체적으로 살펴본다. 이를 위해 우선 성전환의 의미, 성전환을 인정하기 위한 조건, 현행 법률과 판례에서 판단하는 성전환자의 법적 지위 등에 대해 살펴보고, 또한 성전환의 인정 여부에 관한 외국의 법제와 판례를 살펴봄으로써, 성전환자의 법적 지위를 인정하는 입법의 필요성과 방향도 고찰해 본다. 또한 이러한 연구는 비단 성전환자의 호적 정정에 국한되지 않고, 성전환과 관련되는 다른 법적 문제들, 예를 들어 혼인, 가족관계, 근로관계, 병역문제, 의료관계 등 다양한 분야에서의 법적 문제들을 해결할 것으로 기대되며, 이를 통해 자연스럽게 성전환을 인정하는 입법의 방향과 내용이 확인되어 성전환과 관련된 사회 현상과 법규범의 괴리 및 격차를 안정적으로 해결할 수 있을 것으로 기대된다.

II. 성전환자의 의미와 성전환자의 법적 지위에 대한 국내 논의 동향

1. 성전환자의 의미

성전환자(Transgender)[7]는 태어나면서부터 유전학적으로 결정된 성별과 반대의 성별로 자신을 인식하는 상태(성전환증, Transsexualism) 또는 그러한 상태에 있는 사람(성전환자, Transsexual)을 의미한다.[8] 성전환자는 주관적 인식으

7) 트랜스젠더(Transgender)라는 단어의 의미는 일반적으로 트랜스섹슈엘(Transsexual)과 거의 같은 의미로 사용되고 있지만, 트랜스섹슈엘보다는 넓은 의미를 가지는 개념으로 사용된다. 즉 자신의 젠더 정체성을 반대로 느끼고 있는 사람을 총칭하는 말로 사용된다. 이에 관해서는 손영수, "성 결정에 관한 법리적 담론 -최근 트렌스젠더 판례와 관련하여-", 『법철학연구』, 2012, 11쪽 이하 참조

8) 이준일, "트랜스젠더의 헌법적 문제", 『고려법학』, 2008, 39쪽 이하 ; 최정학, "성전환의 법적 문제점", 『민주법학』, 1998, 212쪽 이하 ; 조광훈, "대법원의 성전환자의 성별 정정허가에 따른 민 · 형사법적 문제점에 관한 연구", 『사법행정』, 2006, 27쪽 이하

로서의 성정체성과 관련되는데, 이는 자신의 성별을 남성 혹은 여성으로 인식하는 것으로서, 이와 달리 자신의 성정체성과 동일한 또는 반대의 성별을 가진 상대방에 대하여 성적 호감이나 매력을 느끼는 성적 지향과 구별된다.[9] 따라서 성전환자는 유전적으로 결정된 성별이 남성이면서 자신의 성정체성을 여성으로 인식하는 경우(male to female transsexual: MTF)와 유전적으로 결정된 성별이 여성이면서 자신의 성정체성을 남상으로 인식하는 경우(female to male transsexual: FTM)으로 구분된다. 전자는 '성전환여성'으로 후자는 '성전환남성'으로 불려진다.

성전환자는 의학적인 용어로 '성전환증 환자' 또는 성정체성 장애자'로 평가되는데, 의학적인 개념으로 성전환증은 성적 주체성에 심한 장애를 가진 경우로서 사춘기 이후에도 자신이 타고난 선천적 성에 대하여 지속적으로 심한 불쾌감과 부적절한 느낌이 들고 2년 이상 1차 및 2차 성징을 제거하고 반대 성징을 얻으려는 집착에 사로잡혀 있는 상태를 의미한다.[10] 따라서 자신의 해부학적 성에 대한 불편함이나 부적절함을 가지고 있으면서 자신과 반대되는 성으로 살고도 반대되는 성으로 인정받고 싶은 욕망, 그리고 자신의 몸을 자신이 선호하는 이성의 몸에 가능한 일치되도록 호르몬 치료와 수술을 받고자 하는 증후군으로 성적 동일성 장애의 일종이라 할 수 있다. 이러한 이상을 발생시키는 원인에 대하여는 유전적, 내분비적 혹은 중추신경계의 장애나 또는 어린 시절 부모의 태도, 양육방법 그리고 부정적 관계에 기인하는 것 등으로 설명되고 있으나 확실한 원인이 무엇인지 규명되어 있지 않다.[11]

또한 성전환증은 성을 결정하는 요소들의 불일치로 인한 성분화의 이상 형태인 이른바 반음양(intersexuality)과도 구별된다. 인간의 성은 성염색체, 성선

9) 따라서 성정체성과 상관없이 성적 지향은 이성애(heterosexual)나 동성애(homosexual) 또는 양성애(bisexual)로 구분된다.

10) 최병무, "성전환증의 진단 및 치료", 『신경정신의학』 제32권 제4호, 1993, 465쪽 이하 ; 최정학, "성전환의 법적 문제점", 『민주법학』, 1998, 212쪽 ; 최성경, "성전환자의 성별정정 허가기준과 그 입법적 제안 -대상결정: 대법원 2011. 9. 2. 2009스117 전원합의체 결정-", 『가족법연구』 제27권 제1호, 2013, 373쪽 이하 참조

11) 이로문, "성전환과 성전환자의 민법적 고찰", 『한양대법학논총』, 2007, 267쪽 이하 참조

의 성, 내분비학적 성, 표현의 성과 성적 역할 등에 의하여 결정되는데, 보통의 사람들에게는 이러한 기준들이 모두 한쪽의 성에 일치하지만 성선의 분화와 성숙과정에서 이상이 발생하여, 한쪽 성이나 양쪽 성의 성선을 가지면서 성기관의 기형적 분화가 나타나는 반음양이 발생하는 경우가 있을 수 있게 된다. 따라서 반음양은 자신의 해부학적 성에 대한 불편함이나 부적절감 등에 의해 성적 정체성이 바뀌는 성전환증과는 구별된다.[12]

한편 성정체성은 자신의 이러한 성향에 따라 다른 성별로 전환하기 위한 성전환수술과 밀접하게 관련된다, 앞에서 서술한 바와 같이 의학의 관점에서 성전환증은 성주체성장애(Gender Identity Disorder), 혹은 성별위화감(gender dysphoria)을 가진 정신장애인이며 이러한 정신장애의 증상을 완화하는 의료적 조치로서 호르몬 요법, 외부성기성형수술 등의 의료적 개입이 고려된다. 결국 성전환자가 된다는 것은 의료기술을 필수적으로 동반하는 과정이다. 성전환자, 엄밀히 말해 '트랜스섹슈얼'의 존재 자체가 의료기술의 발전으로 가능해진 것이라 할 수 있다. 그 결과 성전환자의 성별정체성을 법적으로 인정하는 신분증서상 성별변경의 허가절차는 성전환자에 대한 의학적 관점에 전적으로 의존하고 있다. 이로 인해 대부분의 국가에서 성별변경 허가의 요건은 의료적 조치와 관련된 요건들을 필수적으로 포함하고 있으며 이러한 요건들이 이를 판단함에 있어 큰 비중을 차지하고 있다. 우리나라에서도 성전환자의 성별정정을 허가하기 위한 조건으로 정신과 진단, 생식능력 제거, 외부성기성형수술이라는 세가지 조건을 허가의 판단기준으로 제시하고 있다.[13][14] 따라서 성전환

12) 반음양의 경우에는 한쪽의 성에 보다 가깝게 하기 위하여 치료가 이루어지게 되고, 수술로써 출생 시에 확인된 성과 다른 성이 선택된 경우에는 성의 전환이 문제될 수 있지만, 통상적으로 성염색체와 성기 등을 종합적으로 고려하여 수술이 이루어지기 때문에 성전환의 문제가 발생할 여지는 거의 없다고 할 수 있다. 따라서 반음양의 경우에는 성의 전환이 아닌 성의 확인이 문제될 수 있다. 이에 관해서는 이로문, "성전환과 성전환자의 민법적 고찰", 『한양대법학논총』, 2007, 267쪽 이하 ; 홍춘희, "성전환과 호적정정", 『판례월보』, 1997. 5, 164쪽 ; 최정학, "성전환의 법적 문제점", 『민주법학』, 1998, 213쪽 참조

13) '가족관계등록예규' 제256호(2007.12.10.), 제239호(2009.1.20.), 제346호(2011.12.5.) 제6조 제3호, 제4호에서 규정하고 있다.

14) 그러나 서울서부지방법원은 2013년 3월 15일 외부성기성형수술만을 제외한 호르몬요법, 생식능력제거 등 모든 의료적 조치를 마친 5인의 성전환 남성이 신청한 가족관계등록부상 성별

자는 대부분의 경우 유전적으로 결정된 생물학적인 성과 다른 성에 대한 성정체성을 가지고 성전환수술을 받고 다른 성별로 인정되는 것으로 파악된다.

2. 성전환자의 법적 지위에 대한 국내 논의 동향

우리나라에서는 성전환자의 법적 지위에 관해서는 1980년대 들어서부터 논란이 되기 시작하였다. 이전에는 성전환자의 존재 자체가 없었기 때문에 성전환자의 법적 지위를 확인시키는 법규범이 존재하지 않았지만, 1980년대 들어서면서 성전환자가 나타나고 이들의 법적 지위를 확인하기 위한 개별 사건이 나타나면서, 이들 개별사건을 다루는 법원에서 처음으로 논란이 되었다. 이들 개별사건의 대부분은 호적상 성별 란에 기재된 성의 정정을 구하는 사건에서 문제되었는데, 이에 대한 하급심의 판결은 어떤 경우에서는 성의 정정을 허가한 반면[15] 어떤 경우에서는 이를 불허하는 등[16] 일관되지 못하게 나타났다.

1990년대에 들어서부터는 대법원이 구체적인 사건의 경우 성전환을 법적으로 인정할 것인가에 대해 관심을 갖게 되었고, 1996년 성전환자에 대한 강간사건에서 처음으로 입장을 밝히게 되었는데, 성전환증을 가진 남성이 성전환수

정정을 허가하였다. 이 결정에서 법원은 외부성기성형수술이 의료적으로 필수적인 과정이 아닐 뿐 아니라 위험성과 한계를 지니고 있으며, 수술비용이 고액임으로 인해 경제적 부담을 초래한다는 점을 지적하고, 외부성기성형수술 단계 이전의 의료적 조치만으로도 신체외관상, 사회생활상 남성으로 인정할 수 있기에 외부성기성형수술을 반드시 요구할 것은 아니라고 보았다. 이 판결은 성전환을 위한 의료적 조치가 일률적으로 외부성기성형수술을 동반하지 않는다는 점과 외부성기 형성여부에 따라 사회적·법적 성별을 판단할 것은 아니라는 점을 밝혔다는 의미가 있다. 이에 대해서는 서울서부지방법원 2013.3.15. 2012호파4221 ; 서울서부지방법원 2013.3.15. 2012호파4222 ; 서울서부지방법원 2013.3.15. 2012호파4223 ; 서울서부지방법원 2013.3.15. 2012호파4224 ; 서울서부지방법원 2013.3.15. 2012호파4225 참조

15) 청주지방법원 1989. 7. 5 89호파299 결정 ; 대전지방법원 천안지원 1990. 4. 19. 90호파71 결정 ; 서울지방법원 의정부지원 1995. 2. 18. 94호파1057 결정 ; 부산지방법원 가정지원 2002. 7. 3. 2001호파997, 998결정 ; 광주지방법원 2004. 12. 15. 2003브20 결정 ; 대구지방법원 2005. 2. 17. 2004브3 결정 ; 청주지방법원 2006. 9. 6. 2006브13 결정

16) 서울지방법원 1987. 10. 12. 87호파3275 결정 ; 수원지방법원 1990. 8. 21. 90브10 결정 ; 서울지방법원 북부지원 1990. 6. 29. 90호파451 결정 ; 광주지방법원 1995. 10. 5. 95브10 결정 ; 대구지방법원 가정지원 2001. 4. 24. 2001호파653 결정

술을 받고 여성으로 성전환된 사람에 대한 강간사건에서 대법원은 여성으로서의 성전환을 인정하지 않았다. 대법원은 판결이유를 통해 다양한 요소를 고려해서 성을 결정해야 한다고 하고, 여기에는 성염색체의 구성을 기본적인 요소로 하는 생물학적인 성, 신체의 외관, 심리적 성, 정신적 성, 사회생활에서 수행하는 주관적, 개인적인 성역할 및 이에 대한 일반인의 태도 등이 포함된다고 논증하였다.[17] 그러나 당해 사건을 판단함에 있어서는 여성의 임신 및 출산이라는 자연적, 생물학적인 기능의 차원에 국한해서 판단하여 성전환여성을 사회통념상 여자라 볼 수 없다고 결론지었다.[18]

이러한 대법원의 판단은 성전환자의 성별을 판단함에 있어서 성염색체의 구조와 같은 생물학적 요소의 중요성을 강조한 것으로 사회적 현실과 거리가 먼 것으로 많은 논란과 비판을 불러왔지만, 2002년 인천 지방법원이 성전환 수술에 의해 여성이 된 유명 트랜스젠더 여가수에 대해 호적상의 성별정정 허가결정[19]을 내리게 되어 성전환자의 법적 지위에 대한 인식의 전환을 바꾸게 되었고, 2002년 부산지방법원 가정지원 판결에서 "성전환수술이 합리적인 기준에 따라 정당하게 시행된 경우에는 법률상의 성별정정도 특별한 사정이 없는 한 이에 따라야 한다. 명문의 규정이 없다는 이유로 국가기관은 그들의 대한 협력을 거부할 수 없다. 왜냐하면, 성 개념은 본래 법률상 고유개념이 아니라 성, 의학 및 생물학으로부터의 차용개념으로서 자연과학에서 엄밀하게 확인된 성은 법률에서 이를 받아들여야 하고, 성전환증 환자는 인간으로서의 가치와 존엄

---

17) 대법원 1996. 6. 11. 선고 96도781 판결

18) 당시 대법원 판례는 제반 사정을 종합적으로 고려하여 성전환자의 성을 판단해야 한다고 하면서 정작 자신은 성염색체의 구성에 집착하여 그 밖의 다른 기준을 판단척도로 삼는데 소홀히 하였다는 비판을 받았다. 이에 관해서는 정현미, "강간죄의 객체-성전환수술자의 강간죄의 객체", 『고시계』, 1997, 66쪽 ; 문유석, "성전환수술을 받은 자의 성별-대법원 1996. 6. 11 선고 96도791 판결", 『인권과 정의,』 2002. 7, 92쪽 참조

19) 2002년 12월 13일 인천지방법원은 성전환자 하리수가 제출한 호적정정 및 개명신청에 대해 호적 중 성별 란을 '남자'에서 '여자'로 정정하고 이름도 바꾸는 것을 허가하였다. 결정문에서 "남성에서 여성으로 성전환 수술을 한 뒤 실제 여성으로 살고 있는 성전환자의 인간적 존엄성과 가치, 행복추구권 등을 고려해 신청을 받아들이는 것이 타당하다"고 판단하였다. 이에 관해서는 박선영, "대법원의 성전환자 성별정정 허가결정에 부쳐", 『젠더리뷰』, 2006, 51쪽 : 동아일보, 한계레, 2002. 12. 13 기사 참조

을 향유하며 행복을 추구할 권리를 가진 존재이므로, 사회질서나 공공복리에 반하지 않는 한 자기결정권을 지닌 소수자로서, 헌법 이념에 따라 마땅히 보호받아야 하기 때문이다"라고 판단하여[20], 성전환자의 법적 지위에 대한 새로운 논증을 제공하였다.[21]

한편 2006년에 대법원은 처음으로 성전환자의 성별 정정을 인정하였는데, 이 판결에서 대법원은 성전환을 인정하기 위해 다음의 기준을 제시하였다. 출생 후의 성장에 따라 일관되게 출생 당시의 생물학적인 성에 대한 불일치감 및 위화감, 혐오감을 갖고 반대 성에 대한 귀속감을 느끼면서 반대 성으로서의 역할을 수행하며, 성기를 포함한 신체 외관 역시 반대의 성으로 형성되기를 강력히 원하며, 정신과학으로 성전환증의 진단을 받고 상당기간 정신적 치료나 호르몬 치료 등을 실시하여도 여전히 증세가 치유되지 않으며, 반대 성에 대한 정신적, 사회적 적응이 이루어짐에 따라 일반적인 의학적 기준에 의하여 성전환 수술을 받고 반대 성으로서의 외부 성기를 비롯한 신체를 갖추고, 나아가 전환된 신체에 따른 성을 가진 사람으로서 만족감을 느끼고 공고한 성정체성의 인식 아래 성관계 등 개인적인 영역 및 직업 등 사회적인 영역에서 전환된 성으로서의 역할을 수행함으로써 주위사람으로부터 그 성으로 인식되고 있으며, 전환된 성으로 인정되어도 신분관계에 중대한 변동을 초래하거나 사회에 부정적인 영향을 주지 않는 등의 사정을 종합적으로 고려하여, 전환된 성별을 인정할 수 있다고 판단하였다. 또한 대법원은 2011년 판결에서 성전환자의 성별정정을 허가함에 있어서, 성전환자가 현재 혼인 중에 있거나 혹은 미성년자를 둔 경우는 예외적으로 성전환을 인정할 수 없는 소극적 요소로 파악하여 이제 성전환자의 성별 정정은 보장되어 가고 있는 모습이다. 이러한 사법부의 판단은 성전환자의 인간으로서 존엄과 가치, 행복추구권, 가족공동체 형성의 자유를 확인

---

20) 2002. 7. 3. 2001호파997, 998 결정

21) 이 판결에 대해서는 "법률상 성별 정정을 위해서는 호적법의 개정이나 특별법 제정이 이상적이나 현행 법률의 헌법합치적 해석과 수술의 정당성 여부를 검증할 합리적 기준이 마련된다면 별도의 입법조치 없어도 성별정정 허가가 가능하다"고 하여, 법해석을 통한 법창조 기능 또는 사법 적극주의적 법해석이라는 평가와 헌법합치적 법해석이라는 평가가 논란이 되었다. 이에 관해서는 김민규, "2006년 대법원 결정을 계기로 본 성전환(증)자에 대한 법학과 의학의 협력 메커니즘", 『동아법학』, 2007, 207쪽 이하 참조

하는 의미를 가지는 것으로 평가될 수 있으며, 아울러 입법을 통한 제도적 장치가 마련되는 계기가 되었다.

III. 성전환자의 법적 지위에 대한 대법원 판례의 동향

성전환자의 법적 지위에 대한 사법부의 판단은 하급심법원의 경우를 제외하고 대법원의 경우 크게 두 가지 관점에서 논의를 전개할 수 있다. 첫째로 개정되기 전 형법상 강간죄의 객체로 규정되었던 '부녀'의 범위에 MTF 성전환자를 포함시킬 수 있는 가의 문제와, 둘째로 호적상 성전환자의 호적정정 허가에 있어서 이를 부정하는 소극적 조건에 관한 점이다. 강간죄 객체로서의 부녀의 범위에 성전환된 여성을 포함시킬 수 있는 지에 대하여 1996년 대법원 판결은 이를 부정하였지만, 2009년 대법원 판결에서는 성전환을 인정하는 엇갈리는 판단을 하였으며 이는 결과적으로 형법 개정을 통해 입법적으로 해결하게 되었다.[22] 성전환자의 호적정정과 관련해서는 2006년 처음으로 성전환자의 호적정정을 허가한 이후 2011년 판결을 통해 성전환을 인정할 수 없는 상황으로서 혼인 중에 있는 경우와 미성년자인 자가 있는 경우에는 이를 허용할 수 없다는 취지의 판단을 하였다. 2011년 대법원 판결은 성전환자의 인간으로서의 존엄과 가치, 행복추구권, 가족공동체 형성의 자유를 인정함에 있어서 법적 안정성과 자의 복리를 함께 고려하는 판단을 한 것으로 평가되며, 또한 조속히 성별변경을 인정하는 입법이 필요하다는 인식을 불러일으켰다.

22) 종래의 형법 제297조는 '폭행 또는 협박으로 부녀를 강간한 자는 3년 이상의 유기징역에 처한다.'라고 규정하여 강간죄의 객체를 부녀에 국한하고 있었다. 그래서 강간죄의 객체에 성전환자가 포함되는지가 문제되었으나 2012년 12월 18일 개정된 현행 형법은 제297조를 '폭행 또는 협박으로 사람을 강간한 자는 3년 이상의 유기징역에 처한다.'라고 규정하여 입법적으로 해결하였다.

1. 강간죄의 객체로서의 여성으로 성전환된 자에 대한 사법부의 판단

1996년 대법원은 형법 제297조에서 말하는 부녀는 발생학적인 성인 성염색체의 구성을 기본적인 요소로 하여 성선, 외부성기를 비롯한 신체의 외관은 물론이고 심리적, 정신적인 성, 그리고 사회생활에서 수행하는 주관적, 개인적인 성역할(성전환의 경우에는 그 전후를 포함하여) 및 이에 대한 일반인의 평가나 태도 등 모든 요소를 종합적으로 고려하여 사회통념에 따라 결정해야 한다고 판단하였다. 이러한 기준과 조건 중에서 심리적, 정신적인 성에 관해서는 개인이 자신의 성에 대해 심리적, 정신적으로 느끼는 생각이나 감정, 기존 타고난 성에 대해 불일치감이나 불만족 내지 갈등을 느끼고 있는 지 여부와 그 정도 등을 의미하는 것이라 할 수 있다. 또한 사회생활에서 수행하는 주관적, 개인적인 성역할 및 이에 대한 일반인의 평가나 태도 등 이른바 사회적 요소는 전환된 성에 따라 사회적 역할을 수행함에 있어 다른 사람들의 인식과 평가가 기준이 된다고 하였고, 이러한 3가지 요소에 대한 판단은 규범적 평가를 통해서 인정되어야 한다고 판단하였다.

그러나 이 사안에서 대법원은 "피해자가 비록 어릴 때부터 정신적으로 여성에의 성귀속감을 느껴왔고 성전환 수술로 인하여 남성으로서의 내 · 외부 성기의 특징을 더 이상 보이지 않게 되었으며, 남성으로서의 성격도 대부분 상실하여 외견상 여성으로서의 체형을 갖추고 성격도 여성화되어 개인적으로 여성으로서의 생활을 영위해 가고 있다 할지라도, 기본적인 요소인 성염색체의 구성이나 본래의 내 · 외부 성기의 구조, 정상적인 남자로서 생활한 기간, 성전환 수술을 한 경위, 시기 및 수술 후에도 여성으로서의 생식능력은 없는 점, 그리고 이에 대한 사회 일반인의 평가와 태도 등 여러 요소를 종합적으로 고려하여 보면 위 피해자는 사회통념상 여자로 볼 수는 없다"고 판단하였다. 에에 대해서는 사법부 자신이 인간의 법적인 성을 결정하는 요소 및 기준으로 생물학적 요소, 정신적 및 심리적 요소 그리고 사회적 요소의 3가지를 통해서 판단해야 하고, 궁극적인 판단은 규범적 평가를 통해서 인정해야 한다고 하였지만, 실제로는 여성의 내부 성기인 난소와 자궁이 없기 때문에 임신과 출산이 불가능하자는 생물학적 요소를 가장 중요한 판단 기준으로 파악하여 다른 요소의 중요성과 가치를 인정하는 것에 소홀한 감이 있으며[23], 무엇보다도 당시의 시대적 상황에서 성전환자의 법적 지위를 인정할 만한 분위기가 조성되지 않았다고 판단한 것으로 평가할 수 있다.[24]

그러나 한편으로 생물학적인 성판단 요소인 성선이란 내부생식기인 고환이나 난소를 의미하고, 외부성기란 호르몬의 분비와 함께 음경 또는 질을 의미하는 것으로, 위 사건에서 피해자는 성전환 수술로 인하여 남성으로서의 내부·외부 성기의 특징이 없어지게 되었고 본래의 내부·외부 성기의 구조인 성선은 변하지 않았지만, 사법부는 성선 즉 외부 성기가 아닌 내부 성기만을 기준으로 판단하였다. 또한 사법부는 피해자가 난소와 자궁이 없기 때문에 임신과 출산이 불가능하다는 기능적 관점을 통해서 여성의 성을 부정하였는데 사안에서처럼 강간죄의 객체로서의 여성을 인정함에 있어서 사법부의 판단에 따르게 되면 불임여성 역시 강간죄의 객체가 될 수 없다는 논리적 모순이 나타나게 된다.[25]

그러나 2009년 대법원 판결에서는 성에 대한 결정을 함에 있어 생물학적 요소와 정신적, 사회적 요소를 종합하여 고려한다는 1996년 판례의 기준을 따르면서도, 다만 일정한 요건을 구비한 때에는 사회통념상 전환된 성을 갖추고 있다고 인정될 수 있는 경우가 있음을 인정하고, 이 경우 성전환자는 법률적으로도 타고난 성과는 달리 전환된 성을 가진 자로 인정될 수 있다고 보았다. 보다 구체적으로 일정한 요건이란 "생물학적 성에 대한 불일치감을 갖고 반대의 성에 대한 귀속감을 느끼며 반대의 성으로서 역할을 할 것, 신체의 외관을 반대

---

23) 김재윤, "생명공학과 의료기술의 발전에 따른 형사법적 쟁점과 과제", 『전남대법학논총』, 2011, 46쪽 이하 : 박찬걸. "강간피해자로서 성전환자의 인정 여부에 대한 검토", 『피해자학연구』, 2010, 92쪽 이하 : 변종필, "성전환자의 강간죄 행위객체성", 『비교법연구』, 2009, 14쪽 이하 참조

24) 특히 사회통념에 따라 규범적으로 평가해야 한다고 하면서, 사회 변화에 따라 변화하는 성 판단의 가능성을 인정하지 않고 출생 시에 결정되는 생물학적인 성판단의 기준에 따라 판단하는 것은 자기모순이라는 비판이 제기될 수 있다. 이에 관해서는 문유석, "성전환수술을 받은 자의 성별 -대법원 1996. 6. 11 선고 96도791 판결", 『인권과 정의』, 2002. 7, 92쪽 이하 참조

25) 이에 관해서 정현미, "성전환수술자의 강간죄 객체 여부", 『형사판례연구』 제6권, 1999, 175쪽 : 박찬걸. "강간피해자로서 성전환자의 인정 여부에 대한 검토", 『피해자학연구』, 2010, 95쪽 이하 참조

의 성으로 형성하기를 원하여 성전환수술을 받고 반대 성의 신체 외관을 갖출 것 임, 전환된 성에 대한 만족감을 느끼고 그에 대한 성정체성을 인식할 것, 개인적 영역과 사회적 영역에서 모두 전환된 성의 역할을 수행하고 주변 사람들로부터 전환된 성으로 인식될 수 있을 것, 전환된 성에 따르더라도 타인과의 신분관계에 중대한 변동을 주거나 기타 부정적인 영향을 주지 않는 등 사회적으로 허용될 수 있을 것" 등을 제시하였다.[26]

종전 1996년 성전환자 강간죄 판결이 결과적으로 생물학적 기준에 따라 성을 판단하였지만, 2009년 판결에서는 사회학적 요소 내지 규범적 요소에 중점을 두고 판단한 것으로서, 염색체 구성에 따라 기계적으로 판단할 것이 아니라 사회적 및 규범적 요소를 고려하여 판단한 것으로 평가된다.[27] 이에 반해 두 사건의 사실관계가 다르기 때문에 다른 결과가 나왔을 뿐[28] 성전환자에 대한 규범적 판단기준이 변화지 않았다는 것과 그 밖에 죄형법정주의 하에 형사법상 개념 해석에 있어서는 가장 엄격한 기준이 적용되어야 하므로 강간죄 피해자로서 부녀의 범위에 성전환자를 포함시키는 것은 유추해석금지의 원칙에 반하며, 성판단에 대한 사회적인 통념이라는 요소의 평가 기준이 명확하지 않다는 비판, 성전환자에 대한 강간사건은 강제추행죄로 처벌하여도 양형 실무상 차이가 없어서 형사정책적인 실익이 없으므로 무리하게 성전환자를 판단할 필요가 없다는 비판 등이 제기 되었다.[29]

그러나 무엇보다도 2009년 판결은 사회적으로 폭넓게 요구되는 젠더 의미를

---

26) 대법원 2009. 9. 10 선고 2009도3580 판결

27) 김종구, "형법이론과 대법원 판례에서 본 규범주의에 대한 고찰", 『법학연구』 2011, 223쪽 이하

28) 1996년 사건 피해자는 성전환수술을 한 지 3년 정도 지난 상태로 거리에서 성매매 호객행위를 하는 중에 피해를 당했지만, 2009년 사건 피해자는 성전환수술을 한 지 30년 정도 지난 상태로 10년 이상 다른 남자와 동거 중에 피해를 당한 경우로, 여성으로서 살면서 주변 사람들과 오랜 기간 동안 친분관계를 유지해 왔고 동거생활에서 만족스러운 성생활을 유지하였다. 이와 같이 두 사건의 경우 각 성전환자들의 성전환수술의 경위와 시기, 전환된 성역할의 기간, 성역할을 수행하는 측면 등에서 차이가 있다는 주장에 대해서는, 박찬걸. "강간피해자로서 성전환자의 인정 여부에 대한 검토", 『피해자학연구』, 2010, 96쪽 이하 : 변종필, "성전환자의 강간죄 행위객체성", 『비교법연구』, 2009, 22쪽 이하 : 조현욱, "성전환자(MTF형)의 강간죄 객체성 해당여부 -대법원 2009. 9. 10. 선고, 2009도3580 판결-", 『일감법학』, 2011, 635쪽 이하 참조

29) 이승현. "성전환자의 법적 지위에 관한 국내 논의 동향 및 제언", 『법과사회』, 2013, 260쪽 참조

수용하는 판결로서의 의의가 크다고 평가할 수 있다. 생물학적인 성 고정관념에 사로 잡혀 남녀 이분법적으로 성을 판단하는 사고로부터 벗어나 젠더라는 성의 개념으로서 젠더 정체성을 인정하였다는 점에서 긍정적으로 평가된다.[30] 또한 이 판결은 성전환자의 호적정정을 허가하는 2006년 대법원 판결과 더불어 성전환자에 대한 민법 및 형사법적 지위를 분명하게 자리매김해 줌으로서, 그동안 법적으로 보호받지 못하고 우리사회의 그늘 속에서 살아왔던 성전환자들을 법제도적 보호망 속으로 들어오게 만들었으며, 특히 형법에서 강간죄 객체를 종전에 "부녀"에서 "사람"으로 개정하게 만드는 계기가 된 것으로 평가된다.

2. 호적정정 대상으로서의 성전환자에 대한 사법부의 판단

2006년 대법원은 생물학적으로 여성으로 출생하였으나 남성으로 성전환수술을 받고 남성으로서 오랜 기간 생활하여 온 신청인에게 호적상 성별 기재의 정정을 허가하였다.[31] 이 사건은 두 가지 쟁점으로 살펴볼 수 있는데, 하나는 성전환자는 법률적으로도 전환된 성으로 평가받을 수 있는가와, 다른 하나는 당시 호적법에 호적상의 성별 란의 기재를 위와 같이 전환된 성에 따라 수정하기 위한 절차 규정이 따로 마련되어 있지 않은데, 호적법 제 120조의 절차에 따라 호적의 성별 란 기재의 성을 전환된 성에 부합하도록 수정할 수 있도록 허용할 것인가와 관련한 것이었다.[32] 전자를 판단함에 있어서 대법원은, 성의 결정에 있어 생물학적 요소와 정신적, 사회적 요소를 종합적으로 고려하여야 한다고 하면서 전환된 신체에 따른 성을 가진 사람으로서 만족감을 느끼고 공고한 성정체성의 인식 아래 사회적인 영역에서 모두 전환된 성으로서의 역 할을 수행함으로써 주위 사람들로부터도 그 성으로서 인식되고 있으며, 전환된 성

30) 같은 취지로는 박혜진, "법여성주의에서 바라본 성에 대한 법인식의 문제", 『형사정책』, 2010, 248쪽 참조

31) 대법원 2006. 6. 22.자 2004스42 전원합의체 결정

32) 최성경, "성전환자의 성별정정 허가기준과 그 입법적 제안 -대상결정: 대법원 2011. 9. 2. 2009스117 전원합의체 결정-", 『가족법연구』 제27권 제1호, 2013, 373쪽 이하

을 인정하더라도 다른 사람들과의 신분관계에 중대한 변동을 초래하거나 사회에 부정적인 영향을 주지 아니하여 사회적으로 허용된다고 볼 수 있다면, 성전환자는 전환된 성이 법률적으로도 그 성전환자의 성이라고 평가받을 수 있다고 판단하였다. 후자에 대해서는 진정한 신분관계가 호적에 기재되어야 한다는 호적의 기본원칙, 성전환자의 인간으로서의 존엄과 가치, 행복추구권 등을 보장하기 위하여, 호적정정에 관한 호적법 제120조의 절차에 따라 호적의 성별란 기재의 성을 전환된 성에 부합하도록 수정하는 것이 허용되어야 한다고 판단하였다.[33] 한편 대법원은 이 결정을 통해서 성별 정정의 대상이 되는 성전환자에 대한 새로운 새로운 기준을 제시하였고, 그 범위를 구체화시키는 등 성전환자의 성별 판단의 기준을 명시적으로 마련하였다.[34]

이 결정은 법적 성별의 판단기준 혹은 성전환자의 성별 변경에 대해 규정한 법률이 없음에도 불구하고, 호접법 제120조의 입법취지가 진정한 신분관계를 반영할 수 있도록 하는 것이라는 판단아래, 헌법상 기본권에 기하여 헌법합치적 해석을 시도함으로써[35] 사법적극주의[36]를 통한 인권보장을 실현시켰으며, 무엇보다도 성적소수자인 성전환자의 기본권을 크게 신장시킨 것으로 평가할

---

33) 다수의견에 대하여, 다수의견은 정당한 유추해석의 한계를 벗어나는 것이라는 점, 성변경의 요건이나 절차 등에 관한 근거 법률이 전혀 없는 상태에서 단순히 호적정정절차를 통하여 성의 변경을 허용한다는 것은 신분관계를 공시하는 기능만이 부여된 호적제도 본래의 목적과 기능을 크게 벗어나는 것이므로, 오히려 호적법 제120조의 호적정정의 방법으로는 이 문제를 해결할 수 없다는 점을 선언하고, 국민의 대의기관인 국회가 사회적 여론을 수렴하여 구체적인 요건과 절차, 효과 등을 담은 입법조치를 하기를 강력히 촉구하는 것이 성전환증에 관한 문제의 해결이나 그와 같은 문제로 고통 받는 당사자들의 구제를 위하여 적절하고 효과적이라는 것이라는 반대의견이 있었다.

34) 대법원 판결 이후 약 2개월이 지나서 2006년 9월 6일 대법원은 호적예규 제716호 '성전환자의 성별정정허가신청사건 등 사무처리지침'을 제정하였다.

35) 이에 대해서는 김도균, "우리 대법원 법해석론의 전환; 로널드 드워킨의 눈으로 읽기 -법의 통일성을 위하여-", 『법철학연구』 제13권 제1호, 2010, 95쪽 이하 참조 : 이승현. "성전환자의 법적 지위에 관한 국내 논의 동향 및 제언", 『법과사회』, 2013, 248쪽 참조

36) 그러나 호적법상의 적용규정 불비에 대하여 합헌적 해석이 아니라 유추라고 보아야 한다고 하면서, 유추가 본 사안에서 과연 정당화될 수 있는가를 살펴야 한다는 견해는 윤진수, "성전환자의 인권 보호에 있어서 법원의 역할 –한국과 독일 · 영국의 비교-", 『서울대 법학』, 2011, 299쪽 이하

수 있다.[37]

한편 2011년 대법원은 성전환자가 혼인 중에 있거나 미성년자인 자녀가 있는 경우에는, 가족관계등록부에 기재된 성별을 정정하여 배우자나 미성년자인 자녀의 법적 지위와 그에 대한 사회적 인식에 곤란을 초래하는 것까지 허용할 수는 없으므로, 현재 혼인 중에 있거나 미성년자 인 자녀를 둔 성전환자의 성별 정정은 허용되지 않는다고 결정하였다.[38] 대법원은 판결이유에서, 현행 민법규정을 근거로 친권자의 성을 법률적으로 평가함에 있어서도 미성년자인 자녀의 복리를 우선적으로 고려해야 하며, 부 또는 모의 성별이 바뀌는 상황은 미성년자인 자녀에게 정신적 혼란과 충격을 줄 수 있고, 친권자로서 또는 사회 구성원으로서의 기본적인 책무를 도외시하는 것이라고 판단하였다. 위와 같은 다수의견에 대하여 미성년자인 자녀가 있다는 사정은 법원이 구체적 사안에 따라 성별 정정의 허가 여부를 결정하면 충분하고, 미성년자인 자녀가 있다는 사정을 성별 정정의 독자적인 소극적 요건으로 설정해서는 안된다는 반대의견이 있었으며, 그 밖에 윤리적 또는 종교적 신념 등에 의한 사회적 통념 또는 인식 때문에 성전환자의 성별 정정이 가지는 법적 의미가 퇴색될 수 있으며, 성전환자의 인간으로서의 존엄성이나 행복추구권의 본질적 부분이 침해되는 결과가 초래된다는 다른 반대의견이 있었다.

성전환자의 호적상 성별 정정을 허가하는 2006년 대법원 판결과 2011년 판결은 성전환자에 대한 법적 지위를 인정한다는 점에서 공통점을 가진다. 이러한 법적 지위를 변경하기 위한 조건으로서 성전환자의 요건과 내용은 생물학적 요소 뿐 아니라 성귀속감, 성역할 등의 정신적, 사회적 요소들 모두 고려해서 규범적으로 판단해야 한다. 구체적으로는 의학적으로 성전환증 진단을 받고 상당기간 정신과 치료나 호르몬 치료 등을 받고도 위 증세가 치유되지 않고, 반대 성에 대한 정신적, 사회적 적응이 이루어졌고, 일반적인 의학적 기준에 의하여 성전환수술을 받아 외부 성기를 비롯한 신체적 성징이 변경되었으

37) 그러나 국가인권위원회는 대법원이 제시한 기준 중에서 성전환자로 하여금 외과수술을 통해 전환하려는 성으로서의 외관을 갖추도록 하는 것은 인권침해의 소지가 있다는 지적과 개선을 위한 권고를 하였다.

38) 대법원 2011. 9. 2.자 2009스117 전원합의체 결정

며, 전환된 성을 가진 사람으로서 만족감을 느끼고 공고한 성정체성의 인식 아래 그 성에 맞춘 의복이나 두발 등의 외관을 하고 성관계 등 개인적 영역 및 직업 등 사회적 영역에서 모두 전환된 성역할을 수행하고, 주위 사람들로부터 그 성으로 인식되는 정도에 이르러 사회통념으로 볼 때 전환된 성을 갖추고 있다고 인정되고, 다른 사람들과의 신분관계에 중대한 변동을 초래하지 않는 등 사회 규범적으로도 허용될 수 있는 경우이어야 한다고 평가된다. 다만 2011년 판결에서는 성전환자의 성별 정정을 인정할 수 없는 경우로 혼인 중에 있는 경우와 미성년자인 자가 있는 경우를 들었는데, 혼인 중에 있는 성전환자의 성별 정정을 허용할 경우 법이 허용하지 않는 동성혼을 인정하게 될 수 있으며, 이는 상대방 배우자의 신분관계 등 법적, 사회적 지위에 혼란을 가져올 수 있기 때문이며, 미성년자인 자가 있는 경우에는 성숙되지 못하고 감수성이 예민한 미성년자의 복리을 위한 제한으로 평가된다.

3. 외부성기 성형수술을 하지 않은 성전환자에 대한 사법부의 판단

서울서부지방법원은 2013년 3월 15일 남성의 외관과 확고한 정체성을 가지고 남성으로 사회생활을 하고 있으며, 외부성기성형 수술만을 제외한 호르몬요법, 생식능력제거 등 모든 의료적 조치를 마친 5인의 FTM(Femail-to-Male)성전환자가 신청한 사건에서 가족관계등록부 성별란의 '여'를 '남'으로 정정할 것을 결정하였다.[39] 이 결정에서 법원은 비록 대법원 판례와 예규가 반대의 성에 부합하는 외부성기 요건을 정하고 있다 하더라도, 외부성기성형수술이 의료적으로 필수적인 과정이 아닐 뿐 아니라 위험성과 한계를 지니고 있으며, 수술비용이 고액임으로 인해 경제적 부담을 초래한다는 점을 지적하고, 외부성기성형수술 이전단계의 의료적 조치만으로도 신체외관상, 사회생활상 남성으로 인정할 수 있기에 외부성기 형성을 반드시 요구할 것은 아니므로, 외부성기성형시술을 요구하는 것은 성전환자의 인간으로서의 존엄과 가치, 행복추구권 및 능력을 최고도로 발휘할 권리를 침해하며, 그리고 신체를 훼손당하지 않

39) 서울서부지방법원 2013.3.15. 2012호파4221

을 권리와 자기결정권을 침해한다고 판단하였다. 이 판결은 성전환을 위한 의료적 조치가 일률적으로 외부성기 성형수술을 동반하지 않는다는 점과 외부성기 형성여부에 따라 사회적·법적 성별을 판단할 것은 아니라는 점을 밝혔다는 의미가 있다. 지금까지 성전환자의 법적 성별정정을 허가하는 요건으로 의료시술 요건을 규정해온 것은 성전환자에 대한 접근에 있어 의학적 관점의 접근에 전적으로 의존한 결과라 할 수 있다. 이제는 더 이상 개인의 신체적 완전성을 침해하는 외과적 시술을 요구하는 진단과 치료의 규범적 모델에서 벗어나 새로운 규범적 모델로의 변화가 필요하다. 새로운 규범적 모델에서는 성전환자를 정신장애인으로 규정하는 관점에서 벗어나 성전환자의 자기인식과 자기결정을 존중하는 관점에서 성전환자의 인권을 보장하는 규범적 모델이 되어야 한다. 따라서 개인의 인격요소인 성별정체성의 발현과 이에 따라 살아가고자 하는 자기결정에 대한 존중을 인정함으로서, 성전환자의 성별변경의 기준으로 의료적 시술을 일률적으로 강요할 수 없다고 평가된다.[40]

IV. 성전환자의 법적 지위에 대한 외국의 입법례

성전환자의 법적 지위에 관해 세계 각국의 법제도는 성전환자의 존재를 입법적으로 마련해놓고 있지 않는 나라에서부터 성전환수술 등을 사회보험에서 지원하고 성별 변경을 인정하여 성전환 후 합법적인 혼인을 인정하는 나라에 이르기까지 다양한 형태를 보이고 있다. 연혁적으로 1972년 스웨덴이 '성별의 확정에 관한 법률'을 제정하여 성전환자를 법적으로 인정한 이후[41] 유럽의 많은 국가들은 성전환자들에게 성별의 변경과 혼인을 인정하고 있으며, 최근에

40) 같은 취지로 홍성필, 이승현, "성전환자의 법적 성별 변경 허용시 의료조치 강제에 대한 국제법적 평가", 『국제법학회논총』 제58권 제2호, 2013, 153쪽 이하 참조

41) 이 법에서는 성전환을 신청할 수 있는 조건으로 성정체증, 18세 이상의 연령, 생식불능 등을 규정하였고, 무엇보다도 우선 성전환 허가 후에 성전환수술을 하도록 하는 특징을 가지고 있다. 이에 관해서는 김민규, "성주체성 장애자의 호적정정에 대한 각국의 법적 대응", 『비교법학연구』, 2002, 26쪽 이하 참조

는 성전환수술을 성전환을 인정하는 조건에서 제외하는 경향을 보이고 있다. 한편 성전환을 인정하는 방식에 있어서도 입법에 의한 경우 이외에 법원의 결정이나 행정절차에 의한 방식 등 다양한 형태를 보이고 있다. 법률에 의한 경우로는 스웨덴, 독일, 이탈리아, 네덜란드, 터키, 뉴질랜드, 오스트리아, 핀란드, 남아프리카공화국, 영국, 일본, 스페인, 우루과이, 포르투갈, 아르헨티나, 캐나다, 오스트레일리아, 미국 등을 들 수 있고, 행정절차에 의한 경우로는 스위스, 덴마크, 노르웨이, 중국, 싱가폴, 카자흐스탄 등이, 법원의 결정에 의한 경우로는 프랑스, 룩셈부르크, 폴란드, 벨기에, 이스라엘, 인도네시아, 네팔, 아르헨티나, 말레이시아, 파키스탄, 대한민국 등이 있다.[42]

1) 독일의 판례와 입법

독일에서는 처음으로 1978년에 독일 연방헌법재판소가 성전환수술을 마친 성전환자의 성별 변경을 법적으로 인정하였고[43], 이 판결의 취지를 반영하여 1980년 성전환법(Gesetz über die Änderung der Vornamen und die Feststellung der Geschlechtszugehörigkeit in besonderen Fällen, Transsexuellengesetz, TSG)이 제정되었다. 성전환법에 따라 성전환자는 당사자가 신청할 경우 성별 재전환이 가능하고 신청인의 동의 없이 변경 이전의 이름을 제시하거나 조사하는 것을 금지하고 있다. 동법은 남성과 여성의 이름이 구분되어 있는 사회환경을 고려하여, 이름을 변경하는 경우와 법적인 성별을 변경하는 경우를 구분하여 규정하였다.[44] 성정체성에 맞는 이름으로 변경하기 위한 요건으로 성전환적 증상으

42) 이에 관해서는 홍성필, 이승현, "성전환자의 법적 성별 변경 허용시 의료조치 강제에 대한 국제법적 평가", 『국제법학회논총』 제58권 제2호, 2013, 144쪽 참조

43) 연방헌법재판소는 인간의 존엄과 인격의 자유로운 발현에 대한 기본권에 비추어 성전환수술이 의학적으로 적합했다면, 성전환자의 성별을 변경하는 것이 양속규범에 반하는 것이 아니라고 판단하였다. Vgl. BVerfGE 49, 286(1978.10.11.) 홍성필, 이승현, "성전환자의 법적 성별 변경 허용시 의료조치 강제에 대한 국제법적 평가", 『국제법학회논총』 제58권 제2호, 2013, 145쪽 이하 : 윤진수, "성전환자의 인권 보호에 있어서 법원의 역할 –한국과 독일 · 영국의 비교-", 『서울대 법학』, 2011, 304쪽 이하 참조

44) 이준일, "트랜스젠더의 헌법적 문제", 『고려법학』, 2008, 50쪽 이하 : 홍성필, 이승현, "성전환자의 법적 성별 변경 허용 시 의료조치 강제에 대한 국제법적 평가", 『국제법학회논총』 제58권 제2호, 2013, 144쪽 이하 참조

로 인하여 출생 당시의 성별과 반대의 성별에 대한 귀속감을 느끼고, 그런 자신의 생각에 따라 살아야 한다는 강박감으로 3년 이상 지속되어야 하며, 출생 당시의 성별과 반대의 성별에 대한 귀속감이 바뀌지 않을 것이라는 고도의 개연성이 인정되어야 한다. 또한 법적으로 성별을 변경하기 위해서는 위의 제시된 조건 외에 추가적인 요건이 필요한데, 구체적으로 혼인을 한 상태에 있지 않아야 할 것, 계속적으로 생식능력이 없을 것, 외부적 성징을 바꾸는 수술을 통해 반대 성별의 외관이 있어야 한다고 규정하였다.[45]

한편 독일에서는 성전환자의 법적인 지위는 적극적인 성전환수술과 소극적으로 혼인관계가 없어야 할 것을 조건으로 인정되기 때문에, 성전환자는 성전환수술을 받아야만 하는 건강상의 위험을 감수해야 하거나 법적으로 혼인관계를 이루지 못하는 문제점이 제기되었고, 이러한 관점에서 연밥헌법재판소는 생식능력 결여요건을 규정한 성전환법 제8조 제1항 3호와 성적외관 변화를 규정한 제8조 제1항 4호에 대해 위헌결정을 내렸다.[46] 법원은 이러한 규정이 독일 기본법 제1조 제1항과 제2조 제1항에서 도출되는 성적 자기결정권을 침해한다고 판단하였고, 수술을 무조건적으로 요구하는 것은 신체적 침해를 유발하고 건강상 훼손을 감수하도록 요구하는 것으로, 인간 자신의 심리적 또는 신체적 완전성에 관련된 중대한 기본권을 침해받는다고 판단하였다.[47]

또한 독일에서는 '평등대우기본법(Allgemeine Gleichbehandlungsgesetz)'을 제정하여 성전환자에 대한 차별을 금지하였다. 이 법률에 따르면 성정체성은 인종, 출신민족, 성별, 종교 또는 세계관, 장애, 연령과 함께 명시적인 차별금지사유로 인정되며, 이에 따라 성정체성을 이유로 고용이나 직업, 사회복지, 교육, 재화나 용역의 제공에서 차별대우 하는 것이 금지된다. 독일의 경우 성전환자의 인격권이나 성적 자기결정권과 같은 자유권에 주목하여 먼저 이름이나 성

---

45) 독일의 성전환법에서의 의료적 요건 이외의 요건들은 이후 연방헌법재판소에 의해 상당 부분 위헌결정을 받게 된다. 25세 이상이어야 한다는 나이 요건, 이름을 변경한 후 혼인으로 인해 변경이 무효가 되는 규정, 혼인중이 아닐 것을 요구하는 규정이 각각 위헌결정을 받았다.

46) Vgl. BVerfGE 3295/07(2011.1.11.)

47) 홍성필, 이승현, "성전환자의 법적 성별 변경 허용 시 의료조치 강제에 대한 국제법적 평가", 『국제법학회논총』 제58권 제2호, 2013, 145쪽 이하 참조

별의 변경에 관한 법률을 제정하고, 이후 이들의 차별 문제를 평등권의 관점에서 해결하기 위하여 평등대우기본법을 제정한 것으로 평가된다.[48]

2) 영국의 판례와 입법

영국은 1970년 Corbett v. Corbett 판례 이후 법적 성별은 성염색체, 생식선, 성기와 같은 생물학적 요소로 결정된다고 하여 성전환수술을 받은 성전환자에 대한 성별변경을 부인하였다. 그러나 2003년 영국최고법원은 Bellinger v. Bellinger 결정[49]에서 여전히 성전환자의 성별 변경을 인정하지 않았으나, 유럽인권재판소의 결정[50]을 존중하여 이에 부합하도록 법률을 제정할 것을 권고하였고, 2004년 7월 1일 '성별승인법'(Gender Recognition Act, GRA)이 제정되었다. 이 법률에 따르면 법적으로 트랜스젠더로 인정을 받으면 성별인정서를 발급 받고 변경된 성별은 획득된 후천적 성별로 부르게 된다. 성별 인정을 받기 위해서는 성별불안증을 현재 가지고 있거나 과거에 가지고 있었고, 신청 이전에 2년 이상 획득된 성별로 살아왔으며, 죽을 때까지 획득된 성별로 살겠다는 의사가 있어야 한다. 그러나 법적으로 성별의 변경을 인정받기 위하여 반드시 성전환수술을 받을 필요가 없다는 점, 혼인한 자도 예외적으로 성별의 변경이 인정된다는 점, 성별의 변경에 관한 결정이 법원이 아닌 성별인정위원회에서 이루어진다는 점에서 상대적으로 완화된 요건이라 할 수 있다. 또한 독일과 마찬가지로 '성차별금지법'(Sex Discrimination Act, SDA)을 제정하여 성전환을 이유로 고용과 직업교육에서 성전환자를 불리하게 대우하는 직접차별을 금지하였

---

48) 이준일, "트랜스젠더의 헌법적 문제", 『고려법학』, 2008, 53쪽 이하 참조

49) 이 결정에서 성전환자의 법적 성별을 변경하는 것을 인정하지는 않았지만, 충분한 공적 논의를 거쳐 사법부의 판단이 아닌 의회의 법률 제정을 통해서 해결해야 한다는 의견을 제시하였다. 이에 대해서는 이준일, "트랜스젠더의 헌법적 문제", 『고려법학』, 2008, 55쪽 이하 참조

50) 2002년 유럽인권재판소는 성염색체가 성별결정에 있어 가장 결정적인 요소라고 판단되지 않으며, 국가가 성전환수술 후에도 원래의 성별을 고수하도록 한다면 사생활의 존중에 관한 권리를 침해하는 것이며, 성전환자에게 다른 성별을 가진 사람과의 혼인허가가 거부된다면 혼인의 자유에 대한 권리를 침해한다고 결정하였다. 홍성필, 이승현, "성전환자의 법적 성별 변경 허용 시 의료조치 강제에 대한 국제법적 평가", 『국제법학회논총』 제58권 제2호, 2013, 147쪽 참조

다.[51]

3) 미국의 판례와 입법

통일적인 연방 차원의 입법이 마련되어 있지 않은 미국에서는 성전환자의 개명, 혼인 기타 차별금지에 관해서 판례나 실무 등에서 각 주별로 상이한 규정과 절차로 이루어져 있다. 먼저 성전환자의 개명과 관련해서는 통상적인 사용을 통해서 가능한 주가 있는 반면에 법원의 개명하가를 얻어야만 가능한 경우가 있다. 한편 성별 변경과 관련해서는, 개인의 신상을 확인할 수 있는 서류나 기록, 예를 들면 출생증명서, 운전면허증, 여권, 사회보장등록증 등을 취급하는 기관이 다양하고 독립적이므로 성별 변경의 절차와 방식도 각각 독립적으로 운영되지만, 대부분의 주에서는 성별 변경은 법원의 결정을 통해서만 가능하도록 되어 있으며, 성전환수술을 받았다는 확인을 조건으로 이루어진다.

한편 미국은 1961년 일리노이 주에서 성전환자에 대해 출생증명서의 변경 또는 새로운 출생증명서의 발급을 허가하는 입법을 최초로 제정한 이래, 2013년 현재 16개 주와 워싱턴 D.C.가 성전환자에 대한 차별금지를 법률에 명시하고 있으며, 7개 주는 행정명령으로 이를 금지하고 있다. 연방정부 차원에서는 여권 혹은 이민관련 서류상 성전환자의 성별변경에 대해 자격 있는 의사의 진단서 제출을 요구하며 성전환수술이 전제조건으로 요구되지 않음을 명시하고 있다. 구체적으로는 성별전환을 위한 적절한 임상적 치료를 받았다는 자격 있는 의사 의 진단서를 제출하는 것으로 여권상 성별변경이 가능하다.[52]

또한 성전환자에 대한 차별과 관련하여 미국장애인법이나 재활법에서 차별금지사유로 규정된 장애나 민권법에서 차별금지사유로 규정된 성별에 성전환자가 포함되지 않기 때문에 성정체성을 이유로 하는 성전환자에 대한 차별을 금지하는 입법이 요청되어, 1975년 미니아폴리스시가 성정체성을 이유로 하는

---

51) 이준일, "트랜스젠더의 헌법적 문제", 『고려법학』, 2008, 56쪽 이하 참조

52) 이러한 정책은 미국의학협회에 의해 이 분야에서 권위 있는 기관으로 인정받고 있는 세계성전환자보건전문가협회의 기준과 권고를 따른 것임을 언급하고 있다. 이에 관해서는 오미영, "성전환자의 성별정정 허가에 관한 고찰", 『미국헌법연구』, 제24권 제3호, 2013, 156쪽 이하 참조

차별을 금지하는 입법을 한 이후 2001년 로드아일랜드주, 2003년 캘리포니아주, 2005년 워싱턴 D. C.와 일리노이주 등 2007년 현재 91개의 주, 시, 카운티 등이 관련 입법을 마련하였다.[53)]

4) 호주의 판례와 입법

호주에서는 1989년 남성에서 여성으로 성전환한 사람에 대한 강간사건에서 강간죄의 성립을 인정한 판결이 있었고, 2003년에는 여성에서 남성으로 성전환한 사람과 여성 사이의 혼인이 유효하다는 판결이 나오는 등 사법부의 판결을 통해서 성전환을 법적으로 인정하였다. 한편 1995년 뉴사우스웨일즈주를 시작으로 각주의 '출생 · 사망 · 혼인등록법'의 개정을 통해 입법을 통한 성전환의 법적 지위가 인정되었다. 서오스트레일리아주의 법규정에 의하면, 성별변경은 성별전환의 절차를 거친 사람으로 자신의 진정한 성별이 전환된 성별이라고 믿고, 전환하고자 하는 성별로서 생활양식을 채택하고, 성적 특징을 가지고 있으며, 자신의 성별정체성과 관련한 적절한 카운슬링을 받은 경우에 신청하여 인정될 수 있도록 하였다. 이 법률에 근거하여 2009년 성주체성장애의 정신과 진단을 받고, 호르몬 요법과 가슴제거수술을 거쳤지만 생식능력제거 수술 및 외부성기재건 수술을 하지 않은 두 명의 성전환남성이 성별변경을 신청한 사건에서 주행정법원은 이를 인정하였으나, 2심인 서오스트레일리아 최고법원은 청구를 기각하였고, 호주최고법원은 입법취지가 남성이나 여성으로 인식되는 성적 특징을 획득하기 위해 필요한 단계로서 수술을 상정하고 있지 않으므로 생식능력 제거를 거치지 않은 신청인의 성별변경을 허용하였다.[54)]

5) 기타 국가의 판례와 입법

일본에서는 성전환자를 성동일성 장애를 가진 성적 소수자로 보고 있으며, 성전환자의 성별 변경에 관하여는 비교적 엄격한 입장을 취하여, 간성의 경우

53) 이준일, "트랜스젠더의 헌법적 문제", 『고려법학』, 2008, 60쪽 이하 참조

54) 홍성필, 이승현, "성전환자의 법적 성별 변경 허용 시 의료조치 강제에 대한 국제법적 평가", 『국제법학회논총』 제58권 제2호, 2013, 148쪽 이하 참조

외과적 수술로 한 쪽의 성을 갖게 되면 성별 변경을 허용하는 경우가 있으나 그 외의 경우는 인정하지 않는 것이 주된 판례의 입장이었다. 2001년 도쿄고등법원결정에서도 입법에 유보해야 할 사항이라고 하여 호적상 성별정정 신청을 불허하였다. 그러나 2003년 '성동일성 장애자의 성별취급 특례에 관한 법률'을 제정하여 근래에는 성전환자들의 호적정정을 허용해 주고 있다. 성전환자가 호적정정을 신청하기 위해서는, 20세 이상이며, 현재 혼인하고 있지 않을 것, 현재 미성년자 자녀가 없을 것, 생식선이 없을 것 혹은 생식선의 기능이 영속적으로 결여된 상태에 있을 것, 그 신체가 다른 성별의 신체의 성기에 관한 부분에 근사한 외관을 갖추고 있을 것 등을 규정하고 있다.[55)]

그 밖에 아르헨티나에서는 2001년 가슴 및 외부성기 성형수술을 마친 성전환 남성에 대한 성명 및 출생증명서상 성별 변경을 허용하였으며, 2012년 '성별정체성법'을 제정하여 성전환자들로 하여금 수술이나 다른 의료적 조치 없이, 그리고 의사의 진단서나 판사의 허가 없이도 성별을 정정할 수 있도록 하였다. 그리고 2006년에 스페인에서는 성별 위화감의 진단, 2년 이상의 의료적 조치를 요구하면서, 생식능력 결여나 성전환수술은 요구하지 않는 법률이 제정되었으며, 2009년에 우루과이에서는 자신의 성별정체성과 신분증서상 성별의 불일치가 2년 이상 지속되고 있다는 사실을 공인된 여러 분야 전문가의 의견서로 입증하는 것을 조건으로 성별변경을 인정하는 법률이 제정되었고, 2011년에 포르투갈에서는 성주체성 장애 진단서 제출만으로 성별변경이 가능한 법률이 제정되었고, 2013년에 네덜란드에서는 기존의 불임 및 외과적 조치에 대한 요건을 삭제하는 법률이 제정되었다.[56)]

55) 오미영, "성전환자의 성별정정 허가에 관한 고찰", 『미국헌법연구』, 제24권 제3호, 2013, 160쪽 참조

56) 홍성필, 이승현, "성전환자의 법적 성별 변경 허용 시 의료조치 강제에 대한 국제법적 평가", 『국제법학회논총』 제58권 제2호, 2013, 15`쪽 이하 참조

V. 결론: 성전환을 인정하기 위한 법률 제정의 필요성과 방향

성전환자와 관련된 법적 문제는 성전환자의 성별 변경 문제 이외에도 개명, 혼인과 가족관계, 차별금지, 병역, 노동 등의 분야에서 직접 관련되며, 그 밖에 인간의 존엄과 가치, 행복추구권, 동성애, 동성혼, 친자권과 양육권 등 법학의 많은 분야에서 구체적인 법률문제가 제기된다. 먼저 혼인 및 가족관계에서 성전환자의 법적 문제를 살펴보면 우선 성전환자가 성별 변경을 인정받기 위한 조건으로 혼인관계가 없을 것과 자녀(특히 미성년자인 자녀)가 없을 것을 조건으로 인정하는 경우가 많으므로, 성전환자의 혼인과 가족관계에 관한 문제를 해결할 수 있는 법제정이 필요하다. 특히 새로운 가족관계를 형성하는 혼인에 있어서 아직까지 동성혼을 법적으로 인정하지 않기 때문에 나타날 수 있는 문제점, 그리고 사실혼에 일정한 법적 효과가 인정되므로[57] 성전환자의 사실혼에 대한 문제점, 그 밖에 가족관계에서 성전환자가 이혼을 하는 경우 친자관계의 문제, 혼인 외의 자에 대한 인지의 문제, 친권 문제 등이 나타날 수 있다. 형사법적으로는 강간죄의 객체 인정 여부는 입법적으로 해결하였지만, 각종 범죄행위의 주체 및 객체에서 특별한 젠더를 규정하고 있는 경우, 형사소송법상 여자를 강제수사하는 경우 특별 규정, 행형법에서 교도소에 남녀를 구분 수용하도록 하는 규정 등에서 문제가 될 수 있고, 그 밖에 성전환자의 병역의무, 근로관계에서의 남녀의 차별금지 및 여성근로자에 대한 특별보호 기타 사회보장과 의료복지 영역에서 성전환자에 대한 법제도의 정비가 필요하다.[58]

우리나라에서 성전환자의 법적 지위를 인정하기 위한 입법적 움직임은 2000년대 들어서부터 시작되었는데, 2001년 국회 송영길 의원의 국정감사 정책자료집 '성전환자의 인권과 호적 정정'에서, 성전환 실태, 성전환자의 현실, 성전환의 개념, 의학적으로 보는 성전환증, 성전환에 대한 각 국의 법적 태도, 성전환에 대한 우리나라의 법적 태도, 성별 정정의 판단 근거 검토, 성전환자의 인권,

---

57) 예를 들어 사실혼 관계의 부당 파기에 대한 손해배상, 귀속불명 재산의 공유추정, 협의이혼 시 재산분할 청구 등에서 사실혼 인정 여부가 문제될 수 있다.

58) 김태명, "성전환을 둘러싼 법적 문제점에 대한 검토", 『저스티스』, 2003, 40쪽 이하

성전환자에 대한 우리 사회의 인식 등을 검토하여, 성전환에 관한 다양한 문제점을 지적하고 이에 대한 해결방법을 제시하였다.[59] 그 이후 김홍신 의원과 송영길 의원에 의해 2002. 7. 10. '성전환자의 호적변경'에 관한 입법공청회가 열렸고, 2002. 11. 4. 김홍신 의원 대표 발의로 '성전환자의 성별 변경에 관한 특례법(안)'이 국회에 제출되었지만, 회기 만료에 따라 자동 폐기 되었다.[60] 또한 국가인권위원회에서도 대법원 예규의 요건에 대하여 인권침해 요소가 없도록 개정할 것과 성전환자에 대한 비밀누설금지 보항을 신설할 것을 권고하고, 입법부에 대해서도 성전환자의 성별 변경에 대한 요건 및 절차를 규정한 특별법을 권고하였다. 그 밖에 합리적인 이유 없이 성별, 연령, 인종, 피부색, 출신민족, 출신지역, 장애, 신체조건, 종교, 정치적 또는 종교적 의견, 혼인, 임신, 성적 지향, 성적 정체성, 사회적 신분 등을 이유로 특정 개인이나 집단을 차별하지 못하게 하기 위한 '차별금지법(안)'이 2007년 정부안과 2008년 국회안으로 발의되었지만, 국회임기 만료로 자동 폐기되었고, 2011년에도 재차 제안되었었지만 역시 폐기되었다.

현재는 2006년 대법원 판결에 따라 성전환자의 성별정정허가를 위한 실무상의 지침으로 만들어진 대법원 예규를 통해서 성전환자의 성별정정의 가능성만 인정되고 있지만, 이것만으로는 불충분하기 때문에 성전환자의 법적 지위를 인정하기 위한 법률 제정이 절실히 요구된다. 양성으로 구별되는 현행 법체계에서 성별의 문제는 매우 중요하고 법제도의 많은 부분에서 관련되므로 법률 수준의 근거 규범을 만들어야 한다. 또한 앞으로 제정될 성전환법에서는 단순히 성전환자의 성별 정정의 수준에 머무를 것이 아니라, 성전환자의 사생활

59) 이 자료집에서는, 성전환자에 대한 차별대우는 그들을 제대로 이해하지 못한 무지에서 비롯되었으며, 성전환자는 개인의 성적 취향과는 관계가 없으며, 자신의 해부학적인 성과 정신적인 성이 일치하지 않은 상황에서 성전환자는 큰 고통을 겪고 있으며, 그들의 인간적인 삶을 되찾아주기 위한 의학적 치료방법으로 성전환 수술이 불가피하며, 호적제도를 포함한 법제도는 인간의 행복을 추구함에 기여해야 하므로 성전환자의 인권을 보장하기 위하여 호적정정을 허가해야 할 것이며, 아울러 독일과 같이 이를 위한 특별법 제정이 필요하다고 강조하였다.

60) 이 법안에는 성전환자, 성전환수술의 정의(제2조), 성별 변경의 요건(제3조 제1항), 개명(제4조), 성별 변경의 효력(제6조), 등이 규정되어 있었다. 이에 대해서는 성전환자 인권실태조사 기획단, 『성전환자 인권실태조사』, 2006년 참조

보호, 성전환자의 성별 변경 후 가족 구성원과 상대방 보호, 치료 및 시술의 경우 성전환자의 의료복지, 성전환자의 자유로운 의사에 따른 선택 보장, 그리고 무엇보다도 법적으로 성전환을 인정받기 위한 현재의 엄격한 조건들을 완화시키는 방향에서 이루어져야 한다.

성전환증을 앓고 있는 사람들은 끊임없는 호르몬 주사와 정신적, 육체적 고통에 시달려야 하고, 성전환수술은 여러 차례로 나누어 고통스럽게 진행되는데, 남자에서 여성으로 성전환하는 경우에는 비교적 수술이 간단하지만 반대의 경우는 난소제거, 성기폐쇄, 성기재건의 절차를 아야 하는 고통스런 수술을 받아야하고 비용도 상당히 많이 든다. 그러나 무엇보다도 중요한 것은 그들이 성전환을 인정받지 못하는 사회적 현실에서 오는 참담함이라 할 수 있다. 법의 역할은 이처럼 고통스런 상황에 있는 성전환자의 존재를 인정하고 그들의 인간으로서의 권리를 보장함에 있다. 따라서 한시라도 빨리 성전환법을 제정하여 사회적 차별 없이 성전환자들의 인간적인 삶을 영위할 수 있도록 보장해야 할 것이다.

8. 위험한 물건의 휴대 : '소지' 혹은 '이용'

(대법원 1997. 5. 30. 선고 97도597 판결)

판시사항

[1] 폭력행위등처벌에관한법률 제3조 제1항의 '위험한 물건' 및 '휴대'의 의미

[2] 승용차가 위 [1]항의 '위험한 물건'에 해당한다고 본 사례

판결요지

[1] 폭력행위등처벌에관한법률 제3조 제1항에 있어서 '위험한 물건'이라 함은 흉기는 아니라고 하더라도 널리 사람의 생명, 신체에 해를 가하는 데 사용할 수 있는 일체의 물건을 포함한다고 풀이할 것이므로, 본래 살상용·파괴용으로 만들어진 것뿐만 아니라 다른 목적으로 만들어진 칼·가위·유리병·각종공구·자동차 등은 물론 화학약품 또는 사주된 동물 등도 그것이 사람의 생명·신체에 해를 가하는 데 사용되었다면 본조의 '위험한 물건'이라 할 것이며, 한편 이러한 물건을 '휴대하여'라는 말은 소지뿐만 아니라 널리 이용한다는 뜻도 포함하고 있다.

[2] 견인료납부를 요구하는 교통관리직원을 승용차 앞범퍼 부분으로 들이받아 폭행한 사안에서, 승용차가 폭력행위등처벌에관한법률 제3조 제1항소정의

'위험한 물건'에 해당한다고 본 사례.

참조조문

[1] 폭력행위등처벌에관한법률 제3조 제1항/ [2]폭력행위등처벌에관한법률 제3조 제1항

주 문

상고를 기각한다.

이 유

1. 피고인 및 국선변호인의 상고이유 제1점을 함께 판단한다.

원심 및 제1심판결의 명시 증거들을 기록에 비추어 검토하여 보면, 이 피고사건에 대하여 범죄의 증명이 있다고 한 원심판결에 상고이유로 주장하는 심리미진으로 인한 사실오인이나 방어권행사를 보장하지 아니한 위법이 있다고 할 수 없다.

2. 국선변호인의 상고이유 제2점을 판단한다.

폭력행위등처벌에관한법률 제3조 제1항에 있어서 '위험한 물건'이라 함은 흉기는 아니라고 하더라도 널리 사람의 생명, 신체에 해를 가하는 데 사용할 수 있는 일체의 물건을 포함한다고 풀이할 것이므로, 본래 살상용·파괴용으로 만들어진 것뿐만 아니라 다른 목적으로 만들어진 칼·가위·유리병·각종공구·자동차 등은 물론 화학약품 또는 사주된 동물 등도 그것이 사람의 생명·신체에 해를 가하는 데 사용되었다면 본조의 '위험한 물건'이라 할 것이며, 한편 이러한 물건을 '휴대하여'라는 말은 소지뿐만 아니라 널리 이용한다는 뜻도 포함하고

있다할 것인데(대법원 1984. 10. 23. 선고 84도2001, 84감도319 판결참조), 원심이 적법하게 확정한 바와 같이 피고인은 견인료납부를 요구하면서 피고인 운전의 광주 1라8700호 캐피탈 승용차의 앞을 가로막고 있는 교통관리직원인 피해자 이영수의 다리 부분을 위 승용차 앞범퍼 부분으로 들이받고 약 1m 정도 진행하여 동인을 땅바닥에 넘어뜨려 폭행하였다는 것이므로, 피고인의 이러한 행위는 위험한 물건인 자동차를 이용하여 위 이영수를 폭행하였다 할 것인즉, 같은 취지에서 피고인의 위 행위를 폭력행위등처벌에관한법률 제3조 제1항, 제2조 제1항, 형법 제260조 제1항을 적용한 원심의 조치에는 상고이유의 주장과 같은 '위험한 물건'에 관한 법리오해의 위법이 있다고 할 수 없다.

3. 그러므로 상고를 기각하기로 관여 법관들의 의견이 일치되어 주문과 같이 판결한다

(판결에 대한 평가)

법규상의 "휴대"라는 법문의 객관적 의미는 일상적으로 '소지'를 의미하지만, 우험한 물건을 단순 소지한다는 의미에 그치는 것이 아니라 위험한 물건을 이용하여 폭행한 경우, 피해자에게 더 큰 피해를 줄 수 있고, 이러한 행위를 가중처벌하고 또한 사전에 예방한다는 취지에서 규율의 목적을 인정할 수 있다는 객관적 해석의 전형적인 모습이라 할 수 있다. 입법자의 입법 취지나 입법의사를 중시하여 해석의 기준 및 목표로 하는 주관적 해석과 달리 객관적 해석은 법률의 내재된 규율 목적을 중시하여 해석의 기준으로 삼는다. 객관적 해석론은 법률이 제정되면, 그 법률은 입법자가 미처 생각하지 못했던 의미를 지닐 수 있을 뿐만 아니라, 더 나아가 이러한 입법자의 생각이 아니라 그것과 독립해서 확인된 법률에 내재된 객관적 의미가 법적으로 결정적이라고 주장한다.[1] 그러나 객관적 해석론은 언제나 법문의 의미를 넘어서서 법창조를 할 수 있다

---

1) Larenz, *Methodenlehre der Rechtswissenschaft*, 4. Aufl., 1979, S. 34ff.

는 위험이 내재한다는 약점을 가지고 있다. 왜냐하면 이 이론은 법률은 입법자보다 현명하다는 전제에 서 있기 때문이다. 이와 같이 객관적 해석론은 법률의 목적을 중시해서 해당 사례에 적용될 법문을 지나치게 확장해석할 수 있다.[2]

2) 김용현, "자동차를 이용한 폭행한 '위험한 물건의 휴대'", 『형사판례연구』, 제7권, 1999, 238면 이하 참조

9. 운전면허증은 오직 운전을 위한 라이센스인가?

(대법원 2001. 4. 19. 선고 2000도1985 전원합의체 판결)

판시사항

제3자로부터 신분확인을 위하여 신분증명서의 제시를 요구받고 다른 사람의 운전면허증을 제시한 경우, 공문서부정행사죄에 해당하는지 여부(적극)

판결요지

[다수의견] 운전면허증은 운전면허를 받은 사람이 운전면허시험에 합격하여 자동차의 운전이 허락된 사람임을 증명하는 공문서로서, 운전면허증에 표시된 사람이 운전면허시험에 합격한 사람이라는 '자격증명'과 이를 지니고 있으면서 내보이는 사람이 바로 그 사람이라는 '동일인증명'의 기능을 동시에 가지고 있다. 운전면허증의 앞면에는 운전면허를 받은 사람의 성명·주민등록번호·주소가 기재되고 사진이 첨부되며 뒷면에는 기재사항의 변경내용이 기재될 뿐만 아니라, 정기적으로 반드시 갱신교부되도록 하고 있어, 운전면허증은 운전면허를 받은 사람의 동일성 및 신분을 증명하기에 충분하고 그 기재 내용의 진실성도 담보되어 있다. 그럼에도 불구하고 운전면허증을 제시한 행위에 있어 동일인증명의 측면은 도외시하고, 그 사용목적이 자격증명으로만 한정되어 있다고 해석하는 것은 합리성이 없다. 인감증명법상 인감신고인 본인 확인, 공직선거및선거부정방지법상 선거인 본인 확인, 부동산등기법상 등기의무자 본인 확인

등 여러 법령에 의한 신분 확인절차에서도 운전면허증은 신분증명서의 하나로 인정되고 있다. 또한 주민등록법 자체도 주민등록증이 원칙적인 신분증명서이지만, 주민등록증을 제시하지 아니한 사람에 대하여 신원을 증명하는 증표나 기타 방법에 의하여 신분을 확인하도록 규정하는 등으로 다른 문서의 신분증명서로서의 기능을 예상하고 있다. 한편 우리 사회에서 운전면허증을 발급받을 수 있는 연령의 사람들 중 절반 이상이 운전면허증을 가지고 있고, 특히 경제활동에 종사하는 사람들의 경우에는 그 비율이 훨씬 더 이를 앞지르고 있으며, 금융기관과의 거래에 있어서도 운전면허증에 의한 실명확인이 인정되고 있는 등 현실적으로 운전면허증은 주민등록증과 대등한 신분증명서로 널리 사용되고 있다. 따라서, 제3자로부터 신분확인을 위하여 신분증명서의 제시를 요구받고 다른 사람의 운전면허증을 제시한 행위는 그 사용목적에 따른 행사로서 공문서부정행사죄에 해당한다고 보는 것이 옳다.

[반대의견] 공문서부정행사죄는 사용목적이 특정된 공문서의 경우에 그 사용명의자 아닌 자가 사용명의자인 것으로 가장하여 그 사용목적에 따른 행사를 하여야 성립하는 것인바, 운전면허증의 본래의 사용목적은 자동차를 운전할 때에 이를 지니고 있어야 하고 운전 중에 경찰공무원으로부터 제시를 요구받은 때에 이를 제시하는 데 있는 것일 뿐, 그 소지자의 신분의 동일성을 증명하는 데 있는 것은 아니므로, 제3자로부터 신분확인을 위하여 신분증명서의 제시를 요구받고 다른 사람의 운전면허증을 제시한 행위는 운전면허증의 사용목적에 따른 행사라고 할 수는 없고, 따라서 공문서부정사용죄가 성립하지 아니한다. 형법 제230조는 공문서부정행사죄의 구성요건으로 "공무원 또는 공무소의 문서 또는 도화를 부정행사한 자"라고만 규정하여, 문언상으로는 모든 공문서가 행위의 객체에 포함되고 그 사용권한자와 용도가 특정되었는지 여부는 묻지 않는 것으로 되어 있으나, 그 사용권한자와 용도를 특정할 수 없는 공문서의 경우에는 그 부정행사의 개념조차 특정하기 어려워 과연 그러한 경우에도 부정행사죄가 성립될 수 있는지조차 의문시되고, 만일 이를 긍정할 경우 처벌범위가 지나치게 확대될 위험이 있다. 범죄의 구성요건이 추상적이거나, 모호한 개념으로 이루어지거나 또는 그 적용 범위가 너무 광범위하고 포괄적이

어서 불명확하게 되어 통상의 판단능력을 가진 국민이 그에 의하여 금지된 행위가 무엇인가를 알 수 없는 경우에는 죄형법정주의의 원칙에 위배된다. 무릇 어떠한 공문서가 일정한 자격을 받은 사람임을 증명하려면 그 사람이 자격을 취득하였다는 사실과 더불어 그 동일성을 확인하는 데 필요한 인적사항이 기재되고 사진도 첨부되어야 할 것이므로, 자격증명에는 언제나 동일인증명이 내재되기 마련이다. 이와 같이 자격증명을 위한 공문서에 동일인증명의 기능이 내재되어 있다고 하여 그 본래의 사용목적이 소지자 신분의 동일성을 증명하는 데 있다고 볼 수는 없는 것이다. 주민등록법 제17조의9의 규정 등에 의하면, 주민등록증을 17세 이상의 자에 대한 일반적인 신분증명서로서 규정하고 있음에 비하여, 도로교통법 제68조 등의 규정에 의하면, 운전면허증은 운전면허시험에 합격하여 자동차의 운전이 허락된 자임을 증명하는 공문서로서 그 본래의 사용용도가 운전 중에 경찰공무원으로부터 그 제시를 요구받으면 이를 제시하여 자동차의 운전이 허가된 자임을 증명하도록 그 사용목적이 특정되어 있다. 그 소지자의 인적사항 확인은 자격증명에 따르는 부수적인 기능에 지나지 아니하는 것이다. 현실 거래와 일부 법령이 정한 분야에서 운전면허증이 그 소지자의 인적사항을 확인하는 데 사용되고는 있지만, 이는 어디까지나 운전면허증의 사실적 내지 부수적 용도에 불과하고 본래의 용도라고 할 수 없으며, 그러한 용도로서 널리 사용된다는 사정만으로 사실적 용도 내지 부수적 용도가 본래의 용도로 승화된다고 할 수는 없다. 이러한 사정은 운전면허증 외에도 일정한 자격의 증명에 관한 공문서들로서 여권, 공무원증, 사원증, 학생증 등의 경우에도 마찬가지이다. 그럼에도 불구하고 어떠한 공문서가 그 본래의 사용목적 이외의 용도로 널리 사용된다는 등의 이유를 들어 그러한 사실상 내지 부수적 용도도 본래의 사용목적에 포함된다고 본다면 그 부정행사로 인한 처벌범위가 크게 확대될 것이고, 이는 죄형법정주의의 원칙에 따라 공문서부정행사죄의 행위 객체와 태양을 제한적으로 해석함으로써 그 처벌범위를 합리적인 범위 내로 제한하여 온 종전 판례들과 실질적으로 저촉된다. 문서에 관한 죄는 본래 그 내용이든 형식이든 문서의 진정성립에 대한 사회 일반의 신용을 보호하려는 것인데, 일단 진정하게 성립된 문서의 행사는 그 자체만으로 이와 같은 법익을 침해한다고 보기 어려울 뿐만 아니라, 그 행사로 인하여 다른 법익이 침해되었다면 그 법익 침해에 관한 죄로 처벌할 수 있으므로, 진정한 문서의 행사를 제한 없이 처벌할 필요성이 크다고 하기도 어렵다.

참조조문

형법 제230조, 도로교통법 제68조, 제69조, 제77조, 주민등록법 제17조의9, 제21조 제2항, 여권법 제13조 제3항, 제4항

주 문

원심판결을 파기하고, 사건을 서울지방법원 본원 합의부에 환송한다.

이 유

1. 가. 원심은, 이 사건 공소사실 중 공문서부정행사의 점에 관하여, 운전면허증은 운전면허를 받은 사람이 운전면허시험에 합격하여 자동차의 운전이 허락된 사람임을 증명하는 공문서로서, 그 본래의 사용목적은 자동차를 운전하는 때에 이를 지니고 있어야 하고 운전 중 경찰공무원으로부터 그 제시 요구를 받은 때에 이를 내보여야 하는 데 있을 뿐 그 소지자의 신분의 동일성을 증명하는 데 있지 아니하므로, 경찰공무원에게 자신의 인적사항을 속이기 위하여 다른 사람의 운전면허증을 제시한 것은 운전면허증의 사용목적에 따른 행사가 아니어서 공문서부정행사죄에 해당하지 아니하고, 따라서 피고인이 폭력행위등처벌에관한법률 위반죄의 피의자로서 그 신분을 확인하려는 경찰공무원에게 자신의 인적사항을 속이기 위하여 다른 사람의 운전면허증을 제시한 행위는 공문서부정행사죄에 해당하지 않는다고 판단하였다.

나. 원심의 위와 같은 판단은 지금까지 이 법원이 운전면허증의 제시행위와 공문서부정행사죄의 성립에 관하여 판시하였던 의견에 따른 것이다.

2. 가. 형법 제230조는 공문서부정행사죄의 구성요건으로 단지 '공무원 또는 공무소의 문서 또는 도화를 부정행사한 자'라고만 규정하고 있어, 자칫 그 처벌범위가 지나치게 확대될 염려가 있으므로, 이 법원은 위 죄에 관한 범행의 주체, 객체 및 태양을 되도록 엄격하게 해석하여 그 처벌범위를 합리적인 범위 내로 제한하여 왔고, 이러한 태도는 앞으로도 지켜져야 함이 원칙이다.

나. 그러나 이 법원은 다음과 같은 이유로 운전면허증의 제시행위와 공문서부정행사죄의 성립에 관한 지금까지의 입장을 바꾸는 것이 보다 올바른 법률의 해석·적용이라고 판단한다.

먼저, 운전면허증은 운전면허를 받은 사람이 운전면허시험에 합격하여 자동차의 운전이 허락된 사람임을 증명하는 공문서로서, 운전면허증에 표시된 사람이 운전면허시험에 합격한 사람이라는 '자격증명'과 이를 지니고 있으면서 내보이는 사람이 바로 그 사람이라는 '동일인증명'의 기능을 동시에 가지고 있다. 운전면허증의 앞면에는 운전면허를 받은 사람의 성명·주민등록번호·주소가 기재되고 사진이 첨부되며 뒷면에는 기재사항의 변경내용이 기재될 뿐만 아니라, 정기적으로 반드시 갱신교부되도록 하고 있어, 운전면허증은 운전면허를 받은 사람의 동일성 및 신분을 증명하기에 충분하고 그 기재 내용의 진실성도 담보되어 있다. 그럼에도 불구하고 운전면허증을 제시한 행위에 있어 동일인증명의 측면은 도외시하고, 그 사용목적이 자격증명으로만 한정되어 있다고 해석하는 것은 합리성이 없다. 인감증명법상 인감신고인 본인 확인, 공직선거및선거부정방지법상 선거인 본인 확인, 부동산등기법상 등기의무자 본인 확인 등 여러 법령에 의한 신분 확인절차에서도 운전면허증은 신분증명서의 하나로 인정되고 있다.

또한, 주민등록법 자체도 주민등록증이 원칙적인 신분증명서이지만, 주민등록증을 제시하지 아니한 사람에 대하여 신원을 증명하는 증표나 기타 방법에 의하여 신분을 확인하도록 규정하는 등으로 다른 문서의 신분증명서로서의 기능을 예상하고 있다.

한편, 우리 사회에서 운전면허증을 발급받을 수 있는 연령의 사람들 중 절반 이상이 운전면허증을 가지고 있고, 특히 경제활동에 종사하는 사람들의 경우에는 그 비율이 훨씬 더 이를 앞지르고 있으며, 금융기관과의 거래에 있어서도 운전면허증에 의한 실명확인이 인정되고 있는 등 현실적으로 운전면허증은 주민등록증과 대등한 신분증명서로 널리 사용되고 있다.

위와 같이 살펴본 바에 따르면, 제3자로부터 신분확인을 위하여 신분증명서의 제시를 요구받고 다른 사람의 운전면허증을 제시한 행위는 그 사용목적에 따른 행사로서 공문서부정행사죄에 해당한다고 보는 것이 옳다.

다. 그러므로 운전면허증의 제시행위와 공문서부정행사죄의 성립에 관하여 이 판결의 해석과 다르게 판시하였던 이 법원의 판결들(1989. 3. 28. 선고 88도1593 판결, 1991. 5. 28. 선고 90도1877 판결, 1991. 7. 12. 선고 91도1052 판결, 1992. 11. 24. 선고 91도3269 판결, 1996. 10. 11. 선고 96도1733 판결, 2000. 2. 11. 선고 99도1237 판결 등)은 이 판결의 의견과 어긋나는 범위 내에서 이를 변경한다.

3. 그럼에도 불구하고 원심은 이 사건 공소사실 중 공문서부정행사의 점에 대하여 무죄를 선고하였으니, 원심판결에는 운전면허증에 관한 공문서부정행사죄의 법리를 오해하여 판결에 영향을 미친 위법이 있고, 이를 지적하는 상고이유는 이유가 있다.

따라서 원심판결 중 무죄 부분과 나머지 유죄 부분은 형법 제37조 전단의 경합범관계에 있어 하나의 형을 선고하여야 하므로, 원심판결을 모두 파기하고, 사건을 원심법원에 환송하기로 하여 주문과 같이 판결한다. 이 판결에는 대법관 송진훈의 반대의견이 있는 외에는 다른 대법관들의 의견이 일치되었다.

4. 대법관 송진훈의 반대의견

가. 다수의견은, 운전면허증은 이에 표시된 사람이 운전면허시험에 합격한 사람이라는 '자격증명'과 이를 지니고 있으면서 내보이는 사람이 바로 그 사람이라는 '동일인증명'의 기능을 동시에 갖고 있으며, 각종 법령에서 또는 거래의 실제에서 신분증명서로서 널리 사용되고 있으므로, 제3자로부터 신분확인을 위하여 신분증명서의 제시를 요구받고 다른 사람의 운전면허증을 제시한 행위는 그 사용목적에 따른 행사로서 공문서부정행사죄가 성립한다고 보는 것이 옳다고 하면서, 이러한 견해에 어긋나는 종전의 대법원판결들은 변경되어야 한다고 한다.

그러나 이러한 견해는 공문서부정행사죄의 구성요건에 관한 법리를 오해한 데에서 비롯된 것으로 볼 수밖에 없어 찬성할 수 없다.

공문서부정행사죄는 사용목적이 특정된 공문서의 경우에 그 사용명의자 아닌 자가 사용명의자인 것으로 가장하여 그 사용목적에 따른 행사를 하여야 성립하는 것인바, 운전면허증의 본래의 사용목적은 자동차를 운전할 때에 이를 지니고 있어야 하고 운전 중에 경찰공무원으로부터 제시를 요구받은 때에 이를 제시하는 데 있는 것일 뿐, 그 소지자의 신분의 동일성을 증명하는 데 있는 것은 아니므로, 제3자로부터 신분확인을 위하여 신분증명서의 제시를 요구받고 다른 사람의 운전면허증을 제시한 행위는 운전면허증의 사용목적에 따른 행사라고 할 수는 없고, 따라서 공문서부정사용죄가 성립하지 아니한다고 해야 할 것이다.

나. 형법 제230조는 공문서부정행사죄의 구성요건으로 '공무원 또는 공무소의 문서 또는 도화를 부정행사한 자'라고만 규정하여, 문언상으로는 모든 공문서가 행위의 객체에 포함되고 그 사용권한자와 용도가 특정되었는지 여부는 묻지 않는 것으로 되어 있으나, 그 사용권한자와 용도를 특정할 수 없는 공문서의 경우에는 그 부정행사의 개념조차 특정하기 어려워 과연 그러한 경우에

도 부정행사죄가 성립될 수 있는지조차 의문시되고, 만일 이를 긍정할 경우 처벌범위가 지나치게 확대될 위험이 있다.

이 점에 관하여는 다수의견도 같은 견해인 것으로 보이거니와, 범죄의 구성요건이 추상적이거나, 모호한 개념으로 이루어지거나 또는 그 적용 범위가 너무 광범위하고 포괄적이어서 불명확하게 되어 통상의 판단능력을 가진 국민이 그에 의하여 금지된 행위가 무엇인가를 알 수 없는 경우에는 죄형법정주의의 원칙에 위배된다.

그러므로 지금까지 대법원은 공문서부정행사죄의 행위 객체를 사용권한자와 용도가 특정된 공문서로 한정하고, 행위의 태양도 본래의 사용목적에 따른 행사만을 의미하는 것으로 제한하여 해석해 온 것이다(대법원 1974. 9. 4. 선고 74도1695 판결, 1981. 12. 8. 선고 81도1130 판결, 1983. 6. 28. 선고 82도1985 판결, 1993. 5. 11. 선고 93도127 판결, 1999. 5. 14. 선고 99도206 판결 등 참조).

무릇, 어떠한 공문서가 일정한 자격을 받은 사람임을 증명하려면 그 사람이 자격을 취득하였다는 사실과 더불어 그 동일성을 확인하는 데 필요한 인적사항이 기재되고 사진도 첨부되어야 할 것이므로, 자격증명에는 언제나 동일인증명이 내재되기 마련이다. 이와 같이 자격증명을 위한 공문서에 동일인증명의 기능이 내재되어 있다고 하여 그 본래의 사용목적이 소지자 신분의 동일성을 증명하는 데 있다고 볼 수는 없는 것이다.

그런데 주민등록법 제17조의9의 규정 등에 의하면, 주민등록증을 17세 이상의 자에 대한 일반적인 신분증명서로서 규정하고 있음에 비하여, 도로교통법 제68조 등의 규정에 의하면, 운전면허증은 운전면허시험에 합격하여 자동차의 운전이 허락된 자임을 증명하는 공문서로서 그 본래의 사용용도가 운전 중에 경찰공무원으로부터 그 제시를 요구받으면 이를 제시하여 자동차의 운전이 허가된 자임을 증명하도록 그 사용목적이 특정되어 있다. 그 소지자의 인적사항 확인은 자격증명에 따르는 부수적인 기능에 지나지 아니하는 것이다.

다수의견에서 지적하고 있는 바와 같이 현실 거래와 일부 법령이 정한 분야에서 운전면허증이 그 소지자의 인적사항을 확인하는 데 사용되고는 있지만, 이는 어디까지나 운전면허증의 사실적 내지 부수적 용도에 불과하고 본래의 용도라고 할 수 없으며, 그러한 용도로서 널리 사용된다는 사정만으로 사실적 용도 내지 부수적 용도가 본래의 용도로 승화된다고 할 수는 없다. 이러한 사정은 운전면허증 외에도 일정한 자격의 증명에 관한 공문서들로서 여권, 공무원증, 사원증, 학생증 등의 경우에도 마찬가지이다.

그럼에도 불구하고, 어떠한 공문서가 그 본래의 사용목적 이외의 용도로 널리 사용된다는 등의 이유를 들어 그러한 사실상 내지 부수적 용도도 본래의 사용목적에 포함된다고 본다면 그 부정행사로 인한 처벌범위가 크게 확대될 것이고, 이는 죄형법정주의의 원칙에 따라 공문서부정행사죄의 행위 객체와 태양을 제한적으로 해석함으로써 그 처벌범위를 합리적인 범위 내로 제한하여 온 종전 판례들과 실질적으로 저촉된다고 보이므로, 다수의견은 이러한 불합리한 결과를 신중히 고려하였어야 할 것이다.

문서에 관한 죄는 본래 그 내용이든 형식이든 문서의 진정성립에 대한 사회일반의 신용을 보호하려는 것인데, 일단 진정하게 성립된 문서의 행사는 그 자체만으로 이와 같은 법익을 침해한다고 보기 어려울 뿐만 아니라, 그 행사로 인하여 다른 법익이 침해되었다면 그 법익 침해에 관한 죄로 처벌할 수 있으므로, 진정한 문서의 행사를 제한 없이 처벌할 필요성이 크다고 하기도 어렵다. 실제로도 주민등록법 제21조 제2항은 다른 사람의 주민등록증을 부정사용한 자를, 여권법 제13조 제3항은 타인 명의의 여권을 행사한 자를, 같은 조 제4항은 행사할 목적으로 여권을 타인에게 양도·대여 또는 이를 알선한 자 및 행사할 목적으로 타인 명의의 여권을 양도 또는 대여받은 자를 따로 처벌하고 있다.

이상의 이유로 다수의견에는 찬성할 수 없고, 다수의견이 변경하여야 한다는 대법원판결들은 공문서부정행사죄의 행위 객체와 태양을 합리적으로 제한하여 온 대법원의 일관된 견해를 표명한 것으로서 그대로 유지하여야 할 것이다.

(판결에 대한평가)

대법원 다수의견은 운전면허증에 표시된 사람이 운전면허시험에 합격한 사람이라는 '자격증명'과 이를 지니고 있으면서 내보이는 사람이 바로 그 사람이라는 '동일인증명'의 기능을 동시에 가지고 있다고 판단하였고, 인감증명법상 인감신고인 본인 확인, 공직선거및선거부정방지법상 선거인 본인 확인, 부동산등기법상 등기의무자 본인 확인 등 여러 법령에 의한 신분 확인절차에서도 운전면허증은 신분증명서의 하나로 인정되고 있다고 하여 동일인 신분확인의 용도를 인정하였다. 그리고 주민등록법 자체도 주민등록증이 원칙적인 신분증명서이지만, 주민등록증을 제시하지 아니한 사람에 대하여 신원을 증명하는 증표나 기타 방법에 의하여 신분을 확인하도록 규정하는 등으로 다른 문서의 신분증명서로서의 기능을 예상하고 있다고 하면서, 현실적으로 운전면허증은 주민등록증과 대등한 신분증명서로 널리 사용되고 있다고 판단하였다.

이에 반해 반대의견은, 운전면허증의 본래의 사용목적은 그 소지자의 신분의 동일성을 증명하는 데 있는 것은 아니며, 현실 거래와 일부 법령이 정한 분야에서 운전면허증이 그 소지자의 인적사항을 확인하는 데 사용되고는 있지만, 이는 어디까지나 운전면허증의 사실적 내지 부수적 용도에 불과하며, 공문서가 그 본래의 사용목적 이외의 용도로 널리 사용된다는 등의 이유를 들어 그러한 사실상 내지 부수적 용도도 본래의 사용목적에 포함된다고 본다면 그 부정행사로 인한 처벌범위가 크게 확대되며, 문서에 관한 죄는 본래 그 내용이든 형식이든 문서의 진정성립에 대한 사회 일반의 신용을 보호하려는 것인데, 일단 진정하게 성립된 문서의 행사는 그 자체만으로 이와 같은 법익을 침해한다고 보기 어려울 뿐만 아니라, 그 행사로 인하여 다른 법익이 침해되었다면 그 법익 침해에 관한 죄로 처벌할 수 있으므로, 진정한 문서의 행사를 제한 없이 처벌할 필요성이 크지 않다고 판단하였다.

공문서부정행사죄에서 말하는 '부정행사'는 사용권한자와 용도가 특정되어 있는 진정하게 성립된 공문서를 사용권한 없는 자가 마치 사용권한 있는 자인 것처럼 가장하여 본래의 사용목적에 따라 사용하는 경우로 축소 이해하는 것이 타당하다. 왜냐하면 본죄의 처벌범위를 지나치게 확장시키는 것은 법치국가적 형법의 해석에 비추어 볼 때 타당하지 않기 때문이다. 대상 판결은 '부정행사' 자체를 확대 변경한 것은 아니지만, 운전면허증의 부수적 용도인 신분증명을 본래용도에 포함시킴으로써 결과적으로 부정행사 자체의 범위와 의미를 확대시키게 되었다. 이는 죄형법정주의의 원칙에 반하는 결과를 초래할 수 있기 때문에 문서의 부수적 용도를 본래용도에 포함시키지 않음으로써 처벌범위를 제한하는 목적론적 축소해석을 할 필요가 있다. 따라서 운전면허증의 행사와 관련하여 부정행사의 범위와 관련하여서는 판례의 태도와는 다르게 사용권한 없는 자가 마치 사용권한 있는 자인 것처럼 가장하여 본래의 사용목적에 따라 사용하는 경우로 축소 이해하는 것이 타당하다.

10. 금액판결

(대법원 1978.4.25. 선고 78도246 판결)

판시사항

형법 제55조 제1항 제6호의 벌금을 감경할 때의 다액의 의미

판결요지

형법 제55조 제1항 제6호의 벌금을 감경할 때의 「다액」의 2분의 1이라는 문구는 「금액」의 2분의 1이라고 해석하여 그 상한과 함께 하한도 2분의 1로 내려가는 것으로 해석하여야 한다(다수의견).

참조조문

형법 제55조 제1항 제6호, 벌금등임시조치법 제3조 제1항

주 문

원판결을 파기하고, 사건을 서울고등법원으로 환송한다.

이 유

상고이유에 대하여 판단한다.

원심은 판결이유에서 형법 55조 1항 6호에서 벌금을 감경할 때에는 그 다액의 2분의 1로 한다라는 의미는 그 다액만이 2분의 1로 감경될 뿐이지 그 소액은 감경되지 않는다는 견해 하에서 피고인이 1976.2.10부터 1977.1.10 까지 사이에 물품세와 방위세 합계 금 9,071,370원을 포탈한 소위에 대하여 특정범죄가중처벌등에관한법률 제 8 조 제1항2호를 적용하여 그 소정 유기징역형(3년이상)과 같은조 제 2 항에 의하여 필요적으로 병과되는 소정벌금(포탈세액의 2배이상 5배이하)를 작량 감경한 형기와 금액범위 내에서 징역 2년 6월 및 벌금 9,100,000원(포탈세액보다는 많으나 그 법정벌금의 하한액인 2배에 미달함)을 선고한 제 1 심 판결을 위법하다 하여 파기한 다음 징역형에 대하여는 작량감경을 하면서도 벌금형에 대하여는 그 하한법정벌금액에 작량감경을 하지 않은 채 포탈세액의 2배 이상 2.5배 이하의 범위 내인 벌금18,200,000원과 징역 2년 6월을. 선고하였다.

그런데 형법 55조 1항 6호에는 벌금을 감경할 때에는 그 「다액」의 2분의 1로 한다고 규정되어 있어 이를 문자 그대로 해석한다면 위 원심판결이유와 같이 벌금을 감경할 때에는 그 상한액만이 2분의1로 내려갈 뿐 하한액은 변동이 없게 된다고 보여진다. 그런데 그와 같이 해석한다면 다음과 같은 불합리한 점이 생긴다.

대법원 판결: 목적론적 해석(상한 만을 감경할 때에 불합리한 점이 발생함)

첫째, 재판실무상 벌금을 감경 특히 작량감경하는 경우는 그 법정벌금의 상한이 너무 높기 때문이 아니라 그 하한이 너무 높아서 그 하한 이상의 벌금을 과하는 것이 타당치 않기 때문에 그 하한을 낮추기 위하여 하는 것인데 작량감경을 하여도 그 하한을 낮출 수 없다고 한다면 법정벌금액이 상한액과 하한액 혹은 정액인 경우에 때로는 작량감경을 할 의미가 없게 되어 벌금에 대한 작량

감경규정은 사실상 무용지물이 되어 사문화되고 마는 부당한 폐가 발생할 수 있다.

둘째, 각종 특별법에 규정되어 있는 벌금의 형태를 보면 기준액의 "2배 내지 5배"(보건범죄단속에관한특별조치법 2조내지 4조의 각 2항, 특정범죄가중처벌에관한법률 8조) 혹은 "5배 내지 10배"(특정범죄가중처벌등에관한법률 6조, 경제의안정과성장에 관한긴급명령 30조 4,5항) 1,000,000원 이상 10,000,000원 이하(경제성장과 안정에 관한 긴급명령 30조 2항, 보건범죄단속에관한특별조치법 5조) 2,000,000원 이상 10,000,000원 이하(경제성장과안정에관한긴급명령 30조 1항)해당액을 벌금한도로 규정한 경우가 많은데 이러한 경우에 법률상 감경과 작량감경등 감경을 거듭해야 할 사유가 있을 때에 그 감경에 의하여 그 상한만이 내려갈 뿐 하한은 변함이 없다고 한다면 그 벌금기준액의 "2배 이상 1.25배이 하" 혹은 "5배 이상 2.5배 이하"가 당해 벌금해당액으로 되어 이 경우 해석여하에 따라서는 벌금액의 범위가 존재하지 아니하여 벌금형을 선고할 수 없게 되는듯한 기이한 결과로 되거나 당초의 하한 이하로는 내려갈수 없게 되어 당초의 하한인 기준액의 「2배」혹은 「5배」라는 정액형으로 되어버리는 듯한 불합리한 결과로 된다고 할 수 밖에 없는 듯하다. 또 국가안전과 공공질서의 수호를 위한 대통령긴급조치 9항은 그 기준액의 10배(정액임)에 해당하는 벌금을 병과하도록 규정하고 있는데(그 10배라 함은 벌금형의 하한인 동시에 상한의 의미를 포함한 것으로 보지 않는 한) 이러한 정액형의 경우에는 법이 정한 소위 "다액"은 없으므로 문자 그대로 해석한다면 작량감경은 물론이고 필요적 감경사유가 있는 경우라 할지라도 그 법정벌금액을 감경할 수 없게 되어 벌금형에 대하여 법률상 감경을 하도록 규정하고 있는 형벌법규정과는 모순이 생긴다는 해석의 여지조차 있게 된다(형법 55조, 벌금등임시조치법 3조 1항 참조). 이점과 관련하여 당원은 징역형과 함께 정액벌금(수뢰액의 10배)을 필요적으로 병과하도록 규정되어 있는 위 국가안정과 공공질서의 수호를 위한 대통령 긴급조치 9호 위반죄에 대하여 징역형에 대해서만 작량감경을 하고 벌금형에 대해서는 작량감경을 하지 않은 것이 잘못이라는 이유로 파기한 환송 판결이 있고 (당원 1976.9.14. 선고 76도2012 판결) 그 판결에 의하여 사건을 환송받은 제2심법원이 징역형과 함께 그 정액벌금을 작량감경 하였고, 그 판결이 당원에 의하여 상고기각으로 확정된 바가 있음을 밝혀둔다(1977.2.22. 선고 76도4353 판결). (위 본원판결들은 본건에 관하여 다수설을 정당화하는 뚜렷한 길잡이 구실을 하고 있다. 왜냐하면 여기서는 소위 "다액"의 의미는 변질되는 동시에 벌금은 감경되어야 한다는 원칙이 다수설에 대한 통로를 제공하고 있는 셈이라고 볼 수도 있다. 여기서 진일보한 것에 불과한 것이 다수설의 해석이라고 할 것이다) 위와 같은 불합리한 결과를 방지하려면 벌금을 감경할 때에는 그 상한과 함께 하한까지도 내려간다고 해석하여야 할 필요가 생기는데 그와 같이 해석할 근거는 다시 다음 몇 가지 점에서도 찾아볼 수 있다.

따라서 하한까지 감경해서 해석해야 할 근거

첫째, 형법 55조 1항 6호는 벌금도 감경한다는 대원칙을 규정하였고 이어서 벌금등임시조치법 3조 1항에는 벌금은 5,000원 이상으로 하되 이를 감경할 때에는 5,000이하로 할 수 있다는 취지로 규정하고 있는 바, 이는 벌금을 감경할 때 그 하한은 절대로 내려갈 수 없는 것이 아니라 내려갈 수 있다고 규정하였고 다시 나아가서 법정정액형도 감경하여야 한다는 전시 본원판례가 벌금형의 감경에 관한 새판례를 내렸다는 사실 등이 그 해석의 근거가 되는 것이고, 둘째, 형사정책적인 면에서 고려하더라도 유기징역형이나 유기금고, 자격정지 등을 감경할 때는 모두 그 형기의 2분의 1을 감경하도록 하여 그 하한까지도 내려가는 것으로 하면서 유독 벌금에 대하여만 그 하한을 내릴 수 없도록 할 합리적 이유를 찾아볼 수 없고,(체계적 해석)

셋째, 우리형법과 거의 그 형벌체제를 같이하고 있던 구형법에서도 벌금을 감경할 때는 그 금액의 2분의 1로 감경하는 것으로 하여 그 하한까지도 내려가는 것으로 하고 있다(구형법 68조 4호 참조). 위에서 본 여러 가지 사정으로 미루어 보아 우리형법을 제정할 당시 형법 각 본조에는 물론 기타 법률에 벌금을 정함에 있어 그 상한만을 규정하였을 뿐 그 하한은 특별히 정한바가 거의 생각할 수 없었으므로 그 상한만을 염두에 둔 나머지 법전편찬위원회의 형법기초자가 구형법 68조 6호에 과료를 경감할 때는 그 "다액"의 2분의 1로 한다는 규정과 동일시한 경과(다만 과료에 관한 이와 같은 규정은 그 특별한 입법정책이 있었다. 즉 과료는 당시 하한선이 10전(이상) 이었는데 이것을 만일 2(두)번 감경한다면 2전 5리 까지 내릴 수 있었으나 이것은 과료가 형벌적 가치보다 웃음거리에 불과한 결과를 가져올 우려도 있었던 까닭이다) 형법 55조 1항 6호를 금액이라고 규정할 것을 착오로 "금액"을 "다액"으로 부주의하게 표현방법만을 바꿀 생각으로 "개정"하였고 위원회에서도 부주의하게 이 개정초안을 기초자의 설명대로 통과시켰다고 본다. 왜냐하면 위원회에서 당시 이점에 관하여 특별한 정책적 고려나 충분한 토의도 없이 구법의 규정이 개정된 당시의 경위나 심지어 그 분위기에 맞추어 명백하다고 본다. 그러므로 다수설의 결론으로 위 형법 55조 1항 6호의 벌금을 감경할 때에는 그 "금액"의 2분의 1로 한다라고 해석하여 그 상한과 함께 하한도 2분의 1로 내려가는 것으로 해석함이 타당하다고 본다. 다만 위와 같이 해석함에 있어서 장애가 되는 듯이 보이는 것은 형법조문은 이를 엄격하게 해석하여야 하고 비록 법률의 적용에 있어서 불합리한 점이 있다 하더라도 법률개정의 절차를 거쳐 이를 고쳐 나갈 일이지, 그러한 절차없이 법원이 명문의 규정을 명문에 어긋나게 해석을 하여서는 아니 된다는 법률해석의 원칙론이다. 다수설을 반대하는 소수설의 입장에서도 벌금을 감경할 때 하한을 내릴 수 없다고 하면 앞서 본 바와 같은 불합리 혹은 가혹한 결과로 되는 점을 시인하면서도 다수설에 동조하지 않는 가장 큰 이유가 바로 이점에 있는 것 같다.(역사적 해석)

그러나 형법조문을 엄격하게 해석해야 한다는 요청은 이를 자의로 해석함으로써 국민들에게 불이익하게 법률을 적용하는 것을 막자는데 있는 것이지(소위 죄형법정주의의 일단면)입법정신을 해하지 않는 범위 내에서 국민들에게 불이익이 되지 않는 방향으로 그리고 합리적으로 해석하는 것까지도 절대적으로 금하려는 것은 아닌 것으로 생각된다. 또 사회현상이 급속도로 변천되고 법률이 미쳐 그 사회변천에 따라가지 못하여 그 법률과 사회실상과의 괴리가 심하게 되어서 해석여하에 따라서 그 결과가 심히 부당하게 혹은 국민에게 가혹한 결과를 가져온다고 보일 때에 이를 완화하는 방향으로 "해석"함은 형법해석에서도 불가능한 것이 아닐 뿐 아니라 필요한 것이라고 할 것이다(1973.9.13. 선고

77도2114 판결참조). 도대체 모든 법은 법규정의 본질을 바꾸는 정도의 것이 아닌 한도에서 이를 합리적으로 해석함으로서 뒤쳐진 법률을 앞서가는 사회현상에 적응시키는 일방 입법기관에 대하여 법률의 개정등을 촉구하는 것은 오히려 법원의 임무에 속하는 일이고 법률개정이라는 입법기관의 조치가 있을 때까지는 그 뒤쳐진 법규정의 재래적 해석적용이 부당한 결과를 초래한다는 것을 뻔히 알면서 이를 그대로 따를 수 밖에 없다고 체념해 버리는 것은 온당치 않은 태도라고 생각한다. 더구나 이 사건에 있어서는 앞서 본 바와 같이 형법 55조1항 6호의 「다액」이라는 문구는 「금액」이라고 규정할 것을 단지 그 표현상의 착오로 그렇게 되었다고 보는 다수설의 입장에서는 위와 같이 해석하는 것은 극히 자연스러운 귀결이라 하겠다(1977.9.13. 선고 77도2114 소수의견 참조). 그리고 하급법원에서도 이 점에 관하여 위 다수설대로 해석한 판결이 서울형사지방법원 및 서울고등법원에서. 선고 되었고 또 확정 되었으며(예컨대 서울형사지방법원 1977.5.6. 선고 77고합228 판결, 서울고등법원 1977.12.1. 선고 77노940 판결), 또 방면소수설에 따른 판결 (서울고등법원 1978.1.18. 선고 77노1877 판결)도 있어 이점을 통일할 필요도 절실하다고 본다.

그렇다면 원판결은 벌금의 감경에 관한 법리를 오해하여 판결에 영향을 미친 위법을 저질렀다고 하지 않을 수 없으니 원판결을 파기하고 사건을 원심으로 하여금 다시 심리 판단케 하기로 관여법관중 대법원판사 이영섭, 주재황, 김윤행, 강안희, 라길조, 김용철, 유태홍을 제외한 전원의 일치된 의견으로 주문과 같이 판결한다.

반대의견은 다음과 같다.

무릇 재판할 사안에 대하여 적용할 법규가 없을 경우 법관이 법률이념에 맞도록 다른 법규를 유추적용 한다던가 또는 법규가 있기는 있으되 그 의미 내용이 모호 애매할 경우 법관이 그 입법취지에 따라 적절한 해석을 함으로써 그 법규의 의미내용을 확정 한다던가 하는 작업은 법관의 직권인 동시에 직무라 할 것이고 그와 같은 작업의 결과가 법률의 형식적 연원의 하나가 될 때 이를 판례입법이라고 일컫는다.

그러나 위와 같은 경우가 아니고 법률에 명문규정이 있어 그 의미내용이 명확할 경우에는 비록 그 법규가 그보다 앞질러 진전하는 경제기타 사회적실정에 아니 맞는다 하더라도 법관은 모름지기 국회의 입법작용에 의한 개정을 기다려야 할 것이지 사회적 실정에 맞게 하기 위한다 하여 또는 피고인에게 유리하게 해준다 하여 명문규정을 억지로 고쳐서 적용하여서는 아니된다 할 것이다.

따라서 본건 다수설과 같이 다액이라는 명문을 금액으로 고쳐서 해석한다는 것은 법관의 법률해석권의 범위를 일탈하여 국회의 입법권을 침해하는 것이라는 비난을 받아도 할 말이 없을 것이다.

(관련법 조항)

<형법 제53조 (작량감경)>

범죄의 정상에 참작할 만한 사유가 있는 때에는 작량하여 그 형을 감경할 수 있다.

<형법 제55조 (법률상의 감경)>

① 법률상의 감경은 다음과 같다.

1. 사형을 감경할 때에는 무기 또는 20년 이상 50년 이하의 징역 또는 금고로 한다.
2. 무기징역 또는 무기금고를 감경할 때에는 10년 이상 50년 이하의 징역 또는 금고로 한다.
3. 유기징역 또는 유기금고를 감경할 때에는 그 형기의 2분의 1로 한다.
4. 자격상실을 감경할 때에는 7년 이상의 자격정지로 한다.
5. 자격정지를 감경할 때에는 그 형기의 2분의 1로 한다.
6. 벌금을 감경할 때에는 그 다액의 2분의 1로 한다.

7. 구류를 감경할 때에는 그 장기의 2분의 1로 한다.
8. 과료를 감경할 때에는 그 다액의 2분의 1로 한다.

② 법률상 감경할 사유가 수개 있는 때에는 거듭 감경할 수 있다.

<특정범죄가중처벌등에관한법률 제8조 (조세포탈의 가중처벌)>

①「조세범 처벌법」 제3조제1항, 제4조 및 제5조,「지방세기본법」제129조제1항에 규정된 죄를 범한 사람은 다음 각 호의 구분에 따라 가중처벌한다.

1. 포탈하거나 환급받은 세액 또는 징수하지 아니하거나 납부하지 아니한 세액(이하 "포탈세액등"이라 한다)이 연간 10억원 이상인 경우에는 무기 또는 5년 이상의 징역에 처한다.
2. 포탈세액등이 연간 5억원 이상 10억원 미만인 경우에는 3년 이상의 유기징역에 처한다.

② 제1항의 경우에는 그 포탈세액등의 2배 이상 5배 이하에 상당하는 벌금을 병과한다.

<조세범처벌법 제9조 (성실신고 방해행위)>

① 납세의무자를 대리하여 세무신고를 하는 자가 조세의 부과 또는 징수를 면하게 하기 위하여 타인의 조세에 관하여 거짓으로 신고를 하였을 때에는 2년 이하의 징역 또는 2천만원 이하의 벌금에 처한다.

② 납세의무자로 하여금 과세표준의 신고(신고의 수정을 포함한다. 이하 "신고"라 한다)를 하지 아니하게 하거나 거짓으로 신고하게 한 자 또는 조세의 징수나 납부를 하지 않을 것을 선동하거나 교사한 자는 1년 이하의 징역 또는 1천만원 이하의 벌금에 처한다.

(판결에 대한 평가)

흔히, 형법해석은 반드시 엄격한 문언해석 내지 완화된 문언해석의 범위에 머물러야 한다고 단정하기 쉬우나 대상판결의 경우「형법 제55조 제1항 제6호」.

"벌금을 감경할 때에는 그 다액의 2분의 1로 한다"를 해석함에 있어 형법조문을 엄격하게 해석해야 한다는 요청은 이를 자의로 해석함으로써 국민들에게 불이익하게 법률을 적용하는 것을 막자는데 있는 것이지, 입법정신을 해하지 않는 범위 내에서 국민들에게 불이익이 되지 않는 방향으로 그리고 합리적으로 해석하는 것까지도 절대적으로 금하려는 것은 아닌 것으로 생각된다. 또 사회현상이 급속도로 변천되고 법률이 미처 그 사회변천에 따라가지 못하여 그 법률과 사회실상과의 괴리가 심하게 되어서 해석여하에 따라서 그 결과가 심히 부당하게 혹은 국민에게 가혹한 결과를 가져온다고 보일 때에 이를 완화하는 방향으로 해석함은 형법해석에서도 불가능한 것이 아닐 뿐 아니라 필요한 것이라고 할 것이다.

대상판결의 다수의견은 체계적해석, 역사적 해석 그리고 목적론적 해석을 취한 것으로 판단된다. 다수의견은 우리 형법을 제정할 당시 형법 각 본조에는 물론 기타 법률에 벌금을 정함에 있어 그 상한만을 규정하였을 뿐 그 하한은 특별히 정한 바가 거의 생각할 수 없었으므로 그 상한만을 염두에 둔 나머지 형법기초자가 구형법 제68조의 과료를 경감할 때에는 그 "다액"의 2분의 1로 한다는 규정과 동일시한 결과(당시 과료는 당시 하한선이 10전이었는데 이것을 만일 감경한다면 과료가 너무 작아지기 때문에 입법정책으로서 과료 경감에 상한만을 규정함.) 「형법 제55조 제1항 제6호」를 금액이라고 규정할 것을 착오로 "금액"을 "다액"으로 부주의하게 표현방법만을 바꿀 생각으로 "개정"하였고 위원회에서도 부주의하게 이 개정초안을 기초자의 설명대로 통과시킨 것으로 보고 있는데 이는 입법취지를 고려한 역사적 해석을 취한 것으로 보인다. 또한 앞서 언급한 것처럼 조문 상의 "다액"을 "금액"으로 해석 적용하는 데에는 규율의 객관적 목적을 고려하여 목적론적 해석을 취한 것으로 평가될 수 있다. 한편 대상판결의 소수의견은 법원이 명문의 규정에 따라 법 해석을 해야 함을 주장한 것에서 문언중심주의를 고려한 해석으로 보인다. 엄격한 문언중심주의의 입장으로, 법문을 사전적 의미의 단어의 조합이라고 보며 법문에 충실한 해석을 바탕으로 한다. 이러한 견해에 따르면, 법률의 적용에 불합리한 점이 있다 하더라도 법률개정의 절차를 거쳐 이를 고쳐 나가야 하며 그러한 절차를 생략하고 법원의 판단으로 법률을 자의적으로 해석해서는 안 된다는 것으로 평가된다.

11. 자수의 인정시기 : '체포 전' 혹은 '범행발각 전'

(대법원1997.3.20. 선고 96도1167 전원합의체 판결)

판시사항

[1] 자수의 요건과 효과를 정하는 것은 논리 필연적으로 정해지는 것이 아니라 입법정책의 문제이고 입법재량에 속하는지 여부(적극)

[2]공직선거및선거부정방지법 제262조의 입법 취지

[3] 범행발각이나 지명수배 여부와 관계없이 체포 전에만 자수하면 공직선거및선거부정방지법 제262조의 자수에 해당하는지 여부(적극)

판결요지

[1] 형법이나 국가보안법 등이 자수에 대하여 형을 감면하는 정도를 그 입법 취지에 따라 달리 정하고 자수의 요건인 자수시기에 관하여도 각각 달리 정하고 있는 점으로 미루어 보면, 어느 죄에 관한 자수의 요건과 효과가 어떠한가 하는 문제는 논리 필연적으로 도출되는 문제가 아니라, 그 입법 취지가 자수의 두 가지 측면 즉 범죄를 스스로 뉘우치고 개전의 정을 표시하는 것으로 보아 비난가능성이 약하다는 점과, 자수를 하면 수사를 하는 데 용이할 뿐 아니라

형벌권을 정확하게 행사할 수 있어 죄 없는 자에 대한 처벌을 방지할 수 있다는 점 중 어느 한쪽을 얼마만큼 중시하는지 또는 양자를 모두 동등하게 고려하는지에 따라 입법 정책적으로 결정되는 것이다.

[2] 공직선거및선거부정방지법 제262조가 제230조(매수 및 이해유도죄) 제1항 등 금품이나 이익 등의 수수에 의한 선거부정관련 범죄에 대하여 자수한 경우에 필요적 형면제를 규정한 주된 입법 취지는, 이러한 범죄유형은 당사자 사이에 은밀히 이루어져 그 범행발견이 어렵다는 점을 고려하여 금품 등을 제공받은 사람으로 하여금 사실상 신고를 하도록 유도함으로써 금품 등의 제공자를 효과적으로 처벌하려는 데 있다.

[3] [다수의견] 형벌법규의 해석에 있어서 법규정 문언의 가능한 의미를 벗어나는 경우에는 유추해석으로서 죄형법정주의에 위반하게 된다. 그리고 유추해석금지의 원칙은 모든 형벌법규의 구성요건과 가벌성에 관한 규정에 준용되는데, 위법성 및 책임의 조각사유나 소추조건, 또는 처벌조각사유인 형면제 사유에 관하여 그 범위를 제한적으로 유추적용하게 되면 행위자의 가벌성의 범위는 확대되어 행위자에게 불리하게 되는바, 이는 가능한 문언의 의미를 넘어 범죄구성요건을 유추적용하는 것과 같은 결과가 초래되므로 죄형법정주의의 파생원칙인 유추해석금지의 원칙에 위반하여 허용될 수 없다. 한편 형법 제52조나 국가보안법 제16조 제1호에서도 공직선거법 제262조에서와 같이 모두 '범행발각 전'이라는 제한 문언 없이 "자수"라는 단어를 사용하고 있는데 형법 제52조나 국가보안법 제16조 제1호의 "자수"에는 범행이 발각되고 지명수배된 후의 자진출두도 포함되는 것으로 판례가 해석하고 있으므로 이것이 "자수"라는 단어의 관용적 용례라고 할 것인바, 공직선거법 제262조의 "자수"를 '범행발각 전에 자수한 경우'로 한정하는 풀이는 "자수"라는 단어가 통상 관용적으로 사용되는 용례에서 갖는 개념 외에 '범행발각 전'이라는 또 다른 개념을 추가하는 것으로서 결국은 '언어의 가능한 의미'를 넘어 공직선거법 제262조의 "자수"의 범위를 그 문언보다 제한함으로써 공직선거법 제230조 제1항등의 처벌범위를 실정법 이상으로 확대한 것이 되고, 따라서 이는 단순한 목적론적

축소해석에 그치는 것이 아니라, 형면제 사유에 대한 제한적 유추를 통하여 처벌범위를 실정법 이상으로 확대한 것으로서 죄형법정주의의 파생원칙인 유추해석금지의 원칙에 위반된다.

[반대의견] 공직선거및선거부정방지법 제262조의 자수를 선거법위반행위의 발견 전에 행하여진 것에 한정된다고 해석하지 아니하고 그 시기에 있어서 제한 없이 체포 전에만 하면 이에 해당하여 형이 필요적으로 면제된다고 해석하게 되면, 첫째 범행발견에 아무런 기여를 한 바가 없음에도 불구하고 같은 법 제262조의 특혜를 주는 것이 되어 같은 법 제262조가 자수에 대하여 형의 필요적 면제를 규정한 입법 취지에 반하고, 둘째 범죄와 형벌의 균형에 관한 국민 일반의 법감정에 맞지 않아 정의와 형평에도 현저히 반하며, 셋째 형법 제52조에 의하여 형이 임의적으로 감경되는 다른 범죄의 자수자, 특히 공직선거및선거부정방지법 제230조 제1항등 3개 죄의 금품 등의 제공범행을 한 후 자수한 자와는 달리 위 3개 범죄의 범행을 하고 범행발각 후에 자수한 자만 아무런 합리적 이유도 없이 필요적 형면제라는 차별적 특혜를 받게 되어 헌법 제11조 제1항의 평등위반이라는 위헌의 소지도 있게 된다. 그러므로 공직선거및선거부정방지법 제262조의 자수를 그 입법 취지와 목적에 비추어 위 규정과 형의 필요적 면제의 대상이 되지 아니하는 같은 법상의 다른 처벌규정 등을 전체적, 종합적으로 헌법에 합치되게 해석하려면 '범행발각 전에 수사기간에 자진출두하여 자백한 경우'만을 의미하는 것으로 해석하여야 되는 것이다. 그리고 유추해석이란 법률에 규정이 없는 사항에 대하여 그것과 유사한 성질을 가지는 사항에 관한 법률을 적용하는 것을 뜻하는 것인바, 공직선거및선거부정방지법 제262조의 자수를 위와 같이 '범행발각 전의 자수'로 축소해석하는 것은 같은 법 제262조의 자수가 형법 제90조 제1항단서나 제101조 제1항 단서의 자수와 유사하다고 하여 공직선거및선거부정방지법상의 자수에 위 형법 각 조항을 적용 또는 준용하려는 것이 아니라, 공직선거및선거부정방지법 제262조의 "자수"라는 문언에 포함될 수 있는 여러 경우(즉 '범행발각 전의 자진출두', '범행발각 후의 자진출두' 등) 중에서 같은 법 제262조가 그 조항의 입법 취지와 목적, 다른 처벌규정과의 체계적 관련성에 의하여 내재적으로 한계지워져 있는 것을 풀이

함으로써 '범행발각 전의 자진출두'로 제한한 것에 불과하여 이는 다수의견이 주장하는 것처럼 제한적 유추해석이 아니라 목적론적 축소해석에 불과하므로 죄형법정주의의 파생원칙인 유추해석금지의 원칙에 위반되지 아니하는 것이다.

참조조문

[1] 공직선거및선거부정방지법 제262조, 형법 제52조, 국가보안법 제16조
[2] 공직선거및선거부정방지법 제230조 제1항, 제231조 제1항, 제257조 제2항, 제262조
[3] 공직선거및선거부정방지법 제262조

주 문

원심판결을 파기하고 사건을 서울고등법원에 환송한다.

이 유

1. 이 사건 공소사실의 요지

피고인은 1995. 3. 25. 당시 주소가 안양시 동구 비산1동이고 또 실제로 그 곳에 주민등록이 되어 있어 같은 해 6. 27. 실시되는 안양시의회의원 비산 1동 선거구의 선거인자격을 가진 이였던바, 위 선거구에서 시의원선거에 출마를 예정하고 있다가 실제로 출마한 공소외 1을 당선되게 할 목적으로 같은 해 3. 25.경 위 주소지에서 피고인이 의장으로 있는 정당 1비산 1동 협의회의 조직관리장 등을 동원하여 주기로 하고 그 활동비 명목으로 공소외 1의 선거사무장인공소외 2으로 부터 금 1,400,000원을 교부받고, 이어 같은 해 4. 5.경 금 1,400,000원을, 같은 해 6. 14.경 금 5,000,000원을 공소외 2으로 부터 같은 명목으로 각 교부받은 것이다.

2. 원심판결의 이유의 요지

원심판결은, 제1심이 든 증거와 기록에 의하여 수사기관에서 1995. 6. 22.경 위공소외 2등에 대한 수사를 통하여 같은 해 7. 14.경 피고인의 위 범행을 인지하고 피고인을 지명수배하는 한편, 같은 달 24. 및 같은 해 8. 24. 두 번에 걸친 피고인에 대한 구속영장까지 발부받아 집행하려 하였으나 피고인의 도피로 영장을 집행하지 못하여 같은 해 9. 25.자로 기소중지 하였는데 같은 해 10. 23. 피고인이 검찰청에 자진 출두하여 위 범행을 자백한 사실을 인정한 다음, 이 사건에 있어서 피고인이 수사기간에 자진 출두하여 범행을 자백한 행위는 다음과 같은 이유로 공직선거및선거부정방지법(이하 '공직선거법'이라 한다)상의 자수에 해당하지 아니함에도 불구하고 제1심이 같은 법 제262조에 따라 형의 면제를 선고한 조치는 법리를 오해한 것이라고 하여, 제1심판결을 파기하고 피고인에 대하여 형을 선고하였다.

가. 우리형법 제52조, 국가보안법 제16조나 공직선거법 제262조 등이 자수에 관하여 임의적이든 필요적이든 형의 감경 또는 면제의 사유로 삼는 이유는, 자수가 피고인이 개전의 정을 나타내는 징표가 된다는 측면과 다른 한편으로 자수가 범죄행위 및 범인의 발견과 처벌에 결정적으로 유용하다는 측면에 있는 것인바, 공직선거법 제262조가 형법 제52조나 국가보안법 제16조와는 달리 형의 필요적 면제사유로 규정하고 그 적용대상도 공직선거법 제230조 제1항, 제231조 제1항 또는 제257조 제2항의 규정에 위반한 자 중 금품이나 이익 등을 주거나 주기로 한 자는 제외하고 단지 받거나 받기로 한 자에 대하여만 차별적으로 형면제의 혜택을 주도록 법률로 규정한 취지는 금품제공행위 발견에 기여한 수령자에게 형면제라는 일종의 포상까지 주어서라도 금품제공행위를 근절하려는 데 있는 것이므로, 그 자수의 한계는 선거법위반행위의 발견에 유용한지 여부에 의하여 결정하여야 할 것이다.

그런데 최소한 이 사건에 있어서와 같이 피고인 및 관련 범죄자의 범죄사실이 모두 발견되었고 피고인에 대한 조사를 제외하고는 관련자에 대한 수사가 완료되었으며 피고인에 대한 구속영장까지 발부된 이후라고 한다면 자수가 범죄의 발견에 유용하다고 할 수 없으므로 이러한 자진 출두행위는 공직선거법상의 자수에 해당하지 아니한다.

나. 공직선거법 제262조는 모든 공직선거법 위반자에 대하여 적용되는 것이 아니라 위에서 든 세 가지 규정을 위반한 자 중에서 금품 등을 받거나 받기로 한 자에 대하여만 적용되기 때문에 이러한 자만을 차별하여 대우하는 결과가 된다.

그런데 그러한 차별의 합리적 근거는, 선거와 관련한 금품 등 수수의 경우 이를 받은 자가 말하지 않으면 거의 발견되지 아니하므로 금품 등을 받은 자가 자진하여 수사관서에 그 사실을 신고하면 그에 대하여는 형을 면제하여 자진신고를 유도하고 이에 의하여 금품 등을 준 자를 수사, 처벌함으로써 금품 등의 수수라는 선거와 관련한 대표적 부정행위를 방지하고 민주정치의 발전에 기여할 수 있다는 데 있는 것이므로, 선거부정의 발견에 아무런 도움이 되지 아니하는 경우까지 자수에 따른 차별을 적용하는 것은 헌법과 관련하여 문제가 있다.

다. 공직선거법 제262조의 자수를 위와 같이 축소해석하지 아니하면 다른 경로에 의하여 범죄사실이 전부 발견되었고 피고인 자신은 수사기관의 지명수배를 받아 피고인에 대한 구속영장까지 발부되었음에도 상당기간 도피하였다가 뒤늦게 수사기관에 자진 출두한 경우에도 피고인의 형을 무조건 면제하여야 하는 명백히 부당한 결과가 빚어지는바, 이는 공직선거법이 그 위반행위 중 몇 가지 특수한 경우에 대한 제재규정에서 자수라고 하는 일반개념을 제한 없이 사용함으로써 야기된 법률의 흠결이라고 할 것이므로 법원이 선거법상 자수에 내재되어 있는 본질적 한계인 국가적 유용성의 한계에 따라 그 자수의 범위를 목적론적으로 축소해석할 수 있다.

3. 상고이유에 대한 판단

가. 제2점에 대하여

원심이 제1심 판시 증거에 의하여 이 사건 범죄사실을 유죄로 인정한 조치를 기록에 비추어 살펴보면 정당한 것으로 수긍이 가고 거기에 소론과 같은 심리미진의 위법이 있다고 할 수 없다. 논지는 이유가 없다.

나. 제1점에 대하여

(1) 형법 제52조는 자수를 임의적 감면사유로 규정하고 있는데 1953. 9. 18. 우리 형법 제정 이전의 구형법(의용형법)에서는 자수는 "발각 전"이어야 한다는 시기적 제한을 두었으나, 현행 형법은 이런 제한을 삭제하였으므로 체포 전이라면 지명수배 후라도 자수에 해당한다(당원 1965. 10. 5. 선고 65도597 판결,1994. 5. 10. 선고 94도659 판결,1994. 9. 9. 선고 94도619 판결참조)고 할 것이다.

그리고 국가보안법 제16조 제1호는 "이 법의 죄를 범한 후 자수한 때"에는 형을 필요적으로 감면하도록 규정하고 있는바, 국가보안법상의 자수도 형법상의 자수와 동일한 것으로 해석되므로 범인의 발각 전후에 불구하고 체포되기 전에 자발적으로 수사기관에 범죄사실을 신고한 이상 자수로 보아야 할 것이다(당원 1968. 7. 30. 선고 68도754 판결참조).

한편 형법 제90조 제1항 단서, 제101조 제1항 단서, 제111조 제3항 단서, 제120조 제1항 단서, 제213조 단서는 내란 및 내란목적살인의 예비·음모, 외환의 예비·음모, 외국에 대한 사전(私戰)의 예비·음모, 폭발물사용의 예비·음모, 통화위조·변조, 외화위조·변조의 예비·음모에 관하여 "그 목적한 죄의 실행에 이르기 전에 자수한 때"에 형을 필요적으로 감면하도록 규정하고 있고, 또한 제153조, 제154조, 제157조는 위증, 모해위증, 허위감정·통역·번역 및 무고의 경우 “공술한 사건의 재판 또는 징계처분이 확정되기 전에 자수한 때”에는 형을 필요적으로 감면하도록 규정하고 있다.

자수에 관하여 형벌법규에서 위와 같이 특별한 취급을 하는 이유는, 첫째 범죄를 스스로 뉘우치고 개전의 정을 표시하는 것으로 보아 비난가능성이 약하다는 점, 둘째 자수를 하면 수사를 하는 데 용이할 뿐만 아니라 국가기관이 형벌권을 정확하게 행사할 수 있고, 따라서 죄 없는 자에 대한 처벌을 방지할 수 있다는 점에 있다.

그런데 위에서 본 바와 같이 우리의 형법이나 국가보안법 등이 자수에 대하여 형을 감면하는 정도를 그 입법 취지에 따라 달리 정하고 자수의 요건인 자수시기에 관하여도 각각 달리 정하고 있는 점으로 미루어 보면, 어느 죄에 관한 자수의 요건과 효과가 어떠한가 하는 문제는 논리 필연적으로 도출되는 문제가 아니라, 그 입법 취지가 자수의 위 두 가지 측면 중 어느 한쪽을 얼마만큼 중시하는지 또는 양자를 모두 동등하게 고려하는지에 따라 입법 정책적으로 결정되는 것임을 알 수 있는 것이다.

즉 발각 전의 자수와 발각 후의 자수를 같이 취급할 것인지 달리 취급할 것인지도 역시 범죄에 따라 논리 필연적으로 정하여지는 것이 아니라 입법정책적인 문제임을 알 수 있는 것이다.

그러므로 형법 제90조 제1항 단서 등의 경우와 같이 법률에 자수시기에 관하여 명시적 제한을 두지 아니하면 일응 체포 전에만 스스로 수사기관에 출두하여 범죄사실을 진술하면 자수에 해당한다고 보아야 할 것이다.

그런데 공직선거법 제262조가 제230조(매수 및 이해유도죄) 제1항등 금품이나 이익 등의 수수에 의한 선거부정관련 범죄에 대하여 자수한 경우에 필요적 형면제를 규정한 주된 입법 취지는, 이러한 범죄유형은 당사자 사이에 은밀히 이루어져 그 범행발견이 어렵다는 점을 고려하여 금품 등을 제공받은 사람으로 하여금 사실상 신고를 하도록 유도함으로써 금품 등의 제공자를 효과적으로 처벌하려는 데 있다고 할 것이므로, 이러한 입법 취지를 충분히 살리려면 그 범죄의 발각 전에 스스로 자수한 경우에 한하여 형면제의 혜택을 주는 것이 바람직한 입법이라고 생각되지만, 앞에서 본 바와 같이 자수의 시기의 제한문제 역시 입법정책의 문제이지 논리필연적인 문제는 아니므로, 위 조항에 형법 제90조 제1항 단서와 같은 자수시기의 제한에 관한 문구를 삽입하지 아니한 취지는 국가보안법 제16조의 경우와 같이 자수가 범행의 발각을 용이하게 한다는 점 외에 스스로 범행을 뉘우쳐 개전의 정을 보이는 것이라는 점도 중요하게 고려한 입법이라고 해석하는 것이 타당하고, 이를 가리켜 단정적으로 법률의 흠결이라고까지 말할 수는 없다.

그러므로 원심이 공직선거법 제262조가 자수의 시기에 관한 제한을 하지 아니한 것을 가리켜 법률의 흠결이라고 단정한 것은 잘못이라고 할 것이다.

(2) 앞에서 본 바와 같이 공직선거법 제262조가 자수의 시기에 관하여 제한을 규정하지 아니한 것이 원심의 판단과 같이 비록 법률의 흠결은 아니라고 하더라도 바람직한 입법이 아님은 분명하다고 할 것인바, 그러면 법원이 법률해석을 통하여 이러한 제한을 도출할 수 있을 것인가?

형벌법규의 해석에 있어서 법규정 문언의 가능한 의미를 벗어나는 경우에는 유추해석으로서 죄형법정주의에 위반하게 된다(당원 1994. 12. 20.자 94모32 전원합의체 결정참조).

그리고 유추해석금지의 원칙은 모든 형벌법규의 구성요건과 가벌성에 관한 규정에 준용되는데(당원 1992. 10. 13. 선고 92도1428 전원합의체 판결참조),위법성 및 책임의 조각사유나 소추조건에 관하여 그 범위를 제한적으로 유추적용하게 되면 행위자의 가벌성의 범위는 확대되어 행위자에게 불리하게 되는바, 이는 가능한 문언의 의미를 넘어 범죄구성요건을 유추적용하는 것과 같은 결과가 초래되므로 죄형법정주의의 파생원칙인 유추해석금지의 원칙에 위반하여 허용될 수 없다고 할 것이다.

형의 면제는 유죄로는 인정하되 형벌만을 과하지 아니하는 것으로서 처벌을 조각하는 사유라고 할 것인바, 형면제 사유에 관하여도 위의 경우와 같이 법규정의 문언보다 축소하는 제한적 유추적용을 하게 되면 처벌되는 범위가 확대되어 행위자에게 불리하게 되므로 허용될 수 없다고 보아야 할 것이다.

그런데 공직선거법 제262조의 요건에 "자수"라는 단어 외에 '범행발각 전'이라는 제한은 전혀 포함되어 있지는 아니하고, 앞에서 본 바대로 형법 제52조나 국가보안법 제16조 제1호에서도 공직선거법 제262조에서와 같이 모두 "자수"라는 단어를 사용하고 있는데 형법 제52조나 국가보안법 제16조 제1호의 "자수"에는 범행이 발각되고 지명수배된 후의 자진출두도 포함되는 것으로 판례가 해석하고 있으므로 이것이 "자수"라는 단어의 관용적 용례라고 할 것이다.

또한 앞에서 본 바와 같이 우리형법 제90조 제1항 단서, 제111조 제3항 단서 등에서 "그 목적한 죄의 실행에 이르기 전에 자수"한 경우에 형을 필요적으로 감면하도록 규정하고 있는데, 만일 "자수"라는 단어 속에 '그 범죄에 관하여 자수에 따른 혜택을 줄 수 있는 시간적 제한'이라는 개념이 포함되어 있다면 "자수"라는 단어의 해석에 의하여 "그 목적한 죄의 실행에 이르기 전"이라는 개념이 도출될 수 있을 것이므로 굳이 이를 명문으로 규정하지 아니하였을 것이라고 생각된다.

그러므로 이러한 점에 비추어 보면 우리 형법의 입법자는 "자수"라는 단어를 이러한 개념이 포함되는 의미로 사용하지 아니하였기 때문에 위와 같은 형식의 입법을 한 것으로 해석하는 것이 합리적이다.

그러므로 공직선거법 제262조의 "자수"를 '범행발각 전에 자수한 경우'로 한정하는 풀이는 "자수"라는 단어가 통상 관용적으로 사용되는 용례에서 갖는 개념 외에 '범행발각 전'이라는 또 다른 개념을 추가하는 것으로서 결국은 '언어의 가능한 의미'를 넘어선 것이라 할 것이므로, 이는 앞서 본형법 제90조 제1항 단서, 제101조 제1항 단서 등으로부터의 유추를 통하여 공직선거법 제262

조의 "자수"의 범위를 그 문언보다 제한함으로써 공직선거법 제230조 제1항등의 처벌범위를 실정법 이상으로 확대한 것이라고 할 것이다.

따라서 이는 원심의 설시와 같이 단순한 목적론적 축소해석에 그치는 것이 아니라, 형면제 사유에 대한 제한적 유추를 통하여 처벌범위를 실정법 이상으로 확대한 것으로서 죄형법정주의의 파생원칙인 유추해석금지의 원칙에 위반된다고 할 것이다.

(3) 형법 제52조나 국가보안법 제16조등이 자수가 범행발각 전후에 행하여졌는지를 구분하지 아니하고 임의적 또는 필요적으로 형을 감면하도록 한 것은 위에서 본 바와 같이 합리적 입법 취지에 기초한 것이므로 입법자의 재량행사로서 헌법상 아무런 문제가 없는 것과 마찬가지로, 공직선거법 제262조가 같은 법 제230조 제1항등 3개 조항의 위반자 중 금품 등의 수령자에 대하여만 자수의 시기에 관계없이 필요적 형면제를 규정한 것 역시 앞에서 본 바와 같이 바람직한 입법인지는 별론으로 하고 그 나름대로의 이유와 근거가 있는 이상 입법재량을 일탈하여 헌법위반의 문제를 초래한다고까지 말할 수는 없다.

그러므로 원심과 같이 공직선거법 제262조를 제한적 유추적용하지 아니한다고 하여도 헌법위반의 문제는 생기지 아니한다.

(4) 결국 원심이 공직선거법 제262조의 자수를 범행발각 전에 한 것에 한정되는 것으로 해석하여 피고인의 이 사건 자진출두 및 범죄신고 행위가 위 조항 소정의 자수에 해당하지 아니한다고 판단한 것은 죄형법정주의의 파생원칙인 유추해석금지의 원칙에 위반하고 공직선거법 제262조의 자수에 관한 법리를 오해하여 판결의 결과에 영향을 미친 위법을 저지른 것이라고 할 것이므로 이를 지적하는 상고논지는 이유가 있다.

(5) 그러므로 원심판결을 파기하고 사건을 다시 심리·판단하게 하기 위하여 원심법원에 환송하기로 대법관 박만호를 제외한 관여 법관의 의견이 일치되어

주문과 같이 판결한다.

대법관 박만호의 상고이유 제1점에 대한 반대의견은 다음과 같다.

상고이유 제1점에 관하여 다수의견과는 달리공직선거법 제262조의 자수는 범행발각 전의 자수로 한정하여 축소해석함으로써 피고인에 대하여 형을 선고한 원심판결은 정당하다고 인정되는바, 그 이유는 다음과 같다.

1. 원심이 적절히 설시하고 있는 바와 같이 자수에 관하여 우리 형사관계법은, 첫째로 형법 제52조와 같이 자수를 형의 임의적 감경 또는 면제사유로 규정하는 경우, 둘째로 국가보안법 제16조와 같이 자수를 형의 필요적 감경 또는 면제사유로 삼는 경우와 셋째로 공직선거법 제262조와 같이 자수를 형의 필요적 면제사유로 규정하고 있는 경우의 세 가지로 달리 취급하고 있는바, 공직선거법 제262조가형법 제52조나 국가보안법 제16조와는 달리 형의 필요적 면제사유로 규정하고 그 적용대상도 공직선거법 제230조 제1항, 제231조 제1항 또는 제257조 제2항의 규정에 위반한 자 중 금품이나 이익 등을 주거나 주기로 한 자는 제외하고 단지 받거나 받기로 한 자에 대하여만 차별적으로 형면제의 혜택을 주도록 법률로 규정한 취지는, 선거부정을 위한 금품 등의 제공행위는 수수자 사이에 은밀히 이루어져 통상 그 범행의 발견이 수령자의 자수가 없는 한 지극히 어렵기 때문에 자수를 통하여 범행의 발견에 기여한 수령자에게 형면제라는 특혜를 주어서라도 스스로 범행을 밝히게 함으로써 선거부정을 위한 금품 등의 제공행위를 근절하려는 데 있는 것이므로, 그 자수는 선거법위반행위의 발견 전에 행하여진 것에 한정된다고 해석하지 않으면 안 된다.

만일공직선거법 제262조의 자수를 이렇게 해석하지 아니하고 그 시기에 있어서 제한 없이 체포 전에만 하면 이에 해당하여 형이 필요적으로 면제된다고 해석하게 되면, 이 사건의 경우와 같이 이미 금품제공자 등 다른 관련자에 대한 수사를 통하여 금품을 수령한 피고인의 범행이 전부 밝혀지고 구속영장까지 발부되었으나 피의자의 도피로 인한 소재불명으로 기소중지가 된 상태에서 뒤늦게 수사기관에 자진 출두하여 범행을 자백하여도 형을 면제하지 않으면 아니되는 불합리한 결과가 초래되는바, 이러한 결과는 첫째 피고인이 범행발견에 아무런 기여를 한 바가 없음에도 불구하고 제262조의 특혜를 주는 것이 되어 앞에서 본 바와 같이 제262조가 자수에 대하여 형의 필요적 면제를 규정한 입법 취지에 반하고, 둘째 범죄와 형벌의 균형에 관한 국민 일반의 법감정에 맞지 않아 정의와 형평에도 현저히 반하는 것이며, 셋째 공직선거법 제262조가 제230조 제1항 등 3개 범죄의 위반행위자 중 금품 등의 수령자에 한하여만 자수의 경우 형을 필요적으로 면제하는 합리적 이유는 위와 같이 범행발각이 극히 어려운 위 범행에 대하여 자수가 범행발견에 결정적 기여를 한다는 데 있는 것인바, 범행발견에 전혀 기여한 바 없는 범행발각 후의 자진출두까지 자수에 포함시키게 되면, 형법 제52조에 의하여 형이 임의적으로 감경되는 다른 범죄의 자수자, 특히 공직선거법 제230조 제1항 등 3개 죄의 금품 등의 제공범행을 한 후 자수한 자와는 달리, 위 3개 범죄의 범행을 하고 범행발각 후에 자수한 자만 아무런 합리적 이유도 없이 필요적 형면제라는 차별적 특혜를 받게 되므로, 이는 헌법 제11조 제1항의 평등위반이라는 위헌의 소지도 있게 되는 것이다.

그러므로 공직선거법 제262조의 자수를 그 입법 취지와 목적에 비추어 위 규정과 형의 필요적 면제의 대상이 되지 아니하는 공직선거법상의 다른 처벌 규정 등을 전체적, 종합적으로 헌법에 합치되게 해석하려면 '범행발각 전에 수사기간에 자진출두하여 자백한 경우'만을 의미하는 것으로 해석하여야 되는 것이다.

2. 다수의견은 입법정책론으로서는 공직선거법 제262조의 자수를 범행발각 전의 자수로 제한하는 것이 바람직하다고 하면서도 현행법의 규정을 위와 같이 해석하는 것은 유추해석으로서 죄형법정주의의 파생원칙인 유추해석금지의 원칙에 위반되어 불가능하다고 한다.

유추해석이란 법률에 규정이 없는 사항에 대하여 그것과 유사한 성질을 가지는 사항에 관한 법률을 적용하는 것을 뜻하는 것인바, 공직선거법 제262조의 자수를 '범행발각 전의 자수'로 축소해석하는 것은 공직선거법 제262조의 자수가 형법 제90조 제1항 단서나 제101조 제1항 단서의 자수와 유사하다고 하여 공직선거법상의 자수에 위 형법 각 조항을 적용 또는 준용하려는 것이 아니라, 공직선거법 제262조의 "자수"라는 문언에 포함될 수 있는 여러 경우(즉 '범행발각 전의 자진출두', '범행발각 후의 자진출두' 등) 중에서 앞에서 본 바와 같이 공직선거법 제262조가 그 조항의 입법 취지와 목적, 다른 처벌규정과의 체계적 관련성에 의하여 내재적으로 한계지워져 있는 것을 풀이함으로써 '범행발각 전의 자진출두'로 제한한 것에 불과하여 이는 다수의견이 주장하는 것처럼 제한적 유추해석이 아니라 목적론적 축소해석에 불과하므로 죄형법정주의의 파생원칙인 유추해석금지의 원칙에 위반되지 아니하는 것이다.

3. 그런데 이 사건 피고인은공직선거법 제130조 제1항의 금품수령범행 후 도피하였다가 다른 관련자들에 대한 수사를 통하여 그 범행이 밝혀져 수사기관에 의하여 지명수배되고 구속영장까지 발부되었으나 피고인의 소재불명으로 기소중지된 후에 뒤늦게 검찰청에 자진출두한 것이므로 공직선거법 제262조의 자수를 한 것에 해당하지 아니한다고 할 것이다.

그러므로 이와 같이 보아 피고인에 대하여 형을 선고한 원심판결은 정당하고 피고인의 상고는 이유가 없으므로 이를 기각함이 마땅하다 할 것이다.

(판결에 대한 평가)

관련조문

구 공직선거및선거부정방지법(일부개정 1997.1.13 법률 제5262호)

제262조 (자수자에 대한 특예): 제230조(매목 및 이해유도죄)제1항· 제231조(재산상의 이익목적의 매수 및 이해유도죄) 제1항 및 제257조(기부행위의 금지제한등 위반죄) 제2항의 규정에 위반한 자중 금전·물품 기타 이익 등을 받거나 받기로 승낙한 자(후보자와 그 가족·선거사무장·선거연락소장·선거사무원·회계책임자·연설원·참관인·정당의 간부 또는 사위의 방법으로 이익 등을 받거나 받기로 승낙한 자를 제외한다)가 자수한 때에는 그 형을 면제한다. <개정 1995·4·1>[1)]

1) 자수에 관하여 형벌법규에서 위와 같이 특별한 취급을 하는 이유는, 첫째 범죄를 스스로 뉘우치고 개전의 정을 표시하는 것으로 보아 비난가능성이 약하다는 점, 둘째 자수를 하면 수사를 하는 데 용이할 뿐만 아니라 국가기관이 형벌권을 정확하게 행사할 수 있고, 따라서 죄 없는 자에 대한 처벌을 방지할 수 있다는 점에 있다. 그런데 위에서 본 바와 같이 우리의 형법[2)]이나 국가보안법[3)] 등이 자수에 대하여 형을 감면하는 정도를 그 입법취지에 따라 달리 정하고 자수의 요건인 자수시기에 관하여도 각각 달리 정하고 있는 점으로 미루

---

1) 본 조항은 이후 개정절차를 거치게 되었고, 본 사안에서 문제화되었던 '필요적 형면제' 부분도 '필요적 형감면으로 변경되었다. - 공직선거및선거부정방지법(일부개정 2000.2.16 법률 제6265호) 제262조 (자수고에 대한 특예) : ①제230조(매목 및 리해유도죄)제1항·제231조(재산상의 리익목적의 매수 및 리해유도죄)제1항 및 제257조(기부행위의 금지제한등 위반죄)제2항의 규정에 위반한 자중 금전·물품 기타 이익등을 받거나 받기로 승낙한 자(후보자와 그 가족·선거사무장·선거연락소장·선거사무원·회계책임자·연설원·참관인·정당의 간부 또는 사위의 방법으로 이익등을 받거나 받기로 승낙한 자를 제외한다)가 자수한 때에는 그 형을 감경 또는 면제한다.<개정 1995·4·1, 2000.2.16.>

2) 형법 제52조 (자수, 자복)
① 죄를 범한 후 수사책임이 있는 관서에 자수한 때에는 그 형을 감경 또는 면제할 수 있다.

3) 국가보안법 제16조 (형의 감면) 다음 각호의 1에 해당한 때에는 그 형을 감경 또는 면제한다.
1. 이 법의 죄를 범한 후 자수한 때

어 보면, 어느 죄에 관한 자수의 요건과 효과가 어떠한가 하는 문제는 논리필연적으로 도출되는 문제가 아니라, 그 입법취지가 자수의 위 두 가지 측면 중 어느 한쪽을 얼마만큼 중시하는지 또는 양자를 모두 동등하게 고려하는지에 따라 입법정책적으로 결정되는 것임을 알 수 있는 것이다. 즉 발각 전의 자수와 발각 후의 자수를 같이 취급할 것인지 달리 취급할 것인지도 역시 범죄에 따라 논리필연적으로 정하여지는 것이 아니라 입법정책적인 문제임을 알 수 있는 것이다. 그러므로 형법 제90조 제1항 단서[4)] 등의 경우와 같이 법률에 자수시기에 관하여 명시적 제한을 두지 아니하면 일응 체포 전에만 스스로 수사기관에 출두하여 범죄사실을 진술하면 자수에 해당한다고 보아야 할 것이다.

2) 그런데 공직선거법 제262조가 제230조(매수 및 이해유도죄) 제1항 등 금품이나 이익 등의 수수에 의한 선거부정관련 범죄에 대하여 자수한 경우에 필요적 형면제를 규정한 주된 입법취지는. 이러한 범죄유형은 당사자 사이에 은밀히 이루어져 그 범행발견이 어렵다는 점을 고려하여 금품 등을 제공받은 사람으로 하여금 사실상 신고를 하도록 유도함으로써 금품 등의 제공자를 효과적으로 처벌하려는 데 있다고 할 것이므로, 이러한 입법취지를 충분히 살리려면 그 범죄의 발각 전에 스스로 자수한 경우에 한하여 형면제의 혜택을 주는 것이 바람직한 입법이라고 생각되지만, 앞에서 본 바와 같이 자수의 시기의 제한문제 역시 입법정책의 문제이지 논리필연적인 문제는 아니므로, 위 조항에 형법 제90조 제1항 단서와 같은 자수시기의 제한에 관한 문구를 삽입하지 아니한 취지는 국가보안법 제16조의 경우와 같이 자수가 범행의 발각을 용이하게 한다는 점 외에 스스로 범행을 뉘우쳐 개전의 정을 보이는 것이라는 점도 중요하게 고려한 입법이라고 해석하는 것이 타당하고, 이를 가리켜 단정적으로 법률의 흠결이라고까지 말할 수는 없다.

---

4) 형법 제90조 (예비, 음모, 선동, 선전)
① 제87조 또는 제88조의 죄를 범할 목적으로 예비 또는 음모한 자는 3년이상의 유기징역이나 유기금고에 처한다. 단, 그 목적한 죄의 실행에 이르기 전에 자수한 때에는 그 형을 감경 또는 면제한다.

3) "법률의 흠결"의 존재여부는 방법론상 대단히 중요하다. 그 이유는 법률의 흠결이 없으면 법관은 해석을 통해 법문언의 가능한 의미로부터 해당 사안에 대한 법적 결정을 발견하기만 하면 되지만, 반면 법률의 흠결이 있으면 이를 보충할 방법을 궁리해야 될 뿐만 아니라 그것의 정당성 여부도 동시에 검토해야 하기 때문이다. 물론 법률의 흠결의 확정은 해석의 결과에 따라 함께 결정되기 때문에 해석에 앞서 법률의 흠결을 미리 확인하기는 힘들다. 그렇다면 여기서 문제된 사안의 경우 과연 "법률의 흠결"이 존재하는가?

대법원의 다수의견과 반대의견 모두 법률의 흠결을 인정하고 있는 것 같다. 왜냐하면 어느 입장에 따르건 간에 제262조의 "자수"를 범행발각 전으로 한정하지 않게 되면 법의 본래적인 목적과는 달리 범죄자를 유리하게 만드는 결과를 가져온다고 생각하기 때문이다. 다만 각 의견의 차이점은 다음과 같은 개념적인 차원에 놓여 있다. 즉 원심판결이 이를 명시적으로 "법률의 흠결"이라고 명명하는 반면, 대법원의 다수의견은 이를 법률의 흠결은 아니지만 "바람직한 입법"은 아니라고 하고 또한 반대의견은 이에 대해 아예 언급조차 하지 않는다. 그러나 법률의 흠결의 존재여부는 법발견과 법형성을 서로 구분짓는 한계점이기 때문에, 법학방법론상 바람직한 견해는 원심판결과 같이 "법률의 흠결"을 정면으로 인정하는 것이다. 왜냐하면 그렇게 되어야만 애당초 허용되는 법발견과 다시금 그 정당화 근거를 제시해야만 하는 법형성이 분명히 드러나기 때문이다.

4) 법률의 흠결을 인정한다면, 그것은 "명시적인 흠결"인가 아니면 "은폐된 흠결"인가? 먼저 공직선거법 제262조는 "자수"라는 넓은 개념을 사용함으로써 범행발각 후의 자수에 대해서도 규율을 하고 있기 때문에 "명시된 흠결"은 될 수 없다. 그러므로 여기서의 흠결은 다음과 같은 점에서 "은폐된 흠결"로 보아야 할 것이다. 먼저 "법의 목적"을 고려할 때, 공직선거법은 범행발각 후의 자수에 대해서도 반드시 형을 필요적으로 면제하자는 것은 아닐 것이다. 왜냐하면 그렇게 되면 범행발견에 아무런 기여를 한 바가 없음에도 불구하고 반드시 형을 면제해 주어야 하기 때문이다. 더 나아가 만약 "자수"가 단순히 입법정책상의 문제라고 하더라도, 이렇듯 불공평한 법적 대응책은 후술하는 바와 같이

전체 법질서의 체계적인 연관성도 별로 부합되지 않는다. 이 점은 바로 입법자의 "계획과는 어긋나는 불완전성", 즉 법률의 흠결에 해당한다. 그러나 법률의 규정 자체는 이와 같은 예외적인 사안에 대해서도 명시적으로 규율하고 있으므로 여기서는 바로 "은폐된 흠결"이 문제가 된다.

요컨대 대법원의 다수의견이나 반대의견 모두가 지니는 첫 번째 문제점은 "법률의 흠결"을 명시적으로 인정하고 있지 않다는 것이다. 그러나 이 점은 방법론상 대단히 중요한데, 왜냐하면 법률의 흠결이 존재할 경우 이것을 법관이 마음대로 해석에 의해 보충할 수는 없기 때문이다. 더욱이 형법과 같이 죄형법정주의 원칙이 있는 경우에는 더더욱 그러하다.

5) 법률의 흠결이 존재한다면, 법관은 이에 대한 보충방법을 심각하게 궁리해 보아야 할 것이다. 그렇다면 먼저 이 사안에서는 어떤 보충방식이 문제되는가? 이미 원심판결과 대법원의 소수의견이 적절하게 지적한 바와 같이, 여기에서는 "목적론적 축소"에 의한 흠결보충이 문제가 된다. 구체적으로 말해, 이 사안과 같이 범행발각 후에 수사기관에 범행을 자수하는 경우는 입법자의 의사나 혹은 법의 목적과는 일치되지 않는 예외적인 상황이다. 왜냐하면 제262조가 "자수"에 대해 필요적으로 형을 면제하는 것은 무엇보다도 범행발견에 대한 범죄자의 기여를 법적으로 보상하려는 것이기 때문이다. 그러나 이 사안과 같이 이미 범행이 수사기관에 의해 발각된 경우에까지 단순히 범행을 스스로 밝혔다는 사실만을 가지고 형을 필요적으로 면제하는 것은 부당할 것이다. 따라서 "다른 것은 다르게"라는 원칙에 의해 공직선거법 제262조의 적용범위를 "법의 목적"에 따라 축소시키는 것, 즉 "목적론적 축소"가 여기서는 문제가 된다. 바로 이런 이유에서 원심판결과 대법원의 반대의견이 모두 "목적론적 축소"를 명시적으로 언급하는 것은 방법론상으로 타당한 태도이다. 물론 이 두 입장은 "목적론적 축소"를 "목적론적 축소해석"으로 잘못 파악하기는 한다.

6) "목적론적 축소"에 의한 "법형성"의 정당성 여부

이제 남은 방법론상의 문제는 "목적론적 축소"를 통해 법률의 흠결을 보충하는 것이 형법상 과연 정당화될 수 있는가이다. 이미 언급한 바와 같이 죄형법

정주의의 파생원칙인 "유추금지"는 피고인에게 불리한 경우에만 법형성을 금지하고 있지 피고인에게 유리한 법형성은 허용된다. 왜냐하면 "유추금지"는 다시금 법치국가의 신뢰보호원칙에 그 근거를 두고 있는데, 국가형벌권의 확장은 이 원칙에 저촉되지만, 반면 국가형벌권의 축소는 이 원칙에 위배되지 않기 때문이다. 그렇다면 이제 "자수"개념을 "범행발각 전"에 한정하는 "목적론적 축소"에 의한 것은 형법상 정당화될 수 있는가?

첫째, 대법원의 반대의견은 "목적론적 축소"라는 것을 마치 허용되는 "법발견", 즉 "축소해석"으로 간주하는 듯하다. 사실상 얼핏 보기에 "자수" 개념을 "범행발각 전"으로 국한시키는 것은 자수라는 "언어의 가능한 의미" 안에 있기 때문에 "축소해석"처럼 보일 수도 있다. 그러나 이와 같이 자수개념을 파악하는 것은 단순히 법의 목적이나 입법자의 의사 등을 "전체적 · 종합적"으로 고려해서 "언어의 가능한 의미"를 구체화한 것 이상의 것이다. 달리 말해, 이 사안의 경우는 전형적인 "은폐된 흠결"이 존재하고, 따라서 목적론적 축소에 의한 법률의 흠결의 보충이 정당화될 수 있는가의 문제는 아직도 남아 있는 것이다.

둘째, 방법론적으로는 이보다 한발 자국 앞선 견해가 원심의 결정이다. 즉 이에 의하면, "법률의 흠결"은 법원이 해석에 의해 보충할 수 있다는 것이다. 그러나 이미 언급한 바와 같이 이에 대해서는 다음과 같은 비판이 뒤따른다. 즉 민사법과는 달리 형법에 대해서는 "유추금지"라는 죄형법정주의의 파생원칙이 있기 때문에, 적어도 피고인에게 불리한 국가형벌권의 확장은 정당화되기 힘들다는 것이다. 그러나 이 사례의 경우 "자수"라는 개념을 법의 목적에 맞춰 축소시킴으로써 결국 가벌성의 범위가 확대된다. 따라서 이렇듯 피고인에게 불리한 해석은 형법상 죄형법정주의 원칙에 위배될 소지가 많다는 것이다. 요컨대 원심판결의 방법론상 중대한 문제점은 별다른 근거를 제시하지 않은 채 목적론적 축소를 법원이 해석에 의해 당연히 감행할 수 있다고 믿는 데에 있다.

셋째, 비록 법률의 흠결을 명시적으로 인정하지는 않지만, 대법원의 다수의견이 지니는 장점은 "법문언의 가능한 의미"를 넘어서는 해석이 형법상 유추금지 원칙에 위배된다고 파악하는 데에 있다. 그러나 이 결론을 근거짓는 논증방식에 대해서는 다음과 같은 문제가 있다. 우선, 대법원의 다수의견도 반대의견과 같이 "목적론적 축소"를 일종의 허용되는 "축소해석"으로 간주한다는 것이다. 그러나 양자는 그 논증구조뿐만 아니라 그 정당성 여부에 관해서도 현저하게 다르다. 더 나아가, "자수"를 "범행발각 전"으로 축소시키는 것을 "제한유추"라고 명명한다는 것이다. 목적론적 축소가 형법상 유추금지에 반한다는 점을 강조하기 위해 이런 개념을 사용했다는 사정을 이해 못할 바는 아니나, "제한 유추"라는 개념은 법학방법론상 사용되지 않는 개념일 뿐만 아니라, 또한 "유추"와 "목적론적 축소"는 그 논증구조가 서로 대칭적이다. 즉 유추는 "유사성"을 중심으로 해당 법규범의 적용범위를 확대시키는 것인 반면, 목적론적 축소는 "차별성"을 기준으로 해서 예외적 사례를 해당 법규범으로부터 배제시키는 논증구조를 지닌다. 요컨대 대법원의 다수의견의 또 다른 문제점은 자신의 견해를 법학방법론상 통용되지도 않은 개념을 원용해서 근거지운다는 것이다.

이상에서 언급한 것을 종합한다면, 방법론적인 관점에서 대법원의 다수의견은 다음과 같은 문제점을 지닌다.

① 형사정책적으로 불합리한 결과를 인정하면서도 -아마도 해당 사안에 대한 명시적인 법규정이 존재한다는 이유로- "은폐된 법률의 흠결"을 인정하지 않고 있다.

② 형법상 유추금지 원칙에 의하면 "유추"와 "목적론적 축소"에 의한 법흠결의 보충이 모두 문제의 소지가 있는 방식임에도 불구하고 "목적론적 축소"는 유추와 달리 마치 허용되는 것인 양 논의를 편다. 즉 이 양자는 형법상 죄형법정주의라는 관점에서는 아무런 차이가 없다.

③ 법이론적인 관점에서 볼 때 "유추"와 "목적론적 축소"는 그 논증구조가 다름에도 불구하고 "목적론적 축소"를 유추의 한 방식으로 보아 "제한유추"라는 생소한 개념을 만들어 낸다. 즉 이 양자는 법학방법론적인 측면에서는 서로 엄밀히 구별되는 개념이다.

12. 상습범판결

(대법원 2004. 9. 16. 선고 2001도3206 전원합의체 판결)

판시사항

[1] 상습으로 저질러진 수개의 범죄의 죄수관계(=포괄일죄)

[2] 상습범으로서 포괄적 일죄의 관계에 있는 여러 개의 범죄사실 중 일부에 대하여 유죄판결이 확정된 경우, 그 확정판결의 사실심판결 선고 전에 저질러진 나머지 범죄에 대하여 면소판결을 선고하기 위한 요건

판결요지

[1] [다수의견] 상습성을 갖춘 자가 여러 개의 죄를 반복하여 저지른 경우에는 각 죄를 별죄로 보아 경합범으로 처단할 것이 아니라 그 모두를 포괄하여 상습범이라고 하는 하나의 죄로 처단하는 것이 상습범의 본질 또는 상습범 가중처벌규정의 입법취지에 부합한다.

[별개의견] 원래 '상습성'이란 '행위자의 속성'이라는 점에는 학설·판례상 이론이 없고 다수의견도 이를 받아들이고 있는바, 이는 곧 단 한번 저질러진 범행이라도 그것이 상습성의 발현에 의한 것이라면 상습범이 된다는 것이어서

상습범이 성립하기 위하여는 반드시 수개의 범행이 반복될 것을 그 구성요건 요소로 하거나 예정하고 있는 것은 아니므로 상습성이 발현된 수개의 범행이 있는 경우에 각개의 범행 상호간에 보호법익이나 행위의 태양과 방법, 의사의 단일 또는 갱신 여부, 시간적·장소적 근접성 등 일반의 포괄일죄 인정의 기준이 되는 요소들을 전혀 고려함이 없이 오로지 '상습성'이라는 하나의 표지만으로 곧 모든 범행을 하나로 묶어 포괄하여 일죄라고 할 수는 없으므로 수개의 상습사기 범행은 원칙으로 수개의 죄로 보아야 한다.

[2] [다수의견] 상습범으로서 포괄적 일죄의 관계에 있는 여러 개의 범죄사실 중 일부에 대하여 유죄판결이 확정된 경우에, 그 확정판결의 사실심판결 선고 전에 저질러진 나머지 범죄에 대하여 새로이 공소가 제기되었다면 그 새로운 공소는 확정판결이 있었던 사건과 동일한 사건에 대하여 다시 제기된 데 해당하므로 이에 대하여는 판결로써 면소의 선고를 하여야 하는 것인바(형사소송법 제326조 제1호), 다만 이러한 법리가 적용되기 위해서는 전의 확정판결에서 당해 피고인이 상습범으로 기소되어 처단되었을 것을 필요로 하는 것이고, 상습범 아닌 기본 구성요건의 범죄로 처단되는 데 그친 경우에는, 가사 뒤에 기소된 사건에서 비로소 드러났거나 새로 저질러진 범죄사실과 전의 판결에서 이미 유죄로 확정된 범죄사실 등을 종합하여 비로소 그 모두가 상습범으로서의 포괄적 일죄에 해당하는 것으로 판단된다 하더라도 뒤늦게 앞서의 확정판결을 상습범의 일부에 대한 확정판결이라고 보아 그 기판력이 그 사실심판결 선고 전의 나머지 범죄에 미친다고 보아서는 아니 된다.

[반대의견] 포괄일죄인 상습사기죄의 일부에 관하여 유죄의 확정판결이 있더라도 단순사기죄로 처벌된 것인가, 상습사기죄로 처벌된 것인가에 따라 기판력이 미치는 범위가 달라진다고 하는 다수의견에는 다음과 같은 이유로 찬성할 수 없는바, 첫째 다수의견은 공소불가분의 원칙을 규정하고 있는 형사소송법 제247조 제2항과 일사부재리의 원칙을 규정하고 있는 헌법 제13조 제1항 후단 및 형사소송법 제326조 제1호에 반하는 것으로, 다수의견이 기존에 확립된 판례를 변경하는 것은 법령의 해석·적용에 관하여 선택할 수 있는 여러 견해 중

하나를 선택하는 차원의 범위를 넘어선 것이고, 둘째 후에 공소제기된 사건에 관하여 확정판결이 있었는지 여부는 그 사건의 공소사실의 전부 또는 일부에 대하여 이미 판결이 있었는지 여부의 문제이고, 이는 전의 확정판결의 죄명이나 판단내용에 의하여 좌우되는 것이 아니므로 이론상으로도 전의 확정판결에서 단순사기죄로 판단한 것의 구속력을 인정할 여지는 없고, 단순사기죄의 확정판결에 그와 같은 내용적 확정력을 인정할 법령상의 근거 역시 찾아볼 수 없으며, 셋째 다수의견이 기판력이 미치는 범위를 기본적으로 공소장 기재 사실을 한도로 하는 것은 소인개념을 채택하고 있지 아니하는 현행법상으로는 무리한 해석이다.

참조조문

[1] 형법 제37조, 제347조, 제351조/ [2]형법 제37조, 제347조, 제351조, 형사소송법 제247조 제2항, 제326조 제1호, 헌법 제13조 제1항

주 문

원심판결을 파기하고 사건을 서울중앙지방법원 합의부에 환송한다.

이 유

1. 원심은, 이 사건 공소사실 중, 전에 사기죄로 유죄판결(인천지방법원 부천지원 1998. 3. 6. 선고 97고단1587 판결)이 확정된 사건의 사실심 선고 전에 저질러진 부분, 즉 피고인이 1996. 12. 30.부터 1998. 1. 17.까지 사이에 피해자 여러 명으로부터 그 판시와 같이 신공항구조물공사 동업자금, 공사현장 식당경비와 운영권 명목, 또는 토지분양대금 명목 등으로 합계 1억 원 남짓의 금원을 편취하였다는 각 사기범행 부분에 대하여, 판결이 확정된 범죄사실과 위 공소사실 부분은 그 범행의 동기, 수단 및 방법이 유사하고 2년여 기간 동안에 반복하여 행하여진 점 등에 비추어 각 사기 범행은 모두 피고인의 사기 습벽의 발현에 의하

여 저질러진 범행이라고 할 것이어서 다 같이 포괄일죄인 상습사기죄에 해당하므로, 위 확정판결의 기판력이 그와 포괄일죄의 관계에 있는 위 공소사실 부분에 대하여도 미친다고 판단하여 위 공소사실 부분에 대한 제1심의 면소판결을 유지하고 검사의 항소를 기각하였다.

2. 그러나 원심의 판단은 다음과 같은 이유로 수긍할 수 없다.

가. 상습범이라 함은 어느 기본적 구성요건에 해당하는 행위를 한 자가 그 범죄행위를 반복하여 저지르는 습벽 즉 상습성이라는 행위자적 속성을 갖추었다고 인정되는 경우에 이를 가중처벌 사유로 삼고 있는 범죄유형을 가리킨다. 그리고 이러한 상습성을 갖춘 자가 여러 개의 죄를 반복하여 저지른 경우에는 각 죄를 별죄로 보아 경합범으로 처단할 것이 아니라 그 모두를 포괄하여 상습범이라고 하는 하나의 죄로 처단하는 것이 상습범의 본질 또는 상습범 가중처벌규정의 입법취지에 부합한다는 점은 일찍부터 대법원이 견지하여 온 견해이다(대법원 1978. 2. 14. 선고 77도3564 전원합의체 판결 등 다수).

나. 상습범으로서 포괄적 일죄의 관계에 있는 여러 개의 범죄사실 중 일부에 대하여 유죄판결이 확정된 경우에, 그 확정판결의 사실심판결 선고 전에 저질러진 나머지 범죄에 대하여 새로이 공소가 제기되었다면 그 새로운 공소는 확정판결이 있었던 사건과 동일한 사건에 대하여 다시 제기된 데 해당하므로 이에 대하여는 판결로써 면소의 선고를 하여야 하는 것인바(형사소송법 제326조 제1호), 다만 이러한 법리가 적용되기 위해서는 전의 확정판결에서 당해 피고인이 상습범으로 기소되어 처단되었을 것을 필요로 하는 것이고, 상습범 아닌 기본 구성요건의 범죄로 처단되는 데 그친 경우에는, 가사 뒤에 기소된 사건에서 비로소 드러났거나 새로 저질러진 범죄사실과 전의 판결에서 이미 유죄로 확정된 범죄사실 등을 종합하여 비로소 그 모두가 상습범으로서의 포괄적 일죄에 해당하는 것으로 판단된다 하더라도 뒤늦게 앞서의 확정판결을 상습범의 일부에 대한 확정판결이라고 보아 그 기판력이 그 사실심판결 선고 전의 나머지 범죄에 미친다고 보아서는 아니된다.

확정판결의 기판력이 미치는 범위를 정함에 있어서는 그 확정된 사건 자체의 범죄사실과 죄명을 기준으로 하는 것이 원칙이고 비상습범으로 기소되어 판결이 확정된 이상, 그 사건의 범죄사실이 상습범 아닌 기본 구성요건의 범죄라는 점에 관하여 이미 기판력이 발생하였다고 보아야 할 것이며, 뒤에 드러난 다른 범죄사실이나 그 밖의 사정을 부가하여 전의 확정판결의 효력을 검사의 기소내용보다 무거운 범죄유형인 상습범에 대한 판결로 바꾸어 적용하는 것은 형사소송의 기본원칙에 비추어 적절하지 않기 때문이다.

다. 그러므로 과거에 이와 다르게, 상습범으로서 포괄일죄 관계에 있는 죄 중 일부에 대하여 유죄의 확정판결이 있고, 그 나머지 부분 즉 확정판결의 사실심 선고 전에 저질러진 범행이 나중에 기소된 경우에, 그 확정판결의 죄명이 상습범이었는지 여부를 고려하지 아니하고, 단지 확정판결이 있었던 죄와 새로 기소된 죄 사이에 상습범인 관계가 인정된다는 이유만으로 확정판결의 기판력이 새로 기소된 죄에 미친다고 판시하였던 대법원의 판결들(대법원 1978. 2. 14. 선고 77도3564 전원합의체 판결, 2002. 10. 25. 선고 2002도1736 판결 등 다수)은 이 판결의 견해와 어긋나는 범위 내에서 이를 모두 변경하기로 한다.

3. 따라서 원심판결 중 제1심판결의 면소부분에 대한 검사의 항소를 기각한 부분은 파기되어야 할 것인바, 이 사건은 면소부분을 포함하여 공소사실 전부가 포괄일죄관계에 있어 하나의 형이 선고되어야 할 것이므로, 원심판결 전부를 파기하고 사건을 원심법원에 환송하기로 하여 주문과 같이 판결한다. 이 판결에는 대법관 윤재식의 반대의견과 대법관 이용우의 별개의견이 있는 외에는 관여 대법관의 의견이 일치되었다.

4. 대법관 윤재식의 반대의견은 다음과 같다.

다수의견은, 상습범이라 함은 어느 기본적 구성요건에 해당하는 행위를 한 자가 그 범죄행위를 반복하여 저지르는 습벽, 즉 상습성이라는 행위자적 속성을 갖추었다고 인정되는 경우에 이를 가중처벌 사유로 삼고 있는 범죄유형을 가리키고, 이러한 상습성을 갖춘 자가 여러 개의 죄를 반복하여 저지른 경우에는 각 죄를 별죄로 보아 경합범으로 처단할 것이 아니라 그 모두를 포괄하여 상습범이라고 하는 하나의 죄로 처단하는 것이 상습범의 본질 또는 상습범 가중처벌규정의 입법취지에 부합한다는 점은 일찍부터 대법원이 견지하여 온 견해라고 하면서도, 포괄일죄인 상습사기죄의 일부에 관하여 유죄의 확정판결이 있더라도 단순사기죄로 처벌된 것인가, 상습사기죄로 처벌된 것인가에 따라 기판력이 미치는 범위가 달라진다고 하고 있으나, 다수의견에는 다음과 같은 이유로 찬성할 수 없다.

가. 우선 다수의견은 공소불가분의 원칙을 규정하고 있는 형사소송법 제247조 제2항과 일사부재리의 원칙을 규정하고 있는 헌법 제13조 제1항 후단 및 형사소송법 제326조 제1호에 반하는 것으로, 다수의견이 위와 같이 확립된 판례를 변경하는 것은 법령의 해석·적용에 관하여 선택할 수 있는 여러 견해 중 하나를 선택하는 차원의 범위를 넘어선 것이다.

(1) 먼저 공소불가분의 원칙과의 관계에서 보면, 형사소송법은 제247조 제2항에서 "범죄사실의 일부에 대한 공소는 그 효력이 전부에 미친다."고 규정하여 공소불가분의 원칙을 선언하고 있는바, 실체법상 일죄인 포괄일죄의 일부에 대하여만 공소가 제기되었다고 하더라도, 공소제기의 효력은 포괄일죄 전부에 대하여 미치므로(대법원 1999. 11. 26. 선고 99도3929, 99감도97 판결, 대법원 2001. 7. 24. 선고 2001도2196 판결 등 참조), 단일한 하나의 범죄를 분할하여 각기 달리 심판하는 것은 허용될 수 없다. 따라서 상습사기죄를 포괄일죄로 보는 이상 그 중 일부에 대하여만 공소가 제기된 경우에도 위와 같은 공소불가분의 원칙은 그대로 적용되어야 하고, 상습사기죄의 일부에 대하여 그것이 상습사기죄로 공소가 제기되었는지, 단순사기죄로 공소가 제기되었는지에 따라 그 적용을 달리할 수는 없다 할 것이다.

(2) 다음으로, 헌법 제13조 제1항 후단은 "모든 국민은 동일한 범죄에 대하여 거듭 처벌받지 아니한다."고 규정하여 일사부재리의 원칙을 선언하고 있고, 형

사소송법 제326조 제1호는 이를 받아 '확정판결이 있은 때'에는 판결로써 면소의 선고를 하여야 한다고 규정하고 있는바, 위와 같은 확정판결의 기판력은 사건이 단일하고 동일한 경우 그 사건 전체에 미치는 것이므로, 상습사기죄를 포괄일죄로 보는 이상 상습사기죄의 일부에 대하여만 단순사기죄로 공소가 제기되어 판결이 확정되었다 하여도, 그 후에 포괄일죄의 나머지 전부나 일부에 대하여 공소가 제기되는 경우, 위 확정판결의 기판력이 후에 공소제기된 부분에 미치게 되는 것은 당연한 것이고, 이는 전의 단순사기죄의 확정판결을 검사의 기소내용보다 무겁게 상습사기죄의 확정판결로 인정하려는 것이 아니라, 단순사기죄의 확정판결이 있은 후에 그 단순사기죄의 확정판결의 범행과 포괄하여 상습사기죄의 일죄의 관계에 있는 범행에 대하여 다시 공소가 제기된 경우, 단순사기죄의 확정판결의 기판력이 후에 공소제기된 부분에까지 미친다고 보는 데에 불과하므로, 다수의견의 지적과는 달리 형사소송의 기본원칙에 전혀 배치되지 않는다.

나. 후에 공소제기된 사건에 관하여 확정판결이 있었는지 여부는 그 사건의 공소사실의 전부 또는 일부에 대하여 이미 판결이 있었는지 여부의 문제이고, 이는 전의 확정판결의 죄명이나 판단내용에 의하여 좌우되는 것이 아니므로, 이론상으로도 전의 확정판결에서 단순사기죄로 판단한 것의 구속력을 인정할 여지는 없고, 단순사기죄의 확정판결에 그와 같은 내용적 확정력을 인정할 법령상의 근거 역시 찾아볼 수 없다.

포괄일죄의 일부에 관하여 단순범으로 공소제기된 사건을 심판한 법원이 나머지 부분을 고려할 수 없는 제한 때문에 공소제기된 부분만을 단순범으로 판단하였다고 하여, 후에 나머지 부분에 관한 공소제기에 따라 그 부분을 심판하는 법원으로 하여금 전에 확정된 부분이 후에 공소제기된 부분과 포괄일죄의 관계에 있는지 여부에 관하여 판단할 수 없도록 하는 것은, 불완전한 공소제기 및 재판의 결과에 대하여 법령의 근거 없이 피고인에게 불이익을 돌리는 것으로 부당하다.

그리고 다수의견에 의하면, 단순범의 확정판결의 기판력은 언제나 포괄일죄를 구성하는 확정판결 전의 범행에 미치지 아니하는 결과가 되어, 예를 들면, 사기의 습벽을 가진 자에 대하여 상습사기죄, 상습사기죄, 단순사기죄, 상습사기죄의 각 판결이 확정된 다음, 후에 위 단순사기죄의 범행과 포괄일죄의 관계에 있는 범행에 대하여 검사가 별도로 공소를 제기하는 경우, 법원이 공소제기된 부분이 판결이 확정된 부분과 포괄하여 상습사기의 일죄 관계에 있다는 판단을 할 수 없게 되어 다시 처벌할 수 있게 되는바, 이는 피고인의 법적 안정성을 확보하기 위하여 일사부재리의 원칙을 선언하고 있는 헌법정신에도 어긋난다.

특히, 검사가 부주의로 포괄일죄의 관계에 있는 범행 중 일부만을 단순범으로 공소제기하거나 검사가 상습범으로 공소제기 하였음에도 전소에서 법원이 단순범으로 잘못 인정한 경우를 상정해 보면, 법원 및 검사의 부주의로 인한 위험을 피고인에게 전가하는 것이 되어 도저히 찬성하기 어렵다.

다. 다수의견이 기판력이 미치는 범위를 기본적으로 공소장 기재 사실을 한도로 하는 것은 소인개념을 채택하고 있지 아니하는 현행법상으로는 무리한 해석이다.

대법원은, 폭력전과를 과시하여 지나가는 피해자에게 시비하고 행패를 부려 불안감을 주거나 주점에서 손님들에게 시비를 걸고 영업을 방해하였다는 범죄사실로 인한 경범죄처벌법위반의 즉결심판의 기판력이 동일한 일시·장소에서 범한 폭행치사죄 또는 상해치사죄에 미친다고 보고 있고(대법원 1979. 1. 30. 선고 78도3062 판결, 1990. 3. 9. 선고 89도1046 판결 등 참조), 지나가는 피해자를 따라가면서 손목을 잡고 욕설을 하며 진로를 방해하는 등 공포심과 혐오감을 주었다는 범죄사실로 인한 경범죄처벌법위반의 즉결심판의 기판력이 동일한 일시·장소에서 같은 피해자의 멱살을 잡아 부근 비닐하우스 안으로 끌고 들어가 범한 강간죄에 미친다고 보고 있으며(대법원 1984. 10. 10. 선고 83도1790 판결 참조), 경범죄처벌법위반죄로 범칙금 통고처분을 받아 범칙금을 납부한 범칙행위인

소란행위와 상해죄의 공소사실이 범행장소가 동일하고 범행일시도 거의 같으며, 모두 피고인과 피해자의 시비에서 발단한 일련의 행위임을 이유로 경범죄처벌법위반죄에 대한 범칙금납부로 인한 확정재판에 준하는 효력이 상해의 공소사실에 미친다고 보고 있고(대법원 2003. 7. 11. 선고 2002도2642 판결 참조), 감금죄의 판결의 기판력이 그 감금 상태에서 피해자 명의의 인감증명서를 이용하여 회사의 대표이사 명의나 회사 부지의 소유자 명의를 변경하여 회사의 경영권을 빼앗았다는 내용의 폭력행위등처벌에관한법률위반죄의 공소사실에 미친다고 보고 있으므로(대법원 1998. 8. 21. 선고 98도749 판결 참조), 다수의견이 기판력이 미치는 범위를 기본적으로 공소장 기재 사실을 한도로 하는 것은, 위와 같은 대법원판례와도 저촉되어 양립할 수 없는 것이다.

라. 종전 대법원판례의 입장을 보면, 상습성은 행위자의 속성이고 상습범의 유형이 여러 가지임에도 불구하고 이를 모두 포괄일죄로 법률구성을 하고, 포괄일죄의 관계에 있는 범행 중 가벼운 부분만 발각되어 그 부분만 공소가 제기되어 확정판결을 받게 되면, 후에 그 부분과 포괄일죄를 구성하는 더 중한 부분이 발각되더라도 이를 처벌하지 못하는 불합리가 나타나고, 극단적인 경우에는 상습범이 단순 경합범보다 가볍게 처벌되는 경우도 있게 되므로, 그 폐해를 시정할 필요가 있다고 본다. 다수의견이 상습범의 기판력에 관한 판례를 변경하고자 하는 점에는 이러한 뜻이 담겨 있다고 보이므로, 가능하면 이를 지지하고 싶다.

그러나 위와 같은 일부 폐해를 시정할 필요가 있다고 하여, 법리에 어긋나는 해석을 할 수는 없다. 상습범에 관한 깊고 체계적인 연구가 부족한 현 시점에서 명백한 근거도 없이 확립된 대법원판례를 섣부르게 변경하는 것은 시기상조이며 그로 인하여 얻게되는 이점보다는 법적 안정성을 해하고, 피고인의 인권을 침해하는 우를 범할까 두렵다.

위와 같은 폐해는, 형사재판 실무에 있어서 검사가 상습범을 단순범으로 기소하는 일이 없도록 폭넓고 신중한 수사를 거쳐 공소를 제기하는 한편, 법원으로서도 단순범의 확정판결이 있었던 사건과 후에 공소제기된 부분이 상습범의 포괄일죄의 관계에 있는지 여부에 관하여 보다 엄격하고 신중한 판단을 함으로써 상당 부분 시정될 수 있을 것이다.

다수의견이 이 문제를 꼭 해결하고 싶다면 위와 같이 법리에 어긋나는 해석 대신에, 상습범을 구성하는 범행의 일부에 대하여 단순범으로서의 확정판결이 있는 경우, 다른 부분에 대하여 그 후에 기소된 사건에서 그 부분에 관하여 단순범으로 판결이 확정된 부분과 법률상, 사실상 동시심판이 불가능하였고, 기망행위 등 피고인에게 귀책사유가 있었으며, 그 부분이 확정판결의 현실적 심판 대상이었던 범행보다 본질적이고 중요한 핵심 행위에 해당하여 그 부분에 대하여까지 기판력이 미치도록 하는 것은 형사사법에서의 정의와 형평에 현저하게 반하는 때에 한하여, 비록 그 부분이 확정판결의 범죄사실과 단일하고 동일한 범위에 속한다고 하더라도 거기에는 앞의 확정판결의 기판력이 미치지 않는다고 하는 등 새로운 이론을 검토하는 것이 보다 바람직할 것이다.

마. 그러므로 원심이 단순사기죄로 재판이 확정된 판결의 기판력이 판시와 같이 포괄일죄의 관계에 있는 이 부분 범행에 대하여 미친다는 이유로 면소를 선고한 제1심판결을 유지한 것은 정당한 것으로 수긍이 가고, 거기에 상고이유로 주장하는 바와 같이 포괄일죄에 관한 법리를 오해하는 등의 위법이 있다고 할 수 없으므로, 검사의 상고를 기각하여야 할 것이고, 다수의견이 변경하려는 판결들은 그대로 유지되어야 마땅하다 할 것이다.

5. 대법관 이용우의 별개의견은 다음과 같다.

상습사기죄가 포괄일죄라는 다수의견에 대하여는 다음과 같은 이유로 동의할 수 없고 이는 원칙으로 실체법상 수죄로 보아야 함을 여기에 밝히기로 한다.

원래 '상습성'이란 '행위자의 속성'이라는 점에는 학설·판례상 이론이 없고 다수의견도 이를 받아들이고 있는바, 이는 곧 단 한번 저질러진 범행이라도 그것이 상습성의 발현에 의한 것이라면 상습범이 된다는 것이다. 따라서 상습범이 성립하기 위하여는 반드시 수개의 범행이 반복될 것을 그 구성요건요소로 하거나 예정하고 있는 것은 아니다. 그러므로 상습성이 발현된 수개의 범행이 있는 경우에 각개의 범행 상호간에 보호법익이나 행위의 태양과 방법, 의사의 단일 또는 갱신 여부, 시간적·장소적 근접성 등 일반의 포괄일죄 인정의 기준이 되는 요소들을 전혀 고려함이 없이(그러한 요소들의 고려에 의하여 일정범위내의 상습범행이 포괄일죄로 될 수 있음은 별문제이다) 오로지 '상습성'이라는 하나의 표지만으로 곧 모든 범행을 하나로 묶어 포괄하여 일죄라고 할 수는 없는 것이다. 이는 상습성이 행위자의 속성에 불과하다는 이치와도 부합하는 것이다.

다수의견은 상습범 규정의 입법취지가 상습적으로 반복된 수개의 범행을 '포괄하여 하나의 죄로' 무겁게 처벌하려는 데에 있음을 포괄일죄론의 근거로 들고 있는바, 이는 입법취지를 오해한 것이라 하지 않을 수 없다. 상습범 가중처벌규정의 입법취지는 상습성 있는 자의 범행은 위험성과 해악성이 더 크므로 이를 더 무겁게 처벌하려는 데에 있을 뿐이지 이에 더하여 '포괄하여 하나의 죄로' 처벌하려고 하는 데에 있는 것이 아니고, 이를 더 무겁게 처벌하기 위하여는 수죄로 보아 경합범가중까지 할 수 있어야 하는 것이다. 그렇지 않고 일죄로 보아 경합범가중을 할 수 없다면 상습성이 없는 사람이 수개의 사기범행을 한 경우나(½경합범가중) 상습성이 있는 사람이 수개의 사기범행을 한 경우나(½상습범가중에 그침) 처단형의 범위가 같게 되기 때문이다. 혹시 특별형법 중에 상습범의 법정형을 아주 높게 설정함으로써 그 경우에는 수개의 상습범행을 포괄하여 한 번만 아주 높은 형으로 처벌하고자 하는 것이 그 특별형법의 입법취지로 볼 수 있는 경우가 있을지 모르나 본건과 같은 형법상의 상습사기죄가 여기에 해당한다고 할 수는 없다.

이상과 같은 이유로 수개의 상습사기 범행은 원칙으로 수개의 죄로 보아야 하고 이에 배치되는 종전의 대법원판결들은 모두 변경되어야 한다고 믿는다. 그렇다면 이 사건에서는 원심이 재판이 확정된 범죄사실과 이 사건 공소된 각 사기범행 상호간에 보호법익, 행위의 태양과 방법, 의사의 단일 혹은 갱신 여부, 시간적·장소적 근접성 등 일반의 포괄일죄 인정의 기준에 따른 판단을 함이 없이 상습성이란 표지 하나만으로 곧 모든 사기범행을 포괄하여 하나의 상습범이 된다는 전제하에 확정재판 전의 범행에 대하여는 그 기판력에 의하여 면소판결을 선고한 제1심을 그대로 유지하고 있으니 이는 상습사기죄의 죄수에 관한 법리를 오해하여 판결에 영향을 미쳤음이 분명하므로 이를 지적한 검사의 상고는 이유 있어 원심판결은 이러한 이유로 파기되어야 하는 것이다.

(판결에 대한 평가)

본 사건의 쟁점은, 상습범의 일부 범죄사실에 대하여 유죄판결이 확정된 후 그 확정판결의 사실심판결 선고 전에 수행된 다른 범죄에 대하여 새로이 공소가 제기된 경우에, 형사소송법 제326조 1항의 "확정판결이 있은 때"에 해당하여 면소판결이 문제된다. 확정된 전소의 공소사실이 상습사기사실이었고 현재, 문제되고 있는 후 소의 공소사실이 단순사기 사실일 때 전소의 확정판결의 일사부재리의 효력이 후소의 단순사기 사실에 미친다는 점은 의문의 여지가 없지만, 확정된 전소의 공소사실이 단순사기 사실이었고 후소의 공소사실이 상습사기 사실로서 상황이 반대인 경우에도 앞선 경우에서처럼 면소 판결을 내려야 하는지가 문제된다.

먼저 다수의견인 실체판결설에 의하면, 첫 번째 사기사건이 발생하고 상습사기로 확정판결을 받는 경우에는 확정판결 전에 이루어졌던 범죄들은 면소판결을 받게 된다. 그러나 확정판결이 위에서처럼 상습사기가 아닌 단순사기인 경우에는 면소판결이 될 수 없는 입장이다. 그 이유는 확정된 사건 자체의 범죄사실과 죄명을 기준으로 판단하는 것이 원칙이며, 그리고 비상습범으로 기소되어 판결이 확정된 이상, 그 사건의 범죄사실이 상습범이 아닌 기본 구성요건의 범죄라는 점에 관하여 이미 기판력이 발생하였다고 보아야 할 것이다, 그러므로 뒤에 드러난 다른 범죄사실이나 그 밖의 사정을 부가하여 전의 확정판결의 효력을 검사의 기소내용보다 무거운 범죄유형인 상습범에 대한 판결로 바꾸어 적용하는 것은 '형사소송의 기본원칙'에 비추어 적절하지 않기 때문이라는 주장이다. 또한 소송법상 법원은 원고가 심판을 청구한 때만 심리를 개시할 수 있고, 심판을 청구한 사실에 대해서만 심리 ·판결한다는 원칙으로 즉 '불고불리의 원칙'과 '검사의 기소재량권'을 염두에 두고 '피고인에게 과도한 배려를 할 필요가 없음'을 주장하였다.

이에 대한 반대의견으로 단순사기사실로 확정판결을 받은 경우에도 면소판결을 받을 수 있다는 입장에 의하면, 앞서 살펴본 공소불가분의 원칙을 규정하고 있는 형사소송법 제247조 제2항에 따라 범죄사실의 일부에 대한 공소가 그 전부에 미쳐야 하므로 후소가 면소판결이 되어야 한다. 일사부재리의 원칙을 규정하고 있는 헌법 제13조 제1항 후단과 형사소송법 제326조 제1호에 면소판결의 경우인 확정판결이 있은 때에 해당하므로 면소판결을 해야 한다는 것이다. 또한 후에 공소제기된 사건에 관하여 확정판결이 있었는지 여부는 그 사건의 공소사실의 전부 또는 일부에 대하여 이미 판결이 있었는지 여부의 문제이고, 이는 전의 확정판결의 죄명이나 판단내용에 의하여 좌우되는 것이 아니라는 것이다. 이론상으로도 전의 확정판결에서 단순사기죄로 판단한 것의 구속력을 인정할 여지는 없고, 단순사기죄의 확정판결에 그와 같은 내용적 확정력을 인정할 법령상의 근거 역시 찾아볼 수 없으므로 면소판결을 주장한다. 그리고 추가적으로 법원 및 검사의 부주의로 인한 위험을 피고인에게 전가하는 결과가 되므로, 피고인을 위한 면소판결을 내려야한다는 주장한다.

사법부는 2004년 판결 전에는 면소판결설의 입장이었지만, 그러나 2004년 본 판례는 실체판결설의 입장에 손을 들어주었다. 대법원이 판례를 변경한 이유는, 상습범의 경우에는 그 사람이 범한 범죄를 찾아내 기소하더라도 아직 찾아내지 못한 나머지 범죄가 남아 있는 경우가 많이 있고, 또 상습범이 범한 범죄를 찾아내 기소한 이후에도 그들은 동종의 범죄행위를 계속 범할 가능성이 많은 사람들이기 때문에, 기소한 사건의 사실심 판결 선고 시까지 그들이 범할 추가적인 범죄를 미리 막아야 할 필요가 있으므로 면소판결을 취할 수 없기 때문이라 할 수 있다. 예를 들어 상습적으로 무전취식 범죄를 저지르는 자에 대하여, 그의 범죄 중 일부 범죄가 불구속 기소 또는 약속기소되면 그 사람이 그 후 상습적으로 무전취식 범죄를 계속 범하여도 추가기소를 할 수 없을 뿐 아니라, 그 범죄로 구속할 수도 없게 된다. 또한 2~3회의 절도를 한 자에 대하여 그 범죄자 자신은 절도의 습벽이 있고 그 때문에 2~3회 절도범죄 이외에 수십 회에 걸쳐 상습적으로 절도범죄를 저지른 사실이 있다고 주장하면 경우에도, 검사가 기소하려면 그 범죄자가 자백한 수십 회의 범죄가 허위라는 사실을 입증해야 하는 난처한 상황에 놓이게 될 것이고, 만일 허위자백이라는 사실을 입증하지 못하는 경우 과연 그를 기소할 수 있는지 큰 고민에 빠지게 될 것이다. 따라서 대법원의 입장은 종래 포괄일죄의 관계에 있는 범행 중 가벼운 부분만 발각되어 그 부분만의 공소가 제기되어 확정판결을 받게 되면, 후에 그 부분과 포괄일죄를 구성하는 더 중한 부분이 발각되더라도 이를 처벌하지 못하는 불합리가 생기는바, 이를 해결하기 위해 기판력의 범위를 제한적으로 해석한 것으로 판단된다.

13. 염소판결

(대법원 1977.9.28. 선고 77도405 판결)

판시사항

염소가 축산물가공처리법 소정 "수축" 에 포함되는지 여부

판결요지

죄형법정주의의 정신에 비추어 형벌법규인 축산물가공처리법 소정의 "수축"중의 하나인 "양"의 개념 속에 "염소"가 당연히 포함되는 것으로 해석할 수 없다.

(판결에 대한 평가)

염소를 도축한 사람을 축산물위생처리법 위반으로 기소한 사건에서, 염소가 축산물위생처리법에서 정하는 "수축"(獸畜)에 해당하는지 여부가 논란이 되었고, 당시 시행중이던 축산물위생처리법과 동 시행령 및 시행규칙에서 정하는 수축 중에 양(羊)은 포함되어 있었으나 염소는 포함되지 않았었다. 이 사건에서 대법원은 죄형법정주의 원칙을 내세워 양과 염소는 다 같이 우과(牛科)에 속하는 반추하는 가축이기는 하지만, 같은 동물이라고 할 수 없고 양의 개념 속에

염소가 당연히 포함되는 것으로 해석할 수 없다고 판시하여, 법률의 흠결에 따른 유추해석의 적용을 인정하지 않았다.

14. 5·18민주화운동특별법 : 공소시효 중단과 소급효

(전원재판부 1996. 2. 16. 96헌가2, 96헌바7,96헌바13(병합))

【판시 사항】

가. 5·18민주화운동(民主化運動)등에관한특별법(特別法)(이하 "특별법"이라 한다) 제2조가 개별사건법률로서 위헌인지 여부(소극)

나. 특별법 제2조가 소급입법(遡及立法)에 해당하는지 여부

다. 위 법률조항이 형벌불소급(刑罰不遡及)의 원칙(原則)에 위반되는지 여부(소극)

라. 위 법률조항이 부진정소급효(不眞正遡及效)를 갖는 경우 법적 안정성과 신뢰보호의 원칙을 포함하는 법치주의 정신에 위반되는지 여부(소극)

마. 위 법률조항이 진정소급효(眞正遡及效)를 갖는 경우 법적 안정성과 신뢰보호의 원칙을 포함하는 법치주의 정신에 위반되거나 평등의 원칙에 위반되는지 여부

결정요지

가. 개별사건법률은 원칙적으로 평등원칙에 위배되는 자의적 규정이라는 강한 의심을 불러일으키는 것이지만, 개별법률금지의 원칙이 법률제정에 있어서 입법자가 평등원칙을 준수할 것을 요구하는 것이기 때문에 특정규범이 개별사건법률에 해당한다 하여 곧바로 위헌을 뜻하는 것은 아니며, 이러한 차별적 규율이 합리적인 이유로 정당화될 수 있는 경우에는 합헌적일 수 있다.

이른바 12·12 및 5·18 사건의 경우 그 이전에 있었던 다른 헌정질서파괴범과 비교해 보면, 공소시효의 완성 여부에 관한 논의가 아직 진행중이고, 집권과정에서의 불법적 요소나 올바른 헌정사의 정립을 위한 과거청산의 요청에 미루어 볼 때 비록 특별법이 개별사건법률이라고 하더라도 입법을 정당화할 수 있는 공익이 인정될 수 있으므로 위 법률조항은 헌법에 위반되지 않는다.

나. 재판관 김용준, 재판관 정경식, 재판관 고중석, 재판관 신창언의 의견

공소시효제도는 헌법이 마련하고 있는 제도가 아니라 법률이 규정하고 있는 제도이므로, 그 제도의 구체적인 적용은 사실의 인정과 법률의 해석에 관련된 문제로서 기본적으로 법원의 전속적인 권한에 속하는 사항이며, 헌법재판소가 관여할 사항이 아니다. 따라서 헌법재판소로서는 위 법률조항이 확인적 법률인지의 여부에 관하여는 법원의 판단에 맡기고, 만일 법원이 이 점에 관하여 소극적 견해를 취할 경우 제기될 수 있는 헌법적 문제에 대하여 판단하면 된다.

재판관 김진우, 재판관 이재화, 재판관 조승형의 의견

(1) 특별법 제2조는 법 및 법집행의 왜곡에 따르는 소추의 장애사유가 존재하여 헌정질서파괴 행위자들에 대한 검찰의 소추권행사가 불가능하였으므로 당연히 공소시효의 진행이 정지된 것으로 보아야 한다는 법리를 확인하여 입법한 데 불과하므로 소급입법에 해당하지 않는다.

(2) 공소시효는 소추기관이 유효하게 공소권을 행사할 수 있었음에도 불구하고 이를 행사하지 아니한 채 그 기간이 경과되었을 것을 요건으로 하여 완성하며, 소추기관이 유효하게 공소권을 행사하는 데 법적·제도적 장애가 없을 때에만 진행할 수 있다.

(3) 형사법의 집행을 담당하는 국가의 소추기관이 법제도상 군사반란 내지 내란행위자들에 의해 장악되거나 억압당함으로써 이들의 의사나 이익에 반하는 소추권행사가 더 이상 가능하지 않게 되는 등 반란행위나 내란행위를 처벌하여야 할 법률의 기능이 마비되어, 적어도 위 행위자들에 관한 한 법치국가적 원칙이 완전히 무시되고 법률의 집행이 왜곡되는 법질서상의 중대한 장애사유가 있는 경우에는, 비록 헌법이나 법률에 명문의 규정은 없다 하여도 단순한 사실상의 장애를 넘어 법규범 내지 법치국가적 제도 자체에 장애가 있다고 보아야 하고, 이러한 장애로 군사반란행위자와 내란행위자가 불처벌로 남아있을 수밖에 없는 상태로 있는 기간 동안에는 공소시효가 정지된다고 보아야 하며, 또 이것이 공소시효제도의 본질에도 부합하는 해석으로 성공한 내란도 처벌되어야 한다는 당위성에 합치되고 정의의 관념과 형평의 원칙에도 합치한다.

재판관 김문희, 재판관 황도연의 의견

공소시효는 법률로써 명문규정을 둔 경우에 한하여 정지되는 것이고, 헌법 제84조의 규정도 공소시효의 정지에 관한 명문규정으로 볼 수 없으므로, 위 법률조항에서 공소시효가 정지되는 것으로 규정한 전기간, 모든 피의자에 대하여 이 법률조항으로 말미암아 비로소 공소시효의 진행이 정지되는 것으로 보아야 한다. 따라서 이 법률조항은 소급적 효력을 가진 형성적 법률이다.

다. 형벌불소급의 원칙은 "행위의 가벌성" 즉 형사소추가 "언제부터 어떠한 조건하에서" 가능한가의 문제에 관한 것이고, "얼마동안" 가능한가의 문제에 관한 것은 아니므로, 과거에 이미 행한 범죄에 대하여 공소시효를 정지시키는 법률이라 하더라도 그 사유만으로 헌법 제12조 제1항 및 제13조 제1항에 규정한 죄형법정주의의 파생원칙인 형벌불소급의 원칙에 언제나 위배되는 것으로 단정할 수는 없다.

라. 공소시효가 아직 완성되지 않은 경우 위 법률조항은 단지 진행중인 공소시효를 연장하는 법률로서 이른바 부진정소급효를 갖게 되나, 공소시효제도에 근거한 개인의 신뢰와 공시시효의 연장을 통하여 달성하려는 공익을 비교형량하여 공익이 개인의 신뢰보호이익에 우선하는 경우에는 소급효를 갖는 법률도 헌법상 정당화될 수 있다.

위 법률조항의 경우에는 왜곡된 한국 반세기 헌정사의 흐름을 바로 잡아야 하는 시대적 당위성과 아울러 집권과정에서의 헌정질서파괴범죄를 범한 자들을 응징하여 정의를 회복하여야 한다는 중대한 공익이 있는 반면, 공소시효는 행위자의 의사와 관계없이 정지될 수도 있는 것이어서 아직 공소시효가 완성되지 않은 이상 예상된 시기에 이르러 반드시 시효가 완성되리라는 것에 대한 보장이 없는 불확실한 기대일 뿐이므로 공소시효에 대하여 보호될 수 있는 신뢰보호이익은 상대적으로 미약하여 위 법률조항은 헌법에 위반되지 아니한다.

마. 재판관 김진우, 재판관 이재화, 재판관 조승형, 재판관 정경식의 합헌의견

(1) 진정소급입법이라 하더라도 기존의 법을 변경하여야 할 공익적 필요는 심히 중대한 반면에 그 법적 지위에 대한 개인의 신뢰를 보호하여야 할 필요가 상대적으로 적어 개인의 신뢰이익을 관철하는 것이 객관적으로 정당화될 수 없는 경우에는 예외적으로 허용될 수 있다.

(2) 진정소급입법이 허용되는 예외적인 경우로는 일반적으로, 국민이 소급입법을 예상할 수 있었거나, 법적 상태가 불확실하고 혼란스러웠거나 하여 보호할 만한 신뢰의 이익이 적은 경우와 소급입법에 의한 당사자의 손실이 없거나 아주 경미한 경우, 그리고 신뢰보호의 요청에 우선하는 심히 중대한 공익상의 사유가 소급입법을 정당화하는 경우를 들 수 있다.

(3) 이 사건 반란행위 및 내란행위자들은 우리 헌법질서의 근간을 이루고 있는 자유민주적 기본질서를 파괴하였고, 그로 인하여 우리의 민주주의가 장기간 후퇴한 것은 말할 것도 없고, 많은 국민의 생명과 신체가 침해되었으며, 전 국민의 자유가 장기간 억압되는 등 국민에게 끼친 고통과 해악이 너무도 심대하여 공소시효의 완성으로 인한 이익은 단순한 법률적 차원의 이익이고, 헌법상 보장된 기본권적 법익에 속하지 않는 반면, 집권과정에서 헌정질서파괴범죄를 범한 자들을 응징하여 정의를 회복하여 왜곡된 우리 헌정사의 흐름을 바로 잡아야 할 뿐만 아니라, 앞으로는 우리 헌정사에 다시는 그와 같은 불행한 사태가 반복되지 않도록 자유민주적 기본질서의 확립을 위한 헌정사적 이정표를 마련하여야 할 공익적 필요는 매우 중대한 반면, 이 사건 반란행위자들 및 내란행위자들의 군사반란죄나 내란죄의 공소시효완성으로 인한 법적 지위에 대한 신뢰이익이 보호받을 가치가 별로 크지 않다는 점에서, 이 법률조항은 위 행위자들의 신뢰이익이나 법적 안정성을 물리치고도 남을 만큼 월등히 중대한 공익을 추구하고 있다고 평가할 수 있어, 이 법률조항이 위 행위자들의 공소시효완성에 따르는 법적 지위를 소급적으로 박탈하고, 그들에 대한 형사소추를 가능하게 하는 결과를 초래하여 그 합헌성 인정에 있어서 엄격한 심사기준이 적용되어야 한다고 하더라도, 이 법률조항은 헌법적으로 정당화된다고 할 것이다.

(4) 위 법률조항은 헌정질서파괴범죄자들에 대하여 국가가 실효적으로 소추권을 행사할 수 있는 기간을 다른 일반국민들에 대한 시효기간과 동일하게 맞춤으로써, 그 범죄행위로 인하여 초래되었던 불평등을 제거하겠다는 것에 불과하여, 위 범죄행위자들을 자의적으로 차별하는 것이 아닐 뿐만 아니라, 오히려 실질적 정의와 공평의 이념에 부합시키는 조치라고 할 수 있다.

재판관 김용준, 재판관 김문희, 재판관 황도연, 재판관 고중석, 재판관 신창언의 한정위헌의견

형사실체법의 영역에서 형벌은 바로 신체의 자유와 직결되기 때문에 적어도 범죄구성요건과 형벌에 관한 한, 어떠한 공익상의 이유도, 국가적인 이익도 개

인의 신뢰보호의 요청과 법적 안정성에 우선할 수 없고, 공소시효가 이미 완성되어 소추할 수 없는 상태에 이른 뒤에 뒤늦게 소추가 가능하도록 하는 새로운 법률을 제정하는 것은 결과적으로 형벌에 미치는 사실적 영향에서는 형벌을 사후적으로 가능하게 하는 새로운 범죄구성요건의 제정과 실질에 있어서는 마찬가지이므로, 공소시효가 이미 완성된 경우에 그 뒤 다시 소추할 수 있도록 법률로써 규정하는 것은 헌법 제12조 제1항 후단의 적법절차의 원칙과 제13조 제1항의 형벌불소급의 원칙 정신에 비추어 헌법적으로 받아들일 수 없는 위헌적인 것이다.

(판결에 대한 평가)

1. 역사적 배경

1979년 10월 26일, 박정희 대통령이 당시 중앙정보부장인 김재규에 의해 암살당하고, 18년간의 유신체제가 막을 내리게 되었다. (10.26 사태)

10.26 사태 이후, 당시 국무총리였던 최규하가 통일주체국민회의를 통해 대통령에 취임하였으나, 1979년 12월 12일 전두환, 노태우 등 이른바 신군부 세력은 지휘 계통을 무시하고 정승화 계엄사령관을 체포하여 군사권을 장악하였다. (12.12사태)

그러자 학생과 민주 인사들은 신군부 퇴진, 계엄 철폐, 유신 헌법 폐지 등을 요구하며 1980년 5월까지 수많은 민주화 운동을 벌였다. 5월 15일 4. 19 혁명 이후 최대 인파인 10만여 명이 서울역 앞에 모여 시위를 벌이는 등 전국 각지에서 비상계엄을 철폐하라는 시위가 이어졌다. 그러나 신군부는 5월 17일 비상계엄을 전국으로 확대하였다. 광주 지역 대학생들은 5월 18일에도 민주화 시위를 계속하였고 시민들이 합류하면서 시위가 확산되었다. 그러자 신군부는 5월 27일 새벽 계엄군은 탱크와 헬기를 동원하여 시민군이 장악하고 있는 전남도청으로 진격하여 시민군을 진압하면서 수많은 사상자를 낸 채 5.18 민주화 운동은 끝나고 말았다. (5.18광주민주화운동)

1980년 5월 31일, 5.18 민주화 운동을 진압한 신군부 세력은 국회를 해산하고, 전두환을 상임위원장으로 하는 국가보위비상대책위원회를 구성하여 통치권을 장악하였다. 신군부는 1980년 8월 27일 통일주체국민회의를 통해 전두환을 대통령으로 선출하였다. 9월 1일 제11대 대통령에 취임한 전두환은, 개헌을 하여 대통령 선거인단에 의한 간선제를 규정한 새 헌법을 10월 27일에 공포하였다. 새 헌법에 따라 전두환이 7년 단임의 대통령에 선출되어 1981년 3월 3일 제 12대 대통령에 취임하였다. (제5공화국)

1987년 대통령 직선제 및 5년 단임제를 골자로 하는 개헌이 이뤄졌으며 노태우가 대통령에 당선되었다. 그러나 1988년 4월에 시행된 국회의원 선거에서는 야당이 대거 당선됨으로써 여소야대 정국이 되었다. 여소야대 국회에서 야당은 5공 청문회를 열어 전두환 정부의 비리와 5.18 민주화 운동의 진상을 규명하였다. 1992년 대통령 선거에서는 김영삼이 대통령에 당선되었다.

1993년 김영삼 정부가 출범하자 수많은 국민들이 전두환 등 신군부 세력에 대한 처벌을 요구하였다. 1993년 7월 19일, 12.12 사태 당시 계엄사령관이었던 정승화를 비롯하여 당시 지휘계통에 있던 21인이 전두환 외 33명을 검찰에 고발하였으나, 1994년 10월 29일 검찰은 이들을 불기소 처분한다. 11월 24일 정승화 등은 검찰의 불기소처분에 대해 헌법소원심판을 청구하였으나(94헌마246), 1995년 1월 20일 헌법재판소는 검찰의 불기소처분이 적법하다는 취지의 각하 및 기각 결정을 내렸다. 1994년 5월 13일 5.18 정동년 외 피해자 322명이 전두환, 노태우를 내란 및 내란목적살인혐의로 고발했다. 1995년 7월 18일, 검찰은 5.18 내란사건에 대해 공소권 없음의 불기소처분을 내린다. 1995년 7월 24일 고발인들은 검찰의 불기소처분에 대해 헌법소원심판을 청구했다. (95헌마221,233,297(병합))

1995년 12월 21일 '헌정질서파괴범죄의 공소시효 등에 관한 특례법안', '5.18 광주민주화운동 등에 관한 특별법안'이 공포되었다. 이 법에 따라 함께 공소시효가 정지된 12.12 및 5.18 관련 피의자들에 대한 구속영장이 1996년 1월 17일 청구되었고, 장세동 외 1인은 5.18특별법에 대해 위헌법률심판제청신청을(96헌가2), 유학성 외 5인은 1월 26일과 2월 20일에 각각 헌법소원심판을 청구했다.(96헌바7, 96헌바13) 이들 심판은 병합되어 2월 16일에 합헌으로 결정되었다.

1996년 3월부터 시작된 공판은 1심 28회, 항소심 12회 등 모두 40회에 걸쳐 진행되어 두 전직 대통령에게 반란죄, 내란죄, 수뢰죄를 적용하여 전두환에게 사형, 노태우에게는 징역 22년 6개월을 각각 선고하였다. 4월 17일의 대법원 상고심에서 전두환 무기징역, 노태우 징역 17년이 최종 확정됐다. 그러나 제15대 대통령 선거 직후인 1997년 12월 22일 대통령 김영삼이 국민 대화합을 명분으로 관련자를 모두 특별사면하여 석방함으로써 두 전직 대통령은 구속 2년여 만에 출옥하였다.[1)]

(5·18민주화운동 등에 관한 특별법)

제2조(공소시효의 정지) ① 1979년 12월 12일과 1980년 5월 18일을 전후하여 발생한 헌정질서파괴범죄의 공소시효 등에 관한 특별법 제2조의 헌정질서파괴범죄행위에 대하여 국가의 소추권행사에 장애사유가 존재한 기간은 공소시효의 진행이 정지된 것으로 본다.

② 제1항에서 "국가의 소추권행사에 장애사유가 존재한 기간"이라 함은 당해 범죄행위의 종료일부터 1993년 2월 24일까지의 기간을 말한다.

(헌정질서 파괴범죄의 공소시효 등에 관한 특례법)

제2조 (용어의 정의) 이 법에서 "헌정질서파괴범죄"라 함은 형법 제2편제1장 내란의 죄, 제2장 외환의 죄와 군형법 제2편제1장 반란의 죄, 제2장 이적의 죄를 말한다.

1) 위 내용은 고등학교 한국사 교과서 4종(동아출판, 리베르, 비상교육, 천재교육)과 두산백과사전 및 헌재94헌마246, 헌재95헌마221, 헌재96헌가2결정문 내용 중 발췌하여 정리한 것임.

2. 쟁점 검토

(1) 개별사건법률에 대한 쟁점

개별사건법률금지의 원칙은 '법률은 일반적으로 적용되어야지 어떤 개별사건에만 적용되어서는 아니 된다'는 법원칙으로서 헌법상의 평등원칙에 근거하고 있는 것으로 풀이되고, 그 기본정신은 입법자에 대하여 기본권을 침해하는 법률은 일반적 성격을 가져야 한다는 형식을 요구함으로써 평등원칙위반의 위험성을 입법과정에서 미리 제거하려는데 있다. 청구인들은 5.18특별법 제2조의 "1979. 12.12. 과 1980. 5.18. 을 전후하여 발생한 헌정질서파괴범죄행위"는 12·12 군사반란행위와 5·18 내란행위를 지칭하고 있는 것이 명백하므로, 특정인에 대한 공소시효의 정지를 규정한다는 점에서 '개인대상법률'이므로, 헌법상 평등의 원칙에 반하여 위헌이라 주장하였다. 그러나 헌재는 이를 배척하였는데, 첫째로 우리 헌법은 개별사건법률에 대한 정의를 하고 있지 않음은 물론 개별사건법률의 입법을 금하는 명문의 규정도 없고, 특정규범이 개별사건법률에 해당한다 하여 곧바로 위헌을 뜻하는 게 아니라 이러한 차별적 규율이 합리적인 이유로 정당화될 수 있는 경우에는 합헌적일 수 있으며, 둘째로 12·12 및 5·18 사건의 경우 집권과정에서의 불법적 요소나 올바른 헌정사의 정립을 위한 과거청산의 요청에 미루어볼 때 입법을 정당화할 수 있는 공익이 인정되므로 헌법에 위반되지 않는다고 판단하였다.

(2) 소급입법 및 공소시효에 대한 쟁점

헌재는 공소시효 완성에 대한 부분을 명확하게 판단하지 않고, 법원의 판단에 맡겼다. 그러나 법원이 어떤 판단을 내리든 5.18특별법 제2조는 합헌이라는 결론을 내렸다. 공소시효가 완성되지 않았다면 부진정소급효로서, 청구인들의 신뢰보호이익보다 공익이 더 크기 때문에 허용된다는 것이고, 공소시효가 완성되었을 경우 진정소급효로서 합헌과 위헌의 의견이 갈렸으나, 위헌정족수에 이르지 못해 (합헌의견 4인, 위헌의견 5인)합헌 결론을 내렸다.

헌법 제84조에 의하여 대통령 재직 중에는 공소시효의 진행이 당연히 정지되는지 여부에 대해서, 다수의견은 일반적으로 대통령의 헌법상 "불소추특권"

을 대통령 개인에게 특권을 부여한 것으로 볼 것이 아니라, 대통령이라는 특수한 직책의 원활한 수행을 보장하기 위한 것으로 이해할 때 재직 중에 형사상 소추를 받지 아니하는 범죄에 대해서는 그 공소시효 또한 정지된다고 보아야 한다. 또한 공소시효제도나 공소시효의 본질에 비추어 볼 때에도 위 헌법규정으로 인하여 공소시효진행의 소극적 사유가 되는 국가의 소추권행사의 법률상 장애사유에 해당한다고 할 수 있으므로 대통령의 재직 중에는 공소시효의 진행이 당연히 정지되는 것으로 봐야 한다고 판단하였으며, 한편 반대의견은 국가의 소추권행사에 대하여 장애가 있으면 곧바로 공소시효가 정지되는 것이 공소시효제도의 원칙이라고 판단하는 것은, 우선 근대 민법전의 제정에 의하여 폐기된 중세법상의 민사상 시효제도에 관한 원칙을 곧바로 현대 형사법상의 공소시효나 그 정지제도의 일반원칙이나 법리로 착각하고 있는 잘못을 범하고 있다 할 것이고, 객관주의적인 입장에 서 있는 공소시효제도의 성격에도 정면으로 위배된다고 평가하였다.

(3) 5.18 특별법이 소급효를 가진 법률인지 여부

재판관 4인은 공소시효 제도는 본래 헌법상의 제도가 아니라 법률이 규정하고 있는 제도이므로, 이에 대한 해석에 관련한 문제는 법원의 전속적인 권한에 속하는 사항이다. 따라서 이 법률조항이 공소시효의 정지사유를 새롭게 규정한 형성적 법률이라고 해석하는 경우에는, 소급입법에 해당하여 헌법에 위반되는 여부가 문제로 제기될 수 있다고 평가하였으며. 재판관 3인은 공소시효는 소추기관이 유효하게 공소권을 행사하는데 법적. 제도적 장애가 없을 때에만 진행할 수 있다고 해석해야 하므로, 헌법 제84조에 규정한 경우와 같이 헌법 또는 법률규정에 의하여 명문으로 소추가 금지되어 있는 경우는 대표적인 소추장애사유에 해당한다. 또한 5.18 사건을 위시한 전두환 등의 신군부 세력의 내란행위 또한 그 집권이 종료된 경우 처벌될 수 있다는 것을 전제로 하여 실질적으로 그들이 집권하는 동안 전두환, 노태우와 그 공범자들에 대한 위 군사반란죄와 내란죄에 대한 소추가 불가능 하였다고 할 것이고. 당연히 각 범죄행위에 대하여 공소시효의 진행이 정지 된다고 해석함이 타당하므로, 위 법률조항은 이를 확인한 확인입법에 지나지 아니하므로 헌법위반의 법률조항이 아니라고 판단하였다. 그리고 재판관 2인은 공소시효는 법률로써 명문규정을 둔 경우에 한하여 정지되는 것이므로 헌법 제84조의 규정도 공소시효의 정지에 관한 법문 규정으로 볼 수 없고, 따라서 이 법률조항은 소급적 효력을 가진 형성적 법률이어서 당연히 위헌 여부의 문제가 제기될 수밖에 없다고 판단하였다.

(4) 평가

대통령의 불소추특권을 규정한 헌법 제 84조의 규정에서 내란 및 외환의 죄를 제외한 범죄에 대하여 그 공소시효의 정지를 도출해낼 수 있는지 여부가 논란이 된다. 헌법을 해석함에 있어서 문리적 그대로의 의미만을 중심으로 해석할 경우 공소시효 정지에 관한 규정을 도출해 낼 수없지만, 헌법 제84조를 그 규정의 본질을 규명하는데 초점을 맞추어 해석할 경우 대통령 재직 중에는 공소시효의 진행이 당연히 정지된다고 보아야 할 것이다. 그리고 5.18특별법은 제2조에서 12.12 부터 5.18을 전후하여 발생한 헌정질서파범죄행위를 그 대상으로 함으로써 그 기간 동안 발생한 군사반란죄 뿐만 아니라 내란죄에 경우에도 그 공소시효의 정지를 규정한 법률이다. 이는 그 동안 존재하지 않았던 것을 새롭게 규정한 형성적 입법이 되어 소위 소급입법에 해당하여 위헌적인 문제가 제기될 수 있으며, 또한 행위 당시에 실정법규정의 형태로 제정되어 있지 않았던 법리가 차후에 명시적 실정법규정으로 제정된 경우 소급입법이라는 비판을 피하기 어렵다고 볼 수 있다.[2)]

(5) 국내 및 외국 입법례 검토

독일의 경우 “시효는 법률상 소추가 개시될 수 없거나 속행될 수 없는 경우에는 정지 된다”고 규정함으로써(독일 구 형법 69조, 현행 독일형법 제78조의 b) 소추권의 행사에 법률상의 장애사유가 있는 경우 공소시효의 진행이 정지된다는 일반원칙을 명문화하였으며, 프랑스의 경우 판례에 의하여 “시효는 유효하게 소추될 수 없는 사람에 대하여는 진행하지 않는다(contra non valentem agere non

2) 양선숙, “법적 허구(Legal Fiction)의 의의 : 헌법재판소의 5.18특별법 합헌 결정과 관련하여”, 경북대학교 법학연구원, 『법학논고』 제34호, 2010.10, p.204

pareasriptio)"라는 법언을 적용하여, 법률적 장애이건 사실적 장애이건 소추가 불가능한 기간 동안에는 시효의 진행이 정지된다고 판시하고 있다. 국제연합은 전쟁범죄와 반인도적 범죄를 예방하기 위하여 1968.11.26. 총회에서 결의 제2391(XXIII)호로 「전쟁범죄 및 반인도적 범죄에 대한 국제법상의 시효의 부적용에 관한 협약(Convention on the Non-Applicability of Statutory Limitations to War Crimes and Crimes against Humanity)」을 채택하여 국제법상 전쟁범죄와 반인도적 범죄에 대하여는 시효기간이 없다는 것을 확인하고 있다. 우리의 경우 1960년 3·15부정선거 관련자 및 부정축재자들을 소급하여 처벌할 수 있도록 한 헌법개정, 친일반민족행위자 재산의 국가귀속에 관한 특별법 등 중대한 공익상의 필요가 인정되는 경우에 한하여 헌법 제13조의 예외로써 진정소급입법을 인정하였다.

근대시민법 체계는 인간의 존엄과 가치를 존중하는 것을 그 본질적 목적으로 하고 있고, 수많은 법원칙 또한 이를 위하여 존재한다. 이러한 법의 이념과 기본원칙은 당연히 존중되어야 하지만, 예외적으로 그러한 원칙들로 인하여 법체계의 본질적 목적을 달성할 수 없는 상황이 발생할 수 있는 극히 예외적인 경우에는, 어쩔 수 없이 부득이 하게 다른 방식으로 이러한 문제를 해결할 수밖 에 없을 것이다. 독일 법학자 라드브루흐는 "법이란 정의에 기여한다는 의미를 갖는 현실이다"라는 말로 법의 개념에 대하여 정의하였다. 그는 나치시대의 불법체제를 고통스럽게 경험하고 난 후 제2차 세계대전이 끝나고 나치시대의 법체계를 청산하면서 "실정법의 외양을 띤 불법(不法)과 실정법을 넘어서는 법"(Gesezliches Unrecht und Übergesezliches Recht)이라는 유명한 논문을 통해 정의에 대한 관념이 크게 훼손된 법의 경우에는 법적 안정성에 대한 예외를 인정하여 아예 법으로서 성질을 가지지 못한다고 보았다. 물론 이러한 그의 주장은 자연법론적인 입장에서 정의가 실종된 실정법에 대한 비판에 초점이 맞춰져 있지만 이와 같은 논리는 위 사안의 경우에도 적용될 수 있다고 본다. 즉 자연법적인 입장에서 정의의 실현을 위해서 예외적으로 법적 안정성을 넘어서는 입법이 가능할 수 있고 이는 진정소급입법을 인정할 수 있다는 법철학적 근거를 제공한다고 할 것이다. 세계 2차 대전이 끝난 후에 독일이나 프랑스에서도 나치정권을 위해 복무한 자들과 나치 협력자들을 소급적으로 처벌한 사례가 존재한다. 따라서 헌법재판소의 결정에 대한 많은 법리적 비판에도 불구하고 그 정당성을 인정할 수 있다. 헌법재판소의 역할은 단순히 법을 해석하여 적용하는 법원과는 달리 사회적 갈등을 사법적 판단의 대상으로 포함시켜 정치적으로 순화시키는 정치 형성적인 기관이다. 즉 과거에 행해졌던 과오에 대한 비판적 성찰과 이를 둘러싼 갈등을 봉합하는 역할이 헌재에게 요구된다. 이를 위한 수단으로 일반적인 법해석 방법론으로 인정되기 어려운 역사적, 주관적 해석방법이 필요한 경우가 존재한다. 그러므로 이러한 맥락에서 당시의 정치적, 사회적 상황 등을 총체적으로 고려하여 위 판결을 이해하면 많은 비판에도 불구하고 거시적 차원에서 이에 대한 정당성을 인정할 수 있다. 이 판결은 이러한 정치적 상황을 고려한 입법자의 입법취지를 반영한 대표적인 역사적 해석으로 평가할 수 있다.

15. 발행지 기재 없는 어음의 효력

(대법원 1998. 4. 23. 선고 95다36466 전원합의체 판결)

판시사항

[1] 어음면상 발행지의 기재가 없으나 기타 어음면의 기재로 보아 그 어음이 국내에서 어음상 효과를 발행시키기 위해 발행된 것임이 인정되는 경우, 국내어음으로 추단할 수 있는지 여부(적극)

[2] 어음면상 발행지의 기재가 없으나 어음면의 기재 자체로 보아 국내어음으로 인정되는 경우, 그 어음의 효력(유효)

판결요지

[1] 국내어음이란 국내에서 발행되고 지급되는 어음을 말하는 것이므로 국내어음인지 여부는 어음면상의 발행지와 지급지가 국내인지 여부에 따라 결정될 것이지만, 어음면상에 발행지의 기재가 없다고 하더라도 그 어음면에 기재된 지급지와 지급장소, 발행인과 수취인, 지급할 어음금액을 표시하는 화폐, 어음문구를 표기한 문자, 어음교환소의 명칭 등에 의하여 그 어음이 국내에서 어음상의 효과를 발생시키기 위하여 발행된 것으로 여겨지는 경우에는 발행지를 백지로 발행한 것인지 여부에 불구하고 국내어음으로 추단할 수 있다.

[2] [다수의견] 어음에 있어서 발행지의 기재는 발행지와 지급지가 국토를 달리하거나 세력(歲曆)을 달리하는 어음 기타 국제어음에 있어서는 어음행위의 중요한 해석 기준이 되는 것이지만 국내에서 발행되고 지급되는 이른바 국내어음에 있어서는 별다른 의미를 가지지 못하고, 또한 일반의 어음거래에 있어서 발행지가 기재되지 아니한 국내어음도 어음요건을 갖춘 완전한 어음과 마찬가지로 당사자 간에 발행·양도 등의 유통이 널리 이루어지고 있으며, 어음교환소와 은행 등을 통한 결제 과정에서도 발행지의 기재가 없다는 이유로 지급거절됨이 없이 발행지가 기재된 어음과 마찬가지로 취급되고 있음은 관행에 이른 정도인 점에 비추어 볼 때, 발행지의 기재가 없는 어음의 유통에 관여한 당사자들은 완전한 어음에 의한 것과 같은 유효한 어음행위를 하려고 하였던 것으로 봄이 상당하므로, 어음면의 기재 자체로 보아 국내어음으로 인정되는 경우에 있어서는 그 어음면상 발행지의 기재가 없는 경우라고 할지라도 이를 무효의 어음으로 볼 수는 없다.

[보충의견] 일반적으로 모든 법은 법규정의 본질을 바꾸는 정도의 것이 아닌 한도에서 이를 합리적으로 해석함으로써 뒤쳐진 법률을 앞서가는 사회현상에 적응시키는 일방 입법기관에 대하여 법률의 개정 등을 촉구하는 것은 법원의 임무에 속하는 일이라 할 것이고, 그 뒤쳐진 법규정의 재래적 해석·적용이 부당한 결과를 초래한다는 것을 알면서도 법률 개정이라는 입법기관의 조치가 있을 때까지는 이를 그대로 따를 수밖에 없다고 체념해 버리는 것은 온당치 않은 태도이다. 어음법이 강행법·기술법적 성질을 가지고 있음에 비추어 볼 때 어음법에서 정한 어음요건은 이를 엄격하게 해석함이 원칙일 것이나, 이러한 엄격해석의 요청은 이를 자의로 해석함으로써 어음거래 당사자에게 불이익하게 법률을 적용하는 것을 막자는 데에 있는 것이지 입법취지를 해하지 않는 범위 내에서 합리적으로 해석하는 것까지도 절대적으로 금지하려는 것은 아니다. 따라서 어음면의 기재 자체에 의하여 국내어음으로 인정되는 경우에 단지 발행지의 기재가 없다는 이유로 이를 무효의 어음이라고 보는 것은 지나치게 형식논리에 치우친 해석이라고 하지 않을 수 없을 뿐만 아니라 어음 유효해석의 원칙에 비추어 보더라도 타당한 해석이 아니므로, 국내어음에 한하여는 발행지

의 기재가 없다고 하더라도 이를 무효의 어음으로 볼 수 없다고 해석함이 상당하며, 이러한 해석은 국내어음에 한하는 것으로서 국제어음에 있어서는 발행지의 기재가 없으면 그 어음은 무효라는 입장을 견지하고 있으므로 위 해석에 의하더라도 발행지를 어음요건의 하나로 규정하고 있는 어음법의 조항을 완전히 사문화시키는 것은 아니며, 법원의 법률해석권의 범위를 일탈하는 것도 아니다.

[반대의견] 재판할 사항에 대하여 적용할 법규가 있고 그 의미 내용 역시 명확하여 달리 해석할 여지가 없는 경우에는 다른 것을 다르게 취급하여야 한다는 정의의 요청(이른바 목적론적 축소해석의 경우) 또는 합헌적인 해석의 요청(이른바 헌법합치적 해석의 경우)에 의하여, 그 법규의 적용 범위를 예외적으로 제한하여 해석할 필요가 있는 등의 특별한 사정이 없는 한, 설사 명문의 규정이 거래의 관행과 조화되지 아니하는 점이 있다고 하더라도, 법원으로서는 모름지기 국회의 입법 작용에 의한 개정을 기다려야 할 것이지 명문의 효력규정의 적용 범위를 무리하게 벗어나거나 제한하는 해석을 하여서는 아니 될 것인바, 어음법은 발행지의 기재가 없는 어음에 관하여 그 효력이 없다고 명문으로 규정하고 있는 한편, 이 명문의 규정에 관하여는 정의의 요청 또는 합헌적인 해석의 요청에 의하여 그 적용 범위를 예외적으로나마 제한하여 해석할 만한 아무런 특별한 사정이 있다고 할 수 없으므로, 다수의견과 같이 위 어음법의 명문규정이 이른바 '국내어음'에는 적용되지 아니한다고 하는 것은 법원이 어음법에도 없는 단서 조항 즉 '발행지에 관하여 국내어음의 경우에는 그러하지 아니하다.'라는 규정을 신설하는 셈이고, 이는 명문의 규정에 반하는 법형성 내지 법률수정을 도모하는 것으로서 법원의 법률해석권의 범위를 명백하게 일탈한 것이라는 비난을 면하기 어렵다.

참조조문

[1] 어음법 제1조, 제75조/ [2]어음법 제1조 제7호, 제2조 제1항, 제75조 제6호, 제76조 제1항

주 문

상고를 기각한다. 상고비용은 피고의 부담으로 한다.

이 유

상고이유를 판단한다.

1. 발행지 미기재의 점에 대하여

가. 원심 판단의 요지

원심판결 이유에 의하면, 원심은, 소외 주식회사 △△△금속이 1993. 7. 15. 이 사건 약속어음 5매 액면 합계 금 220,000,000원을 소외 □□□에게 발행하고, 위 □□□은 이를 피고에게 배서·양도하였는데, 피고는 그 중 4매를 원심 공동피고 ○○○에게, 나머지 1매를 원고에게 각 배서·양도하였고, 위 ○○○은 다시 위 4매를 원고에게 배서·양도하여 원고가 위 각 어음의 최후소지인으로 발행지 기재를 보충하지 아니한 채 1993. 10. 30. 지급장소에 지급제시하였으나 무거래를 이유로 지급거절이 된 사실을 인정한 다음, 원고가 위 각 어음의 발행지를 보충하지 아니한 채 지급 제시하였으므로 그 지급 제시는 부적법하여 배서인인 피고에 대한 소구권을 상실하였다는 피고의 주장에 대하여, 약속어음의 발행지 기재가 없더라도 어음면의 기재에 의하여 국내에서 발행, 유통되는 어음임이 명백히 인정되는 경우에는 어음면의 기재에 의하여 발행지를

추단할 수 있는 사정이 엿보이는 한 발행지의 기재가 있는 것으로 해석함이 타당하다고 전제한 후, 이 사건 각 어음의 표면 우측 상단에 '부산'이라고 기재되어 있고, 또한 위 각 어음의 지급지가 양산군이고 그 지급장소도 주식회사 부산은행 양산지점인 점, 위 각 어음의 발행인이 국내회사인 주식회사 △△△금속인 점 등에 비추어 보면 위 각 어음은 발행지의 기재가 있는 것으로 못 볼 바 없다고 할 것이므로, 비록 위 각 어음의 발행지란이 백지인 채로 지급 제시되었다 하더라도 그 지급 제시는 적법하고, 따라서 원고의 피고에 대한 이 사건 소구권 행사 역시 적법한 지급제시에 의한 것으로 정당하다고 판단하였다.

나. 이 법원의 판단

어음법은 발행지를 어음요건의 하나로 규정하고(제1조 제7호, 제75조 제6호), 발행지를 기재하지 아니한 때에는 그 어음은 효력이 없으나, 다만 발행인의 명칭에 부기한 지가 있는 때에는 그 곳을 발행지로 보며(제2조 제1항, 제4항, 제76조 제1항, 제4항), 지급지의 기재가 없는 때에는 발행지를 지급지로 본다(제2조 제3항, 제76조 제3항)고 규정하고 있다.

그런데 어음의 발행지란 실제로 발행행위를 한 장소가 아니라 어음상의 효과를 발생시킬 것을 의욕하는 장소를 말하는 것으로서, 어음의 발행지에 관련된 어음법 제37조, 제77조 제1항 제2호, 제41조 제4항, 제77조 제1항 제3호, 제76조 제3항 등과 섭외사법의 관련 규정들을 살펴보면, 어음에 있어서 발행지의 기재는 발행지와 지급지가 국토를 달리하거나 세력(歲曆)을 달리하는 어음 기타 국제어음에 있어서는 어음행위의 중요한 해석 기준이 되는 것이지만, 국내에서 발행되고 지급되는 이른바 국내어음에 있어서는 별다른 의미를 가지지 못한다고 할 것이다.

그리고 국내어음이란 국내에서 발행되고 지급되는 어음을 말하는 것이므로 국내어음인지 여부는 어음면상의 발행지와 지급지가 국내인지 여부에 따라 결정될 것이지만, 어음면상에 발행지의 기재가 없다고 하더라도 그 어음면에 기재된 지급지와 지급장소, 발행인과 수취인, 지급할 어음금액을 표시하는 화폐, 어음문구를 표기한 문자, 어음교환소의 명칭 등에 의하여 그 어음이 국내에서 어음상의 효과를 발생시키기 위하여 발행된 것으로 여겨지는 경우에는 발행지를 백지로 발행한 것인지 여부에 불구하고 국내어음으로 추단할 수 있다고 할 것이다.

한편일반의 어음거래에 있어서 발행지가 기재되지 아니한 국내어음도 어음요건을 갖춘 완전한 어음과 마찬가지로 당사자 간에 발행·양도 등의 유통이 널리 이루어지고 있으며, 어음교환소와 은행 등을 통한 결제 과정에서도 발행지의 기재가 없다는 이유로 지급거절됨이 없이 발행지가 기재된 어음과 마찬가지로 취급되고 있음은 관행에 이른 정도이고, 나아가 이러한 점에 비추어 보아 발행지의 기재가 없는 어음의 유통에 관여한 당사자들은 완전한 어음에 의한 것과 같은 유효한 어음행위를 하려고 하였던 것으로 봄이 상당하다 할 것이다.

그렇다면 어음면의 기재 자체로 보아 국내어음으로 인정되는 경우에 있어서는, 발행지의 기재는 별다른 의미가 없는 것이고, 발행지의 기재가 없는 어음도 완전한 어음과 마찬가지로 유통·결제되고 있는 거래의 실정 등에 비추어, 그 어음면상 발행지의 기재가 없는 경우라고 할지라도 이를 무효의 어음으로 볼 수는 없다고 할 것이다.

따라서 이와 일부 다른 견해를 취한 대법원 1967. 9. 5. 선고 67다1471 판결, 1976. 11. 23. 선고 76다214 판결, 1979. 8. 14. 선고 79다1189 판결, 1985. 8. 13. 선고 85다카123 판결, 1988. 8. 9. 선고 86다카1858 판결, 1991. 4. 23. 선고 90다카7958 판결, 1992. 10. 27. 선고 91다24724 판결, 1995. 9. 15. 선고 95다23071 판결 및 이와 같은 취지의 판결들은 이를 변경하기로 한다.

이 사건의 경우를 기록에 의하여 살펴보면, 이 사건 각 약속어음은 국내 금융기관인 부산은행이 교부한 용지에 의하여 작성된 것으로, 지급지는 양산군, 지급장소는 부산은행 양산지점으로 되어 있으며, 그 발행인과 수취인은 국내의 법인과 자연인이고, 어음금액은 원화로 표시되어 있으며, 어음문구 등 어음면상의 문자가 국한문 혼용으로 표기되어 있을 뿐만 아니라, 어음 표면 우측 상단에 어음용지를 교부한 은행 점포를 관할하는 어음교환소명으로 '부산'이라 기재되어 있는 점 등에 비추어 볼 때, 이 사건 각 약속어음은 국내에서 발행되고 지급되는 국내어음임이 명백하고, 따라서 그 어음면상 발행지의 기재가 없다고 하여 이를 무효의 어음으로 볼 수 없다고 할 것이므로, 위 각 어음에 대한 지급제시가 비록 발행지의 기재 없이 이루어졌다고 하더라도 이는 적법하게 지급제시된 것이라고 할 것이다.

원심의 판단은 위에서 설시한 법리와는 다른 전제에서 이루어진 것이므로 발행지의 기재가 없는 어음의 효력에 관한 법리를 오해한 위법이 있다고 할 것이나, 이 사건 각 약속어음의 발행지의 기재가 없는 상태로 한 지급제시가 적법하다고 본 결론에 있어서는 정당하다. 이 점을 지적하는 상고이유는 받아들일 수 없다.

2. 변제항변의 점에 대하여

기록에 비추어 살펴보면, 피고가 원고에게 변제조로 교부한 약속어음 2장(원심은 3장으로 인정하였으나 이는 오기로 보인다) 액면 합계 금 32,570,000원이 그 지급기일에 결제되었다는 증거가 없고, 오히려 위 각 어음이 1995. 4. 21. 부도처리된 것으로 인정된다고 하여 피고의 변제항변을 배척한 원심의 조치는 수긍이 가고, 거기에 상고이유로 주장하는 바와 같은 법리오해 등의 위법이 있다고 할 수 없다. 이 점에 관한 상고이유도 받아들일 수 없다.

3. 동시이행항변 내지 상계항변의 점에 관하여

기록에 의하면, 피고는 이 사건 현대그랜드빌라 502호에 관하여 원고가 피고에게 하자를 보수하여 주기로 약정하고도 이를 불이행하였으니 그 채무를 이행할 때까지 원고의 청구에 응할 수 없고, 또 그 하자보수채무의 불이행으로 인한 손해배상채권을 자동채권으로 하여 이 사건 채권과 그 대등액에서 상계한다는 주장을 제출하였음이 분명함에도 불구하고, 원심은 이에 대하여 아무런 판단도 하지 아니하였음을 알 수 있다.

그러나 기록과 관계 증거를 살펴보면, 원고가 피고의 주장과 같은 하자보수의 약정을 하였음을 인정할 증거가 없고, 오히려 위 하자보수비는 이미 서로간에 정산되어 위 빌라의 매매대금에서 감액된 사실이 인정될 뿐이므로, 피고의 위 주장은 받아들일 수 없다고 할 것이어서, 원심이 위 주장에 대한 판단을 하지 아니하였다고 하더라도 이는 판결 결과에 영향이 없다고 할 것이다. 이 점에 관한 상고이유 역시 받아들일 수 없다.

4. 그러므로 상고를 기각하고, 상고비용은 패소자의 부담으로 하기로 하여 주문과 같이 판결하는바, 이 판결에는 제1항 부분 판단에 관하여 대법관 이돈희, 대법관 신성택, 대법관 이용훈의 다수의견에 대한 보충의견과 대법원장 윤관, 대법관 최종영, 대법관 천경송, 대법관 정귀호, 대법관 김형선, 대법관 이임수의 반대의견이 있는 이외에는 관여 대법관들의 의견이 일치되었다.

5. 대법관 이돈희, 대법관 신성택, 대법관 이용훈의 다수의견에 대한 보충의견은 다음과 같다.

법률을 해석·적용함에 있어서는 법률규정의 문언의 어의(語義)에 충실하게 해석하여야 함이 원칙임은 말할 것도 없다. 그러나 법률 제정 당시에 입법자가 전혀 예상하지 못하였기 때문에 법률로 규정되지 않았거나 불충분하게 규정된 경우가 있을 수 있고, 이 경우에도 법원은 재판을 하지 않으면 아니 되므로 법원의 법형성적 활동이 개입될 수밖에 없다. 뿐만 아니라 법률에 명문의 규정이 있는 경우에도 시대가 바뀌고 사회가 달라짐에 따라 법과 실제 생활과의 사이에 불가피하게 간격이 생길 수 있으며, 이때에 만일 명문규정의 엄격한 적용만을 고집한다면 그것은 법적 안정성이 유지될지는 모르나 사회생활의 유동·발전에 대한 적응성을 결여하는 중대한 결함이 생길 수 있으므로 이를 실제 생활에 부합하게 해석할 사회적 필요가 생기게 된다. 이와 같은 경우 법원은 형식적인 자구 해석에 얽매일 것이 아니라 그 법이 구현하고자 하는 입법정신이 무엇인가를 헤아려서 그 입법정신을 실현하는 방향으로 법의 의미를 부여하여야 하며, 그 실현을 위하여 필요한 한도 내에서 명문규정의 의미를 확대해석하거나 또는 축소·제한해석을 함으로써 실질적인 법형성적 기능을 발휘하여야 할 것이다. 일반적으로 모든 법은 법규정의 본질을 바꾸는 정도의 것이 아닌 한도에서 이를 합리적으로 해석함으로써 뒤쳐진 법률을 앞서가는 사회현상에 적응시키는 일방 입법기관에 대하여 법률의 개정 등을 촉구하는 것은 법원의 임무에 속하는 일이라 할 것이고, 그 뒤쳐진 법규정의 재래적 해석·적용이 부당한 결과를 초래한다는 것을 알면서도 법률 개정이라는 입법기관의 조치가 있을 때까지는 이를 그대로 따를 수밖에 없다고 체념해 버리는 것은 온당치 않은 태도라고 할 것이다(대법원 1978. 4. 25. 선고 78도246 전원합의체 판결 참조).

특히 사법(私法)은 국민의 사생활관계를 규율하는 법률이므로, 국민의 사법적 거래의 관행을 뒷받침하여 그 거래를 원활하게 유지하도록 하는 것은 사법의 본래의 영역이며 사명에 속하는 것이다. 국민의 대부분이 명문규정에 별 의미가 없는 것으로 생각하고 그 규정에 맞지 아니한 행위도 유효한 것으로 믿고 그에 따라 행동하는 경우에, 그것이 선량한 풍속 기타 사회질서에 위배되어 무효로 되는 등 특별한 사정이 없다면 법원만이 그 행위를 무효로 보아 국민의 거래행위를 제약할 것은 아니라 할 것이다. 이러한 해석은 금전 지급수단인 어음의 법률관계를 규율하는 어음법에 있어서도 원칙적으로 적용되어야 할 것이다. 어음법이 강행법·기술법적 성질을 가지고 있음에 비추어 볼 때 어음법에서 정한 어음요건은 이를 엄격하게 해석함이 원칙일 것이나, 이러한 엄격해석의 요청은 이를 자의로 해석함으로써 어음거래 당사자에게 불이익하게 법률을 적용하는 것을 막자는 데에 있는 것이지 입법취지를 해하지 않는 범위 내에서 합리적으로 해석하는 것까지도 절대적으로 금지하려는 것은 아니라 할 것이다.

그런데 어음법에 있어서 발행지의 기재를 어음의 필요적 기재 사항으로 규정하고 있는 이유는, 발행지와 세력(歲曆)을 달리하는 지(地)에서 지급할 환어음·약속어음의 경우에 어음의 만기의 날은 지급지의 세력에 의하여 정한 것으로 보고(어음법 제37조, 제77조 제1항 제2호), 어음의 발행국과 지급국이 동명이가(同名異價)를 가진 통화에 의하여 환어음·약속어음의 금액을 정한 때에는 지급지의 통화에 의하여 정한 것으로 추정하도록 규정되어 있으므로(어음법 제41조 제4항, 제77조 제1항 제3호), 발행지의 기재는 만기 결정의 세력과 지급통화를 결정하는 표준이 되고, 약속어음에서의 발행지의 기재는 약속어음상에 다른 표시가 없는 때에 지급지와 발행인의 주소지로 의제되는 기능이 있으며(어음법 제76조 제3항), 발행지의 기재는 국제어음법에 있어서 어음행위의 능력·방식·효력 및 환어음의 소지인의 원인채권의 취득 여부 등을 결정함에 있어서 준거법을 결정하는 표준이 되는 기능을 하기 때문이라고 할 것이다(섭외사법 제34조 제2항, 제36조 제2항, 제37조 제2항, 제38조). 따라서 위와 같은 발행지의 기재는 보통 발행지와 지급지가 국토를 달리하거나 세력을 달리하는 어음 기타 국제어음에 있어서는 유용한 기능을 하지만, 국내에서 발행되고 지급되는 이른바 국내어음에 있어서는 세력과 지급통화가 단일하게 통일되어 있어서 발행지의 기재는 별다른 의미를 가지지 못한다고 할 것이고, 이러한 의미에서 발행지는 특정한 행정구역으로 제한하여 기재할 필요가 없으며 널리 '한국'이라는 기재로도 족하고, 나아가 어음면의 기재 자체에서 국내어음임이 분명한 경우에 있어서는 발행지의 기재가 없더라도 발행지가 '한국'으로 기재된 어음과 구별할 필요가 없다 할 것이다. 또한 섭외사법상 준거법을 정하는 표준이 되는 발행지는 어음면상에 기재된 발행지가 아니라 실제로 발행행위를 한 지(地)라고 해석되므로 어음면상의 발행지는 섭외사법상 준거법을 정함에 있어서는 추정력을 가지는 데 불과한 것이다.

그리고 실제 어음거래의 관행을 살펴보면, 다수의견에서 본 바와 같이 일반의 어음거래에 있어 발행지가 기재되지 아니한 국내어음도 어음요건을 갖춘 완전한 어음과 마찬가지로 당사자 간에 발행·양도 등의 유통이 널리 이루어지고 있고, 어음교환소와 은행 등을 통한 결제 과정에서도 발행지의 기재가 없다는 이유로 지급거절됨이 없이 발행지가 기재된 어음과 마찬가지로 취급되고 있으므로, 국내어음에 있어서 발행지의 기재가 없다고 하여도 어음의 유통증권으로서의 실제 기능에 아무런 영향이 없다 할 것이다. 따라서 발행지의 기재가 없는 어음의 유통에 관여한 당사자들은 완전한 어음에 의한 것과 같은 유효한 어음행위를 하려는 의사를 가지고 이에 관여한 것으로 봄이 상당하다 하지 않을 수 없다.

만일 발행지의 기재가 없다는 이유만으로 이러한 어음을 무효로 한다면 이는 어음상의 의무자로 하여금 채무의 이행을 지연하거나 면탈하는 구실을 주게 되어 어음채무자에 의하여 악용될 소지가 많다고 본다. 왜냐하면 실제의 거래에서는 어음을 수수하는 자는 어음상의 권리관계에 별 의미가 없는 발행지의 기재에 대하여는 주의를 기울이지 않는 경우가 많을 뿐만 아니라 발행지의 기재가 없어도 완전한 어음에 의한 것과 같은 유효한 어음행위를 하려는 의사를 가지고 발행지를 보충하지 아니한 채 어음을 수수하는 것이 보통임에도 불구하고, 어음채무자인 발행인이나 배서인이 발행지의 기재만을 누락한 채 어음을 발행·양도한 다음 이를 제대로 인식하지 못한 최종소지인이 지급을 청구하면 어음요건의 흠결을 주장하여 어음채무의 이행을 지연하거나 면탈하고자 할 수도 있기 때문이다.

나아가 현재 세계의 어음법은 크게 제네바통일법계와 영미법계로 나뉘어 있고 우리나라는 제네바통일법계에 따라 입법을 하였음은 주지의 사실이나, 어음은 원래 금전 지급 및 신용 이용의 수단으로 안출된 기술적인 제도로서 세계적 통일화 경향이 현저하므로 어음의 해석에 있어서는 특히 제네바통일법계와 영미법계 상호의 법규정을 염두에 두고 해석할 필요성이 있다고 할 것이므로, 영미법계에서 제네바통일법계와 상이한 규정을 두고 있는 경우에는 그 의미를 완화하여 해석하여도 좋을 것이다. 그런데 발행지의 기재에 대하여 영미법계에서는 이를 어음요건으로 하지 아니하고 오히려 발행지의 기재가 흠결되어도 어음으로서의 효력에 영향이 없는 것으로 명문규정을 두고 있고, 더구나 1988. 12. 9. 제43차 UN총회에서 채택된 '국제환어음·약속어음에 관한 UN협약'에 있어서는 우리 어음법의 규정과 달리 발행지의 기재를 필요적 기재 사항으로 규정하고 있지도 아니하다. 그렇다면 우리나라의 경우에 있어서도 어음요건의 해석에 융통성을 두어 국내어음에 한하여 다수의견과 같이 발행지의 기재가 없어도 어음의 효력에 영향이 없는 것으로 해석하여도 무리가 아니라고 생각하는 것이다.

그렇다면, 어음면의 기재 자체에 의하여 국내어음으로 인정되는 경우에 단지 발행지의 기재가 없다는 이유로 이를 무효의 어음이라고 보는 것은 지나치게 형식논리에 치우친 해석이라고 하지 않을 수 없을 뿐만 아니라, 어음 유효해석의 원칙에 비추어 보더라도 타당한 해석이 아니라고 할 것이므로, 국내어음에 한하여는 발행지의 기재가 없다고 하더라도 이를 무효의 어음으로 볼 수 없다고 해석함이 상당하다고 생각한다. 이러한 해석은 국내어음에 한하여 위와 같이 해석하는 것이어서 국제어음에 있어서는 발행지의 기재가 없으면 그 어음은 무효라는 입장을 견지하고 있는 것임이 분명하므로, 위 해석에 의하더라도 발행지를 어음요건의 하나로 규정하고 있는 어음법의 조항을 완전히 사문화시키는 것이 아님은 물론이다.

따라서 다수의견은 국내어음에 있어서 발행지의 기재가 별다른 의미가 없고 발행지의 기재가 없는 어음도 완전한 어음과 마찬가지로 유통·결제되고 있을 뿐더러 어음거래의 당사자들도 발행지의 기재가 없어도 유효한 어음행위를 하려는 의사였다고 보이는 점 등을 비롯한 위에서 본 바와 같은 여러 사정에 비추어 국내어음에 한하여 발행지의 기재가 없다고 할지라도 이를 무효의 어음이라고 볼 수 없다고 해석하는 것이므로, 이러한 해석이 법원의 법률해석권의 범위를 일탈하는 것은 아니라고 생각한다.

6. 대법원장 윤관, 대법관 최종영, 대법관 천경송, 대법관 정귀호, 대법관 김형선, 대법관 이임수의 반대의견은 다음과 같다.

가. 어음법 제1조 제7호와 제75조 제6호는 어음에는 그 요건의 하나로서 발행지를 기재하여야 한다고 규정하고 있는 한편, 같은 법 제2조 및 제76조는 발

행지를 기재하지 아니한 증권은 발행인의 명칭에 부기한 지가 없는 한 '어음의 효력이 없다'라고 명문으로 규정하고 있으므로, 발행지와 발행인의 명칭에 부기한 지의 기재가 없는 어음은 그 효력이 없고, 따라서 소지인이 이러한 미완성 어음으로 지급을 위한 제시를 하였다고 하더라도 이는 적법한 지급제시가 될 수 없다고 보아야 할 것이다.

나. 원래 법규의 의미·내용과 적용 범위가 어떠한 것인지를 정하여 선언하는 권한 즉 법률의 해석·적용의 권한은 법원에 있으며, 법원은 법규의 흠결을 이유로 재판을 거부할 수 없으므로 재판할 사항에 대하여 적용할 법규가 없을 경우에는 법률이념에 맞도록 다른 법규를 유추적용하고, 법규가 있다고 하더라도 그 의미 내용이 애매모호할 경우에는 그 입법취지에 따라 적절한 해석을 함으로써 그 법규의 의미 내용을 확정하는 권한을 가지고 있다고 할 것이다.

그러나, 이 사건의 경우와 같이 법규가 있고 그 의미 내용 역시 명확하여 달리 해석할 여지가 없는 경우에는 다른 것을 다르게 취급하여야 한다는 정의의 요청(이른바 목적론적 축소해석의 경우) 또는 합헌적인 해석의 요청(이른바 헌법합치적 해석의 경우)에 의하여, 그 법규의 적용 범위를 예외적으로 제한하여 해석할 필요가 있는 등의 특별한 사정이 없는 한, 설사 다수의견이 보는 바와 같이, 명문의 규정이 거래의 관행과 조화되지 아니하는 점이 있다고 하더라도, 법원으로서는 모름지기 국회의 입법 작용에 의한 개정을 기다려야 할 것이지 명문의 효력규정의 적용 범위를 무리하게 벗어나거나 제한하는 해석을 하여서는 아니 될 것이다.

앞서 본 바와 같이, 어음법은 발행지의 기재가 없는 어음에 관하여 그 효력이 없다고 명문으로 규정하고 있는 한편, 이 명문의 규정에 관하여는 정의의 요청 또는 합헌적인 해석의 요청에 의하여 그 적용 범위를 예외적으로나마 제한하여 해석할 만한 아무런 특별한 사정이 있다고 할 수 없으므로, 다수의견과 같이 위 어음법의 명문규정이 이른바 '국내어음'에는 적용되지 아니한다고 하는 것은 법원이 어음법에도 없는 단서 조항 즉 '발행지에 관하여 국내어음의 경우에는 그러하지 아니하다.'라는 규정을 신설하는 셈이고, 이는 명문의 규정에 반하는 법형성 내지 법률수정을 도모하는 것으로서 법원의 법률해석권의 범위를 명백하게 일탈한 것이라는 비난을 면하기 어렵다고 할 것이다.

다. 다수의견은 입법정책상의 문제 또는 사실인정의 문제를 법률해석의 문제로 다루고 있다는 비난을 면할 수가 없다.

(1) 다수의견은 요컨대, 국내어음에 있어서는 발행지의 기재가 별다른 의미가 없고, 발행지의 기재가 없는 어음도 완전한 어음과 마찬가지로 취급되고 있는 것이 관행에 이른 정도이며, 또 그러한 어음의 유통에 관여한 당사자들도 유효한 어음행위를 하려 하였던 것으로 봄이 상당하므로 이러한 어음도 유효하다고 보아야 한다는 것이다.

(2) 그러나, 발행지를 어음요건으로 할 것인지의 여부는 발행행위의 요식에 관하여 발행인의 기명날인 외에 서명을 허용할 것인지의 여부와 같이 법률로 정할 사항이고(1995. 12. 6. 법률 제5009호 개정된 어음법 참조), 다수의견이 주장하는 바와 같은 '별다른 의미'의 유무에 의하여 좌우할 성질의 것은 아니며, 다수의견이 주장하는 거래관행이나 당사자의 의사는 법률행위 해석의 논거로 될 수 있을지언정 법률행위 등을 규율 대상으로 하는 법규, 그 중에서도 효력규정인 법규의 해석 논거로 삼는다는 것은 법리에 전혀 맞지 아니한다. 특히 위와 같이 어음법이 개정될 때, 사회·경제적 여건의 변화와 국내·외 상거래관행의 추세를 반영한다는 취지에서 어음발행행위의 요식에 관하여 종전의 '기명날인'에서 '기명날인 또는 서명'으로 바꾼 바가 있고, 위 개정 당시 최소한 국내어음에 있어서는 발행지를 어음요건에서 배제하는 어음법의 개정이 이루어져야 한다는 입법론적인 주장이 있었음에도 불구하고, 위 발행지의 요건에 관하여는 개정하지 아니한 채 그대로 둔 점에 비추어 볼 때, 아직 어음요건에서 발행지의 기재를 제외할 만한 사회·경제적 여건의 변화나 국내·외 상거래관행이 있었다고 보지 아니하였기 때문인 것으로 보인다.

그리고 기록을 살펴보아도 발행지란이 보충되지 아니한 채 지급제시된 어음에 대하여 배서인이 이를 결제하거나 소구책임을 지는 것이 어음거래의 관행에 이른 것이라고 볼 만한 아무런 자료나 근거가 없을 뿐더러 가사 그러한 관행이 있다고 가정하더라도, 이러한 관행이 강행법규인 어음법에 저촉된다면 이를 허용하여서는 아니 될 것이다. 만약 다수의견과 같이 이를 허용한다면 이는 관행에 의하여 강행법규를 개폐하는 결과를 초래하게 되는 것이고, 이는 성문법주의의 법체제하에서는 도저히 용납될 수 없는 것이다.

(3) 그리고 원래, 어음에 있어서 발행지의 기재는 어음 문면상의 발행인의 표시와 더불어 어음금에 대하여 최종적인 지급책임을 지는 발행인이 어느 곳에서 경제활동을 하고 있는 누구인가를 알려주는 역할을 담당하는 것이고, 신용증권인 어음은 기본적으로 그 발행인의 신용에 의하여 평가되는 것이므로, 발행지의 기재는 어음발행 이후에 어음을 취득하거나 이에 대하여 보증, 기타 어음행위를 하려는 사람에게 어음의 출처를 알려주고 그 신용을 가늠하게 하는 중요한 역할을 담당하고 있다고 할 것이며, 특히 국제거래가 활발하여져서 국내에서 발행되고 지급지가 국내인 어음이라도 국내뿐만 아니라 국외에서도 유통될 것이 예상되는 오늘날의 경제상황에 비추어 본다면(외국환관리법 제19조에서는 환어음·약속어음도 당국의 허가 등 일정한 제한 하에서 외국에 수출을 할 수 있도록 규정하고 있다.), 어음 발행지의 기재가 어음행위의 준거법의 표준이 되는 이외에 '별다른 의미'가 없다는 다수의견은 수긍이 가지 아니할 뿐 아니라, 우리 어음법은 다수의견이 말하는 '국내어음'에 중점을 두고 제정되었다고 볼 것인데, 어음발행요건의 발행지는 오히려 국외어음에서 큰 의미가 있고 '국내어음'에는 '별다른 의미'가 없다고 하는 것은 본말을 전도한 것이라고 할 것이다.

라. 다수의견은 우리 어음법의 운용에 대한 국제적인 신뢰를 손상시키고, 어음이 국제적으로 유통되고 있는 경제실정에도 맞지 아니한다.

제네바통일조약이 제정된 이래 오늘에 이르기까지 세계의 어음법·수표법은 크게 제네바통일조약을 채택한 제네바통일법계와 동 조약을 채택하지 아니한 영미법계 등 두 개의 법계로 나뉘어 있는데, 발행지를 어음요건에 포함시킬 것인지의 여부에 관하여 독일·프랑스·스위스·오스트리아·일본 등 제네바통일법계에 속하는 국가에서는 이를 어음요건에 포함시켜 발행지의 기재가 없는 어음은 어음의 효력을 부인하고 있음에 비하여, 미국·영국 등 영미법계에 속하는 국가에서는 이를 어음요건에 포함시키지 아니하고 발행지의 기재가 없는 어음도 어음의 효력을 인정하고 있다. 그리고 우리 어음법이 제네바통일법계에 속하는 것은 국내외적으로 주지의 사실이며, 제네바통일어음법(1930)은 어음요건에 관하여 아무런 유보조항도 두지 아니하고 있다. 그럼에도 불구하고 발행지의 기재가 없는 어음의 효력에 관하여, 오직 우리나라만이 다수의견과 같이 뚜렷한 법적 근거도 없이 어음을 국내어음과 국제어음으로 구분한 다음, 국내어음의 경우에는 영미법계에 속하는 국가와 마찬가지로 보아 유효라고 하고, 국제어음에 대하여는 제네바통일법계에 속하는 국가와 마찬가지로 보아 무효라고 한다면, 이는 위 두 개의 법계 어디에도 속하지 아니한 우리나라만의 독자적인 법운용으로서, 어음법·수표법의 세계적 통일화 경향에 역행하는 것이며 국제적인 신뢰를 손상시키는 결과를 초래할 우려가 매우 크다고 할 것이다.

바로 이러한 이유 때문에 독일·프랑스·스위스·오스트리아·일본 등 제네바통일법계에 속하는 국가에서는 제네바통일어음법이 성립된지 67년이 지난 오늘날에 이르기까지 동법에 유보조항이 없는 규정에 관하여는 각국의 국내법을 개정하지 아니하면서 발행지의 기재가 없는 어음을 무효라고 해석하고 있다.

그리고 오늘날 어음은 국내거래뿐만 아니라 국제거래에 있어서도 신용창출의 수단 또는 금전의 지급결제의 수단으로 국제적으로 유통되고 있는바, 다수의견과 같이 어음의 효력에 관하여 국내어음과 국제어음을 달리 취급하는 것은 위와 같은 어음거래의 실정에도 맞지 아니하는 법운용이라고 하지 아니할 수 없다.

다수의견의 보충의견에서는 그 해석의 논거로서, 영미법계에서는 발행지를 어음요건으로 규정하고 있지 아니하고, '국제환어음·국제약속어음에 관한 유엔협약'에서도 발행지를 필요적 기재 사항으로 규정하고 있지 아니한 점을 들고 있으나, 우리 법률보다 우리의 거래실정에 더 맞는 외국법률의 규정이 있다고 하여 우리 법률의 명문의 규정에 반하여 외국법률과 마찬가지로 해석하자는 것은 입법론과 해석론을 혼동한 것이라고 아니할 수 없으며, 위 협약은 그 명칭에서도 알 수 있듯이 국내어음이 아닌 국제어음에만 적용되는 것으로서, 국제어음의 경우에는 발행지가 필요적 기재 사항임을 인정하고 있는 다수의견의 주장과 맞지 아니할 뿐만 아니라, 우리나라가 위 협약을 비준하지도 아니 하였으므로, 이들을 그 논거로 삼을 수는 없다고 할 것이다.

마. 다수의견은 어음의 절대적 요식증권성을 무시한 견해이다.

어음은 그 유통성을 확보하기 위하여 다른 요식증권과 마찬가지로 그 권리관계를 증권상에 명시하도록 하는 한편, 화물상환증·선하증권 등과 같이 증권의 본질에 반하지 아니하는 한 법정사항을 결하더라도 그 증권이 무효로 되지 아니하는 상대적 요식증권과는 달리, 법정사항 중 하나를 결하더라도 구제를 예정하는 경우를 제외하고는 그 증권 전체가 무효로 되는, 이른바 절대적 요식증권이다(어음법 제2조, 제76조).

앞서 본 바와 같이, 어음법이 어음의 발행지를 어음요건의 하나로 규정하고 있음에도 불구하고(제1조 제7호, 제75조 제6호), 다수의견과 같이 발행지의 기재가 없는 어음을 유효하다고 하는 것은 위와 같은 어음의 절대적 요식증권성에도 반한다고 할 것이다.

그리고 어음의 요식성을 완화하는 어음유효해석의 원칙을 긍정하는 견해를 취한다고 하더라도 이는 무제한으로 적용될 수 없고, 어음의 요식성을 파괴할 위험이 있는 경우에는 지급의 확실성 보장과 유통성 강화라는 어음의 이념에 반하기 때문에 그 적용을 부정하여야 한다는 것이 통설적 견해인바, 어음의 필요적 기재 사항의 하나인 발행지의 기재를 결한 어음을 유효하다고 하는 것은 어음의 요식성을 파괴하는 것이므로 여기에 어음유효해석의 원칙이 적용될 여지는 없다고 할 것이다.

바. 지금까지 대법원은 일관되게 발행지의 기재를 요건으로 하는 명문을 무너뜨리지 아니하는 한도에서 가능한한 유효하게 해석하려는 견해를 최근까지 유지하여 왔는데, 다수의견이 특별한 상황의 변화도 없이, 갑자기 성문법주의의 법체제하에서 강행법규적 성격의 법규이며 효력규정인 어음요건에 관한 명문규정을 정면으로 거스르는 결론을 끌어내려는 것은 부당하다고 아니할 수 없으며, 사실인정의 문제를 법률해석의 문제로 보거나 법률해석의 논거가 될 수 없는 관행과 당사자의 의사를 무리하게 끌어들여 발행지의 기재가 없는 어음도 유효하다고 하는 것은 납득할 수가 없다.

법원은 모름지기 헌법과 법률에 의하여 심판하여야 하고 법률에 대하여 심판하여서는 아니 된다.

사. 돌이켜 이 사건에 관하여 살피건대, 원심이 적법히 확정한 사실관계와 기록에 의하면, 이 사건 약속어음 5장은 모두 그 우측상단에 '부산'이라는 고무인이 찍혀 있을 뿐 발행지란을 백지로 하고 발행인의 명칭에 부기한 지의 기재도 없이 발행·배서양도되다가 그 발행지란이 보충되지 아니한 채 지급제시되었는데, 위 '부산'이라는 표시는 어음교환소명을 지칭하는 것임을 알 수 있다.

사정이 이와 같다면, 그 '부산'이라는 표시는 발행지와는 아무런 관련이 없어 이를 발행지의 기재로는 볼 수 없으므로, 결국 이 사건 각 약속어음은 발행지의 기재가 없는 미완성어음으로 그 지급을 위한 제시가 되었다고 할 것이어서 이를 적법한 지급제시로 볼 수 없고, 따라서 피고는 배서인으로서 소지인인 원고에 대하여 어음법의 명문규정에 따라 그 소구의무를 부담하지 아니한다고 할 것이다.

그럼에도 불구하고, 원심이 위 '부산'이라는 표시를 발행지의 기재로 보아 그 지급제시가 적법하다고 하여 피고에게 그 소구책임이 있다고 판단한 조처는 어음요건에 관한 법리를 오해한 위법을 저지른 것이라고 아니할 수 없으며, 이는 판결에 영향을 미쳤음이 명백하므로 이 점을 지적하는 상고이유의 주장을 받아들여 원심판결을 파기하고 사건을 원심법원에 환송함이 마땅하다고 할 것이다.

대법원장 윤관(재판장) 최종영 천경송 정귀호 박준서 이돈희 김형선 지창권 신성택(주심) 이용훈 이임수 송진훈 서성

(판결에 대한 평가)

이 판결에서 대법원 다수의견은, 어음에 있어서 발행지의 기재는 국내에서 발행되고 지급되는 이른바 국내어음에 있어서는 별다른 의미를 가지지 못하고, 또한 일반의 어음거래에 있어서 발행지가 기재되지 아니한 국내어음도 어음요건을 갖춘 완전한 어음과 마찬가지로 당사자 간에 발행·양도 등의 유통이 널리 이루어지고 있으며, 결제 과정에서도 발행지의 기재가 없다는 이유로 지급이 거절되지 않는 관행에 이른 정도인 점에 비추어 볼 때, 어음면의 기재 자체로 보아 국내어음으로 인정되는 경우에 있어서는 그 어음면상 발행지의 기재가 없는 경우라고 할지라도 이를 무효의 어음으로 볼 수는 없다고 하여 거래의 안정에 무게를 둔 판단을 하였다.

그리고 소수의견은 어음법이 발행지 기재를 어음의 효력요건으로 요구하는데도 불구하고 이 법의 적용범위를 목적론적으로 축소하는 것은 법원의 법률해석 권한의 범위를 명백하게 넘어서는 것이라고 판단하여 표현은 축소해석이라고 평가하였지만, 의미론적으로는 목적론적 축소라 할 수 있다. 왜냐하면 발행지 기재는 국제어음에만 중요하다는 법의 목적에 따라 국내어음을 해당 조문의 적용범위에서 배제하기 때문이다. 문리해석에 의할 때, 실제로 어음의 의미에는 국내어음과 국제어음이 모두 포함되기 때문에, 국제어음만을 여기에 속하는 것으로 축소해석하는 것은 불가능하기 때문이다. 문언의 가능한 범위 내에서 이루어지는 해석의 가능성에서 해석의 결과 적용의 범위가 축소되는 축소해석과, 문언의 가능한 범위를 넘어 법규범의 규율목적에 따라 적용을 위

한 유추를 통한 목적론적 축소와는 구별되어야 할 것이다. 따라서 본 판결은 목적론적 축소의 경우에 해당한다고 할 수 있다.

16. 공무원의 직무상 불법행위 책임

(대법원 1996. 2. 15. 선고 95다38677 전원합의체 판결)

판시사항

[1]헌법 제29조 제1항 단서의 취지

[2]국가배상법 제2조 제1항 본문 및 제2항의 입법 취지

[3] 공무원이 직무수행 중 불법행위로 타인에게 손해를 입힌 경우, 공무원 개인의 손해배상책임 유무(=제한적 긍정설)

[4] 경과실에 의한 공무원의 직무상 위법행위에 대하여 공무원 개인의 손해배상책임을 인정하지 않는 것이 헌법 제23조에 위배되는지 여부

[5] [3]항의 법리는 피해자가 군인 등 헌법 제29조 제2항, 국가배상법 제2조 제1항 단서 소정의 공무원의 경우에는 달리 보아야 하는지 여부

판결요지

[1] [다수의견]헌법 제29조 제1항 단서는 공무원이 한 직무상 불법행위로 인

하여 국가 등이 배상책임을 진다고 할지라도 그 때문에 공무원 자신의 민·형사 책임이나 징계책임이 면제되지 아니한다는 원칙을 규정한 것이나, 그 조항 자체로 공무원 개인의 구체적인 손해배상책임의 범위까지 규정한 것으로 보기는 어렵다.

[별개의견] 헌법 제29조 제1항 단서의 공무원 개인책임은 그 본문과 연관하여 보면 이는 직무상 불법행위를 한 그 공무원 개인의 불법행위 책임임이 분명하며, 여기에서 말하는 불법행위의 개념은 법적인 일반개념으로서, 그것은 고의 또는 과실로 인한 위법행위로 타인에게 손해를 가한 것을 의미하고, 이때의 과실은 중과실과 경과실을 구별하지 않는다는 일반론에 의문을 제기할 여지가 없어 보인다.

[반대의견] 헌법 제29조 제1항 단서의 규정은 직무상 불법행위를 한 공무원 개인의 손해배상책임이 면제되지 아니한다는 것을 규정한 것으로 볼 수는 없고, 이는 다만 직무상 불법행위를 한 공무원의 국가 또는 공공단체에 대한 내부적 책임 등이 면제되지 아니한다는 취지를 규정한 것으로 보아야 한다.

[2] [다수의견]국가배상법 제2조 제1항 본문 및 제2항의 입법 취지는 공무원의 직무상 위법행위로 타인에게 손해를 끼친 경우에는 변제자력이 충분한 국가 등에게 선임감독상 과실 여부에 불구하고 손해배상책임을 부담시켜 국민의 재산권을 보장하되, 공무원이 직무를 수행함에 있어 경과실로 타인에게 손해를 입힌 경우에는 그 직무수행상 통상 예기할 수 있는 흠이 있는 것에 불과하므로, 이러한 공무원의 행위는 여전히 국가 등의 기관의 행위로 보아 그로 인하여 발생한 손해에 대한 배상책임도 전적으로 국가 등에만 귀속시키고 공무원 개인에게는 그로 인한 책임을 부담시키지 아니하여 공무원의 공무집행의 안정성을 확보하고, 반면에 공무원의 위법행위가 고의·중과실에 기한 경우에는 비록 그 행위가 그의 직무와 관련된 것이라고 하더라도 그와 같은 행위는 그 본질에 있어서 기관행위로서의 품격을 상실하여 국가 등에게 그 책임을 귀속시킬 수 없으므로 공무원 개인에게 불법행위로 인한 손해배상책임을 부담시

키되, 다만 이러한 경우에도 그 행위의 외관을 객관적으로 관찰하여 공무원의 직무집행으로 보여질 때에는 피해자인 국민을 두텁게 보호하기 위하여 국가 등이 공무원 개인과 중첩적으로 배상책임을 부담하되 국가 등이 배상책임을 지는 경우에는 공무원 개인에게 구상할 수 있도록 함으로써 궁극적으로 그 책임이 공무원 개인에게 귀속되도록 하려는 것이라고 봄이 합당하다.

[별개의견] 국가배상법 제2조 제2항의 입법취지가 공무원의 직무집행의 안정성 내지 효율성의 확보에 있음은 의문이 없는 바이나, 위 법 조항은 어디까지나 국가 등과 공무원 사이의 대내적 구상관계만을 규정함으로써, 즉 경과실의 경우에는 공무원에 대한 구상책임을 면제하는 것만으로써 공무집행의 안정성을 확보하려는 것이고, 대외적 관계 즉 피해자(국민)와 불법행위자(공무원) 본인 사이의 책임관계를 규율하는 취지로 볼 수는 없다. 그것은 국가배상법의 목적이 그제1조가 밝히고 있는 바와 같이 국가 등의 손해배상책임과 그 배상절차 즉 국가 등과 피해자인 국민 간의 관계를 규정함에 있고 가해자인 공무원과 피해자인 국민 간의 관계를 규정함에 있는 것이 아닌 점에 비추어 보아도 명백하다.

[반대의견] 헌법 제29조 제1항 및 국가배상법 제2조 제1항의 규정이 공무원의 직무상 불법행위에 대하여 자기의 행위에 대한 책임에서와 같이 국가 또는 공공단체의 무조건적인 배상책임을 규정한 것은, 오로지 변제자력이 충분한 국가 또는 공공단체로 하여금 배상하게 함으로써 피해자 구제에 만전을 기한다는 것에 그치는 것이 아니라, 더 나아가 국민 전체에 대한 봉사자인 공무원들로 하여금 보다 적극적이고 능동적으로 공무를 수행하게 하기 위하여 공무원 개인의 배상책임을 면제한다는 것에 초점이 있는 것으로 보아야 한다.

[3] [다수의견] 공무원이 직무수행 중 불법행위로 타인에게 손해를 입힌 경우에 국가 등이 국가배상책임을 부담하는 외에 공무원 개인도 고의 또는 중과실이 있는 경우에는 불법행위로 인한 손해배상책임을 진다고 할 것이지만, 공무원에게 경과실뿐인 경우에는 공무원 개인은 손해배상책임을 부담하지 아니한

다고 해석하는 것이 헌법 제29조 제1항 본문과 단서 및 국가배상법 제2조의 입법취지에 조화되는 올바른 해석이다.

[별개의견] 공무원의 직무상 경과실로 인한 불법행위의 경우에도 공무원 개인의 피해자에 대한 손해배상책임은 면제되지 아니한다고 해석하는 것이, 우리 헌법의 관계 규정의 연혁에 비추어 그 명문에 충실한 것일 뿐만 아니라 헌법의 기본권보장 정신과 법치주의의 이념에도 부응하는 해석이다.

[반대의견] 공무원이 직무상 불법행위를 한 경우에 국가 또는 공공단체만이 피해자에 대하여 국가배상법에 의한 손해배상책임을 부담할 뿐, 공무원 개인은 고의 또는 중과실이 있는 경우에도 피해자에 대하여 손해배상책임을 부담하지 않는 것으로 보아야 한다.

[반대보충의견] 주권을 가진 국민 전체에 대한 봉사자로서 공공이익을 위하여 성실히 근무해야 할 공무원이 공무수행 중 국민에게 손해를 가한 경우, 국민의 봉사자인 공무원이 봉사 대상이 되는 피해자인 국민과 직접 소송으로 그 시비와 손해액을 가리도록 그 갈등관계를 방치하는 것보다는 국가가 나서서 공무원을 대위하여 그 손해배상책임을 지고, 국가가 다시 내부적으로 공무원의 직무상 의무의 불이행 내용에 따라 고의·중과실이 있는 경우에만 구상의 형태로 그 책임을 물어 공무원의 국민과 국가에 대한 성실의무와 직무상 의무의 이행을 제도적으로 확보하겠다는 것이, 헌법 제29조 제1항 단서와 국가배상법 제2조 제2항의 취지라고 해석함이 이를 가장 조화롭게 이해하는 길이 될 것이다.

[4] [다수의견] 공무원의 직무상 위법행위가 경과실에 의한 경우에는 국가배상책임만 인정하고 공무원 개인의 손해배상책임을 인정하지 아니하는 것이 피해자인 국민의 입장에서 보면 헌법 제23조가 보장하고 있는 재산권에 대한 제한이 될 것이지만, 이는 공무수행의 안정성이란 공공의 이익을 위한 것이라는 점과 공무원 개인책임이 인정되지 아니하더라도 충분한 자력이 있는 국가에

의한 배상책임이 인정되고 국가배상책임의 인정 요건도 민법상 사용자책임에 비하여 완화하고 있는 점 등에 비추어 볼 때, 헌법 제37조 제2항이 허용하는 기본권 제한 범위에 속하는 것이라고 할 것이다.

[별개의견] 아무리 공무집행의 안정성이 공공의 이익에 속한다고 하더라도 그것은 어디까지나 공무집행이 적법하여야만 공공의 이익으로 되는 것이고 위법한 공무집행의 안정성이 공공의 이익에 부합될 수 없으며, 위법한 공무집행으로 손해를 입은 피해자에게 그 손해를 감수하라고 하는 것은 명분이 서지 않는다. 반대로 위법행위의 억제 기능이 느슨해져서 국가의 재정 부담이 증가하면 그것이 공공의 이익에 반하는 결과가 될 것이다. 뿐만 아니라 공공복리를 위하여 필요한 경우에도 국민의 기본권 제한은 반드시 법률로써 하여야 할 것인데, 그러한 법률이 없는데도 해석으로 이를 제한하는 것은 경계할 일이다.

[5] [다수의견] [3]항의 법리는 피해자가 헌법 제29조 제2항, 국가배상법 제2조 제1항 단서 소정의 공무원으로서 위 단서 조항에 의하여 법률에 정해진 보상 외에는 국가배상법에 의한 배상을 청구할 수 없는 경우라고 하여 달리 볼 것은 아니다. 왜냐하면 헌법 제29조 제2항은 군인, 군무원, 경찰공무원, 기타 법률이 정한 공무원의 경우 전투, 훈련 등 직무집행과 관련하여 받은 손해에 대하여 법률이 정하는 보상 외에 국가 등에 대하여 공무원의 직무상 불법행위로 인한 배상을 청구할 수 없도록 규정하고 있고 국가배상법 제2조 제1항 단서도 이를 이어 받아 이를 구체화하고 있지만, 이는 군인 등이 전투, 훈련 등과 관련하여 받는 손해에 한하여는 국가의 손해배상을 인정하지 아니하고 법률이 정한 보상만을 인정함이 타당하다는 헌법적 결단에 의한 것이기 때문이다.

[반대보충의견] 군인 등은 그 직무의 특수성으로 직무상 사고를 당할 고도의 위험성이 있으므로 그 직무집행 중의 사고에 의한 위험은 국가가 이를 인수하여 그 피해자를 국가유공자로 예우하면서 그 사고에 대하여는 배상이 아닌 보훈 차원에서 종합적으로 배려하여 보상으로 해결하겠다는 것이 헌법 제29조 제2항의 취지라 할 것이다.

참조조문

[1] 헌법 제29조 제1항 단서 / [2]헌법 제29조 제1항 본문, 국가배상법 제2조 제1항 본문, 제2항/ [3]헌법 제29조 제1항, 국가배상법 제2조 제1항, 제2항/ [4] 헌법 제23조, 제29조 제1항, 국가배상법 제2조 제1항, 제2항/ [5]헌법 제23조, 제29조 제2항, 국가배상법 제2조 제1항 단서

주 문

원심판결을 파기하고 사건을 서울고등법원에 환송한다.

이 유

1. 원심판결의 이유의 요지는 다음과 같다.

원심은, 공군 방포사 제2여단 제277대대 소속 운전병으로 근무하던 피고가 1991. 7. 29. 위 대대 지휘관인 중령 △△△의 지휘 아래 공군 제38전대 견학을 가기 위하여 위 대대 소속 군용버스에 그 소속 군인들을 태우고 운전하여 가던 중 그 날 11:00경 충남 서천군 마서면 송내리 소재 21번 국도상 철길건널목 부근 편도 1차선을 서천 방면에서 군산 방면으로 시속 약 50km의 속력으로 진행하게 되었는바, 그 곳 전방에는 철길건널목이 설치되어 있으므로 이러한 경우 위 버스를 운전하는 피고로서는 버스의 속력을 줄이고 전방을 잘 살펴 진로의 안전함을 확인하고 진행하는 등 하여 사고를 미연에 방지하여야 할 주의의무가 있다 할 것임에도 이를 게을리한 채 그대로 진행한 과실로 위 철길건널목 일단정지선 부근에서 정지하여 신호대기 중이던 위 △△△이 탄 같은 부대 소속 군용지프차를 약 6m 전방에서 뒤늦게 발견하고 급제동 조치를 취하였으나 미치지 못하여 위 버스의 앞부분으로 위 지프차의 뒷부분을 들이받아 그 충격으로 위 지프차로 하여금 앞으로 끼어들게 하여 서행하던 봉고트럭 뒷부분을 들이받고 이어서 때마침 그곳을 운행중이던 열차와 충돌하게 하여,

위 지프차에 타고 있던 △△△으로 하여금 뇌탈출 등으로 즉사하게 한 사실, 원고 김영자는 위 망인의 처이고 나머지 원고들은 위 망인의 아들들인 사실을 인정하고 나서, 공무원의 직무상 불법행위로 인하여 손해를 받은 사람은 국가 또는 공공단체를 상대로 손해배상을 청구할 수 있을 뿐 공무원 개인을 상대로 직접 손해배상을 청구할 수 없다고 전제한 다음, 이 사건 불법행위의 피해자인 위 망인 및 그의 가족인 원고들은 국가를 상대로 위 불법행위로 인한 손해배상을 청구할 수 있을 뿐 공무원 개인인 피고에 대하여는 위 불법행위로 인한 손해배상을 청구할 수 없다는 이유로 피고를 상대로 한 원고들의 이 사건 손해배상 청구는 더 나아가 살펴 볼 필요 없이 그 이유가 없다 하여 이를 모두 기각하였다.

2. 상고이유를 본다.

가. 우리 헌법 제29조 제1항은 "공무원의 직무상 불법행위로 손해를 받은 국민은 법률이 정하는 바에 의하여 국가 또는 공공단체에 정당한 배상을 청구할 수 있다. 이 경우 공무원 자신의 책임은 면제되지 아니한다."고 규정하고 있는바, 위 단서 규정은 공무원의 직무상 불법행위로 인하여 타인에게 손해를 입힌 경우에 국가 또는 공공단체(이하 '국가 등'이라 한다)가 부담하는 국가배상책임과 공무원 개인의 불법행위 책임은 별개라는 전제하에 국가 등이 국가배상책임을 지는 경우에도 이를 이유로 불법행위를 한 공무원 개인의 책임이 면제되지 아니함을 명백히 한 것이라고 할 것이다.

그리고 위에서의 면제되지 아니하는 공무원 개인의 책임에는 민사상, 형사상의 책임이나 국가 등의 기관 내부에서의 징계책임 등 모든 법률상의 책임이 포함된다고 할 것이고 여기에서 특별히 민사상의 불법행위 책임이 당연히 제외된다고 보아야 할 아무런 근거가 없다고 할 것이다.

이와 같이 헌법 제29조 제1항 단서는 공무원이 한 직무상 불법행위로 인하여 국가 등이 배상책임을 진다고 할지라도 그 때문에 공무원 자신의 민·형사책임이나 징계책임이 면제되지 아니한다는 원칙을 규정한 것이나, 그 조항 자체로 공무원 개인의 구체적인 손해배상책임의 범위까지 규정한 것으로 보기는 어렵다.

원래 국가 등은 그의 기관의 지위에서는 공무원을 통하여 행위를 하며 공무원이 그 직무상 한 행위의 효과는 국가 등에 귀속되지만, 공무원이 직무수행 중 위법행위를 저질러 타인에게 손해를 입힌 경우에도 그 효과(즉 배상책임)가 당연히 국가 등에게 귀속될 것인지가 문제가 되므로, 우리 헌법 제29조 제1항 본문은 그 공무원으로 하여금 그 직무에 종사하도록 하였고 그 직무행위로 빚어진 이익의 귀속주체인 지위에 있으며 충분한 배상자력을 가지고 있는 국가 등이 피해자에 대하여 손해배상책임을 부담하도록 함으로써 국민의 재산권을 보장하려는 취지라고 할 것이고, 이를 구체적으로 실현하기 위하여 제정된 것이 국가배상법이라고 할 것이다.

그런데 이 경우에 위법행위를 한 공무원 개인의 책임 문제는 국가배상책임과는 또 다른 문제로서 현대에는 사회가 발전함에 따라 공무원이 취급하는 사무가 다양하고 복잡하며 광범위하여 공무원의 직무상의 사소한 잘못으로도 막대한 손해가 발생할 수 있는데, 이러한 경우에도 언제나 공무원 개인에게 손해배상책임을 부담시킨다면 형평의 원칙에도 어긋나는 결과가 초래될 뿐만 아니라, 이로 인하여 공무원의 사기가 저하되고 공무원이 자기방위를 위하여 필요·적절한 공무조차 회피하는 태도를 취할 가능성이 크기 때문에 원활한 공무수행에 지장을 초래할 우려가 있는 반면, 다른 한편으로는 공무원의 직무상 위법행위로 인하여 손해가 발생한 경우에도 국가 등이 국가배상책임을 진다는 이유로 공무원 개인의 손해배상책임을 전적으로 배제하게 되면 공무원 개인책임을 통하여 공무원의 위법행위를 감시·억제하는 효과를 기대할 수 없기 때문에 공무원이 위법행위를 저지를 가능성이 커지는 부작용이 있을 수 있는 것이다.

그리고 국가배상책임과 공무원 개인책임을 책임의 귀속주체의 측면에서 보면 각각 별개의 것이지만 피해자인 국민의 권리구제라는 측면에서 보면 상호보완적이라고 할 것이다.

이렇게 보면 공무원 개인의 책임 범위를 정하는 문제는 피해자 구제뿐만 아니라 공무원의 위법행위에 대한 억제, 안정된 공무 수행의 보장, 재정 안정 등 서로 상충되는 다양한 가치들을 조정하기 위하여 국가배상법상 어떠한 법적 장치를 마련할 것인가 하는 입법정책의 문제라고 할 것이다.

그러나 이 점에 관하여 국가배상법에 직접적으로 규정한 조항은 없고, 다만 국가배상법 제2조 제1항 본문은 "국가 또는 지방자치단체는 공무원이 그 직무를 집행함에 당하여 고의 또는 과실로 법령에 위반하여 타인에게 손해를 가하거나, 자동차손해배상보장법의 규정에 의하여 손해배상의 책임이 있는 때에는 이 법에 의하여 손해를 배상하여야 한다."고 규정하고, 제2항은 "제1항 본문의 경우에 공무원이 고의 또는 중대한 과실이 있는 때에는 국가 또는 공공단체는 그 공무원에게 구상할 수 있다."고 규정함으로써, 민사상 사용자책임에 있어서 사용자의 피용자에 대한 구상권을 규정한 민법 제756조 제3항이 피용자의 귀책사유의 정도(고의·중과실 또는 경과실의 구분)에 관계없이 구상권을 인정하고 있는 것과는 달리, 직무상 불법행위를 한 공무원에게 고의·중과실이 있는 경우에 한하여 국가 등의 공무원에 대한 구상권을 인정하고 경과실의 경우에는 구상권을 인정하지 아니하고 있으며, 한편으로 국가배상법은 민법상의 사용자책임을 규정한 민법 제756조 제1항 단서에서 사용자가 피용자의 선임감독에 무과실인 경우에는 면책되도록 규정한 것과는 달리 이러한 면책규정을 두지 아니함으로써 국가배상책임이 용이하게 인정되도록 하고 있다.

위와 같은 국가배상법의 입법취지는 공무원의 직무상 위법행위로 타인에게 손해를 끼친 경우에는 변제자력이 충분한 국가 등에게 선임감독상 과실 여부에 불구하고 손해배상책임을 부담시켜 국민의 재산권을 보장하되, 공무원이 직무를 수행함에 있어 경과실로 타인에게 손해를 입힌 경우에는 그 직무수행상 통상 예기할 수 있는 흠이 있는 것에 불과하므로, 이러한 공무원의 행위는 여전히 국가 등의 기관의 행위로 보아 그로 인하여 발생한 손해에 대한 배상책임도 전적으로 국가 등에만 귀속시키고 공무원 개인에게는 그로 인한 책임을 부담시키지 아니하여 공무원의 공무집행의 안정성을 확보하고, 반면에 공무원의 위법행위가 고의·중과실에 기한 경우에는 비록 그 행위가 그의 직무와 관련된 것이라고 하더라도 위와 같은 행위는 그 본질에 있어서 기관행위로서의 품격을 상실하여 국가 등에게 그 책임을 귀속시킬 수 없으므로 공무원 개인에게 불법행위로 인한 손해배상책임을 부담시키되, 다만 이러한 경우에도 그 행위의 외관을 객관적으로 관찰하여 공무원의 직무집행으로 보여질 때에는 피해자인 국민을 두텁게 보호하기 위하여 국가 등이 공무원 개인과 중첩적으로 배상책임을 부담하되, 국가 등이 배상책임을 지는 경우에는 공무원 개인에게 구상할 수 있도록 함으로써 궁극적으로 그 책임이 공무원 개인에게 귀속되도록 하려는 것이라고 봄이 합당할 것이다.

만일 이렇게 해석하지 아니하고 국가배상법 제2조 제2항은 공무원의 국가 등에 대한 구상책임에 관한 것일 뿐 공무원 개인의 피해자에 대한 책임과는 전혀 무관하다고 하면서 공무원이 직무집행상의 경과실로 타인에게 손해를 입힌 경우에도 공무원 개인이 피해자에 대한 손해배상책임을 부담하여야 한다고 해석한다면, 피해자가 공무원 개인을 상대로 손해배상을 청구하면 공무원 개인이 그 배상책임을 부담하게 되지만 국가 등을 상대로 국가배상을 청구하면 그 책임을 이행한 국가 등으로서는 공무원 개인에게 이를 구상할 수 없어 궁극적으로 공무원 개인은 책임을 부담하지 아니하게 되는바, 이러한 결과는 피해자의 임의적 선택에 따라 그 배상책임의 궁극적 귀속자가 달라지게 된다는 점에서 불합리할 뿐만 아니라 경과실의 경우에는 공무원 개인의 책임을 궁극적으로 면제시켜 공무원으로 하여금 안심하고 적극적으로 공무를 수행하도록 하려는 입법의도도 실현할 수 없게 되므로 이러한 해석은 타당하다고 할 수 없다.

이와는 달리 국민에게 봉사하여야 할 공무원이 고의나 중대한 과실로 국민에게 손해를 끼친 경우에도 공무원 개인이 아무런 배상책임을 지지 아니한다는 해석을 취한다면 공무원의 직무를 빙자한 불법행위를 감시·억지할 수 없고 아무런 합리적 이유 없이 공무원을 과잉보호하는 부당한 결과를 초래할 우려가 있다.

그러므로 공무원이 직무수행 중 불법행위로 타인에게 손해를 입힌 경우에 국가 등이 국가배상책임을 부담하는 외에 공무원 개인도 고의 또는 중과실이 있는 경우에는 불법행위로 인한 손해배상책임을 진다고 할 것이지만, 공무원에게 경과실뿐인 경우에는 공무원 개인은 손해배상책임을 부담하지 아니한다고 해석하는 것이 헌법 제29조 제1항 본문과 단서 및 국가배상법 제2조의 입법취지에 조화되는 올바른 해석이라고 할 것이다.

그리고 위와 같이 공무원의 직무상 위법행위가 경과실에 의한 경우에는 국가배상책임만 인정하고 공무원 개인의 손해배상책임을 인정하지 아니하는 것이 피해자인 국민의 입장에서 보면 헌법 제23조가 보장하고 있는 재산권에 대한 제한이 될 것이지만, 이는 앞에서 본 바와 같이 공무수행의 안정성이란 공공의 이익을 위한 것이라는 점과 공무원 개인책임이 인정되지 아니하더라도 충분한 자력이 있는 국가에 의한 배상책임이 인정되고 국가배상책임의 인정 요건도 민법상 사용자책임에 비하여 완화하고 있는 점 등에 비추어 볼 때 헌법 제37조 제2항이 허용하는 기본권 제한 범위에 속하는 것이라고 할 것이다.

나아가 이러한 법리는 피해자가 헌법 제29조 제2항, 국가배상법 제2조 제1항 단서 소정의 공무원으로서 위 단서조항에 의하여 법률에 정해진 보상 외에는 국가배상법에 의한 배상을 청구할 수 없는 경우라고 하여 달리 볼 것은 아니라고 할 것이다.

왜냐하면 헌법 제29조 제2항은 군인, 군무원, 경찰공무원, 기타 법률이 정한 공무원(이하 '군인 등'이라 한다)의 경우 전투, 훈련 등 직무집행과 관련하여 받은 손해에 대하여 법률이 정하는 보상 외에 국가 등에 대하여 공무원의 직무상 불법행위로 인한 배상을 청구할 수 없도록 규정하고 있고 국가배상법 제2조 제1항 단서도 이를 이어 받아 이를 구체화하고 있지만 이는 군인 등이 전투, 훈련 등과 관련하여 받는 손해에 한하여는 국가의 손해배상을 인정하지 아니하고 법률이 정한 보상만을 인정함이 타당하다는 헌법적 결단에 의한 것이기 때문이다.

따라서 종전에 이와 견해를 달리하여 공무원의 직무상 불법행위로 국민에게 손해를 입힌 경우에 공무원의 귀책사유의 정도에 관계없이 공무원 개인이 손해배상책임을 진다고 판시한 당원 1972. 10. 10. 선고 69다701 판결등과 공무원의 귀책사유의 정도에 관계없이 공무원 개인은 손해배상책임을 지지 아니한다고 판시한 당원 1994. 4. 12. 선고 93다11807 판결은 이를 모두 변경하기로 한다.

나. 이 사건에 관하여 보건대, 원심판결 이유에 의하면 피고는 군부대 운전병으로서 공무를 수행하기 위하여 국가 소유의 사고 차량을 운전하다가 이 사건 교통사고를 일으킨 것이므로 위 차량의 운행은 헌법 제29조 제1항 본문 및 국가배상법 제2조 제1항에 의하여 일응 피고가 소속된 국가가 국가배상책임을 부담하여야 할 경우로 보이는바(한편 피해자인 소외 홍종권 역시 같은 부대 소속 군인으로서 직무집행 중 이 사건 사고로 사망한 것으로 인정되어 그 유족들인 원고들이 국가유공자예우등에관한법률 등에 의하여 보상을 받을 수 있는 경우에는 국가배상법 제2조 제1항 단서에 의하여 국가에 대하여 국가배상을 청구할 수 없게 될 것이지만, 이 점은 위에서 언급한 바와 같이 피고 개인의 손해배상책임의 인정 여부에 영향이 없다.), 사고 차량을 운전한 피고에게 경과실만 인정되는 경우에는 공무원 개인인 피고에게는 불법행위로 인한 손해배상책임을 물을 수 없지만 피고에게 중과실이 있는 것으로 인정되는 경우에는 피고 개인에게도 손해배상책임을 물을 수 있다고 할 것이다.

그런데도 원심은 피고의 귀책사유의 정도에 관하여는 논하지도 아니한 채 피고 개인에게는 불법행위로 인한 손해배상책임이 없다고 판단하였으니, 원심은 헌법 제29조 제1항을 잘못 해석함으로써 공무원 개인의 손해배상책임에 관한 법리오해의 위법을 저질렀다고 할 것이므로 이를 지적하는 논지는 이유가 있다.

3. 그러므로 원심판결을 파기하고 사건을 원심법원에 환송하기로 주문과 같이 판결하는바, 이 판결에는 대법관 김석수, 대법관 김형선, 대법관 신성택, 대

법관 이용훈의 별개의견과 대법관 안용득, 대법관 박준서의 반대의견이 있었다.

4. 대법관 김석수, 대법관 김형선, 대법관 신성택, 대법관 이용훈의 별개의견은 다음과 같다.

다수의견이 우리 헌법 제29조 제1항의 단서규정은 직무상 불법행위를 한 공무원 개인의 책임이 면제되지 아니함을 명백히 한 것이라고 전제한 다음 그 면제되지 아니하는 공무원의 개인책임에는 민사상, 형사상 책임이나 징계책임 등 모든 법률상의 책임이 포함된다고 할 것이고 특별히 민사상의 불법행위 책임이 제외되어야 할 아무런 근거가 없다고 풀이한 데 대하여는 전적으로 동의하는 바이다.

그러나 다수의견이 위와 같이 헌법 제29조 제1항 단서의 규정을 지극히 올바르게 해석하면서도 한편으로는 위 헌법조항의 단서는 직무상 불법행위를 한 공무원 개인의 구체적인 손해배상책임의 범위까지 규정한 것으로 보기는 어렵다고 한 다음 공무원 개인책임 범위의 문제는 입법정책의 문제인데 이 점에 관하여 국가배상법에 직접적으로 규정한 조항은 없다고 하면서국가배상법 제2조 제2항이 공무원에게 고의 또는 중대한 과실이 있는 경우에 한하여 국가 또는 공공단체(다음부터 '국가 등'이라고 한다)의 공무원에 대한 구상권을 인정하고, 경과실의 경우에는 이를 인정하지 아니한 그 입법취지를 근거로 경과실로 인한 불법행위 책임을 헌법 제29조 제1항의 단서에서 정한 공무원 자신의 책임에서 제외하는 해석에는 동의할 수 없다.
그 이유는 다음과 같다.

즉 위와 같은 해석은 반대의견도 적절히 지적하는 바와 같이 헌법 제29조 제1항의 명문규정에 대한 헌법해석의 정도를 벗어난 것이라고 여겨지기 때문이다. 우선 위 헌법조항의 단서가 공무원 개인의 구체적 손해배상책임의 범위까지 규정한 것으로 보기 어렵다고 하는 다수의견의 견해에 의문이 있다. 위 헌법조항 단서의 공무원 개인책임은 그 본문과 연관하여 보면 이는 직무상 불법행위를 한 그 공무원 개인의 불법행위 책임임이 분명하며 여기에서 말하는 불법행위의 개념은 법적인 일반개념으로서 그것은 고의 또는 과실로 인한 위법행위로 타인에게 손해를 가한 것을 의미하고 이때의 과실은 중과실과 경과실을 구별하지 않는다는 일반론에 의문을 제기할 여지가 없어 보인다. 우리의 법체제하에서의 '과실' 개념은 일반적으로 '중과실'과 '경과실'을 포함하는 개념이고 양자를 구별할 필요가 있는 경우에는 예컨대 국가배상법 제2조 제2항이나 실화책임에관한법률 또는 형벌법규에서와 같이 '중과실'이라고 특별히 규정하여 이를 구별 짓고 있다. 그러므로 위 헌법조항 본문에서 말하는 불법행위를 민법 제750조의 불법행위 개념과 달리 볼 아무런 이유가 없고 위 헌법조항 단서의 책임 또한 그러한 불법행위 책임에 다름 아닌 것이다. 이와 같이 본다면 위 헌법조항 단서의 공무원 개인책임의 범위를 더 이상 구체적으로 규정할 필요는 없는 것으로 생각된다.

다음으로 다수의견이 하위법인 국가배상법의 입법취지를 가지고 상위법인 헌법의 명문 규정을 해석하려고 하는 데 이의를 제기하지 아니할 수 없다. 일반적으로 하위법은 상위법에 저촉되어서는 않되고 하위법을 해석함에 있어서는 상위법의 규정이나 입법취지에 저촉되지 아니하도록 해석하여야 하는 것이지 그와 반대로 하위법의 입법취지에 맞추어 상위법을 해석한다는 것은 법의 체계상 허용하기 어려운 곤란한 일이라고 생각된다.

나아가서 국가배상법 제2조 제2항의 입법취지가 공무원의 직무집행의 안정성 내지 효율성의 확보에 있음은 의문이 없는 바이나 위 법 조항은 어디까지나 국가 등과 공무원 사이의 대내적 구상관계만을 규정함으로써, 즉 경과실의 경우에는 공무원에 대한 구상책임을 면제하는 것만으로써 공무집행의 안정성을 확보하려는 것이고 대외적 관계 즉 피해자(국민)와 불법행위자(공무원) 본인 사이의 책임관계를 규율하는 취지로 볼 수는 없다. 그것은 국가배상법의 목적이 그제1조가 밝히고 있는 바와 같이 국가 등의 손해배상책임과 그 배상절차 즉 국가 등과 피해자인 국민 간의 관계를 규정함에 있고 가해자인 공무원과 피해자인 국민 간의 관계를 규정함에 있는 것이 아닌 점에 비추어 보아도 명백하다.

또 다수의견은국가배상법 제2조 제2항을 국가 등과 공무원 사이의 구상책임에 관한 규정만으로 보고 경과실의 경우에 피해자에 대한 공무원 개인의 책임을 인정한다고 해석한다면 피해자의 임의적 선택에 따라 그 배상책임의 궁극적 귀속자가 달라지게되어 불합리하다고 하나 고의 또는 중과실의 경우에도 국가 등의 임의적인 구상권 행사 여부에 따라 배상책임의 궁극적 귀속자가 달라지게되며, 이는 어디까지나 대내적 구상관계로 빚어지는 결과로서 경과실의 경우에 구상권을 면제함에 의하여 공무집행의 안정성을 확보하고 그로 인하여 직접으로 반사적 이익을 얻는 쪽은 국가 등이므로 그러한 불합리는 국가 등이 공무원에게 그 배상금액을 보상하는 방법으로 해결할 일이지, 직접적 반사이익도 없는 피해자 쪽에 그 불이익을 전가시킬 일은 아닐 것이다. 위와 같은 하위법의 입법취지를 가지고 상위법인 헌법의 명문규정을, 그것도 국민의 권리행사를 제약하는 방향으로 해석하는 것이 타당한지 의문을 갖지 아니할 수 없다.

또 반대의견은 헌법 제29조 제1항 및 국가배상법 제2조 제1항이 공무원의 직무상 불법행위에 대하여 민법 제756조 제1항 단서의 규정과는 달리 국가의 무조건적인 배상책임을 규정한 것은 피해자 구제에 만전을 기한다는 것 외에 공무원 개인의 피해자에 대한 책임을 면제함으로써 공무원의 적극적이고 능동적인 공무수행을 도모하려는 것이므로 헌법 제29조 제1항 단서는 거기에서 정한 공무원 자신의 책임에 직무상 불법행위를 한 공무원 개인의 피해자에 대한 배상책임은 책임 요소의 경중에 관계없이 제외되고 그 공무원의 국가에 대한 내부적 책임 등만이 면제되지 아니한다는 취지를 규정한 것으로 보아야 할 것이라고 하나, 이러한 해석 역시헌법 제29조 제1항 단서의 명문규정에 반하는 것이라고 할 수밖에 없다. 우리 헌법 제29조 제1항과 국가배상법이 민법과는 달리 국가의 면책규정을 두지 아니한 것은 국민의 권리를 더욱 두텁게 보호하려는 배려에서이지 반대의견에서와 같이 직무상 불법행위를 한 공무원 자신의 피해자에 대한 책임을 면제하는 해석을 가능케 하는 근거가 될 수는 없다고 생각된다. 반대의견의 위와 같은 해석은 직무상 불법행위를 한 공무원 개인의 피해자에 대한 직접적인 손해배상책임을 인정하지 아니하는 독일·일본에서의 통설·판례를 유념한 것으로 보이나, 이는 독일의 기본법과 국가책임법 및 민법이 국가의 대위책임을 명문으로 규정하고 있고 독일과 일본에서는 우리 헌법 제29조 제1항 단서와 같은 규정을 두고 있지 않은 것을 간과한 것은 아닌지 의문스럽다. 이와 같이 명문의 규정을 달리하는 법제하에서 전개된 이론이나 판례가 우리나라의 경우에 그대로 원용될 수는 없을 것으로 본다. 오히려 국가의 대위책임을 입법화한 독일에서조차 자기책임설을 도입하도록 학계에서 100년간에 걸쳐 건의하였던 사정을 참고하여야 할 것이다. 생각건대 불법행위자가 피해자에게 손해배상책임을 지는 것은 당연한 사리에 속하는 것이고, 영·미법체계 하에서는 공무원 개인의 피해자에 대한 직접 책임이 일반적으로 인정되고 있음을 감안하면 직무상 불법행위자인 공무원 개인의 피해자에 대한 직접책임을 면제할 것인지의 여부는 헌법정책 내지 입법정책의 문제라고 할 것인데 우리 헌법 제29조 제1항 단서는 공무원 자신의 책임은 면제되지 아니한다고 못박아 규정함으로써 이를 헌법적으로 해결하였다고 보아야 할 것이다.

다수의견과 반대의견은 피해자가 배상능력이 충분한 국가로부터 배상을 받으면 충분하고 굳이 공무원 개인을 상대로 배상받을 필요가 없는데도 복수나 불순한 동기에서 불필요한 소송을 하여 공무원들의 집무의욕을 저하시키는 것을 우려하는 것이 아닌가 짐작되나 이는 개개의 경우에 그러한 권리의 행사가 권리남용에 해당하는지를 가려 그러한 폐단을 방지할 일이지 필요한 경우 예컨대 헌법 제29조 제2항 및 국가배상법 제2조 제1항 단서(이들 조항은 국가의 재정형편상의 배려에서 유래된 것임은 주지의 사실이고 그 내용은 피해자의 국가 등에 대한 청구권만을 배제하고 있을 뿐, 피해자의 가해 공무원 개인에 대한 청구권까지 배제한 것은 아니다.)의 경우와 같이 국가가 그 배상책임을 지지 않는 경우까지 피해자의 희생 위에 불법행위를 한 공무원의 개인책임을 면제할 것은 아니라고 할 것이다. 전술한 바와 같이 국가의 대위책임을 입법화한 독일에서도 독일 민법 제839조는 국가가 대위책임을 지지 않는 경우 피해자에 대한 공무원의 개인책임을 인정하고 있다.

더욱이 국가배상법은 공무원의 직무상 불법행위에 대한 국가 또는 지방자치단체의 배상책임을 규정한 법으로서 불법행위자 본인인 공무원 개인의 손해배상책임에 관한 민법의 규정에 대한 특별법이 아니므로 국가배상법의 해석이 민법의 규정에 의하여 인정되는 공무원의 경과실에 의한 불법행위로 인한 손해배상책임까지 면제되어야 할 합리적인 이유가 될 수 없다. 이러한 이치는 공무원이 자기 소유의 자동차를 운전하고 직무집행을 함에 당하여 야기한 사고로 공무원 개인이 자동차손해배상보장법의 규정에 의하여 손해배상책임을 지는 경우에도 마찬가지일 것이다. 공무원 개인 차량이 보험에 가입한 경우에 그 운행 사고가 경과실에 의한 것이라고 하여 공무원의 개인책임이 면제된다고 한다면 그로 인하여 보험회사까지 그 보상책임을 지지 않게 될 것이니 이는 피해자의 손쉬운 손해전보의 길을 막고 국가의 부담 위에서 보험회사만이 뜻밖의 이익을 보게 하는 것으로 도저히 납득하기 어려운 불합리한 결과라고 하지 않을 수 없다. 만일 반대로 그러한 경우만은 자동차손해배상법이 국가배상법과의 관계에서 특별법이라는 이유로(전술한 바와 같이 국가배상법은 국가와 피해자와의 관계를 규정하는 법이고, 자동차손해배상보장법은 자동차의 운행자 및 보험자 등과 피해자와의 관계를 규정하는 법이므로 일반법과 특별법의 관계에 있다고 단정하기도 어렵다.) 경과실의 경우에도 공무원 개인책임을 인정한다면 경과실뿐인 경우에 공무집행의 안정성 확보를 위하여 공무원 개인이 책임을 부담하지 아니한다는 다수의견의 해석과는 모순 저촉될 염려가 있다고 아니할 수 없다.

다수의견은 경과실의 경우 공무원의 개인책임을 부정하는 것은 피해자인 국민의 입장에서 보면 헌법 제23조가 보장하고 있는 재산권에 대한 제한이 될 것이라고 긍정하면서도 이는 공무집행의 안정성이라는 공공의 이익을 위하여 필요한 경우로서 헌법 제37조 제2항이 허용하는 기본권 제한 범위에 속하는 것이라고 하나 아무리 공무집행의 안정성이 공공의 이익에 속한다고 하더라도 그것은 어디까지나 공무집행이 적법하여야만 공공의 이익으로 되는 것이고 위법한 공무집행의 안정성이 공공의 이익에 부합될 수 없으며 위법한 공무집행으로 손해를 입은 피해자에게 그 손해를 감수하라고 하는 것은 명분이 서지 않는다. 반대로 위법행위의 억제 기능이 느슨해져서 국가의 재정 부담이 증가하면 그것이 공공의 이익에 반하는 결과가 될 것이다. 뿐만 아니라 공공복리를 위하여 필요한 경우에도 국민의 기본권 제한은 반드시 법률로써 하여야 할 것인데 그러한 법률이 없는데도 해석으로 이를 제한하는 것은 경계할 일로 생각된다.

불법행위 제도는 손해의 공평·타당한 부담과 분배에만 그 목적이 한정되는 것이 아니고 위법행위의 방지 즉 방어기능도 결코 경시되어서는 아니되며 법치주의의 관점에서 보면 공무집행의 안정성만 강조할 것이 아니라 공무집행의 적법성의 확보도 못지않게 중요한 것이라고 생각된다.

요컨대 공무원의 직무상 경과실로 인한 불법행위의 경우에도 공무원 개인의 피해자에 대한 손해배상책임은 면제되지 아니한다고 해석하는 것이 우리 헌법의 관계 규정의 연혁에 비추어 그 명문에 충실한 것일 뿐만 아니라 헌법의 기본권보장 정신과 법치주의의 이념에도 부응하는 해석이라고 생각한다.

그러므로 당원 1972. 10. 10. 선고 69다701 판결 등 종전의 판례들은 유지되어야 할 것이고, 이와 다른 견해에 선당원 1994. 4. 12. 선고 93다11807 판결은 변경되어야 할 것이며 이에 따른 원심판결도 파기되어야 할 것이다.

5. 대법관 안용득, 대법관 박준서의 반대의견은 다음과 같다.

가. 다수의견과 별개의견은 헌법 제29조 제1항 단서가 직무상 불법행위를 한 공무원 개인의 손해배상책임이 면제되지 아니함을 명백히 한 것이라고 해석하고 있다.

그러나 우선헌법 제29조 제1항 단서의 규정은 단순히 '책임'이라고 하였을 뿐 '민사책임' 내지 '배상책임'이라고 명시하지 아니하였을 뿐만 아니라,헌법 제7조 제1항에서 공무원의 국민에 대한 책임을 규정하고 있다는 점에 비추어 보면, 헌법 제29조 제1항 단서에서 규정하고 있는 '책임'이 민사상의 손해배상책임을 포함하고 있다는 것이 법문상 명백하다고 단정할 수는 없다.

특히 공무원이 직무상 불법행위를 한 경우 만약 그 가해 공무원이 국가 또는 공공단체의 대표기관인 지위에 있다면 그 위법행위는 곧 국가 또는 공공단체의 행위로 되어 국가 또는 공공단체만이 자기의 행위에 대한 책임으로서 배상책임을 부담하게 되므로 가해 공무원 개인은 그의 배상책임을 적극적으로 인정하는 별도의 특별규정이 없는 이상 손해배상책임을 부담하지 않게 될 것이고, 나아가 변제자력이 충분한 국가 또는 공공단체가 배상책임을 부담하는 이상 피해자의 보호를 위하여 공무원 개인에게 중첩적으로 손해배상책임을 부담시킬 필요도 없다. 한편 앞의 경우와는 달리 가해행위를 한 공무원이 국가 등의 대표기관인 지위에 있지 아니한 때에는 헌법 제29조 제1항 및 국가배상법 제2조 제1항의 규정에 의한 국가 또는 공공단체의 배상책임은 결국 민법상의 사용자책임에서와 같이 타인의 행위에 대한 책임을 규정한 것인데 그럼에도 불구하고 국가 또는 공공단체는 공무원을 선임·감독함에 있어 과실이 없다는 것을 입증하여 그 책임을 면할 수도 없는바, 이와 같이 헌법 제29조 제1항 및 국가배상법 제2조 제1항의 규정이 공무원의 직무상 불법행위에 대하여 자기의 행위에 대한 책임에서와 같이 국가 또는 공공단체의 무조건적인 배상책임을 규정한 것은 오로지 변제자력이 충분한 국가 또는 공공단체로 하여금 배상하게 함으로써 피해자 구제에 만전을 기한다는 것에 그치는 것이 아니라, 더 나아가 국민 전체에 대한 봉사자인 공무원들로 하여금 보다 적극적이고 능동적으로 공무를 수행하게 하기 위하여 공무원 개인의 배상책임을 면제한다는 것에 초점이 있는 것으로 보아야 할 것이다.

다수의견이나 별개의견은 직무상 불법행위를 한 공무원 개인으로 하여금 손해배상책임을 부담하게 함으로써 위법행위가 억제될 수 있다는 점을 강조하고 있으나, 손해배상 제도는 본질적으로 손해의 전보에 그 의의가 있는 것으로서 불법행위의 억제는 배상책임의 이행에 따른 부수적인 기능에 불과하므로 공무집행의 적법성을 확보한다는 명목으로 공무원 개인의 손해배상책임을 긍정할 것은 아니며, 공무원에 대하여 징계 등에 의한 내부적 감독이 제도화되어 있는 터에 공무집행의 적법성을 확보하기 위하여 다시 공무원 개인의 손해배상책임을 인정하는 것이 반드시 필요한 것이라고 할 수도 없다. 오히려 다수의견이나 별개의견과 같이 직무상 불법행위를 한 공무원 개인이 피해자에 대하여 손해배상책임을 부담하게 된다면 공무원들의 집무 의욕을 저하시켜 행정사무가 정체되는 것을 방지하기 어려울 뿐만 아니라, 그 외에도 사적인 감정이나 불순한 동기에서 비롯된 불필요한 소송을 유발시켜 소송을 제기당한 공무원으로 하여금 공무에 전념할 수 없게 하는 등 그로 인한 폐해만이 다대할 것임은 말할 나위도 없다.

따라서 헌법 제29조 제1항 단서의 규정은 직무상 불법행위를 한 공무원 개인의 손해배상책임이 면제되지 아니한다는 것을 규정한 것으로 볼 수는 없고 이는 다만 직무상 불법행위를 한 공무원의 국가 또는 공공단체에 대한 내부적 책임 등이 면제되지 아니한다는 취지를 규정한 것으로 보아야 할 것이다.

나. 특히 다수의견은 헌법 제29조 제1항 단서의 규정이 직무상 불법행위를 한 공무원 개인의 손해배상책임이 면제되지 아니함을 명백히 한 것이라고 하면서도 공무원 개인의 책임범위를 정하는 문제는 입법정책의 문제라고 한 다음, 국가의 기관인 공무원의 위법행위가 경과실로 행하여진 경우 그 행위는 법률상 국가의 행위로 평가될 뿐 공무원 개인의 행위로 평가될 것이 아니기 때문에 공무원 개인은 당초부터 손해배상책임을 부담하지 아니하고, 반면에 공무원의 위법행위가 고의·중과실로 행하여진 경우에는 본질적으로 기관행위로서의 품격을 상실하여 국가 등에게 그 책임을 귀속시킬 수 없으므로 공무원 개인에게 손해배상책임을 부담시키는 한편 국가 등도 피해자인 국민을 두텁게 보호하기 위하여 공무원 개인과 중첩적으로 배상책임을 부담하되 다만 공무원 개인에게 구상권을 행사하도록 한다는 것이 바로국가배상법 제2조 제1항 본문, 제2항의 입법취지라고 설명하고 있다.

그러나, 다수의견이 헌법 제29조 제1항 단서의 규정이 공무원 개인의 손해배상책임이 면제되지 아니함을 명백히 한 것이라고 풀이하면서도 다시 그 면제되는 책임의 범위는 입법정책의 문제라고 하는 것은 논리적 일관성이 결여되었을 뿐만 아니라 최고 법규인 헌법의 규범적 의의를 간과한 채 헌법규정을 단순한 선언적 규정으로 전락시키는 것이나 다름이 없어 헌법해석의 정도를 벗어난 것임을 지적하지 않을 수 없다. 그리고 공무원들의 지위나 담당하는 직무의 내용이 지극히 다양함에도 불구하고 공무원 모두가 국가나 공공단체의 기관인 지위에 있어 그들의 행위가 모두 국가 등의 행위로 평가된다는 것은 지나치게 의제적일 뿐만 아니라, 경과실과 중과실의 구분이 상대적인 것에 불과하다는 점 등에 비추어 보면 직무상 행하여진 공무원의 불법행위가 경과실의 경우에만 국가 등에 귀속되고 고의·중과실에 의한 경우에는 기관행위로서의 품격을 상실하여 국가 등에 귀속될 수 없다는 것도 납득할 수가 없다.

다. 결론적으로 공무원이 직무상 불법행위를 한 경우에 국가 또는 공공단체만이 피해자에 대하여 국가배상법에 의한 손해배상책임을 부담할 뿐 공무원 개인은 고의 또는 중과실이 있는 경우에도 피해자에 대하여 손해배상책임을 부담하지 않는 것으로 보아야 하고, 따라서 당원 1994. 4. 12. 선고 93다11807 판결의 취지는 그대로 유지되어야 할 것이다.

대법관 박준서는 반대의견을 다음과 같이 덧붙여 쓴다.

원래 불법행위 제도는 사회생활에서 발생하는 손해의 공평 타당한 부담과 분배를 꾀하는 제도로서 기본적으로는 피해자의 손해를 누가 어떻게 부담하여 회복시키느냐는 문제를 다루는 것이고, 행위자에 대한 제재나 장래 동종 사고 방지를 목적으로 행위자의 책임을 묻는 형사책임이나 징계책임 등의 제도와는 구별되는 것이다.

국가배상책임과 공무원의 개인책임에 관한 법령 해석도 이와 같은 기본원칙과 공무원의 법률상 지위 및 감정적 남소의 폐해를 고려하면서 이루어져야 할 것이다.

주권을 가진 국민 전체에 대한 봉사자로서 공공이익을 위하여 성실히 근무해야 할 공무원이 공무수행 중 국민에게 손해를 가한 경우 국민의 봉사자인 공무원이 봉사 대상이 되는 피해자인 국민과 직접 소송으로 그 시비와 손해액을 가리도록 그 갈등관계를 방치하는 것보다는 국가가 나서서 공무원을 대위하여 그 손해배상책임을 지고 국가가 다시 내부적으로 공무원의 직무상 의무의 불이행 내용에 따라 고의·중과실이 있는 경우에만 구상의 형태로 그 책임을 물어 공무원의 국민과 국가에 대한 성실의무와 직무상 의무의 이행을 제도적으로 확보하겠다는 것이 헌법 제29조 제1항 단서와 국가배상법 제2조 제2항의 취지라고 해석함이 이를 가장 조화롭게 이해하는 길이 될 것이다.

만약 다수의견과 같이 헌법 제29조 제1항 단서를 공무원 개인의 손해배상책임이 면제되지 않는다는 취지로 이해한다면, 불법행위의 일반 법리에 따라 고의·중과실의 경우뿐만 아니라 경과실의 경우에도 공무원 개인은 손해배상책임을 면하지 못한다고 보아야 그 자체 논리적으로 일관될 수 있으며, 법인의 불법행위책임이나 법인의 사용자책임에 있어 이사나 피용자 등 개인은 경과실의 경우에도 법인과 별도로 손해배상책임을 지는 것과 그 궤를 같이 할 수 있다 할 것이다.

한편 국가배상책임의 성질을 자기책임으로 볼 것인지 아니면 대위책임으로 볼 것인지 하는 문제와 국가배상책임 외에 공무원 개인책임도 인정할 것인지 하는 문제 사이에 논리필연적인 연관성이 있는 것은 아니므로 다수의견처럼 고의·중과실의 경우와 경과실의 경우 그 국가배상책임의 성질을 달리 본다 하여 경과실의 경우에 한하여 공무원 개인책임을 부정하는 결론이 당연히 도출될 수 있는 것도 아니라 할 것이다.

다수의견은, 공무원이 공무집행상 경과실로 타인에게 손해를 입힌 경우에는 그 구체적 행동은 공무원 개인이 한 것이더라도 그것은 여전히 법률상 국가 등의 행위로 평가될 뿐 공무원 개인의 행위로 평가될 것이 아니기 때문에 공무원 개인책임은 처음부터 문제되지 아니하고, 공무원의 위법행위가 고의·중과실에 기한 경우에는 그와 같은 행위는 그 본질에 있어서 기관행위로서의 품격을 상실하여 국가 등에게 그 책임을 귀속시킬 수 없으나 다만 피해자인 국민을 두텁게 보호하기 위하여 국가 등이 공무원 개인과 중첩적으로 배상책임을 부담하는 것이라고 하지만, 공무원의 문제된 행위가 그 고의 여부나 과실의 경중에 따라 국가 등의 행위로만 평가되거나 또는 공무원 개인의 행위로만 평가된다고 파악하는 것 자체가 우리 법체계에서 새로운 시도일 뿐만 아니라, 그러한 논리를 일관하면 공무원이 고의나 중과실로 하자 있는 행정처분을 한 경우 그것은 어디까지나 개인의 행위로 될 뿐 행정처분으로 볼 수 없다는 결론에 이르게 되어 행정법의 기존 이론과도 저촉된다 할 것이다.

한편 별개의견과 같이 경과실의 경우에도 공무원 개인의 책임이 면제되지 않는다고 본다면, 국가배상법 제2조 제2항에 의하여 경과실의 경우에는 국가가 배상하더라도 공무원에게 구상할 수 없도록 되어 있으므로 경과실로 불법행위를 저지른 공무원이 피해자에게 배상한 때에는 형평의 원칙상 국가에 대하여 구상할 수 있다고 보아야 할 것인데, 과연 과실 있는 자가 과실 없는 자에게 구상할 수 있는지도 문제이거니와, 군인 등이 직무집행 중 사고를 당하여 피해를 입은 경우에는 헌법 제29조 제2항, 국가배상법 제2조 제1항 단서에 의하여 국가 등은 그 손해배상책임을 부담하지 아니하여 그러한 불법행위를 경과실로 저지른 공무원은 군인 등이 아닌 자에 대하여 피해를 입힌 가해 공무원과 달리 피해자에게 손해를 배상하더라도 국가 등에 구상할 수 없게 되므로 서로 균형이 맞지 아니하고, 더구나 위와 같은 경우 그 가해자는 이 사건에서 보는 바와 같이 대개 같은 군인 등일 것인데, 이들과 같이 특별히 위험부담이 높은 직종이나 하위직에 속하는 공무원에게 오히려 더 무거운 책임을 지우는 셈이 되어 불합리하다 할 것이다.

따라서 헌법 제29조 제1항 단서는 불법행위 공무원 개인의 피해자에 대한 손해배상책임이 전적으로 또는 부분적으로 면제되지 아니함을 규정한 것이 아니라 공무원 개인의 내부적 책임 등이 면제되지 아니함을 규정한 데 불과한 것으로 이해함이 마땅할 것이다.

다만 위와 같은 해석에 불구하고 공무원이 직무와 관련하여 교통사고를 낸 경우 과실책임이 아닌 자동차 보유자로서 자동차손해배상보장법에 의한 이른바 위험책임으로서의 배상책임은 이를 면할 수 없다고 보아야 할 것이다.

참고로 직무상 불법행위를 한 공무원 개인의 피해자에 대한 직접적인 손해배상책임을 인정하지 아니하는 것은 우리나라 행정법학계의 통설일 뿐만 아니라 우리와 같은 대륙법체계 국가인 독일·일본에서는 이미 통설·판례로서 정착되어 있음을 지적하여 둔다.

문제는 헌법 제29조 제2항, 국가배상법 제2조 제1항 단서에 의하여 군인 등이 국가 등에 대하여 손해배상을 청구할 수 없는 경우에도 가해 공무원에 대한 별도의 손해배상청구를 부정함이 과연 타당한가 하는 점일 것이다.

생각건대, 군인 등은 그 직무의 특수성으로 직무상 사고를 당할 고도의 위험성이 있으므로 그 직무집행 중의 사고에 의한 위험은 국가가 이를 인수하여 그 피해자를 국가유공자로 예우하면서 그 사고에 대하여는 배상이 아닌 보훈 차원에서 종합적으로 배려하여 보상으로 해결하겠다는 것이 헌법 제29조 제2항의 취지라 할 것이다.

만약 위 헌법 조항이 사고 발생의 위험성이 큰 군인 등의 직무집행 중 사고에 대하여만 국가 등의 배상을 거부하고 이러한 사고에 있어서 통상의 경우 그 가해자가 되는 같은 군인 등에게 그 손해배상책임을 부담시키는 취지라면 우리 헌법의 윤리성 자체가 문제된다 할 것이다.

따라서 위 헌법 조항에 의한 관계 법령의 보상은 종합적으로 보아 적어도 손해배상에 못지 않은 내용이 되어야 할 것이고, 이에 미치지 못할 경우에는 군인 등은 직무집행 중의 사고로 인정됨으로써 오히려 불리한 처우를 받게 되므로 그 보상 내용이 헌법에 위반됨을 이유로 한 쟁송으로 그 권리구제를 받을 수 있다고 보아야 할 것인바, 이와 같이 본다면 위와 같은 경우에도 가해 공무원에 대한 직접적인 손해배상청구를 부정한다고 하여 그 타당성이 없다 할 수는 없을 것이다.

대법원장 윤관(재판장) 김석수 박만호(주심) 천경송 정귀호 안용득 박준서 이돈희 김형선 지창권 신성택 이용훈 이임수

(판결에 대한 평가)

1. 판결요지 정리

(1) 다수의견

헌법 제29조 제1항 단서규정은 국가 등이 국가배상책임을 지는 경우에도 이를 이유로 불법행위를 한 공무원 개인의 책임이 면제되지 아니함을 명백히 하고 있다. 여기에서 면제되지 아니하는 공무원 개인의 책임에는 민사상, 형사상 책임이나 국가 등의 기관내부에서의 징계 등 모든 법률상 책임이 포함되며, 민사상 불법 행위책임이 제외된다고 볼 수 없다. 또한 헌법 제29조 제1항 단서를 공무원 개인의 손해배상책임의 구체적인 범위까지 규정한 것으로는 보기 어렵다. 공무원 개인의 책임범위를 정하는 문제는 입법정책의 문제이고, 국가배상법상 정하여져야 할 문제이다. 결론적으로, 국가배상법의 관련규정(특히, 구상권에 관한 규정) 및 국가책임 및 공무원책임의 본질에 근거하여 공무원의 불법행위가 공무원의 고의 또는 중과실에 기인한 경우에만 피해자에 대한 공무원의 개인책임을 인정하고 있다.

(2) 별개 의견

헌법 제29조 제1항 단서는 직무상 불법행위를 한 공무원 개인의 구체적인 손해배상의 범위까지 규정한 것으로, 즉 공무원의 경과실을 포함하여 일체의 과실의 경우에 공무원의 배상책임을 구체적으로 인정한 것이다. 따라서 헌법조항 단서의 개인책임의 범위를 더 이상 구체적으로 규정할 필요가 없다. 위 헌법조항 단서의 공무원 개인책임은 그 본문과 연관하여 보면 이는 직무상 불법행위를 한 공무원 개인의 불법행위 책임임이 분명하며 여기에서 말하는 불법행위의 개념은 법적인 일반개념으로서 그것은 고의 또는 과실로 인한 위법행위로 타인에게 손해를 가한 것을 의미하고 이때의 과실은 중과실과 경과실을 구별하지 않는다는 일반론에 의문을 제기할 여지가 없어 보인다. 즉, 위 헌법조항 본문에서 말하는 불법행위를 민법 제750조의 불법행위 개념과 달리 볼 아무런 이유가 없고 위 헌법조항 단서의 책임 또한 그러한 불법행위책임에 다름 아닌 것이다. 별개의견은 위와 같은 견해를 도출함에 있어서 헌법규정의 문언에 중점을 두고 해석하고 있는 것이다.

(3) 반대 의견

헌법 제29조 제1항 단서의 규정은 직무상 불법행위를 한 공무원 개인의 손해배상책임이 면제되지 아니한다는 것을 규정한 것으로 볼 수 없다. 다만 직무상 불법행위를 한 공무원의 국가 또는 공공단체에 대한 내부적 책임 등이 면제되지 아니한다는 취지를 규정한 것으로 보아야 한다. 헌법규정의 문언을 볼 때 헌법 제29조 제1항 단서의 규정은 단순히 '책임'이라 하였을 뿐 '민사책임' 내지 '배상책임'이라고 명시하지 않았다는 점, 헌법 제7조 제1항에서 공무원의 국민에 대한 책임을 규정하고 있다는 점을 근거로 헌법 제29조 제1항 단서에서 규정하고 있는 '책임'이 민사상의 손해배상책임을 포함하고 있다는 것이 법문 상 명백하다고 단정할 수 없다. 즉, 위 규정이 공무원의 직무상 불법행위에 대하여 자기의 행위에 대한 책임에서와 같이 국가 또는 공공단체의 무조건적인 배상책임을 규정한 것은 국민 전체에 대한 봉사자인 공무원들로 하여금 보다 적극적이고 능동적으로 공무를 수행하게 하기 위하여 공무원 개인의 배상책임을 면제한다는 것에 초점이 있는 것으로 보아야 한다. 반대의견은 헌법 제29조 제1항 및 국가배상법 제2조 제1항의 해석함에 있어 입법취지를 중심으로 고려하고 있다.

2. 쟁점분석

(1) 국가배상책임의 성질과 선택적 청구의 문제

먼저 국가배상책임을 개인책임으로 파악하는 입장에서는, 국가배상책임은 공무원의 행위에 대한 책임이 아니라 국가 스스로의 행위에 대한 책임이며, 공무원의 불법행위에 대한 개인책임은 국가책임과는 별개의 책임이기에 양 책임은 양립할 수 있다고 본다. 따라서 피해자는 가해공무원 개인에게 손해배상을 청구할 수 있다. 이에 반해 국가배상책임을 대위책임으로 파악하는 입장에서는, 위법한 공무원의 행위는 국가나 지방자치단체의 행위로 볼 수 없고, 따라서 배상책임은 공무원 자신이 부담해야 할 것이지만 피해자의 보호 등을 위해 국가가 공무원에 대신하여 부담하는 책임이 국가배상책임이므로 공무원의 대외적 배상책임을 부정한다. 한편 중립적 입장에서는 경과실의 경우에는 국가나 지방자치단체에 대해서만, 고의·중과실의 경우에는 공무원만 배상책임을 지지만, 후자의 경우 그 행위가 직무로서 외형을 갖춘 경우에는 피해자와의 관계에서 국가도 배상책임을 지기 때문에 이 경우 피해자는 공무원과 국가에 대해 선택적으로 청구할 수 있다고 본다.[1]

(2) 헌법 제29조 제1항 단서 '책임'의 해석 문제 와 선택적 청구권 인정 여부

또한 본 사건에서는 헌법 제29조 제1항 단서의 '면제되지 않는 책임'은 무엇이고 이때 책임의 범위는 어떻게 볼 것인가가 쟁점이 된다. 특히 '공무원의 직무상 불법행위로 손해를 받은 국민은 법률이 정하는 바에 의하여...' 의 규정에서 '법률'로 구체화된 국가배상법은 국가 및 지방자치단체를 국가배상책임의 주체로 규정하고 제2조, 제5조에서 국가배상책임의 종류를 규정하고 있으나, 이때 책임의 종류로 구체적으로 민사책임, 형사책임, 내부적 징계책임 등을 별도로 규정하고 있지 않다. 이렇게 볼 때 헌법 제29조 제1항 단서의 '책임'의 본질을 규명하고 이때 책임에 가해 공무원에 대한 피해자인 국민의 불법행위를 이유로 한 손해배상청구(대외적 배상책임)를 인정할 수 있는지, 그리고 고의·과실에 대해 중과실과 경과실을 구분하여 공무원 개인의 대외적 배상책임을 물을 수 있는 근거가 국가배상법 제2조 제2항에 근거하는지를 살펴야 한다.

먼저 문리적 해석에 따라 헌법 제29조 제1항을 살펴보면, '직무상 불법행위'로 손해를 받은 국민은 법률이 정하는 바에 의하여 국가 또는 공공단체에 정당한 배상을 청구할 수 있다고 규정하고, 제2항에서는 '이 경우' 공무원 자신의 책임은 면제되지 아니한다고 규정하여 공무원 책임의 면책을 '직무상 불법행위로 손해를 받은 경우'로 규정하고 있다고 해석하는 것이 법문의 가능한 의미 해석의 영역 내로 해석이 된다. 그렇다면 이때 '면제되지 않는 책임'은 '직무

---

1) 홍정선, 「행정법 특강」 제14판, PP. 519-522

상 불법행위로 인한 손해배상 책임'을 포함한다고 해석함이 문리적 해석으로서 가능하다. '불법행위' 개념은 법적인 일반개념으로 볼 수 있고 민법 제750조 '불법행위'는 '고의 또는 과실로 인한 위법행위로 타인에게 손해를 가한 자는 그 손해를 배상할 책임이 있다'고 규정하여 고의 또는 과실의 경우를 귀책사유로 규정하고 있다. 이렇게 법적인 일반개념으로 불법행위를 이해할 때 헌법 제29조 제1항 '면제되지 않는 책임'은 민사상 불법행위책임을 포함한다고 해석되며, 이때 고의 또는 과실로 규정한 민법 제750조의 불법행위 내용에 비추어보면 고의 또는 중과실로 가해 공무원의 대외적 배상책임을 한정한 다수의견은 타당한 해석이 아니며 문리적 관점에서 고의·중과실·경과실의 경우 모두에 대외적 배상책임을 인정할 수 있다고 보는 별개의견의 견해가 타당해 보인다. 따라서 헌법 제29조 제1항 본문 및 단서의 구문구조의 원리상 '직무상 불법행위'의 경우에 '공무원 자신의 책임은 면제되지 아니한다.'고 해석함이 타당하고 이때 불법행위 개념을 법의 일반개념으로 볼 때 중과실과 경과실을 나누지 않고 고의·과실을 포함하여 공무원 개인의 대외적 배상책임을 인정하고, 피해자의 선택적 청구권을 인정하는 것이 타당한 법의 해석이라고 볼 수 있다.

다음으로 논리·체계적 해석의 관점에서 파악하면, 다수의견은 국가배상법 제2조 제2항의 입법취지가 경과실로 인한 손해는 직무수행 상 통상 예견할 수 있고, 고의·중과실로 인한 손해는 기관행위로서의 품격을 상실한 경우로 공무원 개인에게 손해배상을 부담할 수 있다는 취지라고 본다. 그러나 하위법인 국가배상법 제2조 제2항의 입법취지로 헌법 제29조 제1항 본문 및 단서의 문언적 의미를 해석하는 것은 상하위 성문법간의 법체계상 타당하지 않은 해석이라 할 수 있다. 그리고 논리·체계적으로 볼 때 국가배상법의 성격을 민법의 특별법으로 보는 것이 다수의 견해인데, 국가배상법 제8조는 '국가나 지방자치단체의 손해배상 책임에 관하여는 이 법에 규정된 사항 외에는 「민법」에 따른다. 다만, 「민법」외의 법률에 다른 규정이 있을 때에는 그 규정에 따른다고 규정하고 있다. 이렇게 볼 때 국가배상법 제2조 제2항을 국가와 가해 공무원간의 내부적 구상관계로 해석하는 한, 그 외의 가해공무원과 피해자인 국민의 관계는 국가배상법 제8조의 규정에 비추어 「민법」 의 규정에 따라야 한다. 따라서 민법 제750조의 불법행위로 인한 손해배상책임을 적용하는 것이 되고, 가해공무원의 피해자인 국민에 대한 대외적 손해배상책임은 민법의 규정에 근거하여 고의·중과실·경과실을 포함하는 것으로 해석하는 것이 타당한 법의 해석이라고 생각한다.

끝으로 목적론적 해석에서 보면, 헌법 제29조 제1항 및 국가배상법 제2조 제1항이 국가 등의 무조건적인 배상책임을 규정한 목적은 국민의 권리를 더욱 두텁게 보호하여 권리구제를 정당성을 확보하기 위한 입법목적이라고 본다. 이러한 입법목적에 의하면, 단순히 공무원 개인의 피해자에 대한 책임을 면제하는 것으로 해석할 수는 없고, 국가배상책임과 가해공무원 개인의 손해배상책임의 선택적 청구를 인정하여 피해자가 손쉽게 입증할 수 있는 청구의 길을 열어 주는 것이 더욱 피해자의 권리구제를 두텁게 보호해주는 것이 된다. 따라서 이러한 관점에서 헌법 제29조 제1항 단서를 해석해보면 위법한 공무집행에 대해서는 책임이 면제되지 않는다고 보는 것이 해석상 타당하고, 손해배상을 통해 피해자의 입증책임의 용이함과 법치주의 질서의 보장을 위해서 고의·중과실·경과실을 가리지 않고 위법한 행위에 대해서는 가해 공무원의 피해자에 대한 대외적 손해배상 책임을 인정하는 것이 타당하므로, 피해자의 국가배상책임과 불법행위로 인한 손해배상책임의 선택적 청구를 인정할 수 있다.

(3) 외국의 입법례

미국은 선택적 청구권 즉 공무원 개인의 불법행위책임에 관한 규정이 없지만 그럼에도 불구하고 공무원 개인의 불법행위책임은 꾸준히 인정되어 왔다. 물론 공무원 개인의 불법행위책임을 정당화하는 근거로서의 위법행위 억제기능에 의문을 제기하는 견해가 없는 것은 아니지만, 그 입장도 공무원의 경과실의 경우에 의문을 제기하는 것이지, 고의 또는 중과실의 경우에까지 그렇다는 것은 아니라고 평가된다.독일의 경우 제국 책임법에서는 공무원의 공권력행사로 인한 민법 제839조의 공무원책임은 국가가 면책적 채무인수방식으로 공무원에 대위하여 책임을 진다고 규정하였다. 따라서 공무원개인의 불법행위책임은 대피해자와의 관계에서는 소멸되게 되나, 고의 또는 중과실의 경우에는 국가의 구상권의 행사를 할 수 있다고 하였다. 바이마르헌법에서는 제131조에 이를 바탕으로 하여 국가직접책임의 원칙이 규정되었다. 2차 세계대정 후 본기본법 제34조에서는 “누구든지 자기에게 위탁된 공공의 직무의 집행에 당하여 제3자에게 부담하는 직무의무에 위반한 때에는 그 공무원을 사용하는 국가 또는 공공단체가 원칙적으로 책임을 진다. 고의 또는 중대한 과실이 있는 경우에도 구상권이 유보된다. 손해배상청구권과 구상권에 대하여는 사법재판소에 출소하는 권리가 배제되어서는 아니된다.”고 하였다. 결과적으로, 1981년 7월 2일 공포된 신 국가책임법에서 국가책임의 구성이 종래의 대위책임에서 자기책임으로 전환되었으나, 공무원개인의 불법행위책임에 관하여는 제1조 제3항에서 명문으로 부정하였다.

일본 헌법 제17조는 "누구든지 공무원의 불법행위로 손해를 받은 때에는 법률이 정하는 바에 따라 국가 또는 공공단체에 그 배상을 청구할 수 있다"라고 국가 및 공공단체의 배상책임을 규정하고 있다. 일본은 그 헌법에서 우리 헌법 제29조 제1항 단서와 같은 규정을 두고 있지 않음에도 불구하고, 공무원 개인의 불법행위책임을 긍정하는 판결이 행하여지거나 학설이 유력하게 주장되고 있다.

(4) 평가

불법행위를 자행한 공무원 개인의 책임 문제는 국가배상책임과는 또 다른 문제로 복잡한 현대사회에서 공무원이 수행하는 업무가 다양하고 광범위하여 공무원의 직무상의 사소한 잘못으로도 막대한 손해가 발생할 수 있다. 그럼에도 불구하고 공무원의 직무 안정성과 사기, 자기방어를 위한 원활한 공무수행을 보호하기 위한 가치와의 상호 충돌을 어떻게 조화시킬 것인가가 논란이라 할 수 있다. 특히 헌법 제29조 제1항 본문 및 단서, 국가배상법 제2조 제1항 및 제2항의 관계에서 ‘면제되지 않는 공무원의 책임’의 본질은 무엇이고 책임의 범위는 어떻게 규정할 수 있는지가 충돌되는 가치간의 균형을 담보하는데 있어서 중요한 법해석의 쟁점이 된다.

헌법 제29조 제1항 단서는 공무원이 한 직무상 불법행위로 인하여 국가가 배상책임을 진다고 할지라도 그 때문에 공무원 자신의 민·형사책임이나 징계책임이 면제되지 않는다는 원칙을 규정한 것으로서 헌법 규정 자체의 추상성이나 그 한계를 벗어나지 않는 한도 내에서 공무원 개인의 구체적인 손해배상책임의 범위까지 규정한 것으로 볼 필요는 없다. 그리하여 원칙적으로는 공무원 개인의 책임은 면제되지 않는다고 보는 것이 합당한 해석이고, 이때 고의·중과실·경과실 등 가해공무원의 귀책사유 정도 및 여부에 따라 이를 판단하는 것은 합리적인 법의 해석과정의 일환이며 이를 통해 국가 등 국가배상책임 주체와 가해 공무원, 가해 공무원과 피해자인 국민간의 관계를 규명하는 것이 문제되는 헌법 제29조 제1항 본문 및 단서, 국가배상법 제2조 제1항 및 제2항의 해석을 함에 있어서 타당하다.

현행법의 규정을 문리적으로 해석하면, '직무상 불법행위'가 국가배상책임의 성립요건이 분명하고 이때 불법행위는 법의 일반개념으로 파악하는 것이 타당하다. 그리고 목적론적 해석으로는 피해자의 피해주제 및 공무집행의 안정성을 확보하는 것이 타당한 해석이라고 볼 수 있다. 따라서 고의·중과실·경과실을 가리지 않고 위법한 행위에 대해서는 가해 공무원의 피해자에 대한 대외적 손해배상 책임을 인정하고 피해자의 선택적 청구를 인정하는 것이 타당한 해석이라 할 수 있다.

17. 아름다운 판결 : 형식적 임차인과 실질적 임차인

(대법원 2009.4.23. 선고 2006다81035 판결)
(대전고법 2006.11.1. 선고 2006나1846 판결)

※ **대법원판결: 형식적 임차인(법적 안정성)**

대법원 2009.4.23. 선고 2006다81035 판결

판시사항

[1] 법률 해석의 방법과 한계

[2] 임대주택의 분양전환시 우선분양권을 갖는 구 임대주택법 제15조 제1항에 정한 '임차인'의 의미 및 이에 '실질적 의미의 임차인'도 포함되는지 여부(소극)

판결요지

[1] 법은 원칙적으로 불특정 다수인에 대하여 동일한 구속력을 갖는 사회의 보편타당한 규범이므로 이를 해석함에 있어서는 법의 표준적 의미를 밝혀 객관적 타당성이 있도록 하여야 하고, 가급적 모든 사람이 수긍할 수 있는 일관성을 유지함으로써 법적 안정성이 손상되지 않도록 하여야 한다. 그리고 실정법이란 보편적이고 전형적인 사안을 염두에 두고 규정되기 마련이므로 사회현실에서 일어나는 다양한 사안에서 그 법을 적용함에 있어서는 구체적 사안에

맞는 가장 타당한 해결이 될 수 있도록, 즉 구체적 타당성을 가지도록 해석할 것도 요구된다. 요컨대, 법해석의 목표는 어디까지나 법적 안정성을 저해하지 않는 범위 내에서 구체적 타당성을 찾는 데 두어야 한다. 그리고 그 과정에서 가능한 한 법률에 사용된 문언의 통상적인 의미에 충실하게 해석하는 것을 원칙으로 하고, 나아가 법률의 입법 취지와 목적, 그 제·개정 연혁, 법질서 전체와의 조화, 다른 법령과의 관계 등을 고려하는 체계적·논리적 해석방법을 추가적으로 동원함으로써, 앞서 본 법해석의 요청에 부응하는 타당한 해석이 되도록 하여야 한다. 한편, 법률의 문언 자체가 비교적 명확한 개념으로 구성되어 있다면 원칙적으로 더 이상 다른 해석방법은 활용할 필요가 없거나 제한될 수밖에 없고, 어떠한 법률의 규정에서 사용된 용어에 관하여 그 법률 및 규정의 입법 취지와 목적을 중시하여 문언의 통상적 의미와 다르게 해석하려 하더라도 당해 법률 내의 다른 규정들 및 다른 법률과의 체계적 관련성 내지 전체 법체계와의 조화를 무시할 수 없으므로, 거기에는 일정한 한계가 있을 수밖에 없다.

[2] 구 임대주택법(2005. 7. 13. 법률 제7598호로 개정되기 전의 것) 제15조 제1항에서 규정하는 '임차인'이란 어디까지나 그 법률이 정한 요건과 절차에 따라 임대주택에 관하여 임대사업자와 임대차계약을 체결한 당사자 본인으로서의 임차인을 의미하고, 이와 달리 당사자 일방의 계약 목적, 경제적 부담이나 실제 거주 사실 등을 고려한 '실질적 의미의 임차인'까지 포함한다고 변경, 확장 해석하는 것은 법률 해석의 원칙과 기준에 어긋나는 것으로서 받아들일 수 없다.

참조조문

[1] 구 임대주택법(2005. 7. 13. 법률 제7598호로 개정되기 전의 것) 제15조 제1항(현행 제21조 제1항 참조) [2] 구 임대주택법(2005. 7. 13. 법률 제7598호로 개정되기 전의 것) 제15조 제1항(현행 제21조 제1항 참조)

주 문

원심판결을 파기하고, 사건을 대전고등법원에 환송한다.

이 유

상고이유를 판단한다.

1. 법은 원칙적으로 불특정 다수인에 대하여 동일한 구속력을 갖는 사회의 보편타당한 규범이므로 이를 해석함에 있어서는 법의 표준적 의미를 밝혀 객관적 타당성이 있도록 하여야 하고, 가급적 모든 사람이 수긍할 수 있는 일관성을 유지함으로써 법적 안정성이 손상되지 않도록 하여야 한다. 그리고 실정법이란 보편적이고 전형적인 사안을 염두에 두고 규정되기 마련이므로 사회현실에서 일어나는 다양한 사안에서 그 법을 적용함에 있어서는 구체적 사안에 맞는 가장 타당한 해결이 될 수 있도록, 즉 구체적 타당성을 가지도록 해석할 것도 또한 요구된다. 요컨대, 법해석의 목표는 어디까지나 법적 안정성을 저해하지 않는 범위 내에서 구체적 타당성을 찾는 데에 두어야 할 것이다. 그리고 그 과정에서 가능한 한 법률에 사용된 문언의 통상적인 의미에 충실하게 해석하는 것을 원칙으로 하고, 나아가 법률의 입법 취지와 목적, 그 제·개정 연혁, 법질서 전체와의 조화, 다른 법령과의 관계 등을 고려하는 체계적·논리적 해석방법을 추가적으로 동원함으로써, 앞서 본 법해석의 요청에 부응하는 타당한 해석이 되도록 하여야 할 것이다.

한편, 법률의 문언 자체가 비교적 명확한 개념으로 구성되어 있다면 원칙적으로 더 이상 다른 해석방법은 활용할 필요가 없거나 제한될 수밖에 없고, 어떠한 법률의 규정에서 사용된 용어에 관하여 그 법률 및 규정의 입법 취지와 목적을 중시하여 문언의 통상적 의미와 다르게 해석하려 하더라도 당해 법률 내의 다른 규정들 및 다른 법률과의 체계적 관련성 내지 전체 법체계와의 조화를 무시할 수 없으므로, 거기에는 일정한 한계가 있을 수밖에 없다.

2. 원심판결 이유에 의하면 원심은, 그 채용 증거에 의하여 판시와 같은 사실을 인정한 뒤, 다음과 같은 요지로 판단하였다. 즉, 임대주택법은 임대주택의 건설을 촉진하고 국민주거생활의 안정을 도모하기 위한 공익적 목적에서 제정되었으므로 위 법률을 해석하고 적용함에 있어서는 위와 같은 입법 목적을 충분히 참작하여야 하고, 구 임대주택법(2005. 7. 13. 법률 제7598호로 개정되기 전의 것, 이하 같다) 제15조 제1항(원심은 ' 임대주택법 제15조 제1항 제1호'라고 기재하고 있으나, 이는 2005. 7. 13.자로 개정된 법에 신설된 조항으로서 이 사건에 적용되지 않는 것이므로, 잘못된 기재로 보인다) 및 그 시행령(2005. 9. 16. 대통령령 제19051호로 개정되기 전의 것) 제13조 제2항에서 '무주택자인 임차인'을 임대주택에 대한 우선분양 권리의 발생요건으로 정하고 있는 것은 임대주택이라는 한정된 자원의 분양에 있어 아직 주택을 소유하고 있지 못한 서민이자 그 주택에 대한 실수요자를 우선적으로 배려하기 위한 목적이므로 위 규정에서 말하는 '임차인'의 의미를 밝히고 이 사건에서 피고 2가 그 임차인에 해당하는지를 판단함에 있어서는 위와 같은 규정의 목적을 충분히 고려하여야 한다고 전제하였다.

그리고 이 사건의 구체적 사안에 대하여, 이 사건 임대주택의 임차 목적은 분명히 피고 2의 주거공간을 구하는 것이었고, 이 사건 임대주택을 임차하여 그곳에 거주하겠다는 결정을 한 자도 피고 2이었으며, 보증금으로 지급된 자금 역시 그의 것이었던 사실, 다만 피고 2가 처의 병수발로 자리를 뜰 수 없었던 절박한 사정이 있었기 때문에 직접 원고 공사의 사무실을 찾아가 자신의 명의로 임대차계약을 체결하지 못하고 출가(출가)한 딸인 피고 1에게 임대차계약의 체결을 부탁하였는데, 피고 1은 법적 권리에 관하여 정확한 지식과 정보를 갖지 못하였기 때문에 계약 체결과정에서의 실수로 인하여 아버지(피고 2)의 이름이 아닌 자신(피고 1)의 명의로 이 사건 임대차계약을 체결한 사실, 피고 1이 법적으로 허용되지 않는 어떤 이익을 얻거나 법적 규제를 회피하기 위하여 그렇게 한 것은 아니었던 사실, 피고 2는 현재 75세의 고령에 홀로 살고 있는 노인으로서 경제적 활동을 할 능력을 잃었고 넉넉한 재정능력도 갖고 있지 못한 사실을 인정하였다.

그런 다음 임대주택법이 달성하고자 한 정책적 목표, 위 법이 의도한 계획과 보호 범위 등 법해석학의 관점에서 볼 때, 임대주택법 제15조 제1항의 '임차인'

의 의미를 문언적, 법형식적으로만 해석할 것이 아니라 위에서 본 바와 같은 특별한 사정이 있는 이 사건에서는 임대차계약의 목적, 재정적 부담과 실제 거주자라는 실질적 측면에서 사회적 통념상 임차인으로 여겨지는 피고 2가 이른바 '실질적 의미의 임차인'에 해당되어 이 사건 임대주택에 관하여 우선분양을 받을 권리를 가지므로, 임대차계약 기간 만료를 이유로 피고들에게 명도와 퇴거를 구하는 원고의 청구는 허용되지 않는다고 판단하였다.

3. 그러나 앞서 본 법리에 비추어 볼 때, 원심의 위 판단은 다음과 같은 이유에서 수긍하기 어렵다.

이 사건에서 문제되는 임대주택법 제15조 제1항 및 그에 따른 이 사건 임대차계약서의 계약특수조건 제9조 제2항에서 사용된 '임차인'의 개념은, 임대주택을 건설하여 임대의무기간 동안 임차·사용하게 하다가 그 기간이 경과하면 무주택 등 일정한 자격요건을 갖춘 임차인에게 우선 분양함으로써 임대주택의 건설을 촉진하고 국민주거생활의 안정을 도모하려는 임대주택법과 이 사건 임대차계약의 근간이 되는 중심개념으로서, 그것이 객관적으로 명확하게 해석되지 않으면 임대사업자와 임차인 등이 법과 계약에서 정한 의무를 이행하고 권리를 실현함에 있어서 상당한 혼란과 지장이 초래될 것이다.

그런데 임대주택법상 임대주택의 '임차인'에 관하여 특별한 해석규정은 없고, 원심이 말하는 이른바 '실질적 의미의 임차인'을 포함한다는 취지의 규정도 없다. 다만, 같은 법 제3조에서 "임대주택의 건설·공급 및 관리에 관하여 이 법에서 정하지 아니한 사항에 대하여는 주택법 및 주택임대차보호법을 적용한다"고 규정하고 있을 뿐인데, 주택법은 물론이고 주거용 건물의 임대차에 관하여 민법에 대한 특례를 규정한 주택임대차보호법에서도 특별히 '임차인'이라는 용어에 관한 해석규정은 보이지 않는다(다만, 주택임대차보호법 제3조의2 제1항에서 일정한 법인을 임차인에 포함시키고, 제9조에서 일정한 경우 사망한 임차인의 권리의무를 사실상의 혼인관계에 있는 자 등이 승계하도록 규정하고 있을 뿐이다).

결국, 임대주택법상의 임차인이라는 용어는 임대차에 관한 일반법인 민법의 규정, 그리고 사회에서 통상적으로 이해되는 '임차인'의 의미로 돌아가 해석할 수밖에 없는바, 그것은 민법 제618조가 규정하는 바와 같이 임대차계약에서 목적물의 사용·수익권을 가짐과 동시에 차임지급의무를 부담하는 측의 일방당사자를 의미한다고 보는 것이 문언에 충실하면서도 가장 보편타당한 해석이라고 할 것이다.

그런데 여기에서 임대차의 일방당사자라는 것은 위와 같은 사용·수익 및 차임지급을 약정하여 임대차계약을 체결한 당사자를 말하는 것이지, 목적물을 실제로 사용·수익하거나 보증금·차임 등을 실제 출연하는 자의 의미가 아니다. 이는 임대주택법의 다른 규정들의 취지에 비추어 보아도 알 수 있다. 즉, 임대주택법은 건설임대주택의 임차인의 자격·선정방법·임대보증금·임대료 등 임대조건에 관한 기준을 법정하는 한편(제14조), 특별한 경우를 제외하고는 임대주택의 임차인은 임차권을 다른 사람에게 양도하거나 임대주택을 다른 사람에게 전대할 수 없다고 규정하며(제13조), 사위(사위) 기타 부정한 방법으로 임대주택을 임대받은 자나 법에 위반하여 임대주택의 임차권을 양도하거나 전대한 자를 형사처벌하도록 규정하고 있다(제22조). 또한, 임대주택에 대하여 임대차계약을 체결할 때에는 법령이 정하는 사항이 포함된 표준임대차계약서를 사용하도록 하고 임대사업자와 임차인은 위와 같이 체결된 임대차계약을 준수하여야 한다고 규정하고(제18조), 임대사업자와 임차인이 위 법 또는 법에 의한 명령이나 처분에 위반한 경우에는 소관청이 시정명령 등 필요한 조치를 할 수 있도록 하는 등(제19조) 엄격한 규제와 감독을 하고 있다. 그렇다면 임대주택법은 일정한 자격요건을 갖추고 선정절차를 거친 자로서 일정한 형식의 계약서 작성을 통하여 임대차계약을 체결한 자를 임차인으로 취급하면서, 그로 하여금 임대차계약의 내용을 준수할 것, 특히 무단 임차권양도나 주택의 전대를 금지하도록 함으로써, 계약체결 당사자로서의 임차인과 그 임대주택에 실제로 거주하는 자가 함부로 분리되는 것을 불허하는 취지임이 분명하다.

따라서 임대주택법에서 말하는 '임차인'이란 임대주택법에 따라 임대차계약을 체결하고, 그 법의 규율을 받으면서 권리를 행사하고 의무를 이행하여야 할 당사자로서의 임차인이라고 하여야 한다. 그런데 이와 달리 원심과 같이, 임대차를 통하여 달성하려는 목적, 재정적 부담 또는 실제 거주자와 같은 실질적 측면에서 사회통념상 임차인으로 여겨지는 자를 '실질적 의미의 임차인'이라 하여 위 법상 임차인의 의미를 확대하거나 변경하여 해석하는 것은, 우선 '실질적 의미의 임차인'이라는 개념 자체가 모호한데다가, 그 판단 기준으로 거론되는 것들이 임대차계약 이면(이면)의 사정 또는 임대주택에 대한 다양한 사용·수익의 방식 등에 불과하다는 점, 그러한 해석은 위에서 본 임대주택법의 취지와 전체 법체계, 법률용어의 일반적 의미에 반할 뿐만 아니라 상대방 당사자인 임대사업자측의 의사와 신뢰에 반하는 것인 점, 나아가 임대주택법에 따른 임대주택의 공급 및 관리에도 혼란을 초래할 우려가 있다는 점에서 그대로 받아들일 수 없다.

특히 이 사건에서 문제가 되는 임대주택법 제15조는, 임대주택의 임대의무기간이 경과한 후 기존 임차인 중에서 무주택 등 일정한 자격요건을 갖춘 자에게 우선분양전환권이라는 특혜를 부여하는 규정인데, 여기에서의 임차인을 위와 같이 '실질적 의미의 임차인'이라고 해석한다면, 당초 임대주택법이 정한 요건과 절차에 따라 임차인으로 선정되어 임대차계약을 체결한 당사자로서의 임차인이 아니더라도 따로 실질적 측면에서 임차인이라고 해야 할 자가 있으면 그를 임차인으로 인정하고 그에게 우선분양전환권을 부여하게 되어 임대주택법의 기본 취지에 반하는 결과를 초래할 뿐만 아니라, 나아가 임대차계약을 체결하였던 임차인이 중도에 우선분양전환권자로서의 자격요건을 상실한 후 무주택자인 친·인척 등을 입주시키고 그를 내세워 임대주택을 분양받는 등 다양한 방법으로 임대주택법의 취지를 몰각시킬 우려마저 있다. 이는 임대주택법을 포함하여 법질서의 규범성과 안정성을 크게 해치는 결과가 될 뿐이다.

한편, 원심은 이 사건에서의 특별한 사정에 대한 구체적 타당성 때문에 위와 같은 법적 안정성의 요청이 후퇴되어야 한다고 판단한 것으로도 보인다. 하지만, 특별한 사정이 있는 예외적 사안을 구체적 타당성 있게 해결한다는 명분으로 위와 같은 법률 해석의 본질과 원칙을 뛰어넘을 수는 없다. 무엇이 구체적 타당성 있는 해결인가 하는 문제는 차치하고서라도, 법률 해석의 본질과 원칙에서 벗어나 당해 사건에서의 구체적 타당성 확보라는 명분으로 1회적이고 예외적인 해석이 허용된다면, 법원이 언제 그와 같은 해석의 잣대를 들이댈지 알 수 없는 국민은 법관이 법률에 의한 재판이 아닌 자의적인 재판을 한다는 의심을 떨치지 못할 것이며, 이는 법원의 재판에 대한 국민의 신뢰를 크게 해칠 뿐만 아니라 모든 분쟁을 법원에 가져가 보지 않고서는 해결할 수 없게 함으로써 법적 안정성을 심히 훼손하게 될 것이기 때문이다. 임대주택법 제15조 제1항이 국민의 주거생활의 안정을 도모하고 임대주택이 피고 2와 같은 실수요자에게 우선공급되도록 하려는 공익적 목적을 가진다고 하더라도 위와 같은 법리는 마찬가지로 적용되어야 한다.

결론적으로, 임대주택법 제15조 제1항에서 규정하는 '임차인'이란 어디까지나 위 법률이 정한 요건과 절차에 따라 임대주택에 관하여 임대사업자와 임대차계약을 체결한 당사자 본인으로서의 임차인을 의미한다고 할 수밖에 없고, 이와 달리 당사자 일방의 계약목적, 경제적 부담이나 실제 거주사실 등을 고려한 '실질적 의미의 임차인'까지 포함한다고 변경, 확장 해석하는 것은 앞서 본 법률 해석의 원칙과 기준에 어긋나는 것으로서 받아들일 수 없다.

4. 나아가 원심에는, 피고 1이 피고 2를 위하여 이 사건 임대차계약을 체결하는 과정에서 단지 수고와 번잡함을 피할 생각으로 자신 명의로 임대차 계약을 체결한 것이므로, 피고 2가 이 사건 임대차계약의 당사자 본인으로서의 임차인에 해당된다는 판단이 포함되었다고 볼 여지도 있다.

일반적으로 계약의 당사자가 누구인지는 그 계약에 관여한 당사자의 의사해석의 문제에 해당한다. 의사표시의 해석은 당사자가 그 표시행위에 부여한 객관적인 의미를 명백하게 확정하는 것으로서, 계약당사자 사이에 어떠한 계약내용을 처분문서인 서면으로 작성한 경우에는 그 서면에 사용된 문구에 구애받는 것은 아니지만 어디까지나 당사자의 내심적 의사의 여하에 관계없이 그 서면의 기재 내용에 의하여 당사자가 그 표시행위에 부여한 객관적 의미를 합리적으로 해석하여야 하며, 이 경우 문언의 객관적인 의미가 명확하다면, 특별한 사정이 없는 한 문언대로의 의사표시의 존재와 내용을 인정하여야 한다.

원심판결의 이유와 기록을 종합하여 보면, ① 원고와 임대차계약을 체결하는 행위를 한 자는 피고 1이고 그 임대차계약서상 임차인 명의도 피고 1로 되어 있으며, 그것이 특별히 타인을 위한 '대리행위'라든지 '제3자를 위한 계약'으로서 체결되는 것이라는 등의 사정은 전혀 나타나 있지 않은 점, ② 이 사건 임대차계약은 임대주택법이 규율하는 바대로 일정한 자격요건과 필요한 구비서류들을 갖추어 체결되었을 터인데 그러한 것들도 모두 피고 1을 기준으로 구비되었을 것으로 추정되는 점, ③ 피고 2가 자신의 주거를 마련하기 위하여 피고 1에게 임대차계약 체결을 부탁하였음에도 피고 1이 계약 과정에서 단지 '실수로' 업무를 잘못 처리한 것에 불과한 것인지에 관하여는, 이에 부합하는 증거로 원심이 채용한 을 제3호증이 있기는 하나 이는 피고 1 본인의 인증자술서에 불과하여 그대로 믿기는 어렵고, 오히려 피고 1이 원심 변론기일에 출석하여 "피고 2의 보증채무를 피하기 위하여 피고 1이 피고 2의 돈을 보관하고 있다가 … 피고 1 명의로 계약을 체결하게 되었다"고 진술한 것에 의하면 피고들은 대외적인 법률행위는 피고 2의 명의로는 하지 않을 의도였다고 추측되는 점, ④ 피고측이 주장하는 특수한 사정들이란 모두 그들 내부의 문제에 불과할 뿐이고, 계약 당시 원고측도 그러한 사정을 잘 알면서 계약의 명의와 관계없이 계약당사자를 피고 2로 한다거나 계약에 따른 법률효과를 아예 직접 피고 2에게 귀속시키기로 한다는 의사의 합치가 있었다는 등의 특별한 사정에 관한 증거자료는 전혀 보이지 않는 점, ⑤ 이 사건 임대차계약을 위한 보증금이 피고 2의 자금이었다는 주장에 부합하는 증거로는 앞서 본대로 피고 1의 자술서인 을 제3호증이 있을 뿐 금융자료 등의 객관적인 자료는 제출되지 않은 점, ⑥ 피고 2가 이 사건 임대주택에 주민등록을 하고 계속 거주하였다고는 하나, 피고 1 역시 이 사건 임대차계약상의 입주일 무렵인 1999. 6. 4. 이 사건 임대주택으로 주민등록 전입신고를 한 이래 중간에 합계 약 1년 6개월 정도를 제외하고는 이 사건 임대주택의 분양전환 무렵까지 계속 그곳에 주민등록을 하고 있었던 사실 등을 알 수 있다.

위와 같은 여러 사정들을 앞서 본 계약당사자의 확정 등에 관한 법리에 비추어 볼 때, 이 사건 임대차계약의 당사자 본인으로서의 임차인은 계약체결행위를 실제로 하였고 또한 계약서상으로도 임차인으로 표시되어 있는 피고 1이라고 볼 수밖에 없다.

5. 그럼에도 불구하고, 원심은 그 판시와 같은 이유만을 내세워 임대주택법 제15조 제1항 소정의 임차인의 의미를 이 사건과 같은 특별하고도 예외적인 사정을 참작하는 실질적 의미의 임차인으로 해석하고 이 사건 임대주택에 있어서 피고 2가 그러한 임차인에 해당한다고 보아 원고의 이 사건 청구를 배척하

고 말았으니, 이러한 원심의 판단에는 앞에서 본 바와 같은 임대주택법상 임차인 개념의 해석에 관한 법리, 임대차계약 당사자의 확정 내지 계약의 해석에 관한 법리, 처분문서의 증명력 등 증거법칙 등을 오해하여 판결에 영향을 미친 법령 위반의 위법이 있다. 이 점을 지적하는 상고이유 주장은 이유 있다.

6. 그러므로 원심판결을 파기하고, 사건을 다시 심리·판단하게 하기 위하여 원심법원에 환송하기로 하여 관여 대법관의 일치된 의견으로 주문과 같이 판결한다.

※ 고등법원판결: 실질적 임차인(구체적 타당성)

대전고법 2006.11.1. 선고 2006나1846 판결

판시사항

임대주택의 실수요자인 고령의 무주택자가 처의 병수발 때문에 직접 대한주택공사를 찾아갈 수 없어 자신의 돈을 관리하고 있던 딸을 통해 딸 명의로 임대차계약을 체결한 후 혼자서 임대주택에서 생활해 온 경우, 위 임대주택 거주자를 우선분양권에 관한 임대주택법 제15조 제1항 제1호의 '임차인'으로 볼 수 있는지 여부(적극)

판결요지

임대주택의 실수요자인 고령의 무주택자가 처의 병수발 때문에 직접 대한주택공사를 찾아갈 수 없어 자신의 돈을 관리하고 있던 딸을 통해 딸 명의로 임대차계약을 체결한 후 혼자서 임대주택에서 생활해 온 경우, 임대주택법 제15조 제1항 제1호가 실제 거주한 임차인을 우선분양권의 발생요건으로 정하는 있는 것은 한정된 자원의 분양에 있어서 실수요자를 우선 배려하기 위한 목적 때문인 점, 거주자의 딸이 자신의 명의로 아버지의 주거에 관한 임대차계약

을 체결한 것은 법적으로 허용되지 않는 어떠한 이익을 얻거나 법적 규제를 회피하려 하였던 것이 아니고, 다만 법적 권리에 관하여 정확한 지식과 정보를 갖지 못하였기 때문에 저지른 실수였던 것으로 보이는 점 등에 비추어 위 거주자의 주거안정은 당초부터 임대주택법의 정책목표와 계획상의 보호범위 내에 있었다고 하여야 하므로, 위 거주자를 우선분양권에 관한 임대주택법 제15조 제1항 제1호의 '임차인'으로 보아야 한다.

참조조문

임대주택법 제15조 제1항 제1호

주 문

1. 제1심판결을 취소하고, 원고의 청구를 모두 기각한다.
2. 소송총비용은 모두 원고가 부담한다.

청구취지 및 항소취지

1. 청구취지

피고 1은 충남 연기군 조치원읍 신흥리 393 주공아파트 (동.호수 생략)을 원고에게 명도하고, 피고 2는 위 아파트에서 퇴거하라.

2. 항소취지

주문과 같다.

이 유

1. 다툼의 원인과 이 사건 판결에 이르기까지의 경과

가. 원고 공사는 충남 연기군 조치원읍 신흥리에 아파트 형태의 임대주택을 신축하여 임대하는 사업을 실시하면서, 1999. 2. 19. 피고 1과 임대차기간을 5년으로 정하여 임대주택 (동. 호수 생략)(24평형)에 대한 임대차계약을 체결하였다.

나. 피고 2는 피고 1의 아버지로서 1999. 6. 1. 위 임대주택 (동. 호수 생략)에 입주하여 지금까지 그 임대주택에서 홀로 살고 있다. 피고 1은 피고 2의 둘째 딸로서 1988. 9. 16. 혼인한 후 따로 살고 있으며 위 임대주택에 입주하지 않았다.

다. 임대주택법상의 임대의무기간이 경과하자 원고 공사는 위 신흥리 임대주택 전부를 분양전환하기로 결정하였다. 임대주택법 제15조 제1항 제1호는 우선분양권리자로 '입주일 이후부터 분양전환 당시까지 당해 임대주택에 거주한 무주택자인 임차인'으로 규정하고 있는데, 임대주택 (동. 호수 생략)의 임차인인 피고 1 부부는 다른 주택을 소유하고 있기 때문에 그 임대주택을 분양받을 수 없었다. 피고 2는 원고에게 임대차계약의 명의자는 형식상 딸로 되어 있을 뿐이고 실제로는 자신의 거주를 위하여 임차한 것이며 자신이 혼자서 계속하여 그 임대주택에 거주하였으므로 자신 명의로 분양해 줄 것을 요청하였으나 원고 공사는 피고 2가 계약서상의 임차인이 아니라는 이유로 그 요청을 거절하고 피고들에 대하여 임대주택의 명도를 요구하였다.

라. 피고들이 원고 공사의 명도 요구에 따르지 않자 원고 공사는 임대차계약상의 임차인인 피고 1에 대하여 그 임대주택의 명도를, 임대주택에 거주하고 있는 피고 2에 대하여 그 임대주택에서의 퇴거를 청구하는 이 사건 소송을 제기하였다. 1심법원이 원고 공사의 청구를 인용하자, 피고들은 이에 불복하여 항소하였고, 이에 따라 이 법원이 항소사건을 재판하게 되었다.

마. 이 법원이 심리한 결과, 피고 2가 거주할 주택을 본인 명의로 구하지 아니하고 둘째 딸인 피고 1의 명의로 구하게 된 이유와 경위는 다음과 같음이 밝혀졌다.

(1) 피고 2는 1931. 4. 15. 출생하여 현재 만 75세에 이르는 노인이다. 그는 1955. 1. 13. 소외인과 혼인하여 딸 둘과 아들 둘을 낳아 길렀다. 그의 처인 소외인은 1991년경 뇌경색이 발병한 후 대소변을 가리지 못할 정도로 심한 후유증이 남았기 때문에 그 무렵부터 그는 처 곁에 붙어 병수발을 하느라 다른 일은 제대로 할 수 없었다. 1999년 초 처의 병세는 거동이 전혀 불가능할 정도로 악화되었기 때문에 그는 잠시도 처의 곁을 떠나지 못하고 수발을 들어야만 했다. 이 때문에 그는 자신의 돈을 비교적 가까운 곳에 거주하면서 자신을 도와주던 둘째 딸 피고 1에게 맡겨두고 딸에게 경제적 문제의 처리를 위임하였다. 이 사건 임대차계약이 체결된 후인 1999. 9. 14. 피고 2의 처 소외인이 사망하였고, 그 후부터 지금까지 피고 2는 혼자서 임대주택에서 생활해 왔다. 자녀들의 형편도 넉넉하지 않은 터라 우리 사회의 많은 노인들이 그러하듯이 그도 자녀, 손자들과 함께 살지 못하고 혼자서 노년을 보내고 있다.

(2) 처의 병세가 악화되어 잠시도 처 곁을 떠나지 못하고 병수발을 들고 있던 1999년 초에, 피고 2는 원고 공사가 인근 지역에 임대주택을 건축하여 임대한다는 소식을 듣고 자신의 돈을 관리하고 있던 둘째 딸 피고 1에게 임대차계약을 체결해 줄 것을 부탁하였다. 피고 2는 거의 평생을 충남 연기군 조치원읍에서 살아왔고 당시에도 조치원읍 침산리에 거주하고 있었던 반면, 그의 딸인 피고 1은 가족과 함께 청주시에서 거주하고 있었다.

(3) 아버지의 부탁으로 피고 1이 원고 공사의 사무실로 찾아가 아버지가 살 임대주택에 관한 임대차계약을 체결하였다. 피고 1은 자신의 명의로 임대차계약을 체결한 경위에 관하여 다음과 같이 설명하고 있다. 그녀가 원고 공사의 직원에게 사정을 설명하고 아버지와 자신의 명의 중 누구 명의로 임대차계약을 체결하여야 하는지를 물었고 원고 직원으로부터 누구 명의로 하든 상관없다

는 답변을 들었다는 것이다. 많은 시간이 흘렀기 때문에 지금 와서 피고 1이 원고 공사의 직원으로부터 과연 그러한 설명을 들었는지, 그런 설명을 한 직원이 누구인지, 그리고 그 직원이 한 설명이 정확하게 어떤 것이었는지를 밝히는 것은 불가능해 보인다. 그러나 피고 1이 아버지인 피고 2를 대리하여 그 명의로 임대차계약서를 작성하기 위해서 갖추어야 했을 서류의 양과 법적 지식이 부족한 그녀가 그 서류를 모두 갖추는 데 필요한 시간과 노력의 양, 특히 그녀가 거주하던 청주와 아버지가 거주하던 조치원읍 사이의 거리가 결코 가깝지 않고 서류를 갖추기 위해서 여러 차례 왕복하는 것이 쉬운 일이 아닌 점을 참작해 보면 아버지가 임대주택에 거주한다는 목적에 아무런 지장이 없는 한 아버지를 대리하여 계약서를 작성하기보다는 자신 명의로 계약서를 작성하는 편을 선호했을 것임을 쉽게 추측해 볼 수 있다. 그리고 당시 원고 공사는 임대주택에 대한 임차 희망자가 적어 3차 청약까지 임대업무가 지연되었던 사정을 참작해 보면, 원고 공사의 직원이 신속하고 간편한 업무처리를 위해 사무실로 찾아 온 피고 1에게 그녀 명의로 계약을 체결할 것을 권유했을 가능성도 없지 않은 것으로 보인다. 상세한 경위가 모두 밝혀진 것은 아니지만, 피고 1은 아버지인 피고 2를 위하여 위 임대차계약을 체결하였던 것은 분명하고, 충분한 법적 지식이 없어 장래 발생할 법적 분쟁을 예견하지 못했기 때문에 수고와 번잡함을 피할 생각에서 아버지 명의가 아닌 자신의 명의로 임대차 계약을 체결하였던 것이지 법적으로 허용되지 않는 어떤 이익을 얻거나 법적 규제를 회피하기 위하여 자신의 명의로 임대차 계약을 체결한 것은 아닌 것으로 보인다.

[증 거] 갑 제1호증의 1, 갑 제2호증의 1, 갑 제3호증의 1, 을 제1 내지 8호증, 변론 전체의 취지

2. 쌍방의 주장

원고는 임대차계약기간이 만료되었고 임대주택에 대한 분양전환이 되지 않았음을 이유로 피고 1에 대하여 임대주택의 명도를, 피고 2에 대하여 임대주택에서의 퇴거를 청구하고 있다.

이에 대하여 피고들은, 임대주택에 대한 임대차계약 명의인을 피고 1로 한 것은 원고 공사의 담당직원으로부터 잘못된 설명을 듣고 실수한 것일 뿐이고 피고 2가 임대차계약의 실질적인 당사자인데 무주택자로서 그 임대주택을 분양받을 권리를 갖고 있으므로 원고 공사가 분양을 거절하고 피고들에 대하여 명도와 퇴거를 청구하는 것은 허용될 수 없다고 주장한다.

피고들의 주장에 대하여 원고는, 임대주택법 제15조에 의하여 우선분양을 받을 권리는 무주택자인 임차인에게만 주어지는 것인데 피고 2는 임차인이 아니어서 우선분양을 받을 권리를 갖지 못하므로 피고들의 주장은 부당한 것이라고 주장한다.

3. 이 법원의 판단

가. 이 사건의 쟁점은, 피고 2가 임대주택법 제15조에 의하여 임대주택을 우선분양받을 권리가 있는가 하는 것이고, 좀 더 구체적으로 본다면 위 법 제15조 제1항 제1호가 우선분양자로 규정하고 있는 '입주일 이후부터 분양전환 당시까지 당해 임대주택에 거주한 무주택자인 임차인'이라는 권리발생요건 중 '임차인'의 요건을 갖추고 있는가 하는 것이다. 이 법률문제에 관한 판단과 관련하여 이 법원은 다음과 같은 사정에 주목하였다.

(1) 입법부가 임대주택법을 제정하여 임대주택사업을 지원하는 한편 일정한 규제를 가하고 있는 것은, 임대주택 건설을 촉진하고 국민주거생활의 안정을 도모하기 위한 것이다(위 법 제1조). 우리 사회에는 개인의 다양한 사정에 의하여 주택을 임차하려는 상당한 수요가 있는 반면에 투자금액 회수에 오랜 시간이 걸리는 등의 사정으로 임대주택의 공급은 항상 부족한 문제점이 있다. 또한 경제적, 관행적 이유에서 보증금(전세금)이 비싸기 때문에 목돈이 없는 사람들은 주택을 임차하기 어렵고 장기임대주택을 구하기도 어려운 것이 실정이다. 그래서 입법부는 임대주택법을 통하여 장기주택임대를 영업으로 하는 주택임대업자를 지원하여 임대주택의 공급을 늘리는 한편 부족한 임대주택이 실수요자에게 제공되도록 하기 위한 여러 제도적 장치를 마련하였다.

그래서 우리는 이 법률을 해석하고 적용함에 있어서 이 법률이 달성하고자 하는 위와 같은 공익적 목적을 충분히 참작하여야 마땅하다고 믿는다. 게다가 우리 사회에서 임대주택의 건설과 임대사업 영위에 가장 큰 몫을 차지하고 있는 원고 대한주택공사의 존재 이유가 바로 국민생활의 안정과 공공복리의 증진이라는 공익적 이유에 있음(대한주택공사법 제1조)도 간과할 수 없다.

(2) 임대주택법은 주택임대업자가 임대의무기간 후 임대주택을 분양전환하여 투자자금을 일시에 회수할 수 있는 길을 열어주면서도 일정한 요건을 갖춘 자에게 우선분양의 권리를 보장함으로써 주거와 생활의 안정을 도모하고 있다. 임대주택법 제15조 제1항 제1호가 우선분양 권리의 발생요건으로 '입주일 이후부터 분양전환 당시까지 당해 임대주택에 거주한 무주택자인 임차인'으로 규정하고 있는데, 이 법이 무주택자를 요건으로 정하고 있는 것은 임대주택이라는 한정된 자원의 분양에 있어서 아직 주택을 소유하고 있지 못한 서민을 배려하기 위한 것이고, 실제 거주한 임차인을 요건으로 정하고 있는 것은 한정된 자원의 분양에 있어서 실수요자를 우선 배려하기 위한 목적 때문일 것이다. 따라서 위 규정에서 말하는 '임차인'의 의미를 밝히고, 이 사건에서 피고 2가 그 '임차인'에 해당하는지를 판단함에 있어서 위 규정의 목적을 충분히 고려하여야 한다.

(3) 이 사건의 구체적 사안을 다시 한 번 돌이켜 보건대, 이 사건 임대주택의 임차 목적은 분명히 피고 2의 주거공간을 구하는 것이었지 피고 1의 주거공간을 구하는 것이 아니었다. 이 사건 임대주택을 임차하여 그곳에 거주하겠다는 결정을 한 자는 피고 2이었고 보증금으로 지급된 자금 역시 그의 것이었다. 다만, 피고 2가 처의 병수발로 자리를 뜰 수 없었던 절박한 사정이 있었기 때문에 직접 원고 공사의 사무실을 찾아가 자신의 명의로 임대차계약을 체결하지 못하고 둘째 딸인 피고 1에게 임대차계약의 체결을 부탁하였다. 이 사건에서 피고 1이 자신의 명의로 아버지의 주거에 관한 임대차계약을 체결하면서 법적으로 허용되지 않는 어떠한 이익을 얻거나 법적 규제를 회피하려 하였던 것은 아니다. 이러한 사정에 비추어 볼 때 피고 1이 아버지의 이름이 아닌 자신의 이름

으로 원고와 임대차계약을 체결한 것은 법적 권리에 관하여 정확한 지식과 정보를 갖지 못하였기 때문에 저지른 실수였던 것으로 보인다.

만일 위와 같은 실수가 개입되지 않았더라면 피고 2가 임대주택을 우선분양받을 권리를 갖게 되었을 것이라는 점에 대해서는 의문의 여지가 없다. 피고 2는 현재 75세의 고령에 홀로 살고 있는 노인이다. 경제적 활동을 할 능력을 잃었고 넉넉한 재정능력도 갖고 있지 못하다. 이런 사정에 놓여있는 피고 2에 대하여 임대차계약 체결과정에서 있었던 작은 실수 때문에 이제 와 그 주거공간에서 계속 거주할 권리를 갖지 못한다고 하기에는, 원인이 된 피고들측의 잘못과 그 결과 사이에 균형을 잃었다는 느낌을 지울 수 없다.

(4) 법률용어로서의 '임차인'이라는 단어가 임대차계약의 양 당사자 중 부동산을 빌리는 측 당사자를 의미한다는 사실은 굳이 법률가가 아니더라도 잘 알고 있다. 그러나 법률 문언의 올바른 의미를 밝히기 위해서는 법률용어로서의 의미만이 아니라 그 법률이 달성하고자 한 정책목표와 우리 사회가 법체제 전체를 통하여 달성하고자 하는 가치를 아울러 고려하여야 한다. 위 법률의 문언만이 아니라 위 법률이 달성하고자 한 정책적 목표와 위 법률이 의도한 계획의 관점에서 보면, 피고 2의 주거안정은 당초부터 위 정책목표와 계획상의 보호범위 내에 있었던 것이지 그 바깥에 있었다고 생각되지 않는다. 정책적 목적과 계획을 분명하게 하기 위하여 사용된 언어가 그 정책적 목적과 계획의 실행을 제한하고 억제하는 방향으로 해석되고 집행되는 것은 옳은 일이 아니다.

이러한 법해석학의 관점에서 볼 때, 이 사건에서 피고 2가 무주택자이고 이 사건 임대주택에 대한 실수요자였음에도 불구하고 위에서 본 특별한 사정 때문에 임대차계약상의 임차명의인이 아니라고 하여 그의 권리를 부정하는 것이 이 법의 공익적 목적과 계획에 부합한다고 생각되지 않는다. 오히려 이 법상의 임차인의 요건을 그렇게까지 문언적, 법형식적으로 해석할 것이 아니라 이 사건과 같은 특별한 사정이 있는 예외적 사안에서 임대차계약의 목적과 재정적 부담과 실제 거주자라는 실질적 측면에서 사회적 통념상 임차인으로 충분히 관념될 수 있는 피고 2가 위 법상의 임차인 요건을 갖추었다고 보는 것이 위 법의 공익적 목적과 계획에 부합하는 해석이라고 생각한다.

(5) 가장 세심하고 사려 깊은 사람도 세상사 모두를 예상하고 대비할 수는 없는 법이다. 가장 사려 깊고 조심스럽게 만들어진 법도 세상사 모든 사안에서 명확한 정의의 지침을 제공하기는 어려운 법이다. 법은 장래 발생 가능한 다양한 사안을 예상하고 미리 만들어두는 일종의 기성복 같은 것이어서 아무리 다양한 치수의 옷을 만들어 두어도 예상을 넘어 팔이 더 길거나 짧은 사람이 나오게 된다. 미리 만들어 둔 옷 치수에 맞지 않다고 하여 당신의 팔이 너무 길거나 짧은 것은 당신의 잘못이니 당신에게 줄 옷은 없다고 말할 것인가? 아니면 다소 번거롭더라도 옷의 길이를 조금 늘이거나 줄여 수선해 줄 것인가? 우리는 입법부가 만든 법률을 최종적으로 해석하고 집행하는 법원이 어느 정도 수선의 의무와 권한을 갖고 있다고 생각한다. 이는 의회가 만든 법률을 법원이 제멋대로 수정하는 것이 아니라 그 법률이 의도된 본래의 의미를 갖도록 보완하는 것이고 대한민국헌법이 예정하고 있는 우리 헌법체제의 일부라고 생각한다.

나. 이상과 같은 점을 참작하여 이 법원을 구성하고 있는 세 명의 판사는, 임대주택법 제15조 제1항 제1호의 '임차인'의 의미를 해석함에 있어서 이 사건 사안과 같은 특별하고도 예외적인 사정을 참작하는 실질적 의미의 임차인으로 해석하여야 한다는 점과 피고 2가 그 실질적 의미의 임차인 요건을 갖추었다는 점과 그리하여 피고 2가 이 사건 임대주택에 관하여 우선분양을 받을 권리를 가진다는 점에 대하여 의견의 일치를 보았다.

다. 이 사건 심리 과정에 이 법원이 양측에 조정 가능성을 문의하였을 때, 원고 공사는, 피고 2측의 특별하고 딱한 사정을 참작하여 임대주택을 분양해 줄 경우 향후 유사 사정이 있는 자가 근거 없는 분양을 주장하는 나쁜 선례가 될 수 있다는 점을 들어 조정에 응할 수 없다는 견해를 밝혔다. 우리는 이 견해에 결코 동의할 수 없다. 이 판결은 원고 공사가 염려하듯 임대주택법이 달성하고자 하는 공익적 정책목표를 가로막는 나쁜 선례가 되는 것이 아니라, 임대주택법이 사용한 용어에 실질적이고도 살아있는 의미를 부여함으로써 예외적이고 특별한 사안에서까지 임대주택법의 정책적 목표와 계획을 달성할 수 있도록 하는 좋은 선례가 된다고 생각한다. 오히려 위 법이 사용한 용어의 의미를 형식적으로만 이해할 경우 위 법의 정책적 목표와 계획은 통상적인 사안에서만 달성될 수 있을 뿐이고 우리 사회에서 장래 언제든지 발생할 수 있는 다양한 예외적 사안에서 정책목표와 계획의 달성을 포기하여야 하는 나쁜 선례가 된다고 생각한다.

가을 들녘에는 황금물결이 일고, 집집마다 감나무엔 빨간 감이 익어 간다. 가을걷이에 나선 농부의 입가엔 노랫가락이 흘러나오고, 바라보는 아낙의 얼굴엔 웃음꽃이 폈다. 홀로 사는 칠십 노인을 집에서 쫓아내 달라고 요구하는 원고의 소장에서는 찬바람이 일고, 엄동설한에 길가에 나앉을 노인을 상상하는 이들의 눈가엔 물기가 맺힌다.

우리 모두는 차가운 머리만을 가진 사회보다 차가운 머리와 따뜻한 가슴을 함께 가진 사회에서 살기 원하기 때문에 법의 해석과 집행도 차가운 머리만이 아니라 따뜻한 가슴도 함께 갖고 하여야 한다고 믿는다. 이 사건에서 따뜻한 가슴만이 피고들의 편에 서있는 것이 아니라 차가운 머리도 그들의 편에 함께 서있다는 것이 우리의 견해이다.

4. 결 론

따라서 피고 2는 이 사건 임대주택을 우선분양받을 권리가 있고 그가 그 권리를 행사하여 원고 공사에게 분양을 요청하고 있는 이상 원고가 그 요청을 거부하고 임대차계약 기간 만료를 이유로 피고들에게 명도와 퇴거를 청구하는 것은 법상 허용되지 않는다.

그렇다면 원고의 이 사건 청구는 모두 기각하여야 할 것인바, 제1심판결은 이와 결론을 달리하여 부당하므로 이를 취소하고 원고의 청구를 모두 기각하기로 하여 주문과 같이 판결한다.

(판결에 대한 평가)

1. '임차인'의 의미

본 사건에서 고등법원은 구체적 타당성을 중시하는 목적론적·객관적 해석을 가장 우선시하여 임차인의 의미를 실질적 임차인으로 해석하였다. 고등법원에 따르면 "입법부가 임대주택법을 제정하여 임대주택사업을 지원하는 한편 일정한 규제를 가하고 있는 것은, 임대주택 건설을 촉진하고 국민주거생활의 안정을 도모하기 위한 것이다." "이 법이 무주택자를 요건으로 정하고 있는 것은 임대주택이라는 한정된 자원의 분양에 있어서 아직 주택을 소유하고 있지 못한 서민을 배려하기 위한 것이고, 실제 거주한 임차인을 요건으로 정하고 있는 것은 한정된 자원의 분양에 있어서 실수요자를 우선 배려하기 위한 목적 때문일 것"이라고 하여, 형식적 조건에 의해서가 아니라 실질적인 의미에서 임차인을 평가하였다. 이에 반해 대법원은 고등법원과 달리 법적 안정성을 중시하는 문리적 해석을 중시한다. "법은 원칙적으로 불특정 다수인에 대하여 동일한 구속력을 갖는 사회의 보편타당한 규범이므로 이를 해석함에 있어서는 법의 표준적 의미를 밝혀 객관적 타당성이 있도록 하여야 하고, 가급적 모든 사람이 수긍할 수 있는 일관성을 유지함으로써 법적 안정성이 손상되지 않도록 하여야 한다. 법해석의 목표는 어디까지나 법적 안정성을 저해하지 않는 범위 내에서 구체적 타당성을 찾는 데에 두어야 할 것이다."고 하여, 법적 안정성을 우선시하고, 법적 안정성의 범위 내에서 구체적 타당성을 추구하여야 한다고 해석의 기준을 제시하였다. 구체적 사안에서 대법원은 "실질적 의미의 임차인'이라는 개념 자체가 모호한데다가, 그 판단 기준으로 거론되는 것들이 임대차계약 이면(裏面)의 사정 또는 임대주택에 대한 다양한 사용·수익의 방식 등에 불과하다는 점" 과 임차인을 실질적 의미의 임차인으로 해석하는 것은 "임대주택법의 취지와 전체 법체계, 법률용어의 일반적 의미에 반할 뿐만 아니라 상대방 당사자인 임대사업자 측의 의사와 신뢰에 반하는 것인 점, 나아가 임대주택법에 따른 임대주택의 공급 및 관리에도 혼란을 초래할 우려가 있다는 점에서 그대로 받아들일 수 없다." 고 판단하였다.

2. 구체적 타당성과 법적 안정성

고등법원이 해석의 기준으로 제시한 구체적 타당성의 개념은 “개별적 사안에서의 정의”(individualized justice)의 의미와 유사하다. 이에 반해 법적 안정성은 통상 ‘법이 내용적으로 확정되어 있을 것’을 요하고, 그러한 ‘법의 보장 또한 안정적으로 이루어질 것’을 요하며, 나아가 이러한 ‘전반적인 법상태가 계속적으로 유지될 것’을 요한다는 의미이다. 구체적 타당성, 즉 개별적 사안에서의 정의와 법적 안정성의 관계에 대하여 코트렐(R. Cotterrel)은 법에 있어서 ‘정의의 실행’과 안정성 내지 예측가능성 유지 사이의 긴장은 사법의 역할상 고유한 것으로 보이는데, 선택이 내려져야만 할 때에는 대개 안정성과 예측가능성을 해치지 않는 쪽으로 해결해야 한다고 주장하였다. 코트렐(R. Cotterrel)에 따르면 정의와 법적 안정성은 상호 긴장과 갈등의 관계에 놓여 있는데, 그러한 긴장과 갈등은 전통적으로 형평(equity) 개념을 발전시키거나, 법적의제(legal fictions)를 채택하거나, 또는 자연법(natural law) 관념을 동원함으로써 완화할 수 있다고 하였다.[1)]

라드브루흐도 정의와 법적 안정성이 충돌할 때, 우선은 법적 안정성을 우선시하고, 실정법이 감당할 수 없을 정도로 부정의한 경우에만 정의를 우선시하여야 한다고 주장하였다. 라드부르흐는 정의와 법적 안정성 간의 관계에 대하여 다음과 같이 언급하였다. “정의와 법적 안정성 사이의 충돌은 다음과 같이 해결될 수 있다. 비록 내용적으로 정의롭지 못하고 합목적적이지 않더라도 제정과 실력을 통하여 확보된 실정법은 우선권을 가진다. 그러나 정의에 대한 실정법의 모순이 감당할 수 없을 정도에 이르러 실정법이 ‘부정의한 법’으로서 정의에 양보해야만 하는 경우에는 그러하지 아니하다.”[2)]

---

1) 박준석, “ 구체적 타당성에 대하여”, 『법학논고』, 2012, 522면 이하 참조.

2) 이재승, “라드브루흐 공식”, 『법철학연구』, 제7권 제1호, 2004, 101면 이하 참조

3. 평가

대법원은 임대차계약상 실질적 당사자의 개념을 일응 부정하였다. 임대차를 통하여 달성하려는 목적, 재정적 부담 또는 실제 거주자와 같은 실질적 측면에서 사회통념상 임차인으로 여겨지는 자를 '실질적 의미의 임차인'이라 하여 임차인의 의미를 확대, 변경하여 해석하는 것을 다음과 같이 반박하고 있다. ① '실질적 의미의 임차인'이라는 개념 자체가 모호하며, ② 그 판단 기준으로 거론되는 것들이 임대차계약 이면(裏面)의 사정 또는 임대주택에 대한 다양한 사용·수익의 방식 등에 불과하다는 점, ③ 그러한 해석은 위에서 본 임대주택법의 취지와 전체 법체계, 법률 용어의 일반적 의미에 반한다, ④ 상대방 당사자인 임대사업자측의 의사와 신뢰에 반하는 것인 점, ⑤ 나아가 임대주택법에 따른 임대주택의 공급 및 관리에도 혼란을 초래할 우려가 있다는 점에서 그대 로 받아들일 수 없다고 설명한다. 그리하여, 대상판결은 임대주택법에서 말하는 '임차인'이란 임대주택법에 따라 임대차계약을 체결하고, 그 법의 규율을 받으면서 권리를 행사하고 의무를 이행하여야 할 당사자로서의 임차인이라고 보고 있다. 즉, "구 임대주택법(2005. 7. 13. 법률 제7598호로 개정되기 전의 것) 제15 조 제1항에서 규정하는 '임차인'이란 어디까지나 그 법률이 정한 요건과 절차에 따라 임대주택에 관하여 임대사업자와 임대차계약을 체결한 당 사자 본인으로서의 임차인을 의미하고, 이와 달리 당사자 일방의 계약 목적, 경제적 부담이나 실제 거주 사실 등을 고려한 '실질적 의미의 임차인'까지 포함한다고 변경, 확장 해석하는 것은 법률 해석의 원칙과 기준 에 어긋나는 것으로서 받아들일 수 없다"고 판시하였다.

앞에서 살펴본 바와 같이, 계약당사자를 정하는 문제에 있어서 당사자의 의사가 합치한 경우에는 그 의사를 따르고, 그 의사를 알 수 없다면 그 계약의 성질, 내용, 목적, 체결경위 등 계약 체결 전후의 구체적인 제반 사정을 토대로 계약당사자를 결정해야 한다는 것이 일반 원칙이다. 다만, 이러한 구체적인 타당성을 고려하는 경우라도, 법적 안정성의 테두리 안에서 그 해석이 이루어져야 하며, 특히, "실질적인 당사자"라는 개념이 갖는 모호성, 신뢰보호의 위배 등의 성질에 비추어 볼 때, 계약 당사자의 형식적인 명의가 우선적으로 고려될 수 있어야 한다. 대상판결이 문언해석으로 명백한 경우에 원칙적으로 더 이상 규범적, 보충적 해석이 필요 없을 것이라고 천명한 점도 의미를 두어야 할 것이 다. 즉, 법률의 문언 자체가 비교적 명확한 개념으로 구성되어 있다면, 굳이 그 법률 및 규정의 입법 취지와 목적, 기타, 다른 사정을 중시하여 문언의 통상적 의미와 다르게 해석하는 것은 오히려 해당 법률의 다른 규정들 및 다른 법률과의 체계적 관련성 내지 전체 법체계와의 균형을 깨드릴 위험이 크다는 점도 무시할 수 없다. 문언을 넘어서 실질적인 해석을 통하여 구체적 타당성을 꾀하려는 법원의 적극적인 태도를 벗어나, 형식적인 명의의 중요성을 통하여 법적 안정성을 기하려는 대상판결의 태도는 더 고차원적인 의미의 타당성, 정의를 추구할 수 있다는 점에서 환영할만하다. 다만, 위 대법원 판결은 임대주택법상의 임차인 판단에 관한 것이다. 따라서 일반화 가능성에 대해서는 다소 조심스럽게 접근해야 할 것이다. 임대주택법상의 임대주택은 서민들에게 주거를 확보해 주기 위하여 사업자나 입주자들에게 대하여 많은 국가 등의 공공적 지원 아래에서 건설 되는 것으로서 일종의 공공적 성격을 띠고 있으므로, 법에서의 정의의 실현과 더불어 구체적 타당성을 함께 고려하는데 주력함이 요구된다.

18. 딸들의 반란 : 관습법

(대판 2005. 07. 21 선고 2002다1178)

판시사항

[1] 관습법의 의의와 효력 및 '사회의 거듭된 관행으로 생성한 사회생활규범'이 법적 규범으로 승인되기에 이르렀다고 하기 위한 요건

[2] 관습법으로 승인되었던 '사회의 거듭된 관행으로 생성한 사회생활규범'이 그 법적 규범으로서의 효력을 상실하게 되는 경우

[3] 종중 구성원의 자격을 성년 남자만으로 제한하는 종래의 관습법의 효력

[4] 공동선조와 성과 본을 같이 하는 후손은 성별의 구별 없이 성년이 되면 당연히 종중의 구성원이 되는지 여부(적극) 및 그 근거

[5] 종중 구성원의 자격에 관한 대법원의 변경된 견해가 이 사건 판결 선고 이전의 종중 구성원의 자격과 이와 관련된 법률관계에 대하여 소급적용되는지 여부(소극)

[6] 종원 지위의 확인을 구하는 이 사건 청구에 한하여 종중 구성원의 자격에 관한 대법원의 변경된 견해가 소급적용되는 근거

판결요지

[1] 관습법이란 사회의 거듭된 관행으로 생성한 사회생활규범이 사회의 법적

확신과 인식에 의하여 법적 규범으로 승인·강행되기에 이른 것을 말하고, 그러한 관습법은 법원(법원)으로서 법령에 저촉되지 아니하는 한 법칙으로서의 효력이 있는 것이고, 또 사회의 거듭된 관행으로 생성한 어떤 사회생활규범이 법적 규범으로 승인되기에 이르렀다고 하기 위하여는 헌법을 최상위 규범으로 하는 전체 법질서에 반하지 아니하는 것으로서 정당성과 합리성이 있다고 인정될 수 있는 것이어야 하고, 그렇지 아니한 사회생활규범은 비록 그것이 사회의 거듭된 관행으로 생성된 것이라고 할지라도 이를 법적 규범으로 삼아 관습법으로서의 효력을 인정할 수 없다.

[2] 사회의 거듭된 관행으로 생성된 사회생활규범이 관습법으로 승인되었다고 하더라도 사회 구성원들이 그러한 관행의 법적 구속력에 대하여 확신을 갖지 않게 되었다거나, 사회를 지배하는 기본적 이념이나 사회질서의 변화로 인하여 그러한 관습법을 적용하여야 할 시점에 있어서의 전체 법질서에 부합하지 않게 되었다면 그러한 관습법은 법적 규범으로서의 효력이 부정될 수밖에 없다.

[3] [다수의견] 종원의 자격을 성년 남자로만 제한하고 여성에게는 종원의 자격을 부여하지 않는 종래 관습에 대하여 우리 사회 구성원들이 가지고 있던 법적 확신은 상당 부분 흔들리거나 약화되어 있고, 무엇보다도 헌법을 최상위 규범으로 하는 우리의 전체 법질서는 개인의 존엄과 양성의 평등을 기초로 한 가족생활을 보장하고, 가족 내의 실질적인 권리와 의무에 있어서 남녀의 차별을 두지 아니하며, 정치·경제·사회·문화 등 모든 영역에서 여성에 대한 차별을 철폐하고 남녀평등을 실현하는 방향으로 변화되어 왔으며, 앞으로도 이러한 남녀평등의 원칙은 더욱 강화될 것인바, 종중은 공동선조의 분묘수호와 봉제사 및 종원 상호간의 친목을 목적으로 형성되는 종족단체로서 공동선조의 사망과 동시에 그 후손에 의하여 자연발생적으로 성립하는 것임에도, 공동선조의 후손 중 성년 남자만을 종중의 구성원으로 하고 여성은 종중의 구성원이 될 수 없다는 종래의 관습은, 공동선조의 분묘수호와 봉제사 등 종중의 활동에 참여할 기회를 출생에서 비롯되는 성별만에 의하여 생래적으로 부여하거나

원천적으로 박탈하는 것으로서, 위와 같이 변화된 우리의 전체 법질서에 부합하지 아니하여 정당성과 합리성이 있다고 할 수 없으므로, 종중 구성원의 자격을 성년 남자만으로 제한하는 종래의 관습법은 이제 더 이상 법적 효력을 가질 수 없게 되었다.

[별개의견] 남계혈족 중심의 사고가 재음미·재평가되어야 한다는 점에 대하여는 수긍한다 하더라도 종중의 시조 또는 중시조가 남자임을 고려할 때, 종중에 있어서의 남녀평등의 관철의 범위와 한계에 대하여는 보다 신중한 검토가 필요하고, 특히 종중은 다른 나라에서 유래를 찾아보기 어려운 우리나라에 독특한 전통의 산물이므로, 헌법 제9조에 비추어 우리의 전통문화가 현대의 법질서와 조화되면서 계승·발전되도록 노력하여야 할 것인바, 고유한 의미의 종중에 있어서 종원의 가장 주요한 임무는 공동선조에 대한 제사를 계속 실천하는 일이고, 따라서 종원은 기제·묘제의 제수, 제기 구입, 묘산·선영 수호, 제각 수리 등을 비롯한 제사에 소요되는 물자를 조달·부담하는 것이 주된 임무였으며, 종원의 이러한 부담행위는 법률적으로 강제되는 것이 아니고 도덕적·윤리적 의무에 불과하여, 그들의 권리가 실질적으로 침해되는 바가 없었으므로 법률이 간섭하지 않더라도 무방하다고 보기 때문에 종래의 관습법상 성년 남자는 그 의사와 관계없이 종중 구성원이 된다고 하는 부분은 현재로서는 문제될 것이 없고, 결국 관습법과 전통의 힘에 의하여 종래의 종중관습법 중 아직까지는 용인되는 부분이 있을 수 있다는 것을 이유로, 그러한 바탕 없이 새롭게 창설되는 법률관계에 대하여서까지 다수의견이 남녀평등의 원칙을 문자 그대로 관철하려는 것은 너무 기계적이어서 찬성할 수 없다.

[4] [다수의견] 종중이란 공동선조의 분묘수호와 제사 및 종원 상호간의 친목 등을 목적으로 하여 구성되는 자연발생적인 종족집단이므로, 종중의 이러한 목적과 본질에 비추어 볼 때 공동선조와 성과 본을 같이 하는 후손은 성별의 구별 없이 성년이 되면 당연히 그 구성원이 된다고 보는 것이 조리에 합당하다.

[별개의견] 일반적으로 어떤 사적 자치단체의 구성원의 자격을 인정함에 있어서 구성원으로 포괄되는 자의 신념이나 의사에 관계없이 인위적·강제적으로 누구든지 구성원으로 편입되어야 한다는 조리는 존재할 수 없으며 존재하여서도 안 되는데, 주지하는 바와 같이 결사의 자유는 자연인과 법인 등에 대한 개인적 자유권이며, 동시에 결사의 성립과 존속에 대한 결사제도의 보장을 뜻하는 것이고, 그 구체적 내용으로서는 조직강제나 강제적·자동적 가입의 금지, 즉 가입과 탈퇴의 자유가 보장되는 것을 말하며, 특히 종중에서와 같이 개인의 양심의 자유·종교의 자유가 보장되어야 할 사법적(사법적) 결사에 있어서는 더욱 그러하다는 점 등에서 공동선조와 성과 본을 같이 하는 후손은 성별의 구별 없이 성년이 되면 조리에 따라 당연히 그 구성원이 된다고 보는 다수의견의 견해에는 반대하고, 성년 여자가 종중에의 가입의사를 표명한 경우 그 성년 여자가 당해 종중 시조의 후손이 아니라는 등 그 가입을 거부할 정당하고 합리적인 이유가 없는 이상 가입의사를 표명함으로써 종중 구성원이 된다고 보아야 한다.

[다수의견에 대한 보충의견] 별개의견이 본인의 의사와 관계없이 종중 구성원이 되는 점에 대하여 결사의 자유와 양심의 자유 등을 들어서 부당하다고 비판하는 것은 종중의 본질과 종중이 통상적인 사단법인 또는 비법인사단과 구별되는 특성을 고려하지 않은 것일 뿐만 아니라, 본인의 의사와 관계없이 종중 구성원이 되는 점이 왜 성년 남자에게는 문제될 것이 없고 성년 여성에게만 문제가 되는지 납득하기 어렵고, 성별에 의하여 종원 자격을 달리 취급하는 것은 정당성과 합리성이 없다.

[5] 종중 구성원의 자격에 관한 대법원의 견해의 변경은 관습상의 제도로서 대법원판례에 의하여 법률관계가 규율되어 왔던 종중제도의 근간을 바꾸는 것인바, 대법원이 이 판결에서 종중 구성원의 자격에 관하여 '공동선조와 성과 본을 같이 하는 후손은 성별의 구별 없이 성년이 되면 당연히 그 구성원이 된다.'고 견해를 변경하는 것은 그동안 종중 구성원에 대한 우리 사회일반의 인식 변화와 아울러 전체 법질서의 변화로 인하여 성년 남자만을 종중의 구성원으

로 하는 종래의 관습법이 더 이상 우리 법질서가 지향하는 남녀평등의 이념에 부합하지 않게 됨으로써 그 법적 효력을 부정하게 된 데에 따른 것일 뿐만 아니라, 위와 같이 변경된 견해를 소급하여 적용한다면, 최근에 이르기까지 수십 년 동안 유지되어 왔던 종래 대법원판례를 신뢰하여 형성된 수많은 법률관계의 효력을 일시에 좌우하게 되고, 이는 법적 안정성과 신의성실의 원칙에 기초한 당사자의 신뢰보호를 내용으로 하는 법치주의의 원리에도 반하게 되는 것이므로, 위와 같이 변경된 대법원의 견해는 이 판결 선고 이후의 종중 구성원의 자격과 이와 관련하여 새로이 성립되는 법률관계에 대하여만 적용된다고 함이 상당하다.

[6] 대법원이 '공동선조와 성과 본을 같이 하는 후손은 성별의 구별 없이 성년이 되면 당연히 그 구성원이 된다.'고 종중 구성원의 자격에 관한 종래의 견해를 변경하는 것은 결국 종래 관습법의 효력을 배제하여 당해 사건을 재판하도록 하려는 데에 그 취지가 있고, 원고들이 자신들의 권리를 구제받기 위하여 종래 관습법의 효력을 다투면서 자신들이 피고 종회의 회원(종원) 자격이 있음을 주장하고 있는 이 사건에 대하여도 위와 같이 변경된 견해가 적용되지 않는다면, 이는 구체적인 사건에 있어서 당사자의 권리구제를 목적으로 하는 사법작용의 본질에 어긋날 뿐만 아니라 현저히 정의에 반하게 되므로, 원고들이 피고 종회의 회원(종원) 지위의 확인을 구하는 이 사건 청구에 한하여는 위와 같이 변경된 견해가 소급하여 적용되어야 할 것이다.

참조조문

[1] 민법 제1조, 제106조[2] 민법 제1조, 제106조[3] 민법 제1조, 제31조, 헌법 제11조 제1항, 제36조 제1항[4] 민법 제1조, 제31조, 제105조, 헌법 제19조, 제20조, 제21조 제1항[5] 민법 제1조, 제31조[6] 민법 제1조, 제31조

주 문

원심판결을 파기하고, 사건을 서울고등법원에 환송한다.

이 유

1. 원심판결의 요지

원심은, 피고는 용인 이씨 시조 길권의 18세손 말손을 중시조로 하는 종중이고, 원고들은 말손의 후손인 여성들로서 용인 이씨 33세손이며, 피고의 종중규약 제3조에 "본회는 용인 이씨 사맹공(휘 말자 손자)의 후손으로서 성년이 되면 회원자격을 가진다."고 규정되어 있는 사실을 인정한 다음, 위 규약에서 회원 자격을 남자로 제한하고 있지 않으므로 원고들도 피고 종회의 회원(종원) 자격을 갖는다는 원고들의 주장에 대하여, 종래 관습상 종중은 공동선조의 분묘수호와 제사 및 종원 상호간의 친목을 목적으로 공동선조의 후손 중 성년인 남자를 종원으로 하여 구성되는 종족의 자연적 집단으로서 혈족이 아닌 자나 여성은 종중의 구성원이 될 수 없고, 종중의 구성원이 될 수 없는 자에게 종원의 자격을 부여하는 종회의 결의에 따라 제정된 회칙은 종중의 본질에 반하여 부적법하다는 법리에 비추어 볼 때, 비록 피고의 종중규약이 회원의 자격을 명시적으로 남자로 제한하고 있지는 않다고 하더라도 이로 인하여 여성도 피고 종회의 회원 자격을 갖는다고 할 수는 없다고 하여 이를 배척하고, 나아가 피고가 관습상의 종중과 다른 종중 유사단체에 해당한다는 원고들의 주장에 대하여도, 피고의 종중회의에 여성들이 참석한 적이 없었던 점과 종중은 성년의 남자를 구성원으로 하여 자연적으로 성립된다는 점에 비추어 볼 때, 피고가 종중규약을 통하여 피고 종중을 관습상의 종중과는 다른 종중 유사의 사단으로 변경하려는 의사가 있었다고 인정할 수 없다고 하여 이를 배척하였다.

2. 대법원의 판단

가. 종중에 대한 종래의 대법원판례

종래 대법원은 관습상의 단체인 종중을 공동선조의 분묘수호와 제사 및 종원 상호간의 친목을 목적으로 하여 공동선조의 후손 중 성년 남자를 종원으로 하여 구성되는 종족의 자연적 집단이라고 정의하면서, 종중은 공동선조의 사망과 동시에 그 자손에 의하여 성립되는 것으로서 종중의 성립을 위하여 특별한 조직행위를 필요로 하는 것이 아니므로, 반드시 특별하게 사용하는 명칭이나 서면화된 종중규약이 있어야 하거나 종중의 대표자가 선임되어 있는 등 조직을 갖추어야 하는 것은 아니라고 하였고, 종원은 자신의 의사와 관계없이 당연히 종중의 구성원이 되는 것이어서 종원 중 일부를 종원으로 취급하지 않거나 일부 종원에 대하여 종원의 자격을 영원히 박탈하는 내용으로 규약을 개정하는 것은 종중의 본질에 반하는 것으로 보았으며, 혈족이 아닌 자나 여성은 종중의 구성원이 될 수 없다고 하였다.

나. 관습법의 요건

관습법이란 사회의 거듭된 관행으로 생성한 사회생활규범이 사회의 법적 확신과 인식에 의하여 법적 규범으로 승인·강행되기에 이른 것을 말하고, 그러한 관습법은 법원(법원)으로서 법령에 저촉되지 아니하는 한 법칙으로서의 효력이 있는 것이며(대법원 1983. 6. 14. 선고 80다3231 판결 참조), 또 사회의 거듭된 관행으로 생성한 어떤 사회생활규범이 법적 규범으로 승인되기에 이르렀다고 하기 위하여는 헌법을 최상위 규범으로 하는 전체 법질서에 반하지 아니하는 것으로서 정당성과 합리성이 있다고 인정될 수 있는 것이어야 하고, 그렇지 아니한 사회생활규범은 비록 그것이 사회의 거듭된 관행으로 생성된 것이라고 할지라도 이를 법적 규범으로 삼아 관습법으로서의 효력을 인정할 수 없다고 할 것이다(대법원 2003. 7. 24. 선고 2001다48781 전원합의체 판결 참조).

따라서 사회의 거듭된 관행으로 생성된 사회생활규범이 관습법으로 승인되었다고 하더라도 사회 구성원들이 그러한 관행의 법적 구속력에 대하여 확신을 갖지 않게 되었다거나, 사회를 지배하는 기본적 이념이나 사회질서의 변화로 인하여 그러한 관습법을 적용하여야 할 시점에 있어서의 전체 법질서에 부합하지 않게 되었다면 그러한 관습법은 법적 규범으로서의 효력이 부정될 수밖에 없다.

다. 종중 구성원의 자격을 성년 남자로 제한하는 종래 관습법의 효력

(1) 종중에 대한 사회일반의 인식 변화

종중은 조상숭배의 관념을 바탕으로 제사를 일족일가의 최중요사로 하는 종법사상에 기초한 제도로서, 조상에 대한 제사를 계속 실천하면서 남계혈족 중심의 가의 유지와 계승을 위하여 종원들 상호간에 긴밀한 생활공동체를 달성하는 것을 주된 목적으로 성립되었으며, 성년 남자만을 종중의 구성원으로 하는 종래의 관행은 이러한 종법사상에 기초한 가부장적, 대가족 중심의 가족제도와 자급자족을 원칙으로 한 농경중심의 사회를 그 토대로 하고 있었다.

그런데 우리 사회는 1970년대 이래의 급속한 경제성장에 따른 산업화·도시화의 과정에서 교통과 통신이 비약적으로 발달하고 인구가 전국적으로 이동하면서 도시에 집중되며 개인주의가 발달하는 한편 대중교육과 여성의 사회활동참여가 대폭 증대되고 남녀평등의식이 더욱 넓게 확산되는 등 사회 환경이 전반적으로 변화하였고, 이에 따라 가족생활과 제사문화 등에 있어서도 커다란 변화가 있게 되었다.

가족생활에서는 부모와 미혼의 자녀를 구성원으로 하는 핵가족의 생활공동체를 바탕으로 출산율의 감소와 남아선호 내지 가계계승 관념의 쇠퇴에 따라 딸만을 자녀로 둔 가족의 비율이 증가하게 되었고, 부모에 대한 부양에 있어서도 아들과 딸의 역할에 차이가 없게 되었으며, 핵가족의 확산 등에 따라 과거의 엄격한 제사방식에도 변화가 생겨 여성이 제사에 참여하는 것이 더 이상 특이한 일로 인식되지 않게 되었다.

그리고 국토의 효율적인 이용을 위한 국토이용계획의 수립과 묘지제도의 변화로 화장이 확산됨에 따라 조상의 분묘수호를 주된 목적의 하나로 하는 종중의 존립기반이 동요될 수 있는 요인이 생겼고, 개인주의의 발달과 함께 조상숭배관념이 약화됨으로써 종중에 대하여 무관심한 현상이 일부 나타나고 있기도 하며, 다른 한편으로는 교통·통신의 발달, 경제적 생활여건의 개선과 더불어 자아실현 및 자기존재확인 욕구의 증대 등으로 종중에 대한 관심이 고조되는 현상도 일부 나타나고 있다.

이러한 변화된 사회현실은 종중의 구성원에 대한 국민의 인식에도 적지 않은 변화를 가져오게 되었는바, 종중이 종원의 범위를 명백히 하기 위하여 일족의 시조를 정점으로 그 자손 전체의 혈통, 배우자, 관력 등을 기재하여 반포하는 족보의 편찬에 있어서 과거에는 아들만을 기재하는 경우가 보통이었으나 오늘날에는 딸을 아들과 함께 기재하는 것이 일반화되어 가고 있고, 전통적인 유교사상에 입각한 가부장적 남계혈족 중심의 종중 운영과는 달리 성년 여성에게도 종원의 지위를 부여하는 종중이 상당수 등장하게 되었으며, 나아가 종원인 여성이 종중의 임원으로 활동하고 있는 종중들도 출현하게 되었다.

결국, 위와 같은 사회 환경과 인식의 변화로 인하여 종원의 자격을 성년 남자로만 제한하고 여성에게는 종원의 자격을 부여하지 않는 종래의 관습에 대하여 우리 사회 구성원들이 가지고 있던 법적 확신은 그것이 현재 소멸되었다고 단정할 수는 없으나 상당 부분 흔들리거나 약화되어 있고, 이러한 현상은 시일의 경과에 따라 더욱 심화될 것으로 보인다.

(2) 우리 사회 법질서의 변화

우리 헌법은 1948. 7. 17. 제정 시에 모든 국민은 법률 앞에 평등이며 성별에 의하여 정치적, 경제적, 사회적 생활의 모든 영역에 있어서 차별을 받지 아니한다고 선언하였으나, 가족생활관계를 규율하는 가족법 분야에서는 헌법에서 선언한 남녀평등의 원칙이 바로 반영되지는 못하였다.

그 후 1980. 10. 27. 전문 개정된 헌법에서는 혼인과 가족생활은 개인의 존엄과 양성의 평등을 기초로 성립되고 유지되어야 한다는 규정이 신설되었는바, 이는 유교사상에 의하여 지배되던 우리의 전통적 가족제도가 인간의 존엄과 남녀평등에 기초한 것이라고 보기 어렵기 때문에 헌법이 추구하는 이념에 맞는 가족관계로 성립되고 유지되어야 한다는 헌법적 의지의 표현이라고 할 것이다.

한편, 1985. 1. 26.부터 국내법과 같은 효력을 가지게 된 유엔의 여성차별철폐협약(CONVENTION ON THE ELIMINATION OF ALL FORMS OF DISCRIMINATION AGAINST WOMEN)은 '여성에 대한 차별'이라 함은 정치적, 경제적, 사회적, 문화적, 시민적 또는 기타 분야에 있어서 결혼 여부와 관계없이 여성이 남녀동등의 기초 위에서 인권과 기본적 자유를 인식, 향유 또는 행사하는 것을 저해하거나 무효화하는 것을 목적으로 하는 성별에 근거한 모든 구별, 제외 또는 제한을 의미한다고 규정하면서, 위 협약의 체약국에 대하여 여성에 대한 차별을 초래하는 법률, 규칙, 관습 및 관행을 수정 또는 폐지하도록 입법을 포함한 모든 적절한 조치를 취할 것과 남성과 여성의 역할에 관한 고정관념에 근거한 편견과 관습 기타 모든 관행의 철폐를 실현하기 위하여 적절한 조치를 취할 의무를 부과하였다. 그리고 1990. 1. 13. 법률 제4199호로 개정되어 1991. 1. 1.부터 시행된 민법은 가족생활에서의 남녀평등의 원칙을 특히 강조하고 있는 헌법정신을 반영하여 친족의 범위에 있어서 부계혈족과 모계혈족 및 부족인척과 처족인척 사이의 차별을 두지 아니하고, 호주상속제를 폐지하는 대신 호주승계제도를 신설하면서 실질적으로 가족인 직계비속 여자가 호주승계인이 되어 조상에 대한 제사를 주재할 수 있도록 하였으며, 재산상속분에 있어서도 남녀의 차별을 철폐하였다.

또한, 1995. 12. 30. 법률 제5136호로 제정되어 1996. 7. 1.부터 시행된 여성발전기본법은 정치·경제·사회·문화의 모든 영역에 있어서 남녀평등을 촉진하고 여성의 발전을 도모함을 목적으로 하여, 모든 국민은 남녀평등의 촉진과 여성의 발전의 중요성을 인식하고 그 실현을 위하여 노력하여야 하고, 국가 및 지방자치단체는 남녀평등의 촉진, 여성의 사회참여확대 및 복지증진을 위하여 필요한 법적·제도적 장치를 마련하고 이에 필요한 재원을 조달할 책무를 지며, 여성의 참여가 현저히 부진한 분야에 대하여 합리적인 범위 안에서 여성의 참여를 촉진함으로써 실질적인 남녀평등의 실현을 위한 적극적인 조치를 취할 수 있도록 규정하였다.

나아가 2005. 3. 31. 법률 제7428호로 개정된 민법은, 호주를 중심으로 가(가)를 구성하고 직계비속의 남자를 통하여 이를 승계시키는 호주제도가 남녀평등의 헌법이념과 시대적 변화에 따른 다양한 가족형태에 부합하지 않는다는 이유에서 호주에 관한 규정과 호주제도를 전제로 한 입적·복적·일가창립·분가 등에 관한 규정을 삭제하고, 자녀의 성과 본은 부의 성과 본을 따르는 것을 원칙으로 하되 혼인신고 시 부모의 협의에 의하여 모의 성과 본을 따를 수도 있도록 규정하기에 이르렀다.

(3) 종중 구성원에 관한 종래 관습법의 효력

앞에서 본 바와 같이 종원의 자격을 성년 남자로만 제한하고 여성에게는 종원의 자격을 부여하지 않는 종래 관습에 대하여 우리 사회 구성원들이 가지고 있던 법적 확신은 상당 부분 흔들리거나 약화되어 있고, 무엇보다도 헌법을 최상위 규범으로 하는 우리의 전체 법질서는 개인의 존엄과 양성의 평등을 기초로 한 가족생활을 보장하고, 가족 내의 실질적인 권리와 의무에 있어서 남녀의 차별을 두지 아니하며, 정치·경제·사회·문화 등 모든 영역에서 여성에 대한 차별을 철폐하고 남녀평등을 실현하는 방향으로 변화되어 왔으며, 앞으로도 이러한 남녀평등의 원칙은 더욱 강화될 것인바, 종중은 공동선조의 분묘수호와 봉제사 및 종원 상호간의 친목을 목적으로 형성되는 종족단체로서 공동선조의 사망과 동시에 그 후손에 의하여 자연발생적으로 성립하는 것임에도, 공동선조의 후손 중 성년 남자만을 종중의 구성원으로 하고 여성은 종중의 구성원이 될 수 없다는 종래의 관습은, 공동선조의 분묘수호와 봉제사 등 종중의 활동에 참여할 기회를 출생에서 비롯되는 성별만에 의하여 생래적으로 부여하거나 원천적으로 박탈하는 것으로서, 위와 같이 변화된 우리의 전체 법질서에 부합하지 아니하여 정당성과 합리성이 있다고 할 수 없다. 따라서 종중 구성원의 자격을 성년 남자만으로 제한하는 종래의 관습법은 이제 더 이상 법적 효력을 가질 수 없게 되었다고 할 것이다.

라. 종중 구성원의 자격

민법 제1조는 민사에 관하여 법률에 규정이 없으면 관습법에 의하고 관습법이 없으면 조리에 의한다고 규정하고 있는바, 성문법이 아닌 관습법에 의하여 규율되어 왔던 종중에 있어서 그 구성원에 관한 종래 관습은 더 이상 법적 효력을 가질 수 없게 되었으므로, 종중 구성원의 자격은 민법 제1조가 정한 바에 따라 조리에 의하여 보충될 수밖에 없다.

종중이란 공동선조의 분묘수호와 제사 및 종원 상호간의 친목 등을 목적으로 하여 구성되는 자연발생적인 종족집단이므로, 종중의 이러한 목적과 본질에 비추어 볼 때 공동선조와 성과 본을 같이 하는 후손은 성별의 구별 없이 성년이 되면 당연히 그 구성원이 된다고 보는 것이 조리에 합당하다고 할 것이다.

마. 새로운 판례의 적용 시점과 이 사건에의 소급적용

이와 같은 종중 구성원의 자격에 관한 대법원의 견해의 변경은 관습상의 제도로서 대법원판례에 의하여 법률관계가 규율되어 왔던 종중제도의 근간을 바꾸는 것인바, 대법원이 이 판결에서 종중 구성원의 자격에 관하여 위와 같이 견해를 변경하는 것은 그동안 종중 구성원에 대한 우리 사회일반의 인식 변화와 아울러 전체 법질서의 변화로 인하여 성년 남자만을 종중의 구성원으로 하는 종래의 관습법이 더 이상 우리 법질서가 지향하는 남녀평등의 이념에 부합하지 않게 됨으로써 그 법적 효력을 부정하게 된 데에 따른 것일 뿐만 아니라, 위와 같이 변경된 견해를 소급하여 적용한다면, 최근에 이르기까지 수십 년 동안 유지되어 왔던 종래 대법원판례를 신뢰하여 형성된 수많은 법률관계의 효력을 일시에 좌우하게 되고, 이는 법적 안정성과 신의성실의 원칙에 기초한 당사자의 신뢰보호를 내용으로 하는 법치주의의 원리에도 반하게 되는 것이므로, 위와 같이 변경된 대법원의 견해는 이 판결 선고 이후의 종중 구성원의 자격과 이와 관련하여 새로이 성립되는 법률관계에 대하여만 적용된다고 함이 상당하다.

다만, 대법원이 위와 같이 종중 구성원의 자격에 관한 종래의 견해를 변경하는 것은 결국 종래 관습법의 효력을 배제하여 당해 사건을 재판하도록 하려는 데에 그 취지가 있고, 원고들이 자신들의 권리를 구제받기 위하여 종래 관습법의 효력을 다투면서 자신들이 피고 종회의 회원(종원) 자격이 있음을 주장하고 있는 이 사건에 대하여도 위와 같이 변경된 견해가 적용되지 않는다면, 이는 구체적인 사건에 있어서 당사자의 권리구제를 목적으로 하는 사법작용의 본질에 어긋날 뿐만 아니라 현저히 정의에 반하게 되므로, 원고들이 피고 종회의 회원(종원) 지위의 확인을 구하는 이 사건 청구에 한하여는 위와 같이 변경된 견해가 소급하여 적용되어야 할 것이다.

따라서 종중 구성원의 자격을 성년 남자로 제한하는 관습에 법적 규범인 관습법으로서의 효력을 인정하고 이를 적용하여 성년 여성인 원고들에게 피고 종회의 회원 자격을 인정하지 아니한 원심의 판단에는 관습법의 효력에 관한 법리를 오해함으로써 판결에 영향을 미친 위법이 있다고 할 것이다.

3. 결 론

그러므로 나머지 상고이유에 관한 판단을 생략한 채 원심판결을 파기하고, 사건을 다시 심리·판단하게 하기 위하여 원심법원에 환송하기로 하여 주문과 같이 판결하는바, 이 판결에는 대법원장 최종영, 대법관 유지담, 대법관 배기원, 대법관 이규홍, 대법관 박재윤, 대법관 김용담의 별개의견이 있는 외에는 관여 대법관들의 의견이 일치되었고, 대법관 고현철의 다수의견에 대한 보충의견이 있다.

4. 대법원장 최종영, 대법관 유지담, 대법관 배기원, 대법관 이규홍, 대법관 박재윤, 대법관 김용담의 별개의견은 다음과 같다.

가. 시대의 변화와 우리 사회의 법질서의 변천 등에 따라 종중에 관한 종래의 관습법에 일부 변화가 있어야 할 것이라는 점에 대하여는 다수의견과 견해를 같이한다.

그러나 다수의견이 설시한 바와 같은 이유로 종래의 종중 구성에 관한 관습법의 효력을 통틀어 부정한 다음, 공동선조와 성과 본을 같이 하는 후손은 성년이 되면 당연히 그 구성원이 된다고 보는 것이 조리에 합당하다는 견해에는 찬성할 수 없다.

나. (1) 종래 종중에 관한 관습법으로 대법원이 승인한 것은 '고유한 의미의 종중이란 공동선조의 후손 중 성년 이상의 남자를 종원으로 하여 구성되는 자연발생적인 종족단체'라는 것이고, 이러한 고유한 의미의 종중은 남계혈족 중심의 사고를 전제로 한 것임은 분명하다.

남계혈족 중심의 사고가 재음미·재평가되어야 한다는 점에 대하여는 수긍한다 하더라도 종중의 시조 또는 중시조가 남자임을 고려할 때(여자를 시조 또는 중시조로 하는 종중도 가능하나, 이는 관습법의 범위 밖의 문제이다.), 종중에 있어서의 남녀평등의 관철의 범위와 한계에 대하여는 보다 신중한 검토가 필요할 것이다.

또한 종중은 다른 나라에서 유래를 찾아보기 어려운 우리나라에 독특한 제도이며, 우리 전통의 산물이다. 그런데 우리 헌법상 국가는 전통문화의 계승·발전과 민족문화의 창달에 노력하여야 할 헌법적 의무를 지고 있다(헌법 제9조). 그러므로 종중에 관한 종래의 관습법을 평가함에 있어서도 우리의 전통문화가 현대의 법질서와 조화되면서 계승·발전되도록 노력하여야 할 것이다.

(2) 다수의견은 종래의 관습법이 우리의 '전체' 법질서에 부합하지 않게 되었다고 말하면서도 실제에 있어서는 종중의 구성원에 관하여 오직 남녀평등의 원칙 그 하나만을 유일한 기준으로 종중관습법을 평가하고 있다.

그러나 종중은 그 주된 기능상 제사공동체·친목공동체이며, 본질적으로 사적 자치단체이다. 그리고 이러한 사적 자치단체의 구성에 관하여 그것이 합헌적·합법적인지 여부 등을 '전체 법질서'에 비추어 판단함에 있어서 고려하여야 할 요소로는 남녀평등의 원칙만이 있는 것이 아니며, 오히려 헌법 제21조 제1항의 결사의 자유와의 관계가 먼저 검토되어야 할 것이다.

또한, 종중의 주된 목적 중의 하나인 제사와 관련하여서는, 봉제사(봉제사)는 인륜의 기본이며 계승되어야 할 미풍양속이라는 견해에서부터 소극적으로 침묵하거나 종교적 신념 또는 양심에 기초하여 이를 미신으로 보아 극단적으로 반대하는 태도에 이르기까지 다양한 입장을 취할 수 있으며, 이러한 개인의 자유는 보장되어야 하는 것이므로, 양심의 자유(헌법 제19조), 종교의 자유(헌법 제20조)와의 관계도 신중히 고려되지 않으면 안 된다.

(3) 이러한 기본인식에 비추어 볼 때, 다수의견이 '공동선조와 성과 본을 같이 하는 후손은 성별의 구별 없이 성년이 되면 당연히 그 구성원이 된다고 보는 것이 조리에 합당하다.'고 하는 결론에 대하여는 의문을 제기하지 않을 수 없다.

일반적으로 어떤 사적 자치단체의 구성원의 자격을 인정함에 있어서 구성원으로 포괄되는 자의 신념이나 의사에 관계없이 인위적·강제적으로 누구든지 구성원으로 편입되어야 한다는 조리는 존재할 수 없으며 존재하여서도 안 된다.

주지하는 바와 같이 결사의 자유는 자연인과 법인 등에 대한 개인적 자유권이며, 동시에 결사의 성립과 존속에 대한 결사제도의 보장을 뜻하는 것이다. 그리고 그 구체적 내용으로서는 조직강제나 강제적·자동적 가입의 금지, 즉 가입과 탈퇴의 자유가 보장되는 것을 말하며, 특히 종중에서와 같이 개인의 양심의 자유·종교의 자유가 보장되어야 할 사법적(사법적) 결사에 있어서는 더욱 그러한 것이다.

(4) 그럼에도 불구하고, 다수의견이 위와 같은 결론을 도출한 것은 종래의 종중관습법상 종중은 '자연발생적' 단체라는 것과 성년 남자는 그 의사와 관계없이 당연히 종중 구성원이 된다는 것과의 균형 때문인 것으로 짐작된다.

그러나 대법원판례가 종중이 자연발생적이라고 한 것은 조상숭배를 일족일가의 가장 중요한 일 중의 하나로 여기는 남계혈족 중심의 종법 아래 특별한 소집권자나 소집절차 없이 그야말로 자연스럽게 모여 제사를 지내고 친목을 도모하던 현상(현상)을 있는 그대로 표현한 것이지, 종중은 자연발생적이어야 한다는 규범을 설정한 것이 전혀 아니다. 그러므로 종중이 자연발생적 단체이기 때문에 성년여자도 그 의사와 관계없이 모두 종중 구성원이 되어야 한다는 논리구성을 취하는 것이라면, 이는 사실과 규범을 혼동한 것이라고 생각된다.

그리고 종래의 관습법상 성년남자는 그 의사와 관계없이 종중 구성원이 된다고 대법원이 파악하여 왔음은 주지하는 바와 같고, 이 부분에 관한 한 현재로서는 문제될 것이 없다는 것이 우리의 견해이다. 그러나 그와 같이 보는 것은 고유한 의미의 종중에 있어서 종원의 가장 주요한 임무는 공동선조에 대한 제사를 계속 실천하는 일이고, 따라서 종원은 기제·묘제의 제수, 제기 구입, 묘산·선영 수호, 제각 수리 등을 비롯한 제사에 소요되는 물자를 조달·부담하는 것이 주된 임무였으며, 종원의 이러한 부담행위는 법률적으로 강제되는 것이 아니고 도덕적·윤리적 의무에 불과하여, 그들의 권리가 실질적으로 침해되는 바가 없었으므로 법률이 간섭하지 않더라도 무방하다고 보기 때문일 뿐이다.

그러므로 관습법과 전통의 힘에 의하여 종래의 종중관습법 중 아직까지는 용인되는 부분이 있을 수 있다는 것을 이유로, 그러한 바탕 없이 새롭게 창설되는 법률관계에 대하여서까지 다수의견이 남녀평등의 원칙을 문자 그대로 관철하려는 것은 너무 기계적이라고 할 것이다.

(5) 이와 같이 볼 때 종래의 종중 구성에 관한 관습법 중 문제가 되는 부분은 종래의 관습법을 해석함에 있어 종중에 가입하려는 의사를 표명한 성년여자가 여자라는 이유만으로 종중 구성원에서 배제된 부분에 한정된다고 본다. 왜냐하면, 공동선조의 후손들이 가지는 분묘수호와 제사 및 종중원 상호간의 친목 등을 통한 명예와 인격권의 발현 또는 종중재산에 대한 이용·관리·처분에 관한 재산상의 권리 등은 그 성질상 종중을 통해서만 실현될 수 있는 것이며, 특히 여성들의 권리의식 및 자기존재 확인의 욕구 등이 높아짐에 따라 성년여자들의 종중 참여욕구가 점증하고 있는 현상도 일부 나타나고 있는데, 그럼에도 불구하고 여자라는 이유만으로 그 참여를 배제하는 것은 우리 헌법과 현행의 법질서상 허용될 수 없기 때문이다.

그리고 우리는 위와 같은 문제는 현행 법질서 안에서 충분히 해결될 수 있다고 생각한다. 즉, 우리 민법 제103조는 선량한 풍속 기타 사회질서에 위반한 사항을 내용으로 하는 법률행위는 무효로 한다고 규정하고 있는데, 그 당연한 이치로서 사적 자치의 적용을 받는 단체라 하더라도 선량한 풍속 기타 사회질서에 반하는 행위로 타인에게 손해를 끼쳐서는 안 되는 것이므로, 이러한 법리에 비추어 보면, 어떤 단체가 그 단체에 대하여 중대하거나 본질적인 이해관계를 가지는 개인이 가입을 원하는 경우 합리적이고 정당한 이유 없이 가입을 거부함으로써 그 개인을 차별적으로 대우하거나 부당한 불이익을 주어서는 안 되는 것이다.

따라서 그 단체의 정관이 별도의 가입요건을 규정하여 제한하고 있더라도 그 요건은 더 이상 무제한적으로 정당화될 수 없고, 그 제한규정에 정당성과 합리성이 없는 한 가입을 허용하여야 할 의무를 부담한다고 보아야 할 것이며, 위와 같은 법리를 이 사건에 적용하면 종중 구성에 관하여 전통적으로 확인하여 온 관습법을 송두리째 허물지 않더라도 전체 법질서에 부합하는 결론을 도출할 수 있기 때문이다.

(6) 다수의견은 법실천적인 면에서도 문제가 있다는 것이 우리의 생각이다. 종중의 목적과 기능에 대한 변화 중 가장 두드러진 것이 종중의 재산공동체적 성격이 제사공동체, 친목공동체적 성격보다 점점 더 전면에 부상하고 중요성을 띠게 되었다는 점이다. 또한 국토이용계획과 장묘문화의 변화와 함께 종중재산의 가치가 증가함에 따라 종중 참여에의 관심이 제고된 반면, 종중의 법률관계를 둘러싼 분쟁도 증가·격화되고 있는 것이 오늘의 현실이다.

그러나 먼저, 종원 자격과 종중재산의 분배의 문제는 전혀 별개의 문제로 보아야 할 것이다. 종중은 종중 목적을 달성하기 위하여 종중재산을 가지고 있으나, 이러한 종중재산은 제사불인멸,·재산영구보전의 원칙 아래 처분은 원칙적으로 금지되며, 종중재산으로부터 얻어지는 수익은 주로 선조의 제사봉행 등에 소요되고, 나머지가 있는 경우에 종원의 원조 내지 공익을 도모하는 용도에 충당되는 것이다.

대법원은 종중을 비법인사단으로 보면서 종중재산은 종중원들의 총유라고 판시하여 왔는바, 종중재산의 형성과정, 목적, 관리·처분관계를 종합적으로 고려하면 여기에서는 일종의 신탁 유사의 관계가 성립한다고 보는 것이 합리적이다. 즉, 종중의 재산은 제사의 봉행 및 공동선조의 후손 전체의 이익을 위해 종중에게 신탁된 것으로 보아, 종중은 신탁목적에 맞게 종중재산을 관리·처분하여야 한다고 해석되므로, 종중재산을 처분하여 이를 개인에게 귀속시킴에 있어서는 신탁의 법리를 유추하여 성년 여자뿐만 아니라 미성년자들을 포함한 전체 후손 전원에게 합리적 기준에 따라 배분하여야 하며, 종원에게만 분배하는 것은 허용될 수 없다고 해석하여야 할 것이다.

요컨대, 종중이 소유하는 재산으로는 분묘수호 등에 쓰이는 종산(종산)과 제사봉행 등에 소요될 식량 및 그 비용의 조달 등을 위한 위토전답(위토전답) 그리고 제구(제구)등이 주된 것이고, 이러한 재산은 주로 재력 있는 선조나 후손들의 증여 또는 종원들의 출연에 의하여 마련된 종중의 총유로서, 일단 종중의 소유로 귀속되면 그 재산을 종중에 증여한 사람이나 그의 상속인이라도 배타적인 권리를 주장할 수 없고, 오로지 종중의 목적에 합당하게 사용되어야 하며, 종중재산을 처분하여 이를 개인에게 귀속시킴에 있어서는 신탁의 법리를 유추하여 후손 전원에게 합리적으로 분배하고, 종원에게만 분배하는 것은 허용될 수 없는 것이다.

종중재산의 법률관계가 위와 같음에도 불구하고, 현재 종중에 관한 다툼은 종중재산의 보존·관리·처분을 둘러싼 분쟁에서 비롯되는 것이 거의 전부인바, 다수의견대로라면 종원이 그때그때 편의에 따라 소송에 이용되거나 동원되는 현상이 성년여자에게까지 확대됨으로써 분쟁을 더욱 더 심화시키고 복잡화시킬 뿐이라는 우려를 지울 수 없다.

(7) 결국, 우리는 이 사건이 파기환송되어야 한다는 결론에 있어서는 다수의견과 결론을 같이하나, 이 사건은 다음과 같은 이유로 파기되어야 한다고 본다.

기록에 의하면, 피고 종회규약 제3조에는 "본회는 용인 이씨 사맹공(휘 말자손자)의 후손으로서 성년이 되면 회원자격을 가진다."라고만 규정하고 있을 뿐, 그 어디에도 성년의 여자를 회원에서 배제한다는 규정을 두고 있지 아니한바, 성년 여자인 원고들이 피고 종회에의 가입의사를 표명한 경우 원고들이 용인 이씨 사맹공의 후손이 아니라는 등 그 가입을 거부할 정당하고 합리적인 이유가 없는 이상 원고들은 가입의사를 표명함으로써 피고 종회 회원자격을 가진다고 보아야 할 것이므로, 원심으로서는 이에 관하여 심리를 하여 원고들 청구의 당부를 판단하였어야 함에도 불구하고, 이에 이르지 아니한 채 그 판시와 같은 이유로 원고들의 청구를 배척하고 말았으니, 거기에는 종중에 관한 법리를 오해하여 필요한 심리를 다하지 아니한 위법이 있고, 이는 판결 결과에 영향을 미쳤음이 분명하므로, 원심판결은 이러한 이유로 파기환송되어야 하는 것이다.

다. 그러므로 우리는 다수의견의 이유에 반대하여, 위와 같이 별개의견을 밝히는 바이다.

5. 대법관 고현철의 다수의견에 대한 보충의견은 다음과 같다.

가. 대법원은 종중을 공동선조의 분묘수호와 봉제사 및 종원 상호간의 친목을 목적으로 하여 공동선조의 후손 중 성년 남자를 종원으로 하여 구성되는 종족의 자연적 집단이라고 정의하면서, 종중은 공동선조의 사망과 동시에 그 자손에 의하여 성립되는 것으로서 종중의 성립을 위하여 특별한 조직행위를 필요로 하는 것이 아니고, 종원은 자신의 의사와 관계없이 당연히 종중의 구성원이 되는 것이어서 종원 중 일부를 종원으로 취급하지 않거나 일부 종원에 대하여 종원의 자격을 박탈하는 내용으로 규약을 개정하는 것은 종중의 본질에 반하는 것이며, 혈족이 아닌 자나 여성은 종중의 구성원이 될 수 없다고 판시하여 왔다.

비록 공동선조의 후손 중 성년 남자에 한정하기는 하였으나, 대법원이 공동선조의 후손이면 본인의 의사와 관계없이 당연히 종중 구성원인 종원이 되고 자의든 타의든 종원의 자격을 상실하지 않는다고 한 것은, 종중이 공동선조의 분묘수호와 봉제사 및 친목도모를 목적으로 후손에 의하여 자연발생적으로 성립되는 종족단체라는 종중의 본질에서 연유하는 것이다(대법원판례가 종중을 자연발생적 종족단체라고 한 것이 남계혈족이 자연스럽게 모여 제사를 지내고 친목을 도모하던 현상을 그대로 표현한 것일 뿐 규범적 의미가 있는 것은 아니라고 하는 별개의견에는 동의할 수 없다).

이와 같은 점에서 종중은, 정관에 의하여 구성원의 자격이 정해지고 구성원의 임의 가입과 탈퇴가 허용되는 통상의 사단법인 또는 비법인사단과 구별되는 특성이 있는 것이다. 이러한 특성에 관하여는 근대 사단법의 법리와는 부합되지 않는다는 비판론도 없지는 않다.

그러나 대법원이 위와 같이 종중을 자연발생적 종족단체로서 그 구성과 조직에 있어서 특수한 단체임을 인정하고, 나아가 종중재산을 총유로 하여 그 관리와 처분에 있어서 종중총회의 결의를 거치도록 한 것에는 긍정적인 역할과 기능이 있다.

공동선조의 후손(종래 대법원판례에 따르면 성년 남자이고, 이 판결에 의하여 변경되는 대법원의 견해에 따르면 성년자이다.)이면 누구나 사회적 신분, 거주지역, 재산의 다과 등을 불문하고 당연히 종중의 구성원이 되고, 이러한 구성원들 전체의 의사에 의하여 종중재산을 관리 또는 처분하도록 함으로써 일부 후손에 의하여 종중재산이 처분되어 일실되는 것을 방지하며, 이를 통하여 종중이 일부 후손들의 이익이 아니라 공동선조의 분묘수호와 봉제사 및 종원 상호간의 친목도모라는 본래의 목적에 따라 유지·운영되도록 하는 역할과 기능을 해오고 있는 것이다.

또한, 별개의견에서도 지적하는 바와 같이 종원의 종중에 대한 의무는 도덕적·윤리적인 성격이 강하여, 공동선조의 후손들이 성년이 되면 본인의 의사와 관계없이 종중의 구성원이 된다고 하더라도, 종원으로서 종중의 활동에 참여할 것인지 여부는 개인의 의사에 달린 것이고, 이로써 종중 활동에 참여하도록 강제되거나 법률적 의무가 부과되는 것은 아니므로 이러한 종중의 구성을 법질서에 위반된 것이라고 볼 수 없으며, 별개의견 역시 종래 관습법에 따라 남성이 성년이 되면 본인의 의사와 관계없이 당연히 종원이 되는 것에 대하여는 법률상 아무런 문제가 없다고 하고 있다.

별개의견이 본인의 의사와 관계없이 종중 구성원이 되는 점에 대하여 결사의 자유와 양심의 자유 등을 들어서 부당하다고 비판하는 것은 종중의 본질과 종중이 통상적인 사단법인 또는 비법인사단과 구별되는 특성을 고려하지 않은 것일 뿐만 아니라, 본인의 의사와 관계없이 종중 구성원이 되는 점이 왜 성년 남자에게는 문제될 것이 없고 성년 여성에게만 문제가 되는지 납득하기 어렵다.

다수의견은 종중에 관한 종래의 관습법 중 공동선조의 후손이면 당연히 종원이 된다는 점을 유지하면서, 이를 전제로 할 때, 성년 남자에게만 종원의 자격을 부여하고 성년 여성에게는 그 자격을 부여하지 않는 것이 우리 법질서가 지향하는 남녀평등의 이념에 부합하지 않는다고 보는 것이다.

덧붙인다면, 우리 사회에는 위에서 본 고유 의미의 종중 이외에 공동선조의 후손 중 일부에 의하여 인위적인 조직행위를 거쳐 성립된 유사종중이나 종중 유사단체가 얼마든지 있을 수 있고 또 실제로 존재하고 있는바, 이러한 단체는 관습법에 의하여 규율되는 것이 아니라 사적 자치의 영역에 속하는 것이므로, 이에 대하여 그 조직행위에서 배제된 후손을 가입시키도록 강제하거나 양성평등의 이념을 들어서 공동선조의 후손인 여성을 그 구성원에서 배제하고 있는 정관의 효력을 부인할 수 없음은 당연하다 할 것이다.

나. 종원 자격을 성년 남자에 한하여 인정하는 종래 관습법에 대하여 이에 대한 사회 구성원들의 법적 확신이 상당 부분 흔들리고 있고, 무엇보다도 남녀평등의 실현을 지향하는 헌법 등 전체 법질서에 더 이상 부합하지 않게 되었다고 함은 다수의견에서 상세히 설시하였으므로 이에 대하여 더 이상의 언급은 피하기로 한다.

별개의견은 성년 여성들에게도 종원 자격을 인정하는 점에서 다수의견과 견해를 같이 하면서도 그 이론적 근거를 달리하고 있고, 특히 그 인정 범위나 방법에 있어서 다수의견이 성년 여성 전부에 대하여 종원 자격을 인정하는데 반하여 가입을 희망하는 여성에 한하여 종원 자격을 인정하고 있다.

그 이론적 근거는 차치하고라도, 그와 같은 견해는 앞에서 본 바와 같이 공동선조의 후손이면 당연히 종중의 구성원이 되는 종중의 본질과 특성에 맞지 아니할 뿐만 아니라, 남성에게는 당연히 종원 자격을 부여하면서도 여성에게는 희망하는 경우에 한하여 종원이 된다고 하는 것은 성별에 의하여 종원 자격을 달리 취급하는 것으로서 그 정당성과 합리성이 있다고 하기 어렵다.

이에 대하여 별개의견은 종원은 시제 및 분묘수호에 소요되는 물자를 조달·부담하는 것이 주된 임무이고 이러한 부담행위는 법률적으로 강제되는 것이 아니고 도덕적·윤리적 의무에 불과하여 그들의 권리가 실질적으로 침해되는 바가 없으므로, 성년 남자에게 그 의사와 관계없이 종중 구성원이 되도록 하더라도 무방하다는 것을 그 근거로 삼고 있는 것으로 짐작된다.

그러나 그와 같이 종원으로서의 부담행위가 도덕적·윤리적 의무에 불과하여 그 의사와 관계없이 종중 구성원이 되도록 하더라도 무방한 것이라면, 이러한 이치는 여성이 종원이 되는 경우에도 마찬가지라고 보아야 할 것이다.

별개의견이 성년 여성에게 종원 자격을 허용하면서도 성년 남성과는 달리 희망하는 여성에 한하여 종원 자격을 부여하는 것은 종중 구성에 관하여 양성평등의 원칙을 둘러싼 또다른 시비와 갈등을 빚을 수밖에 없다는 점을 지적하지 않을 수 없다.

다. 우리 헌법은 제9조에서 국가는 전통문화의 계승·발전과 민족문화의 창달에 노력하여야 한다고 규정하고 있다. 조상숭배와 친족간의 친목도모라는 전통윤리에 바탕한 종중제도가 우리나라 고유의 미풍양속임을 부인할 수는 없다.

그러나 전통문화와 관습도 현재의 헌법을 최상위규범으로 하는 전체 법질서와 오늘날에 있어서 보편타당한 가치와 이념에 적합한 것이어야 하고 이에 반하여서는 아니 된다. 최근 오랫동안 전통에 의하여 이어져 왔던 호주제가 남녀평등의 헌법이념과 시대적 변화에 따른 가족형태에 부합하지 않는다는 이유로 민법 개정을 통하여 폐지된 것에서도 이러한 원칙을 확인할 수 있다.

여성인 후손에게 종원의 자격을 부여한다고 하여 종중제도의 계승·발전에 지장을 초래한다고는 할 수 없다. 오히려 여성을 종중 구성원에 포함시켜 남녀평등이 이루어진 기초 위에서 종중제도를 계승·발전시키는 것이 우리 사회가 지향하는 기본이념에 부합하는 것이라고 생각한다.

라. 이 판결에 의하여 종래 종원 자격을 갖지 못하던 성년 여성들이 종원 자격을 갖게 됨으로써 피고 종중을 비롯한 수많은 종중에서는 공동선조의 후손인 성년 여성들의 소재를 파악하여야 하고 종중총회를 개최함에 있어서는 기존의 종원인 성년 남성들뿐만 아니라 새로이 종원으로 된 여성들에게도 소집통지를 하여야 하는 등 그 운영에 있어서 어려움이 있을 것으로 예상된다.

그러나 이러한 어려움은 출가한 여성이 더 이상 출가외인으로 취급되지 않는 우리의 변화된 가족관계, 양성평등에 대한 국민의식, 교통과 통신의 발달에 의한 사회환경의 변화 등을 고려할 때 능히 극복될 수 있을 것이라고 믿는다.

결국, 성년 여성에게도 종원 자격을 부여하는 것이 옳고 또 종원 자격을 부여해야 한다면, 희망하는 여성에 한하여 부여할 것이 아니라 여성 전부에게 자격을 부여하고, 실제로 종중에 참여하여 활동할 것인지 여부는 개인의 의사에 맡겨두는 것이 종중의 본질과 특성에 부합할 뿐만 아니라, 오늘날의 전체 법질서와 우리 사회가 지향하는 기본이념과 가치에 부응하는 것이라고 생각하기에, 이상과 같이 다수의견에 대한 보충의견을 밝힌다.

(판결에 대한 평가)

1. 사실관계

피고 용인 이씨 사맹공파 종회는 용인 이씨 시조 길권의 18세손 이말손을 중시조로 하는 종중이고, 원고는 말손의 후손인 여성으로서 용인 이씨 33세손입니다. 용인 이씨 사맹공파 종회의 종중규약 제3조에 "본회는 용인 이씨 사맹공(휘 末字 孫字)의 후손으로서 성년이 되면 회원자격을 가진다."고 규정되어 있었습니다. 이데 대하여 원고들은 피고의 종중규약에서 회원자격을 남자로 제한하고 있지 않으므로 원고들도 피고의 회원(종원)자격을 갖는다고 주장함에 대하여, 피고는 종래 관습법에 의하면 여성은 종원이 될 수 없으므로 피고의 종중규약에서 회원의 자격을 명시적으로 남자로 제한하고 있지는 않다고 하더라도 원고들이 피고의 회원자격을 갖는다고 할 수 없다고 다투었다.

2. 대법원 판결

이에 대해 대법원의 다수의견은 사회의 거듭된 관행으로 생성된 사회생활규범이 관습법으로 승인되었다고 하더라도 사회 구성원들이 그러한 관행의 법적 구속력에 대하여 확신을 갖지 않게 되었다거나, 사회를 지배하는 기본적 이념이나 사회질서의 변화로 인하여 그러한 관습법을 적용하여야 할 시점에 있어서의 전체 법질서에 부합하지 않게 되었다면 그러한 관습법은 법적 규범으로서의 효력이 부정될 수밖에 없다고 밝히고 있다. 즉, 헌법을 최상위 규범으로 하는 우리의 전체 법질서는 개인의 존엄과 양성의 평등을 기초로 한 가족생활을 보장하고, 가족 내의 실질적인 권리와 의무에 있어서 남녀의 차별을 두지 아니하며, 모든 영역에서 여성에 대한 차별을 철폐하고 남녀평등을 실현하는 방향으로 변화되어 왔고, 앞으로도 이러한 남녀평등의 원칙은 더욱 강화될 것이기 때문에, 종원의 자격을 성년 남자로만 제한하고 여성에게는 종원의 자격을 부여하지 않는 종래 관습에 대하여 우리 사회 구성원들이 가지고 있던 법적 확신은 상당 부분 흔들리거나 약화되어 있다. 또한 무엇보다도 종중은 공동선조의 사망과 동시에 그 후손에 의하여 자연발생적으로 성립하는 것임에도, 공동선조의 후손 중 성년 남자만을 종중의 구성원으로 하고 여성은 종중의 구성원이 될 수 없다는 종래의 관습은, 공동선조의 분묘수호와 봉제사 등 종중의 활동에 참여할 기회를 출생에서 비롯되는 성별만에 의하여 생래적으로 부여하거나 원천적으로 박탈하는 것으로서, 위와 같이 변화된 우리의 전체 법질서에 부합하지 아니하여 정당성과 합리성이 있다고 할 수 없으므로, 종중 구성원의 자격을 성년 남자만으로 제한하는 종래의 관습법은 이제 더 이상 법적 효력을 가질 수 없게 되었다.[1)]

민법 제1조는 민사에 관하여 법률에 규정이 없으면 관습법에 의하고 관습법이 없으면 조리에 의한다고 규정하고 있는 바, 과거에 존재하던 관습법이 더 이상 법적 효력을 가지지 못하므로 관습법이 아닌 조리에 의하여 보충될 수밖에 없다고 하며, 공동선조의 분묘수호와 제사 및 종원 상호간의 친목 등을 목적으로 하여 구성되는 자연발생적인 종족집단[2)]이라는 종중의 목적과 본질에 비추어 볼 때 공동선조와 성과 본을 같이 하는 후손은 성별의 구별 없이 성년이 되면 당연히 그 구성원이 된다고 보는 것이 조리에 합당하다고 판결하였다.

다만 종중 구성원의 자격에 관한 대법원의 견해의 변경은 관습상의 제도로서 대법원판례에 의하여 법률관계가 규율되어 왔던 종중제도의 근간을 바꾸는 것이기 때문에, 대법원이 이 판결에서 종중 구성원의 자격에 관하여 '공동선조와 성과 본을 같이 하는 후손은 성별의 구별 없이 성년이 되면 당연히 그 구성원이 된다.'고 견해를 변경하는 것은 그동안 종중 구성원에 대한 우리 사회일반의 인식 변화와 아울러 전체 법질서의 변화로 인하여 성년 남자만을 종중의 구성원으로 하는 종래의 관습법이 더 이상 우리 법질서가 지향하는 남녀평등의 이념에 부합하지 않게 됨으로써 그 법적 효력을 부정하게 된 데에 따른 것일 뿐만 아니라, 위와 같이 변경된 견해를 소급하여 적용한다면, 최근에 이르

1) 김상용, "2000년대 민사판례의 경향과 흐름(가족법)-가부장제의 붕괴와 양성평등의 확대", 『민사판례연구』 33 (하), 박영사, 2011

2) 대판 2002.5.10, 2002다4863

기까지 수십 년 동안 유지되어 왔던 종래 대법원판례를 신뢰하여 형성된 수많은 법률관계의 효력을 일시에 좌우하게 되고, 이는 법적 안정성과 신의성실의 원칙에 기초한 당사자의 신뢰보호를 내용으로 하는 법치주의의 원리에도 반하게 되는 것이므로, 위와 같이 변경된 대법원의 견해는 이 판결 선고 이후의 종중 구성원의 자격과 이와 관련하여 새로이 성립되는 법률관계에 대하여만 적용된다고 함이 상당하다고 하였다.

3. 관습법의 의의

관습법이란 사회질서와 선량한 풍속에 반하지 않는 관습이 단순한 예외적 · 도덕적인 규범으로서 지켜질 뿐만 아니라 사회의 법적확신 내지 법적인식을 수반하여 법의 차원으로 굳어진 것을 말한다. 관습법의 성립조건은 (1) 관행이 존재하여야 하고, (2) 관행에 대한 일반의 법적확신이 있어야 하며 (3) 관행이 사회질서에 위반하지 말아야 한다. 관습법은 성문법에 대하여 원칙적으로 보충적 효력을 가지는데 불과하다. 「민사에 관하여 법률에 규정이 없으면 관습법에 의하고 관습법이 없으면 조리에 의한다.」 라고 규정한 민법 1조는 바로 이러한 의미를 가진다.

4. 판례의 태도

판례도 비슷한 의견이다. 대법원 2005. 07. 21 선고 2002다1178 전원합의체 판결에 의하면 관습법이란 사회의 거듭된 관행으로 생성한 사회생활규범이 사회의 법적 확신과 인식에 의하여 법적 규범으로 승인 · 강행되기에 이른 것을 말하고, 그러한 관습법은 법원(法源)으로서 법령에 저촉되지 아니하는 한 법칙으로서의 효력이 있는 것이고, 또 사회의 거듭된 관행으로 생성한 어떤 사회생활규범이 법적 규범으로 승인되기에 이르렀다고 인정하기 위해서는 헌법을 최상위 규범으로 하는 전체 법질서에 반하지 아니하는 것으로서 정당성과 합리성이 있다고 인정될 수 있는 것이어야 하고 그렇지 아니한 사회생활규범은 비록 그것이 사회의 거듭된 관행으로 생성된 것이라고 할지라도 이를 법적 규범으로 삼아 관습법으로서의 효력을 인정할 수 없다고 규정하고 있다.

5. 쟁점

가. 관습법의 효력 상실 여부

위의 판결에서 살펴보았듯이 대법원은 여성에게는 종원의 자격을 부여하지 않는 종래 관습에 대하여 우리 사회 구성원들이 가지고 있던 법적 확신은 상당 부분 흔들리거나 약화되어 있고, 헌법적 법질서는 모든 영역에서 여성에 대한 차별을 철폐하고 남녀평등을 실현하는 방향으로 변화되어 왔기 때문에, 종중 구성원의 자격을 성년 남자만으로 제한하는 종래의 관습법은 이제 더 이상 법적 효력을 가질 수 없게 되었다고 판시하였다. 이는 대법원이 이미 그것을 관습법으로 인정하여 왔지만, 특정 시점에 이르러서 헌법을 최상위 규범으로 하는 전체 법질서에 합치되지 않는다는 이유로 관습법의 효력을 부정하고 기존의 판결을 변경하였다고 볼 수 있다.

이에 찬성하는 입장에서는 관습법은 사회의 거듭된 관행으로 생성한 사회생활규범이 사회의 법적 확신과 인식에 의하여 법적 규범으로 승인되기에 이른 것으로 정의하는 바, 사회의 거듭된 관행으로 생성된 사회생활규범이 관습법으로 승인되었다고 하더라도 사회구성원들이 그러한 관행의 구속력에 대하여 법적 확신을 갖지 않게 되었다거나, 사회를 지배하는 기본적 이념이나 사회질서의 변화로 인하여 그러한 관습법을 적용하여야 할 시점에 있어서의 전체 법질서에 부합하지 않게 되었다면 그러한 관습법은 법적 규범으로서의 효력을 상실할 수밖에 없다고 주장한다.[3]

하지만 이에 반대하는 입장에서는 '관습법의 소멸'과 '관습법의 효력 상실'은

---

3) 문영화, "종원의 자격을 성년남자로 제한하는 종래 관습법의 효력", 『21세기 사법의 전개』, 박영사, 2005, 427p

구별하여야 한다고 주장한다. 대법원은 이 판결에서 관습법의 효력을 부정하는 근거로 관습법의 성립요건인 관행에 대한 국민의 '법적확신'이 흔들렸다는 점과 합헌성 요건인 '전체 법질서'에 부합하지 않는다는 점을 들고 있지만 법적확신이나 인식은 성립요건에 관한 것이고, 전체 법질서에의 합치 여부는 유효요건에 관한 것이기 때문에 이 둘을 혼용해서는 안 되고 구별하여야 한다는 것이다.[4)]

물론 '관습법의 소멸'과 '관습법의 효력 상실'은 서로 다른 개념으로 이해할 수 있으나, 판결 당시를 관습법이 소멸된 시기라고 인정하는 것과 관습법이 효력을 상실한 시기라고 인정하는 것의 차이에는 구별의 실익이 크지 않다. 둘 다 결론적으로는 관습법을 적용할 수 없기 때문에 민법 제 1조에 의하여 조리에 따라 판단하여야하기 때문이다.

나. 타당한 조리인지 여부

종원의 자격에 관한 종래 관습법이 효력을 갖지 못한다고 하는 것은 새로운 관습법이 성립되었다고 보기 어려운 이상 종원의 자격에 관한 관습법규에 흠결이 생겼다는 셈이다. 민법 제1조에 따라 관습법이 없으면 조리에 의한다고 규정하고 있기 때문에 해당 판결에서는 조리에 의하는 것이 마땅하고, 종원의 자격에 관한 종래 관습에 대하여 규범적 효력을 부인한 근거가 우리 법질서가 지향하는 남녀평등의 이념을 고려할 때, 종원의 자격은 공동선조의 후손 중 성년남녀로 하는 것이 조리에 합당하다고 보는 것이 타당하다고 다수의견은 주장하고 있다.[5)]

다만 별개의견에서는 일반적으로 어떤 사적 자치단체의 구성원의 자격을 인정함에 있어서 구성원으로 포괄되는 자의 신념이나 의사에 관계없이 인위적·강제적으로 누구든지 구성원으로 편입되어야 한다는 조리는 존재할 수 없으며 존재하여서도 안 되는데, 종중에서와 같이 개인의 양심의 자유·종교의 자유가

---

4) 손상식, 『관습법에 대한 위헌법률심판』, 헌법재판연구원, 2015, 36-39p

5) 문영화, "종원의 자격을 성년남자로 제한하는 종래 관습법의 효력", 『21세기 사법의 전개』, 박영사, 2005, 428-429p

보장되어야 할 사법적 결사에 있어서는 더욱 그러하다는 점 등에서 공동선조와 성과 본을 같이 하는 후손은 성별의 구별 없이 성년이 되면 조리에 따라 당연히 그 구성원이 된다고 보는 다수의견의 견해에는 반대한다.

하지만 우리나라의 법질서는 사회의 모든 영역에서 남녀평등을 실현하는 방향으로 변화되어 왔고, 양성평등의 원리는 우리 법질서의 최고의 가치로서 포기할 수 없는 가치에 해당한다. 따라서 공동선조의 후손 중 성년남자만을 종중의 구성원으로 하고 여성은 구성원이 될 수 없다는 종래의 관습은 출생에서 비롯된 성별에 의하여 종중의 활동에 참여할 기회를 원천적으로 박탈하는 것이므로, 법질서가 지향하는 남녀평등의 이념에 부합하지 아니하여 법적효력이 부인될 수박에 없다.

6. 결론

이 판결은 종원의 자격을 성년남자로 제한하는 종래 관습법에 대하여 우리 사회일반의 인식변화로 인하여 법적 확신이 약화되었을 뿐만 아니라 양성평등의 이념을 지향하는 전체 법질서에 부합하지 아니함을 이유로 그 법적 효력을 부인하면서, 법적 안정성과 당사자의 신뢰보호를 이유로 판례변경을 하였다. 위에서 언급한 바와 같이 종원의 자격에 대한 대법원의 판결은 정당하며 종원의 자격에 제한을 두어서는 안 된다고 생각한다.

19. 대한민국의 수도는 서울인가?

(헌재 2004. 10. 21 선고 2004헌마554)

판시사항

1. 헌법상 수도의 개념
2. 신행정수도의건설을위한특별조치법(이하 '이 사건 법률'이라 한다)이 수도이전의 의사결정을 포함하는지 여부(적극)
3. 우리 헌법상 관습헌법이 인정될 수 있는지 여부(적극)
4. 관습헌법 인정의 헌법적 근거
5. 관습헌법의 성립요건으로서의 기본적 헌법사항
6. 관습헌법의 일반적 성립요건
7. 수도의 설정과 이전의 헌법적 의의
8. '우리나라의 수도가 서울인 점'이 자명하고 전제된 헌법규범으로서 불문헌법으로 인정될 수 있는지 여부(적극)
9. '우리나라의 수도가 서울인 점'이 관습헌법으로 인정될 수 있는지 여부(적극)
10. '우리나라의 수도가 서울인 점'이 단순한 사실명제가 아니라 규범명제인지 여부(적극)
11. 관습헌법의 폐지와 사멸
12. 관습헌법을 하위 법률의 형식으로 의식적으로 개정할 수 있는지 여부(소극)
13. '우리나라의 수도가 서울인 점'에 대한 관습헌법을 폐지하기 위해서는 헌

법개정이 필요한지 여부(적극)

14. 이 사건 법률이 헌법 제130조에 따라 헌법개정절차에 있어 국민이 가지는 국민투표권을 침해하여 위헌인지 여부(적극)

결정요지

1. 일반적으로 한 나라의 수도는 국가권력의 핵심적 사항을 수행하는 국가기관들이 집중 소재하여 정치·행정의 중추적 기능을 실현하고 대외적으로 그 국가를 상징하는 곳을 의미한다. 헌법기관들 중에서 국민의 대표기관으로서 국민의 정치적 의사를 결정하는 국회와 행정을 통할하며 국가를 대표하는 대통령의 소재지가 어디인가 하는 것은 수도를 결정하는데 있어서 특히 결정적인 요소가 된다. 대통령은 국가원수로서 국가를 상징하고 정부의 수반으로서 국가운용의 최고 통치권자이며 의회는 주권자인 국민이 선출한 대표들로 구성된 대의기관으로서 오늘날의 간접민주주의 통치구조하에서 주권자의 의사를 대변하고 중요한 국가의사를 결정하는 중추적 역할을 담당하므로 이들 두 개의 국가기관은 국가권력의 중심에 있고 국가의 존재와 특성을 외부적으로 표현하는 중심이 되기 때문이다.

2. 이 사건 법률은 신행정수도를 "국가 정치·행정의 중추기능을 가지는 수도로 새로 건설되는 지역으로서 …… 법률로 정하여지는 지역"이라고 하고(제2조 제1호), 신행정수도의 예정지역을 "주요 헌법기관과 중앙행정기관 등의 이전을 위하여 …… 지정·고시하는 지역"이라고 규정하여(같은 조 제2호), 결국 신행정수도는 주요 헌법기관과 중앙 행정기관들이 소재하여 국가의 정치·행정의 중추기능을 가지는 수도가 되어야 함을 명확히 하고 있다. 따라서 이 사건 법률은 비록 이전되는 주요 국가기관의 범위를 개별적으로 확정하고 있지는 아니하지만, 그 이전의 범위는 신행정수도가 국가의 정치·행정의 중추기능을 담당하기에 충분한 정도가 되어야 함을 요구하고 있다. 그렇다면 이 사건 법률은 국가의 정치·행정의 중추적 기능을 수행하는 국가기관의 소재지로서 헌법상의 수도개념에 포함되는 국가의 수도를 이전하는 내용을 가지는 것이며, 이 사건 법

률에 의한 신행정수도의 이전은 곧 우리나라의 수도의 이전을 의미한다.

3. 우리나라는 성문헌법을 가진 나라로서 기본적으로 우리 헌법전(憲法典)이 헌법의 법원(法源)이 된다. 그러나 성문헌법이라고 하여도 그 속에 모든 헌법사항을 빠짐없이 완전히 규율하는 것은 불가능하고 또한 헌법은 국가의 기본법으로서 간결성과 함축성을 추구하기 때문에 형식적 헌법전에는 기재되지 아니한 사항이라도 이를 불문헌법(不文憲法) 내지 관습헌법으로 인정할 소지가 있다. 특히 헌법제정 당시 자명(自明)하거나 전제(前提)된 사항 및 보편적 헌법원리와 같은 것은 반드시 명문의 규정을 두지 아니하는 경우도 있다. 그렇다고 해서 헌법사항에 관하여 형성되는 관행 내지 관례가 전부 관습헌법이 되는 것은 아니고 강제력이 있는 헌법규범으로서 인정되려면 엄격한 요건들이 충족되어야만 하며, 이러한 요건이 충족된 관습만이 관습헌법으로서 성문의 헌법과 동일한 법적 효력을 가진다.

4. 헌법 제1조 제2항은 '대한민국의 주권은 국민에게 있고, 모든 권력은 국민으로부터 나온다.'고 규정한다. 이와 같이 국민이 대한민국의 주권자이며, 국민은 최고의 헌법제정권력이기 때문에 성문헌법의 제·개정에 참여할 뿐만 아니라 헌법전에 포함되지 아니한 헌법사항을 필요에 따라 관습의 형태로 직접 형성할 수 있다. 그렇다면 관습헌법도 성문헌법과 마찬가지로 주권자인 국민의 헌법적 결단의 의사의 표현이며 성문헌법과 동등한 효력을 가진다고 보아야 한다. 국민주권주의는 성문이든 관습이든 실정법 전체의 정립에의 국민의 참여를 요구한다고 할 것이며, 국민에 의하여 정립된 관습헌법은 입법권자를 구속하며 헌법으로서의 효력을 가진다.

5. 관습헌법이 성립하기 위하여서는 관습이 성립하는 사항이 단지 법률로 정할 사항이 아니라 반드시 헌법에 의하여 규율되어 법률에 대하여 효력상 우위를 가져야 할 만큼 헌법적으로 중요한 기본적 사항이 되어야 한다. 일반적으로 실질적인 헌법사항이라고 함은 널리 국가의 조직에 관한 사항이나 국가기관의 권한 구성에 관한 사항 혹은 개인의 국가권력에 대한 지위를 포함하여 말하는

것이지만, 관습헌법은 이와 같은 일반적인 헌법사항에 해당하는 내용 중에서도 특히 국가의 기본적이고 핵심적인 사항으로서 법률에 의하여 규율하는 것이 적합하지 아니한 사항을 대상으로 한다. 일반적인 헌법사항 중 과연 어디까지가 이러한 기본적이고 핵심적인 헌법사항에 해당하는지 여부는 일반추상적인 기준을 설정하여 재단할 수는 없고, 개별적 문제사항에서 헌법적 원칙성과 중요성 및 헌법원리를 통하여 평가하는 구체적 판단에 의하여 확정하여야 한다.

6. 관습헌법이 성립하기 위하여서는 관습법의 성립에서 요구되는 일반적 성립 요건이 충족되어야 한다. 첫째, 기본적 헌법사항에 관하여 어떠한 관행 내지 관례가 존재하고, 둘째, 그 관행은 국민이 그 존재를 인식하고 사라지지 않을 관행이라고 인정할 만큼 충분한 기간 동안 반복 내지 계속되어야 하며(반복·계속성), 셋째, 관행은 지속성을 가져야 하는 것으로서 그 중간에 반대되는 관행이 이루어져서는 아니 되고(항상성), 넷째, 관행은 여러 가지 해석이 가능할 정도로 모호한 것이 아닌 명확한 내용을 가진 것이어야 한다(명료성). 또한 다섯째, 이러한 관행이 헌법관습으로서 국민들의 승인 내지 확신 또는 폭넓은 컨센서스를 얻어 국민이 강제력을 가진다고 믿고 있어야 한다(국민적 합의).

7. 헌법기관의 소재지, 특히 국가를 대표하는 대통령과 민주주의적 통치원리에 핵심적 역할을 하는 의회의 소재지를 정하는 문제는 국가의 정체성(正體性)을 표현하는 실질적 헌법사항의 하나이다. 여기서 국가의 정체성이란 국가의 정서적 통일의 원천으로서 그 국민의 역사와 경험, 문화와 정치 및 경제, 그 권력구조나 정신적 상징 등이 종합적으로 표출됨으로써 형성되는 국가적 특성이라 할 수 있다. 수도를 설정하는 것 이외에도 국명(國名)을 정하는 것, 우리말을 국어(國語)로 하고 우리글을 한글로 하는 것, 영토를 획정하고 국가주권의 소재를 밝히는 것 등이 국가의 정체성에 관한 기본적 헌법사항이 된다고 할 것이다. 수도를 설정하거나 이전하는 것은 국회와 대통령 등 최고 헌법기관들의 위치를 설정하여 국가조직의 근간을 장소적으로 배치하는 것으로서, 국가생활에 관한 국민의 근본적 결단임과 동시에 국가를 구성하는 기반이 되는 핵심적

헌법사항에 속한다.

8. 우리 헌법전상으로는 '수도가 서울'이라는 명문의 조항이 존재하지 아니한다. 그러나 현재의 서울 지역이 수도인 것은 그 명칭상으로도 자명한 것으로서, 대한민국의 성립 이전부터 국민들이 이미 역사적, 전통적 사실로 의식적 혹은 무의식적으로 인식하고 있었으며, 대한민국의 건국에 즈음하여서도 국가의 기본구성에 관한 당연한 전제사실 내지 자명한 사실로서 아무런 의문도 제기될 수 없는 것이었다. 따라서 제헌헌법 등 우리 헌법제정의 시초부터 '서울에 수도(서울)를 둔다.'는 등의 동어반복적인 당연한 사실을 확인하는 헌법조항을 설치하는 것은 무의미하고 불필요한 것이었다. 서울이 바로 수도인 것은 국가생활의 오랜 전통과 관습에서 확고하게 형성된 자명한 사실 또는 전제된 사실로서 모든 국민이 우리나라의 국가구성에 관한 강제력 있는 법규범으로 인식하고 있는 것이다.

9. 서울이 우리나라의 수도인 것은 조선시대 이래 600여 년 간 우리나라의 국가생활에 관한 당연한 규범적 사실이 되어 왔으므로 우리나라의 국가생활에 있어서 전통적으로 형성되어있는 계속적 관행이라고 평가할 수 있고(계속성), 이러한 관행은 변함없이 오랜 기간 실효적으로 지속되어 중간에 깨어진 일이 없으며(항상성), 서울이 수도라는 사실은 우리나라의 국민이라면 개인적 견해 차이를 보일 수 없는 명확한 내용을 가진 것이며(명료성), 나아가 이러한 관행은 오랜 세월간 굳어져 와서 국민들의 승인과 폭넓은 컨센서스를 이미 얻어(국민적 합의) 국민이 실효성과 강제력을 가진다고 믿고 있는 국가생활의 기본사항이라고 할 것이다. 따라서 서울이 수도라는 점은 우리의 제정헌법이 있기 전부터 전통적으로 존재하여온 헌법적 관습이며 우리 헌법조항에서 명문으로 밝힌 것은 아니지만 자명하고 헌법에 전제된 규범으로서, 관습헌법으로 성립된 불문헌법에 해당한다.

10. 관습헌법의 제 요건을 갖추고 있는 '서울이 수도인 사실'은 단순한 사실명제가 아니고 헌법적 효력을 가지는 불문의 헌법규범으로 승화된 것이며, 사

실명제로부터 당위명제를 도출해 낸 것이 아니라 그 규범력에 대한 다툼이 없이 이어져 오면서 그 규범성이 사실명제의 뒤에 잠재되어 왔을 뿐이다.

11. 어느 법규범이 관습헌법으로 인정된다면 그 개정가능성을 가지게 된다. 관습헌법도 헌법의 일부로서 성문헌법의 경우와 동일한 효력을 가지기 때문에 그 법규범은 최소한 헌법 제130조에 의거한 헌법개정의 방법에 의하여만 개정될 수 있다. 따라서 재적의원 3분의 2 이상의 찬성에 의한 국회의 의결을 얻은 다음(헌법 제130조 제1항) 국민투표에 붙여 국회의원 선거권자 과반수의 투표와 투표자 과반수의 찬성을 얻어야 한다(헌법 제130조 제3항). 다만 이 경우 관습헌법규범은 헌법전에 그에 상반하는 법규범을 첨가함에 의하여 폐지하게 되는 점에서, 헌법전으로부터 관계되는 헌법조항을 삭제함으로써 폐지되는 성문헌법규범과는 구분된다. 한편 이러한 형식적인 헌법개정 외에도, 관습헌법은 그것을 지탱하고 있는 국민적 합의성을 상실함에 의하여 법적 효력을 상실할 수 있다. 관습헌법은 주권자인 국민에 의하여 유효한 헌법규범으로 인정되는 동안에만 존속하는 것이며, 관습법의 존속요건의 하나인 국민적 합의성이 소멸되면 관습헌법으로서의 법적 효력도 상실하게 된다. 관습헌법의 요건들은 그 성립의 요건일 뿐만 아니라 효력 유지의 요건이다.

12. 우리나라와 같은 성문의 경성헌법 체제에서 인정되는 관습헌법사항은 하위규범형식인 법률에 의하여 개정될 수 없다. 영국과 같이 불문의 연성헌법 체제에서는 법률에 대하여 우위를 가지는 헌법전이라는 규범형식이 존재하지 아니하므로 헌법사항의 개정은 일반적으로 법률개정의 방법에 의할 수밖에 없을 것이다. 그러나 우리 헌법의 경우 헌법 제10장 제128조 내지 제130조는 일반법률의 개정절차와는 다른 엄격한 헌법개정절차를 정하고 있으며, 동 헌법개정절차의 대상을 단지 '헌법'이라고만 하고 있다. 따라서 관습헌법도 헌법에 해당하는 이상 여기서 말하는 헌법개정의 대상인 헌법에 포함된다고 보아야 한다. 이와 같이 헌법의 개정절차와 법률의 개정절차를 준별하고 헌법의 개정절차를 엄격히 한 우리 헌법의 체제 내에서 만약 관습헌법을 법률에 의하여 개정할 수 있다고 한다면 이는 관습헌법을 더 이상 '헌법'으로 인정한 것이 아니

고 단지 관습'법률'로 인정하는 것이며, 결국 관습헌법의 존재를 부정하는 것이 된다. 이러한 결과는 성문헌법체제하에서도 관습헌법을 인정하는 대전제와 논리적으로 모순된 것이므로 우리 헌법체제상 수용될 수 없다.

13. 우리나라의 수도가 서울이라는 점에 대한 관습헌법을 폐지하기 위해서는 헌법이 정한 절차에 따른 헌법개정이 이루어져야 한다. 이 경우 성문의 조항과 다른 것은 성문의 수도조항이 존재한다면 이를 삭제하는 내용의 개정이 필요하겠지만 관습헌법은 이에 반하는 내용의 새로운 수도설정조항을 헌법에 넣는 것만으로 그 폐지가 이루어지는 점에 있다. 다만 헌법규범으로 정립된 관습이라고 하더라도 세월의 흐름과 헌법적 상황의 변화에 따라 이에 대한 침범이 발생하고 나아가 그 위반이 일반화되어 그 법적 효력에 대한 국민적 합의가 상실되기에 이른 경우에는 관습헌법은 자연히 사멸하게 된다. 이와 같은 사멸을 인정하기 위하여서는 국민에 대한 종합적 의사의 확인으로서 국민투표 등 모두가 신뢰할 수 있는 방법이 고려될 여지도 있을 것이다. 그러나 이 사건의 경우에 이러한 사멸의 사정은 확인되지 않는다. 따라서 우리나라의 수도가 서울인 것은 우리 헌법상 관습헌법으로 정립된 사항이며 여기에는 아무런 사정의 변화도 없다고 할 것이므로 이를 폐지하기 위해서는 반드시 헌법개정의 절차에 의하여야 한다.

14. 서울이 우리나라의 수도인 점은 불문의 관습헌법이므로 헌법개정절차에 의하여 새로운 수도 설정의 헌법조항을 신설함으로써 실효되지 아니하는 한 헌법으로서의 효력을 가진다. 따라서 헌법개정의 절차를 거치지 아니한 채 수도를 충청권의 일부지역으로 이전하는 것을 내용으로 한 이 사건 법률을 제정하는 것은 헌법개정사항을 헌법보다 하위의 일반 법률에 의하여 개정하는 것이 된다. 한편 헌법 제130조에 의하면 헌법의 개정은 반드시 국민투표를 거쳐야만 하므로 국민은 헌법개정에 관하여 찬반투표를 통하여 그 의견을 표명할 권리를 가진다. 그런데 이 사건 법률은 헌법개정사항인 수도의 이전을 헌법개정의 절차를 밟지 아니하고 단지 단순법률의 형태로 실현시킨 것으로서 결국 헌법 제130조에 따라 헌법개정에 있어서 국민이 가지는 참정권적 기본권인 국

민투표권의 행사를 배제한 것이므로 동 권리를 침해하여 헌법에 위반된다.

재판관 김영일의 별개의견

1. 수도이전에 관한 의사결정은 헌법 제72조 국민투표의 대상이다.

가. 수도의 위치는 국가존재의 의미에 영향을 미치는 것이어서 국가안위에 관한 문제이고, 통일과정 및 통일의 전후에 있어 중요한 의미를 가지기 때문에 통일에 관한 문제이며, 국가방위전략에 중요한 고려요소가 되기 때문에 국방에 관한 문제이므로, 수도이전에 관한 의사결정은 헌법 제72조가 정한 '국방·통일 기타 국가안위에 관한 정책'에 해당한다.

나. 수도이전문제는 대의기관의 의사를 통하여 추정되는 국민의사와 별도로 현실적인 국민의사를 확인할 필요가 있을 만큼 충분한 가치가 있는 것이므로, 수도이전에 관한 의사결정은 헌법 제72조가 정한 '중요정책'에 해당한다.

다. 따라서 수도이전에 관한 의사결정은 헌법 제72조가 정한 '외교·국방·통일 기타 국가안위에 관한 중요정책'에 해당하여 국민투표의 대상이 된다.

2. 대통령의 국민투표부의행위는 자유재량행위이지만, 수도이전에 관한 의사결정을 국민투표에 붙이지 아니하는 것은 재량권을 일탈·남용한 것으로서 재량권이 부여된 근거되는 법규범인 헌법 제72조에 위반된다.

가. 법치주의의 원리는 어떠한 공권력작용이라도 법으로부터 자유로울 수 없음을 요구하므로 대통령의 국민투표부의행위가 자유재량행위라 하더라도 법으로부터 자유로울 수 없는바, 재량권의 일탈·남용이 있는 재량권 행사는 그 재량권을 부여한 근거되는 법규범에 위반되며, 이와 같은 법리는 행정법분야뿐만 아니라 공권력작용 일반에 대하여 적용된다.

나. 헌법 제72조는 단순히 국민투표부의에 관한 대통령의 권한만을 규정한

조문이 아니라 국민의 국민투표권을 아울러 규정하여 우리 헌법상 통치구조의 제도적 근간을 규정한 조문이라고 이해되고, 우리 헌법은 대의제를 원칙으로 하면서도 국민투표의 대상이 되는 정책에 관하여는 직접민주제의 요소를 채택하였다고 할 것이므로, 이러한 정책에 관하여 대의기관은 국민들의 현실의사에 기속된다. 따라서 국민이 대의기관에 의한 정책결정을 하지 아니하고 직접 국민투표로 결정하려는 의사를 가지고 있다고 볼 상당한 이유가 있는 경우 대의기관이 이러한 의사를 무시하고 스스로 결정을 하거나, 대의기관의 의사가 국민의 현실의사와 다르다고 볼 상당한 이유가 있는 경우 대의기관이 국민의 현실의사로 추정되는 것을 무시하고 반대되는 결정을 한다면, 헌법 제72조의 입법정신과 입법목적에 반하여 재량권을 일탈·남용한 것이 된다. 그런데 우리 국민은 수도이전에 관한 의사결정을 대통령이나 국회와 같은 대의기관에 위임하지 아니하고 직접 결정하겠다는 의사를 가지고 있다고 볼 상당한 이유가 있고 신행정수도로 이전하는 것에 반대하는 의사를 가지고 있다고 볼 상당한 이유가 있다. 그러므로 이를 국민투표에 붙이지 아니하는 것은 재량권을 일탈·남용하는 것이다.

다. 수도이전에 관한 의사결정을 국민투표에 붙이지 아니하는 것은 합리성을 결하였음이 객관적으로 명백하여 자의금지원칙에 반하고, 또 국민들은 수도이전문제를 국민투표에 붙이리라는 신뢰와 대의기관이 국민들의 의사에 반하여 행동하지는 않으리라는 신뢰를 가지고 있음을 추인할 수 있어 신뢰보호원칙에도 반하므로, 이를 국민투표에 붙이지 아니하는 것은 재량권을 일탈·남용하는 것이다.

3. 그리하여 대통령이 재량권을 적법하게 행사한다면 수도이전에 관한 의사결정을 국민투표에 붙이는 선택 외에는 다른 선택을 할 수 없고, 따라서 대통령은 이를 국민투표에 붙일 의무가 있으며, 이에 따라 국민은 이를 국민투표에 붙이도록 요구할 권리가 있고 대통령이 현실적으로 부의하기 전이라도 이에 관한 구체적 국민투표권을 가진다.

4. 이 사건 법률은 수도이전에 관한 국가의사를 결정함에 있어 국민투표를 확정적으로 배제하는 내용이고, 또한 대통령의 법률안제출행위에 있는 헌법 제72조를 위반한 흠이 그 자체로 법률제정의 흠이라고 평가되거나 적어도 국회의 법률안의결행위에 승계되어 법률제정에 흠이 있게 되어, 국민의 한사람들인 청구인들은 이 사건 법률의 제정·시행으로 헌법 제72조의 국민투표권을 침해당하였다.

5. 다수의견과 같이 수도의 위치가 관습헌법규범이라는 입장에 서더라도, 청구인들은 이 경우 헌법 제130조의 국민투표권 뿐만 아니라 헌법 제130조의 국민투표가 실시됨을 해제조건으로 하는 헌법 제72조의 국민투표권과 헌법 제130조의 국민투표권과 선택적 권리인 헌법 제72조의 국민투표권을 가지고 있는데, 이 사건 법률은 이 모두를 배제한 것으로 각 국민투표권 모두를 침해한 법률이 된다.

6. 국민의 법적 확신이 변화·소멸되었음이 확인되지 않는다는 이유로 헌법개정절차에 의하여야 한다는 다수의견의 논리에 의문이 있고, 다수의견에 따른 헌법재판소의 이 사건 결정으로 수도위치에 관한 규범의 형태가 관습헌법규범에서 성문헌법규범으로 변경되는 결과가 된다면 규범의 존재양식을 선택하는 헌법개정권력의 권한을 헌법재판소가 실질적으로 행사하는 것이 되며, 헌법규범이 아닌 사항에 관하여 국민투표권이 침해되는 상황이 발생할 경우 다수의견은 어떠한 방법으로 국민의 기본권을 보장할 것인지 분명하지 아니하고, 관습헌법이라고 단정하기 어려운 면이 있는 수도문제에 관하여 현행헌법의 틀 내에서 위헌적 상황을 교정할 방법이 있는데도 다수의견은 헌법개정의 방법을 전제로 하는 무리한 길을 택하는 것이 아닌가 한다.

7. 이 사건 법률이 청구인들의 국민투표권을 제한한 것에는 정당한 사유가 없다.

재판관 전효숙의 반대의견

1. 다수의견의 논지는 우리 헌법의 해석상 받아들일 수 없다.

가. 역사적으로 수도의 소재지는 국가 정체성에 관한 중요한 사항이었으나, 자유민주주의와 입헌주의를 주된 가치로 하는 우리 헌법은, 국가권력의 통제와 합리화를 통하여 국민의 자유와 권리를 최대한 실현하려는 것이 그 목적이며, 수도의 소재지가 어디냐는 그 목적을 위한 "도구"에 불과하다. 그러므로 헌법상 수도의 위치가 반드시 헌법제정권자나 헌법개정권자가 직접 결정해야 할 사항이라 할 수 없다.

나. 서울이 수도라는 사실이 오랫동안 우리 민족에게 자명하게 인식되어 온 관행에 속한다 하더라도, 우리 국민이 그것을 강제력 있는 법규범으로 확신하고 있었다고 인정하기 어렵다. 수도이전 문제는 이 사건 심판청구 무렵에야 우리 사회의 주된 쟁점이 되었고, 여야 국회의원들은 수도이전 사안이 국민의 헌법적 확신을 지니는 헌법사항이라든가, 헌법개정절차를 통하여야 하므로 입법권의 대상이 될 수 없다든가 하는 점에 관한 인식을 전혀 드러내지 않았다. 결국 "서울이 수도"라는 관행적 "사실"에서 관습헌법이라는 "당위규범"이 인정될 수 없다.

다. 성문헌법을 지닌 법체제에서, 관습헌법을 성문헌법과 "동일한" 혹은 "특정 성문헌법 조항을 무력화 시킬 수 있는" 효력을 가진 것으로 볼 수 없다. 성문의 헌법전은 헌법제정권자인 국민들이 직접 "명시적" 의사표시로써 제정한 최고법규범으로서 모든 국가권력을 기속하는 강한 힘을 보유하는 것이며, 그 내용의 개정은 엄격한 절차를 거치도록 하고 있는데, 그러한 성문헌법의 강한 힘은 국민주권의 명시적 의사가 특정한 헌법제정절차를 거쳐서 수렴되었다는 점에서 가능한 것이다. 관습만으로는 헌법을 특징화하는 그러한 우세한 힘을 보유할 수 없다. 관습헌법은 성문헌법으로부터 동떨어져 성립하거나 존속할 수 없고 항상 성문헌법의 여러 원리와 조화를 이룸으로써만 성립하고 존속하는

"보완적 효력"만을 지닌다. 이러한 법리는 관습헌법의 내용이 "중요한 헌법사항"이라 하더라도 동일하다.

라. 관습헌법이란 실질적 의미의 헌법사항이 관습으로 규율되고 있다는 것을 뜻할 뿐이며, 관습헌법이라고 해서 성문헌법과 똑같은 효력이 인정된다고 볼 근거가 없다. 또한 헌법의 개정은 "형식적 의미"의 헌법, 즉 성문헌법과 관련된 개념이므로, 관습헌법의 변경은 헌법의 개정에 속하지 않으며 헌법이 마련한 대의민주주의 절차인 법률의 제정, 개정을 통하여 다루어질 수 있다.

마. "서울이 수도"라는 관습헌법의 변경은 헌법개정에 의해야 한다면, 이는 관습헌법에 대하여 헌법이 부여한 국회의 입법권보다 우월적인 힘을 인정하는 것이 된다. 수도이전과 같은 헌법관습의 변경의 경우에도, 별도로 이를 제한하는 헌법규정이 없으므로, 국회의 입법으로 가능하다. 이 사건 법률은 국회의원들의 압도적 다수로 통과되었는데, 그러한 입법이 국민의 민의를 제대로 반영하지 못하였다는, 혹은 민의를 배신하였다는 정치적 비난을 받을 수 있는 것은 별도로 하고, 헌법적 측면에서 그것이 "국회의원들의 권한이 아니다"고 단정할 수 없는 것이다.

바. 이러한 이유에서 이 사건 법률이 헌법 제130조 제2항의 국민투표권을 침해할 가능성은 없다.

2. 한편 별개의견은 이 사건 법률이 헌법 제72조의 국민투표권을 침해하였다고 하나, 헌법 제72조는 대통령에게 '국가안위에 관한 중요정책'의 국민투표를 실시할 것인지 여부에 관하여 재량을 주고 있는데, 사안의 중대성에 따라 그 재량이 달라진다고 해석할 수 없다. 또한 그러한 재량은 헌법이 직접 부여한 것이므로, 행정법상의 재량권의 일탈·남용 법리는 적용될 수 없다. 따라서 이 사건에서 헌법 제72조의 국민투표권이 침해될 가능성은 없다.

3. 결국 청구인들의 국민투표권 침해 주장은 권리의 침해가능성 자체가 인정되지 않으므로 부적법하다. 청구인들의 다른 기본권 침해 주장 역시 기본권 침

해의 자기관련성, 직접성 혹은 현재성 요건을 갖추지 못하였다. 이 사건은 기본권 침해를 구제하기 위한 헌법소원절차에서 헌법재판소가 본안판단을 하기에 부적법한 것이다.

(헌재결정에 대한 평가)

1. 사실관계

노무현 대통령의 선거 공약인 수도이전을 위해 이른바 신행정수도의 건설을 위한 특별조치법이 제정되었다. 이에 청구인들은 위 법률이 헌법 개정 등의 절차를 거치지 않은 채 수도이전을 추진하는 것이므로 법률 전부가 헌법에 위반되며 이로 인하여 국민투표권, 납세자의 권리, 청문권, 평등권, 거주이전의 자유, 직업선택의 자유, 공무담임권, 재산권 및 행복추구권을 침해받았다는 이유로 헌법소원심판을 청구하였다.[1]

2. 헌법재판소의 판결

가. 이 사건 법률의 내용은 수도의 이전

헌법기관들 중에서 국민의 대표기관으로서 국민의 정치적 의사를 결정하는 국회와 행정을 통할하며 국가를 대표하는 대통령의 소재지가 어디인가 하는 것은 수도를 결정하는데 있어서 특히 결정적인 요소가 된다. 이 사건 법률의 신행정수도는 주요 헌법기관과 중앙 행정기관들이 소재하여 국가의 정치 및 행정의 중추기능을 가지는 수도가 되어야 함을 명확히 하고 있다. 따라서 신행정

1) 성낙인, "헌법의 의의와 분류-관습헌법", 『헌법 판례 100선』, 법문사, 2012, 5면

수도의 이전은 곧 수도의 이전을 의미한다고 보았다.[2)]

나. 수도가 서울인 점은 우리나라의 관습헌법

우리나라는 성문헌법을 가진 나라로서 헌법전이 헌법의 법원이 된다고 규정하고는 있지만, 성문헌법 속에 모든 헌법사항을 완전히 규율하는 것은 불가능하기 때문에 헌법전에 기재하지 않은 사항이라도 이를 관습헌법으로 인정할 소지가 있고, 특히 헌법제정 당시 자명하고나 전제된 사항들 및 보편적 헌법 원리와 같은 것은 명문으로 규정하지 않은 경우도 있다. 그렇지만 헌법사항에 관하여 형성되는 관행 내지 관례가 관습헌법이 되기 위해서는 우선 관행 내지 관례가 존재, 계속성, 항상성, 명료성, 국민적 합의의 요건을 갖춰야 한다.

헌재는 서울이 우리나라의 수도인 것은, 조선시대 이래 600여 년 간 우리나라의 당연한 규범적 사실이 되어 왔으므로 오랜 기간 형성된 계속적 관행이라고 평가할 수 있고, 이러한 관행은 오랜 기간 지속되어 중간에 깨어진 일이 없으며, 서울이 수도라는 사실은 우리나라의 국민이라면 견해 차이를 보일 수 없는 명확한 내용을 가진 것이고, 나아가 이러한 관행은 장구한 세월동안 굳어져 와서 국민들의 승인과 동의를 얻어 국민이 실효성과 강제력을 가진다고 믿고 있는 국가생활의 기본사항이라고 판단하였다.[3)]

다. '수도 서울'의 관습헌법 폐지를 위한 헌법적 절차

위에서와 같이 우리나라의 수도가 서울이라는 점을 관습헌법이라고 인정하면서, 이러한 관습헌법을 폐지하기 위해서는 헌법이 정한 절차에 따른 헌법 개정이 이루어져야만 한다고 판시하였다. 즉 수도가 서울이라는 사항을 개정하기 위해서는 새로운 수도설정조항을 헌법에 개설하거나, 관습헌법의 사멸을 인정하는 국민의 종합적 의사의 확인으로서 국민투표 등의 사항이 있었어야 한

2) 성낙인, "헌법의 의의와 분류-관습헌법", 『헌법 판례 100선』, 법문사, 2012, 5면

3) 임지봉, "신행정수도건설특별법 사건", 『헌법판례정선』, 박영사, 2011, 1-2면

다고 하였다. 하지만 특별법을 제정하면서 이러한 절차를 거치지 않았기 때문에 관습헌법을 폐지하기 위해서는 반드시 헌법 개정의 절차에 의하여야 한다고 하였다.[4]

라. 국민투표권 침해

수도의 설정과 이전의 의사결정은 국가의 정체성에 관한 기본적 헌법사항으로서 헌법이 정하는 바에 따라 국민이 스스로 결단하여야 할 사항이므로 헌법개정절차에 의하여 새로운 수도 설정의 헌법조항을 신설함으로써 실효되지 않는 한 헌법으로의 효력을 갖는다. 따라서 수도를 충청권의 일부지역으로 이전을 내용으로 하는 법률의 제정은 반드시 국민투표를 거쳐야만 하는 사항으로 국민이 헌법 개정에 관하여는 찬반투표를 통하여 그 의견을 표명할 권리를 갖는다. 하지만 이 사건의 법률은 헌법개정절차를 밟지 않고 단순히 법률의 형태로 실현시킨 것으로 헌법 제130조에 의거한 헌법 개정의 방법에 의하여만 개정될 수 있다고 하여 위헌 판결하였다.[5]

3. 쟁점

가. 서울이 수도라는 사실이 역사적으로 인정되어왔는지 여부

헌재의 연구부장이 발표한 '헌법관습의 법규범성에 대한 고찰'이라는 논문에 따르면 우리나라에 있어 제정헌법 전의 관습헌법 사항으로서 수도의 문제와 함께 국어를 한국어로 하는 것과 국기 및 국가의 결정 문제를 들고 있다.[6] 헌재에 의하면 국가의 정서적 통일의 원천으로 그 국민의 역사와 경험, 문화와

4) 임지봉, "신행정수도건설특별법 사건", 『헌법판례정선』, 박영사, 2011, 3면

5) 임지봉, "신행정수도건설특별법 사건", 『헌법판례정선』, 박영사, 2011, 3면

6) 김승대, "헌법관습의 법규범성에 대한 고찰", 『헌법논총』 제15집, 2004, 133-175면

정치 및 경제, 그 권력구조나 정신적 상징 등이 종합적으로 현출됨으로써 형성되는 국가적 특성이며, 수도는 바로 그러한 국가의 정체성을 표현하는 기본적 헌법사항에 해당하고 조선 창건 때로부터 현재에 이르기까지 수도 서울의 관습법적 지위를 논증한 후, 서울이 수도라는 점은 우리의 제정헌법이 있기 전부터 전통적으로 존재하여 온 관습헌법으로 성립된 불문헌법에 해당한다고 결론을 내린다.

하지만 일제강점기 대한민국임시정부의 건국강령에 수도에 관한 언급이 존재하는데, 건국의 주요 사항 중의 하나로 '적의 일체 통치기구를 국내에서 완전히 복멸하고 수도를 정하는 것'이라고 명기하였다. 이는 적어도 임시정부가 새로 수립할 독립국가의 수도를 당연히 서울로 생각한 것은 아니었다는 것을 보여주는 예시이다. 또한 제정과정에서 우리에게 큰 영향을 끼친 중화민국헌법 초안에는 수도 규정이 삽입되어 있는 것을 미루어 본다면, 우리 헌법기초자들도 헌법을 기초할 때에 수도규정에 대해 고려했을 가능성이 높다. 그럼에도 불구하고 굳이 수도의 위치를 헌법에 삽입하지 않은 것은 수도 문제를 법률에 규정하거나 사실의 문제로 방임하고자 한 것이라고 보는 것이 더 설득력이 있다.[7]

나. "서울이 수도"라는 관행적 사실이 "관습헌법"이라는 당위규범으로 인정되는지 여부

어떤 관행이 관습헌법으로 주장되기 위해서는 그것이 관습헌법으로서, 비록 성문화되지는 않았지만 '헌법적' 규범성을 갖는 것으로서 인정되어왔다는 점이 입증되어야만 한다. "서울이 수도"라는 명제의 경우도 헌재의 주장대로 관습헌법의 한 조항임을 보이기 위해서는 그 명제가 어떤 과정을 거쳐 "헌법적으로 대한민국의 수도는 서울이어야만 한다."라는 명제로 변환되었는지가 입증되어야 한다. 이에 대하여 헌재는 첫째, "서울이 수도" 라는 명제는 실질적 헌법사항에 관한 것이지만 너무도 자명하여 기록되지 않았다고 주장하였고 둘째,

7) 이영록, "수도 및 국기에 관한 관습헌법론 검토", 『세계헌법연구』 제2집, 2005, 8-10면

서울과 수도가 동어반복성을 갖기 때문이라고 주장하였다.[8)]

하지만 이에 대하여 통상의 관습과는 달리 사람들이 수도가 서울이라는 점을 당연히 받아들인다고 하면, 그것이 단순한 사실로서 받아들여지는지, 아니면 당위로서 받아들여지는지에 대해 신중히 고려해야 한다는 비판이 존재한다. 우선 "서울이 수도"라는 사실이 헌법사항에 해당하지 않는다는 근거로서 첫째, 관습헌법이 성립되기 위해서는 우선 해당 사항이 실질적 헌법성을 갖추어야 한다. 실질적 헌법은 국가기관의 조직, 구성, 권한 및 국민의 국가에 대한 관계에 관한 기본적 사항을 규율하는 법질서라고 할 수 있는데, 행정수도의 위치는 이와 상관이 없는 문제이므로 실질적 헌법성을 갖추지 못하고 있어 관습헌법이 될 수 없다. 둘째, 어떠한 관행이 관습법이 되기 위해서는 규범적 관행이어야 할 것인데 '수도 서울'은 규범적 관행이 아니라, 단순한 사실에 불과하다. 셋째, 관습헌법이 성립되기 위해서는 그 존재 자체가 명확하여야 한다. 그런데 지금까지 명확한 것은 서울이 수도였다는 사실일 뿐, '수도 서울'이 관습헌법에 해당하는지 여부는 결코 명확하지 않았기 때문에 헌재가 인정하는 명료성의 요건도 실상은 결여되어 있다고 볼 수 있다.[9)]

뿐만 아니라 동의반복성에 대하여도 많은 비판이 있는데, "서울에 수도를 둔다"는 일종의 수행적 명제인데, 마치 일정 행동을 이행할 것을 약속하는 명제나 모임에서 개회를 선언하는 명제처럼 "서울에 수도를 둔다"는 명제는 그 발화를 통해 일정 사실(서울이 수도가 되는 사실)을 발생시키는 결과를 낳는 수행적 명제이며 이런 명제에 대해 동어반복적이라고 하는 것은 명백한 오해다.[10)]

다. 관습헌법을 성문헌법과 동일한 효력을 갖는 것으로 볼 수 있는지 여부

흔히 불문헌법국가라고 칭해지는 영국에서도 헌법이란 권리장전과 인신보

---

8) 양선숙, "수도-서울 명제의 '관습헌법' 성립에 대한 비판적 검토", 『한국 법질서와 법 해석론』, 세창출판사, 2013, 657-659면

9) 방승주, "수도가 서울이라는 사실이 과연 관습헌법인가", 『법률신문』, 2004

10) 양선숙, "수도-서울 명제의 '관습헌법' 성립에 대한 비판적 검토", 『한국 법질서와 법 해석론』, 세창출판사, 2013, 659면

호법, 왕위계승법 등과 같은 명문화된 문헌들 및 비록 문헌화 되지는 않았지만 명확히 규정된 일정 규칙들을 가리키는 것이지 사법당국의 결정문에 등재되어서야 비로소 존재 여부가 확인되고 실체가 드러나는 소위 관습헌법을 가리키는 것은 아니다.[11] 법원은 의회가 제정한 법을 공공연하게 무력화하는 일은 결코 하지 아니하며 불문 헌법규범은 common law rule이라고는 하나, 실제로는 의회 제정법으로도 쉽사리 변경될 성질의 것이 아니다. 영국법원은 헌법적 관행의 법규범성을 인정하지 아니하며, 관행이 오래 반복된다거나 그것의 구속력에 대한 강한 확신이 뒷받침 된다고 해서 관행이 헌법규범으로 변화된다는 입장은 주장된 바도 채용된 바도 없다.[12] 하물며 성문법국가인 우리나라 법질서에서 성문헌법과 대등한 위치에서 대등한 효력을 갖고 있고 그리하여 국회에서 통과된 법안에 대한 위헌 심사 기준 노릇을 할 수 있는, 문서화 되지 않은 관습헌법에 대해 인정하는 것은 다소 무리라고 보는 반대 견해가 있다.

라. 관습헌법을 반드시 헌법개정절차를 통해서 개정해야 하는지 여부

마지막 논점에 대하여 헌법재판관 다수의 의견은 국민이 주권자이고 헌법제정 권력자임을 이유로 국민에 의하여 형성된 관습헌법은 성문헌법과 같은 효력을 가지며 입법권자를 구속한다고 판시하였지만, 반대 의견으로 국민주권과 국민의 헌법제정 권력론이 가지는 가치지향적·이데올로기적 성격을 무시한 채 국민의 주권을 내세워 법치국가원리에 위배되는 것이며 더 나아가 자유민주주의원리를 부정하는 것이라고 주장한다. 현행 헌법상 주권자인 국민의 개헌권도 대통령이나 국회재적의원의 과반수의 발의와 국회재적의원 2/3 이상의 찬성으로 성립되는 국회의 의결이라는 일정한 요건을 갖춘 경우에만 국민투표라는 공식적인 절차를 통하여 행사되는 제한된 권한이다. 하지만 이 사건 다수의견은, 헌법에서 반드시 국회의 의결과 국민투표를 거쳐서 결정하도록 하고 있는 헌법내용의 추가를 '국민주권주의나 민주주의원칙과 같은 일반적인 헌법원

---

11) 알버트 다이시, 안경환·김종철 공역, 『헌법학입문』, 경세원, 2001, 142-143면, 재인용

12) 김기창, "성문헌법과 '관습헌법'", 『공법연구』 제33집 제3호, 2005, 18면

칙에 근거하여' 국민투표를 통하여 명시적으로 확인된 국민의사도 아닌, 재판관이 판단하는 국민의사를 전제로 하여 독단적으로 인정하고 있다는 점에서, 헌법재판소가 국민주권을 빙자하여 법치주의를 실현하기 위한 현행 헌법의 헌법개정조항과 대의민주주의와 의회주의원리를 무시하는 자신들의 월권행위를 정당화시키고 있다고 강하게 비판한다.[13)]

4. 결론

헌법재판소의 2004헌마554 판결에 대하여 많은 헌법학자들이 비판을 가하고 있다. 다수의견에 대하여 수도를 이전한다는 일이 당리당략적인 정치적 결정에서 나온 것으로 이해하였으며 이러한 정치적 결정에 대해서 위헌이라는 의심이 서 있는 입장에서 위헌을 확인하기 위한 논리를 구성하게 되었다고 주장하기도 하고[14)], 국민투표를 거치는 것이 바람직하다고 하여 국민투표 없이 국회가 수도이전에 관한 법률을 제정하는 것이 위헌이라고 할 수 없으며, 국가정책의 타당성에 대한 판단은 현행 헌법상 국회와 대통령의 권한으로 헌법재판소는 국가정책의 타당성을 심사·결정하는 정치적 국가기관이 아니라 국가정책결정과정이나 그 내용이 헌법에 위반하는지 여부를 심사하는 기관이라는 점을 유념해야 한다고 비판을 가한다.[15)] 재판관 전효숙의 반대의견과 같이 서울이 수도라는 사실이 오랫동안 우리 민족에게 자명하게 인식되어 온 관행에 속한다고 하다라도, 그것이 하나의 법규범으로서 다수의견이 말하는 바의 법적 확신("모든 국민이 우리나라의 국가구성에 관한 강제력 있는 법규범으로 인식하고 있는 것")을 가지고 있다고 인정하기는 어렵다고 생각한다. 따라서 관습헌법의 요건

13) 박경철, "국민주권, 국민의 헌법제정권력 그리고 관습 헌법", 『헌법학연구』 제13권 제2호, 2007, 199-238p

14) 이종수, "관습헌법이 제기하는 헌법이론적 문제점-신행정수도의건설을위한특별조치법 위헌결정", 『헌법판례연구』 6권, 박영사, 2004, 14-15p

15) 박경철, "신행정수도의 건설을 위한 특별조치법 위헌 결정의 헌법이론적 문제점", 『헌법판례연구』 8권, 박영사, 2006, 41-42p

을 갖추지 못하였기 때문에 존재하지 않는 관습헌법을 바탕으로 법률의 위헌 여부를 판단한 헌법재판소의 결정에는 다소 논리적 연결성이 결여되었다고 생각한다.

20. 사립학교 임시이사의 법적 지위 : 상지대 사건

(2007. 5. 17. 선고 2006다19054 전원합의체 판결)

1. 사실관계

원고 김O기는 △△△이 설립한 재단법인 청암학원을 인수하여 1974. 3. 8. '학교법인 상지학원'으로 명칭을 변경하였다. 원고 김O기는 1981. 9. 21. 경 당시 문교부장관의 인가를 받아 피고 학원의 정관의 설립 당초 임원을 △△△ 등 8명에서 김O기 등 8명으로 변경하였다.

그 뒤 원고 김O기를 중심으로 운영되던 피고 학원의 이사회는 1990. 4. 28. 자로 당시 이사장 겸 이사로 원고 김O기 등을 새로 선임하였다. 피고 학원은 1990. 5. 8. 교육부장관에게 위 이사회 회의록을 첨부하여 이사취임 승인신청을 하였고, 이에 교육부장관은 1990. 6. 9. 그 취임을 승인하였다.

1992년 경 상지대학교에서 한약재료학과의 폐지 후 위 학과 소속 재학생들의 처리문제와 전임강사의 임용탈락문제를 둘러싸고 학내분규가 일어나게 되었다. 그 후 피고 학원 이사들 전원은 장기화된 학내 분규에 대한 책임을 지고 1993. 4. 21. 경 일괄 사표를 제출하였고, 이어 1993. 5. 1. 피고 학원의 이사회에서 이사장 직무대행자인 박O승의 주최 하에 위 이사들 전원의 사임을 의결하는 한편, 신임이사 7인을 새로 선임하였다.

그런데 교육부장관은 피고 학원에 대한 실태조사를 벌인 결과, 피고 학원이 원고 조O문을 제외한 나머지 이사들을 이사로 선임한 1990. 4. 28. 자 이사선임결의는 당연무효이고, 이에 기하여 이루어진 이사취임승인도 당연무효라는 이유로 구 사립학교법 제20조의 2에 의하여 1993. 6. 4. 자로 원고들을 비롯한 임원들에 대한 1990. 6. 9. 자 이사취임승인의 취소처분을 하였다. 교육부장관은 그와 동시에 1993. 5. 1. 자 이사선임결의 역시 권한 없는 자들에 의하여 선임되었거나 사립학교법이 정한 이사회소집기간을 위반하여 이루어진 것이라는 이유로 이사취임승인 신청서류를 반려하고, 사립학교법 제25조에 의하여 피고 학원의 운영을 정상화하기 위한 임시이사를 선임하였다.

그 후 피고 학원은 10년 이상 임시이사 관리체제로 운영되어 오던 중, 임시이사들이 2003. 12. 18. 이사회를 개최하여 변형윤 등 9인의 정식이사를 선임하고 교육인적자원부장관에게 이사취임 승인신청을 하였다. 교육인적자원부장관은 2003. 12. 24. 위 선임이사들의 이사취임을 승인하였다. 이에 1993. 6. 4. 자 이사취임승인 취소처분을 받은 이사들의 직전 이사들인 원고들이 피고가 2003. 12. 18. 자 피고의 임시이사로 구성된 이사회에서 변형윤 등을 각 이사로 선임한 결의는 무효임을 확인한다는 소송을 제기하였다.

2. 1, 2심의 판단

1심에서는 원고들이 패소하였다.(소 각하) 이사회결의에 하자가 있다고 하더라도, 원고들의 이사 사임 또는 임기만료 이후에 이루어진 이상 원고들에게는 소의 이익(확인의 이익)이 없어, 이 사건 소송은 부적법하다고 보았다.

반면 2심에서는 원고들이 승소하였다. 우선 소의 이익과 관련하여서는, 이 사건 소송의 수행에 관한 한 퇴임이사로서의 직무수행권(이른바 긴급처리권)이 원고들에게 있고, 또한 이처럼 원고들에게 다툴 이익을 인정하지 않으면 이해관계인으로서 원고들에게 인정되는 임시이사해임신청권을 침해하는 결과가 되며, 나아가 이사회결의의 효력 여부에 관하여 사법심사를 배제하게 되어 원고들의 재판청구권까지 침해하는 결과가 된다는 점에서 소의 이익이 있다고 보았다.

다음으로, 임시이사에게는 독자적인 정식이사선임권한이 없다고 보았다. 구

사립학교법에는 임시이사 체제의 종료방법에 관한 규정이 없는데, 학교법인의 지위, 그 이사제도의 본질, 학교법인에 대한 국가 감독권의 한계, 사립학교법상의 임시이사 제도의 취지 및 임시이사의 지위와 권한, 그리고 종래 임시이사 체제의 관행적 종료방법 등의 제반 사정과 함께 학교법인의 경영권은 학교법인의 이사에게 있다는 점을 감안할 때, 임시이사체제를 종료할 경우 적어도 임시이사 선임 직전의 이사들과 협의하는 등으로 그들에게 실질적인 이사회 구성권한을 부여하여 학교법인의 경영권을 환원하도록 하여야 하고, 만약 본건 이사회결의에 따르게 되면, 본질적으로 학교법인의 지배구조를 변경하여 '사학의 공립화'를 초래하는 것이어서 보상 없는 재산권의 수용에 해당하여 헌법상 재산권의 본질을 침해하는 것이기도 하다는 것이다.

3. 대법원 판결

이 사건에서 다수견해는 학교법인의 설립목적은 그 의사결정기관 및 의사집행기관을 구성하는 이사들에 의하여 실현되고, 설립자가 최초의 이사들을, 그 다음에는 그 이사들이 후임이사들을 선임하는 방식으로 순차적으로 이사를 선임함으로써 학교법인의 설립목적이 영속성 있게 실현되도록 하는 것이 이사제도의 본질이라는 관점에 입각하고 있다. 원고들은 종전이사로서 학교법인의 자주성과 정체성을 확보하는 임무와 가장 근접한 위치에 있어 그 자주성과 정체성을 대변할 지위에 있기 때문에, 학교법인의 설립목적을 구현함에 적절한 정식이사를 선임하는 문제와 관련된 이사회 결의에 대하여 직접적인 이해관계가 있다는 이유로 원고들의 소의 이익을 인정하고 있다.

위와 같은 다수의견에 대해 반대의견은 다음과 같은 이유에서 다수견해를 비판하고 있다.

첫째, 이 사건 원고들은 스스로 정식이사의 직에서 사임하였고, 원고 조규문을 제외한 나머지 원고들은 이사회승인마저 취소된 자들로서, 임시이사들이 정식이사를 선임한 이사회결의가 무효라고 하더라도 원고들이 정식이사로서의 지위를 회복하거나 스스로 새로운 정식이사를 선임할 수 있는 권한을 보유하게 된다고 볼 수 없다.

둘째, 만약 종전 이사가 학교법인의 설립목적이 영속성 있게 실현되도록 하기 위하여 그 설립 취지를 구현함에 적절한 정식이사를 선임하는 이사회결의에 대하여 법률상 이해관계를 갖는다고 본다면, 설립자 또는 그 지위 승계자 역시 이사회결의에 대하여 무효확인을 구할 수 있다고 보아야 한다. 그러나 학교법인의 설립에 있어서 연고를 갖는다는 이유만으로 학교법인의 이사회결의의 무효확인을 구할 법률상 이익이 있다고 할 수 없으며, 특별한 사정이 없는 한 학교법인의 설립자라는 지위에서 이사회결의의 무효확인을 구할 수 없다는 대법원판결[1]과도 모순된다.

셋째, 후임이사들의 취임승인이 취소된 경우, 그들의 지위를 회복하기 위하여는 행정소송을 통하여 이사취임승인 취소처분의 효력을 다투는 것이 원칙이다. 행정소송에서 후임이사들의 이사취임승인처분이 그대로 유효하게 확정된 경우 그들은 더이상 정식이사 선임결의를 다툴 수 있는 법률상의 지위를 갖지 않는다. 그렇다고 하여 그 이전의 이사들에게 거슬러 올라가 학교법인의 대표성을 대변한다는 명목으로 임시이사의 정식이사 선임결의를 다툴 수 있는 법률상의 지위를 부여하는 것은 무리하게 소의 이익을 확장하는 것으로서 방법론적으로도 적절하지 않다.

4. 대법원 판결요지

(1) 다수의견

학교법인의 기본권과 구 사립학교법의 입법목적, 그리고 같은 법 제25조가 민법 제63조에 대한 특칙으로서 임시이사의 선임사유, 임무, 재임기간 그리고 정식이사로의 선임제한 등에 관한 별도의 규정을 두고 있는 점 등에 비추어 보면, 구 사립학교법 제25조 제1항에 의하여 교육인적자원부장관이 선임한 임시

1) 대법원 2003. 1. 10, 선고 2001다1171 판결.

이사는 이사의 결원으로 인하여 학교법인의 목적을 달성할 수 없거나 손해가 생길 염려가 있는 경우에 임시적으로 그 운영을 담당하는 위기관리자로서, 민법상의 임시이사와는 달리 일반적인 학교법인의 운영에 관한 행위에 한하여 정식이사와 동일한 권한을 가지는 것으로 제한적으로 해석하여야 하고, 따라서 정식이사를 선임할 권한은 없다고 봄이 상당하다.

(2) 다수의견에 대한 보충의견 1

이사회의 권한에 관한 일반규정인 구 사립학교법 제16조 제1항 제4호는 이사회가 임원의 임면에 관한 사항을 심의·의결한다고 하여 후임이사의 선임권이 이사회에 있음을 규정하면서 위 이사회의 범위에 관하여 특별한 제한을 두고 있지는 아니한데, 만일 같은 호의 이사회에 임시이사만으로 구성된 이사회가 포함된다고 이해하고 이에 따라 이러한 이사회도 정식이사로 구성된 이사회와 마찬가지로 아무런 제한 없이 새로운 정식이사를 선임할 수 있다고 해석한다면, 이는 학교법인의 설립 및 운영의 자유를 위헌적으로 침해할 수 있는 방법을 허용하는 것으로서 합헌적 법률해석의 견지에서 허용될 수 없다.

(3) 다수의견에 대한 보충의견 2

임시이사로 하여금 정식이사를 선임할 권한을 주는 것은 결국 구 사립학교법 제25조가 임시이사재임기간의 기준으로 삼는 임시이사의 선임사유가 해소되었는지 여부의 판단 권한을 임시이사 자신에게 주는 셈으로서, 이는 아무 법적 근거도 없고 성질상 임시이사에게 그 권한을 부여하는 것이 매우 불합리하기도 하다. 또한, 국가권력이 파견한 임시이사에 의해 학교법인의 두뇌에 해당하는 이사회의 조직이 전면 개편될 수 있다면 결과적으로 국가가 간접적인 방법으로 사학을 접수하는 것이나 마찬가지로서 사학의 자율성은 근본적으로 훼손되고 말 것이므로 결국 헌법이 보장하는 교육의 자주성은 무너지고 말 것이다. 나아가 학교법인에는 적지 않은, 때로는 막대한 기본재산이 있게 마련인데, 임시이사가 정식이사를 선임함으로써 사학의 운영 주체가 변경되는 것은 그 재산의 귀속주체에 실질적인 변경이 있는 것이나 마찬가지로서 재산권 침해의 문제도 야기된다. 물론 그 기본재산은 개인의 재산이 아니라 학교법인의 소유로서 공적인 성격의 재산임에 다언을 요하지 아니하지만, 정부기관이 학교법인의 의사를 배제한 채 선임한 임시이사가 다시 정식이사를 선임하여 학교법인의 이사회를 전혀 새로이 구성할 수 있다면 과연 그 전후의 법인 사이에 동일한 정체성이 유지되는지 심히 의문이 아닐 수 없고, 이러한 경우 비록 그 재산의 소유자가 형식상 동일한 학교법인이라 하여도 실질적으로는 귀속주체가 달라진 것에 다름없다 할 것이니, 이러한 결과는 결국 헌법 제23조가 보장하는 재산권에 관한 침해로서 허용되어서는 아니 되는 것이다.

(4) 반대의견

학교법인은 기본적으로 민법상 재단법인에 해당하는 것이고, 다만 그 조직·운영에 관하여 법적 규제와 행정감독을 강화함으로써 사학의 공공성을 높이기 위하여 사립학교법이라는 특별법에 의하여 설립·운영되는 특수법인으로 규정하고 있는 것으로 보아야 한다. 따라서 학교법인에 대하여는 사립학교법이 우선 적용되나 그 외 사립학교법에 규정되지 않은 사항에 관하여는 민법의 재단법인에 관한 규정이 적용되어야 한다. 그런데 민법 제63조에 의하여 법원이 선임한 임시이사는 일반 이사와 동일한 결의권이 있다는 것이므로, 비록 그 선임 주체가 다르다 하더라도 사립학교법 소정의 임시이사들 역시 정식이사와 동일한 권한이 있는 것으로 해석하여야 하고, 따라서 임시이사들로 구성된 이사회에서 정식이사를 선임한 이사회결의를 무효라고 볼 수 없다.

(5) 반대의견에 대한 보충의견

사립학교에서의 교육의 자주성 및 학교운영의 자율성은 교육의 공공성에 저촉되지 아니하는 한도 내에서만 존중될 수 있는 것이라고 보아야 한다. 그리고 우리 헌법과 구 사립학교법뿐만 아니라 공익법인의 설립·운영에 관한 법률의 그 어디에도 구 사립학교법 제25조 제1항에 의하여 교육인적자원부장관이 선임한 임시이사의 권한을 정식이사의 권한보다 제한하는 규정은 전혀 두고 있지 아니하므로 법의 일반 원칙에 따라서 구 사립학교법상의 임시이사는 민법상의 임시이사와 마찬가지로 정식이사와 동일한 권한을 가진다고 해석하여야 한다. 비영리 공익법인이면서 공법관계와 사법관계가 혼합되어 적용되는 특수법인인 학교법인의 임시이사의 지위와 권한을 명시적인 법적 근거도 없이 자의적인 해석에 의하여 제한하는 것은 법 해석의 한계를 일탈한 위법한 해석이라고 아니 할 수 없다.

5. 대법원 판결의 논거 정리

(1) 다수의견

① 사립학교법 관련규정을 살펴보면 임시이사는 이사의 결원으로 인하여 학교법인의 목적을 달성할 수 없거나 손해가 생길 염려가 있는 경우에 임시적으로 운영을 담당하는 위기관리자에 불과하다.

② 구 사립학교법 제25조에 의하면, 임시이사의 임기가 만료된 경우에 그 후임 임시이사를 선임할 권한은 교육부장관에게 있으므로 자신의 후임 임시이사를 선임할 권한도 없는 임시이사에게 정식이사를 선임할 권한이 있다고 보는 것은 무리다.

③ 이 사건 이전에는 종래 관할청은 행정지도의 형식으로 임시이사로 하여금 종전이사들을 정식이사로 선임하는 결의를 하게 하거나, 설립자 또는 종전이사들의 양해 아래 학교법인의 부채를 인수하는 자를 정식이사로 선임하는 등 사실상 종전이사들과의 실질적 협의를 거쳤었던 것으로, 이 사건 이사회결의 당시의 상황은 그 이전의 '사실적 관행'과 배치되는 사정이 있었다고 볼 수 있다. 즉, 이 사건의 소송결과를 가지고 종전에 정상화된 학교법인에 관한 법률관계에 대하여 일률적으로 논의하는 것은 적절하지 않다.(보충의견)

④ 정관에 의하여도 임시이사의 권한에 대한 통제가 가능하다고 본다 하더라도 법률의 규정에 의하여 주어진 임시이사의 권한을 통상적인 학교법인의 운영을 예정하여 규정한 정관에서 어느 정도나 제한할 수 있겠는가에 관하여 의문이 제기될 수 있으므로, 정관의 구체적인 규정을 상정할 필요 없이 법률의 해석상 임시이사에게 주어진 권한이 어디까지인가를 명확히 할 필요가 있다.

⑤ 구 사립학교법 상의 임시이사에게 정식이사와 다름없는 무제한적인 권한을 부여한다면 단순히 학교 경영을 정상화하는 수준을 넘어서서 학교법인에 본질적인 변화를 가져올 수 있고, 그것은 학교법인의 설립목적 및 이념의 변질로 이어져 독립된 법인격체로서의 학교법인 등에게 보장된 헌법상의 기본권으로서 교육의 자주성·전문성·정치적 중립성 등을 본질적으로 침해하는 것이 될 수 있다.

⑥ 사립학교가 갖는 공공적 성격을 제대로 보장하기 위해서는 학교법인 자체의 사법인으로서의 정체성과 자주성을 확보하는 것이 중요하고 그것이 헌법 정신에 부합하므로, 공공성을 추구한다고 하더라도 학교법인의 자주성을 침해하지 않고 서로 적절히 조화를 이루도록 하여야 한다.(보충의견)

⑦ 임시이사 선임사유가 해소된 경우의 정상화 방법에 관하여 아무런 규정을 두고 있지 아니하던 구 사립학교법 하에서는 민법의 일반원칙으로 돌아와 해결해야 하는데, 이 때 민법의 일반원칙은 학교법인이나 이사제도의 본질을 말하는 것으로 학교법인의 설립 및 운영의 자유가 이것에 해당한다.

⑧ 임시이사가 정식이사를 선임함으로써 사학의 운영 주체가 변경되는 것은 그 재산의 귀속주체에 실질적인 변경이 있는 것으로 헌법 제23조가 보장하는 재산권에 관한 침해로서 허용되어서는 아니 된다.(보충의견)

(2) 반대의견

① 구 사립학교법 제16조 제1항은 이사를 포함한 임원의 임면에 관한 사항을 이사회가 의결할 수 있다고 규정하고 있는데 위 조항을 비롯하여 구 사립학교법 어디에도 임시이사로 구성된 이사회가 임원의 임면을 결의할 수 없다는 취지의 규정은 찾아볼 수 없다.

② 학교법인은 기본적으로 민법상 재단법인에 해당하는 것이고. 다만 사립학교법이라는 특별법에 의하여 설립·운영되는 특수법인으로 규정하고 있는 것으로 보아야 하므로 학교법인에 대하여는 사립학교법이 우선 적용되나 그 외 사립학교법에 규정되지 않은 사항에 관하여는 민법의 재단법인에 관한 규정이 적용되어야 하므로, 사립학교법 소정의 임시이사들 역시 정식이사와 동일한 권한이 있는 것으로 해석하여야 한다.

③ 그 동안 대법원은 구 사립학교법 제25조에 의하여 선임된 임시이사는 정식이사와 동일한 권한과 의무를 보유한다고 보아, 2003년 이후 임시이사 파견사유가 해소되어 정식이사 체제로 전환한 다른 7개 대학 모두 임시이사의 정식이사 선임이 무효로 될 수 없다고 보았다. 그런데 이 사건에서 위와 같은 대법원의 견해를 변경하여야 할 필요성이나 특별한 사정변경이 없음에도 종전 판례 취지와 달리 해석하는 것은 학교법인의 정상화와 관련하여 이루어지던 사실적 관행이 무시되는 결과로 되어 법적 안정성의 측면에서 많은 문제가 발생할 우려가 있다.

④ 임시이사는 해산에 갈음하여 학교법인을 정상화시키기 위하여 사립학교법이 특별히 규정하고 있는 제도로서 임시이사의 선임행위 자체에 학교법인의 정상화라는 목적을 위한 정식이사의 선임이 예정되어 있다고 볼 수 있으며, 정식이사의 선임에 관한 임시이사의 권한은 정관에 의하여도 통제가 가능하다는 측면에서 보면 학교법인의 기본권을 침해하는 것으로 볼 수 없다.

⑤ 다수의견이 구 사립학교법의 해석론에 관하여 민법의 일반원칙이 적용됨을 긍정하면서도 사립학교법상 임시이사의 권한에 대하여서는 민법의 일반원칙의 적용을 배제하는 것은 논리적으로 모순된다.

⑥ 학교법인의 자주성을 지나치게 강조하다보면 임시이사 제도를 비롯한 학교법인의 공공성 강화를 위한 각종 제도를 부인하는 것으로 귀착될 염려가 있다.

* 다음은 대법원 반대의견 외의 비판의견까지 포함하여 표로 정리한 내용이다.

	다수의견(권한부정)	비판(권한인정)
	사립학교의 자주성 (학교법인의 설립 및 운영의 자유)	사립학교의 공공성과 투명성의 강화
해석기준 (사학의 자주성과 공공성) 해석기준	사립학교가 갖는 공공적 성격을 제대로 보장하기 위해서는 학교법인 자체의 사법인으로서의 정체성과 자주성을 확보하는 것이 중요하고 그것이 헌법 정신에 부합하므로, 공공성을 추구한다고 하더라도 학교법인의 자주성을 침해하지 않고 서로 적절히 조화를 이루도록 하여야 한다.(보충의견)	학교법인의 자주성을 지나치게 강조하다보면 임시이사 제도를 비롯한 학교법인의 공공성 강화를 위한 각종 제도를 부인하는 것으로 귀착될 염려가 있다.
구 사립학교법 제 25조와 민법 제 63조와의 관계	구 사립학교법 제25조는 민법 제63조에 대한 특칙으로, 별도로 규정을 둔 이유는 일반 임시이사와 학교법인의 임시이사와의 본질적 차이 때문이다. 학교법인의 임시이사는 임시적으로 운영을 담당하는 위기관리자에 불과기 때문에 학교법인의 임시이사의 권한은 제한적으로 해석되어야 한다. 따라서 자신의 후임 임시이사를 선임할 권한도 없는 임시이사에게 정식이사를 선임할 권한은 없다.	구 사립학교법 어디에도 임시이사로 구성된 이사회가 임원의 임면을 결의할 수 없다는 취지의 규정은 찾아볼 수 없고, 학교법인은 기본적으로 민법상 재단법인에 해당하는 것으로 사립학교법에 규정되지 않은 사항에 관하여는 민법의 재단법인에 관한 규정이 적용되어야 하므로, 사립학교법 소정의 임시이사는 정식이사와 동일한 권한이 있다.
입법목적에 대한 분석	사립학교법에서 규정하는 국가의 감독권도 학교법인 설립자가 작성한 정관 기타 설립 당시의 설립자의 의사에 부합되게 운영될 수 있도 록 보장하기 위한 범위 내에서 이를 행사해야 한다고 보는 것이이 입법목적에 부합한다. 임시이사 체제의 한시적, 잠정적으로 제한되었던 학교법인의 사학운영의 자유가 영구적, 확정적으로 제한되는 것을 의미하는 임시이사들의 정식이사 선임 결의는 비례성의 원칙에도 반하게 된다.	사립학교법에서의 임시이사를 둔 입법목적은 조속한 시일 내에 임시이사 파견의 사유가 해소되고, 운영이 정상화될 수 있도록 하기 위함이다. 임시이사 파견사유가 해소되는 것은 학교의 정상화를 의미하는 것이고, 이는 곧 정식이사 선임으로 귀결되어 지므로 따라서 임시이사는 정상화를 위한 절차로 정식이사를 선임할 수 있는 권한이 있다고 봄이 입법목적에도 부합한다.

	다수의견(권한부정)	비판(권한인정)
	사립학교의 자주성 (학교법인의 설립 및 운영의 자유)	사립학교의 공공성과 투명성의 강화
민법의 일반원칙 적용과 사물의 본성	임시이사 선임사유가 해소된 경우의 정상화 방법에 관하여 아무런 규정을 두고 있지 아니하던 구 사립학교법 하에서는 민법의 일반원칙으로 돌아와 해결해야 하는데, 이 때 민법의 일반원칙은 학교법인이나 이사제도의 본질을 말하는 것으로 학교법인의 설립 및 운영의 자유에 따라야 함을 의미한다. 임시이사에게 정식이사와 동일한 권한을 부여한다면 학교법인에 본질적인 변화를 가져올 수 있고, 그것은 학교법인의 설립목적 및 이념의 변질로 이어져, 사물의 본성이라 할 수 있는 학교법인에게 보장된 헌법상의 기본권을 본질적으로 침해하는 것이 된다.	다수의견이 구 사립학교법의 해석론에 관하여 민법의 일반원칙이 적용됨을 긍정하면서도 사립학교법상 임시이사의 권한에 대하여서는 민법의 일반원칙의 적용을 배제하는 것은 논리적으로 모순된다. 2005년 사립학교법이 개정되어 제25조의3을 신설하였는데 이는 학교법인을 정상화시키는 방법에 대한 법률의 흠결을 해결하기 위한 방안으로 사물의 본성에 기초하여 마련된 입법 내용이다. 즉, 본 사건 이후 재정된 신설규정에서 사학의 자주성보다는 공공성과 운영의 투명성에 비중을 두었으므로, 이것이 사물의 본성이라 할 수 있다.
법적 안정성 (사실적 관행)	'사실적 관행'과 관련하여 이 사건 이사회결의 당시의 상황은 이전의 대법원 판례의 상황과 배치되는 사정이 있었으므로, 이 사건의 소송결과를 가지고 종전에 정상화된 학교법인에 관한 법률관계에 대하여 일률적으로 논의하는 것은 적절하지 않다.(보충의견)	학교법인의 임시이사는 정식이사와 동일한 권한을 가진다고 본 종전 대법원의 견해를 변경할 필요성이나 특별한 사정변경이 없음에도 이와 달리 해석하는 것은 사실적 관행이 무시되는 결과로, 법적 안정성의 측면에서 문제가 있다.
정관의 실효성 여부	통상적인 학교법인의 운영을 예정하여 규정한 정관에서 어느 정도나 임시이사의 권한을 제한할 수 있는지 의문이 있으므로, 정관과 별도로 법률의 해석상 임시이사의 권한범위를 명확히 할 필요가 있다.	정식이사의 선임에 관한 임시이사의 권한은 정관에 의하여도 통제가 가능하다는 측면에서 보면, 임시이사에게 정식이사 선임에 관한 권한을 인정한다고 하더라도 학교법인의 기본권을 침해하는 것으로 볼 수 없다.
그 외 (사학의 재산권 침해 여부)	임시이사가 정식이사를 선임함으로써 사학의 운영 주체가 변경되는 것은 그 재산의 귀속주체에 실질적인 변경이 있는 것으로 헌법 제23조가 보장하는 재산권에 관한 침해로서 허용되어서는 아니 된다.(보충의견)	

6. 결론

대법원판결의 다수견해는 설립자로부터 연유하는 학교법인의 자기정체성은 취임승인이 취소된 이사를 선임하였던 종전이사까지 승계되고 정지된 상태로 남아있어 종전이사는 여전히 학교법인의 정체성을 대변할 지위에 있다고 한다. 이에 따라 종전이사는 학교법인의 이익을 대변하여 선임행위의 위법성을 다툴 이해관계를 갖는다고 한다.

이렇듯 다수견해는 학교법인의 설립목적을 강조하여 그 정체성을 부각시키고 있으나, 오히려 사안에서 본질적인 것은 정관에 근거한 학교법인의 고유한 경영권이라고 할 것이다. 학교법인의 고유한 경영권에 근거한 자기결정권(이사선임권)은 관할청의 임시이사선임에 의하여 현저하게 침해된다. 종전이사들은 이러한 임시이사들로 구성된 이사회에서 정식이사를 선임하는 위법행위를 하고 이로 인하여 학교법인의 고유한 경영권 및 자기결정권을 박탈하는 경우에는 종전이사들은 이러한 고유한 경영권에 근거하여 선임행위의 위법성을 다툴 법적 지위를 갖는다고 할 것이다.

반대의견은 헌법에 의하여 보장되고 있는 사학의 자유의 의미를 간과한 측면이 있다. 학교법인의 임원의 선임권은 사립학교의 설립과 운영의 자유의 본질적인 부분에 해당한다. 누구를 이사로 선임할 것인가는 이를 일부 제한하고 있는 사립학교법의 규정에 저촉되지 않는 한 학교법인의 자유에 속한다. 사립학교의 설립자는 자신의 설립목적을 정관에 규정하고 이러한 설립목적에 따라 학교를 가장 잘 운영할 수 있는 자들을 최초의 이사로 선임한다. 그 다음에는 그 이사들이 후임이사들을 선임하는 방식으로 순차적으로 이사를 선임함으로써 학교법인의 설립목적이 지속적으로 실현되도록 학교경영권을 확보하여 나가고 있다. 따라서 이사선임권은 사립학교의 운영주체인 학교법인의 자기결정권의 본질적인 요소이며, 종전이사로서 원고들은 이러한 학교법인의 자기결정권에 근거하여, 정식이사를 선임하는 문제와 관련된 이사회 결의에 대하여 직접적인 이해관계가 있기 때문에 소의 이익이 인정되어야 할 것이다. 이러한 해석이 헌법에서 기본권으로 보장하는 사립학교의 설립과 운영의 취지에 적합할 것이다. 또한 보충의견에 나타난 것처럼 확인의 이익은 국민의 재판청구권의 행사와 밀접한 관계를 갖게 되며, 국민의 재판청구권을 합리적인 범위 내에서 확대해 나아가는 노력이 필요하다는 점에서도 소의 이익을 인정하는 것이 타당하다고 본다.

7. 여론(餘論) – 현행 사립학교법 상 임시이사가 선임된 학교법인의 정상화 방법

학교법인 정상화 방법의 변천

① 구 사립학교법(2005.12.29. 법률 제7802호로 개정되기 전의 것)에는 정상화 방안에 대하여 아무런 규정도 두지 아니하였다.

② 사립학교법의 개정(2005.12.29. 법률 제7802호)으로 임시이사가 선임된 학교법인의 정상화 방법에 대하여 관할청이 임시이사의 선임사유가 해소되었다고 인정한 때에 상당한 재산을 출연하거나 학교 발전에 기여한 자 및 학교운영위원회 또는 대학평의원회의 의견을 들어 관할청이 임시이사를 해임하고 이사를 선임하여야 한다고 규정하였다.

③ 현행 사립학교법(2007.7.27. 법률 제8545호)은 관할청은 임시이사의 선임사유가 해소되었다고 인정한 때에는 이사의 임기 등과 무관하게 사학분쟁조정위원회의 심의를 거쳐 지체 없이 임시이사를 해임하고 이사를 선임하여야 한다고 하였다.(제25조의3 제1항) 관할청은 정상화 방안에 대하여 사학분쟁조정위원회에 심의를 요청하게 되는데 이에 대하여 심의를 한 사학분쟁조정위원회는 심의결과를 지체 없이 관할청에 통보하여야 하고 관할청은 통보된 심의결과에 따라야 한다.(제24조의2 제3, 4항) 정식이사의 선임에 대한 최종 결정권을 사실상 사학분쟁조정위원회에 주고 있는 것이다. 이러한 사학분쟁조정위원회의 권한 때문에 사학분쟁조정위원회를 구성함에 있어서 대통령이 추천하는 자 3인, 국회의장이 추천하는 자 3인, 대법원장이 추천하는 자 5인으로 구성하고, 위원장은 대법원장이 추천하는 인사 중에서 호선하도록 하여 정치적으로는 물론 이해관계인으로부터의 독립성이 최대한으로 보장되도록

하였다.(제24조의3)

※ 법해석에 있어서 법률의 흠결과 사물의 본성[2]

I. 머리말

2007년 상지학원사건에서 대법원은 임시이사로 구성된 이사회가 정식이사를 선임한 이사회 결의는 무효라고 판결하였다. 이 대법원 판결은 이론적으로는 사립학교의 자유의 내용 및 그 기본권 주체성과 같은 헌법 문제를 비롯하여 학교법인 및 이사제도의 본질, 학교법인에 대한 공공성의 요청과 국가감독권의 한계, 임시이사 제도의 문제점 등에 관한 국내 법학자들의 관심을 불러일으켰으며, 또한 임시이사 체제 종료 후의 정식이사 선임과 관련하여 당시 사립학교법상의 해당 적용규정이 흠결되어 있었기 때문에 법해석을 둘러싸고 격렬한 논쟁이 전개되었다.[3] 사회적 관심사가 된 이 사건은 결국 대법원에서 전원합의체 판결로 헌법과 구 사립학교법의 체계적인 해석이라는 법리적인 판단을 통하여 최종적인 결론을 내렸지만 이에 대한 논쟁을 계속 이어지고 있다.

당시 대법원이 상지학원 사건에서 내린 판결요지는, 먼저 종전이사는 학교법인의 정식이사를 선임하는 문제와 관련하여 직접적인 이해관계를 가지는 자로서 구 사립학교법상의 임시이사들이 정식이사를 선임하는 내용의 이사회결의

2) 이 논문은 김학태, "법해석에 있어서 법률의 흠결과 사물의 본성",『외법논집』, 제37권 제1호, 2013, pp.295-310에 수록된 논문임.

3) 고영남, "상지대 판결과 교육개혁 ; 학교법인 임시이사의 권한 -상지학원 사건을 중심으로-",『민주법학』 제34호, 2007, 15면 이하 : 강경근, "헌법적 관점에서 본 상지학원판결의 의미",『고시계』 제52권 제7호, 2007, 4면 이하 : 임재홍, "사립학교법상 임시이사의 정이사선임권",『민주법학』 제33호, 2007, 485면 이하 : 임재홍, "사립학교법상 임시이사제도의 법적성격",『민주법학』 제36호, 2008, 200면 이하 : 장상균, "구 사립학교법상 임시이사의 정식이사 선임 권한",『대법원판례해설』 제68호, 2008, 147면 이하 : 최윤성, "구 사립학교법상 퇴임이사의 업무승계권과 임시이사의 권한범위",『판례연구』 제20집, 2009, 351면 이하 : 임재홍, "상지대 판결과 교육개혁 ; 사립학교를 둘러싼 법적 후퇴와 대응 -대법원의 상지대 판결과 사립학교법 개악을 중심으로-",『민주법학』 제34호, 2007, 69면 이하

의 효력을 다툴 수 있는 소의 이익이 인정된다고 하였으며, 또한 임시이사는 민법 제63조에 의한 임시이사와 달리 일반적인 학교법인의 운영에 관한 행위에 국한하여 정식이사와 동일한 권한을 행사할 수 있다는 제한적 해석을 함으로써, 임시이사 체제가 종료되는 시점에서 정식이사를 선임할 권한이 없다고 판시하였다. 해당 사건에서는 임시이사가 정식이사를 선출할 수 있는 지의 여부가 핵심적인 쟁점이었지만, 당시 구 사립학교법에서는 임시이사체제를 종료하는 방법과 절차에 관한 규정이 존재하지 않았으므로 이는 법률의 흠결이라 할 수 있고, 이에 대하여 대법원은 사학의 자주성이라는 이념에 기초하여 임시이사의 정식이사 선임권한을 부정하는 법해석을 내린 것이다.

이 논문에서는 학교법인 임시이사가 임시이사 체제 종료 후 정식이사를 선임할 수 있는 지 여부에 대한 사립학교법상의 법률의 흠결에 관하여 검토해 본다. 우선 법제정과 법해석의 일반적인 메카니즘에 관하여 고찰해보고, 또한 구체적으로 법제정과 법해석의 맥락, 전통적인 법해석의 기준과 법해석의 한계, 법률의 흠결과 보충을 통한 법해석 등을 살펴본 후 문제가 된 2007년 상지학교 대법원 판결을 분석하고 평가하여 대법원이 어떤 방식으로 법률의 흠결에 따른 법해석을 하였는지를 평가할 것이다. 다수의견과 반대의견 그리고 보충의견 각각의 법해석 논증을 통해 사물의 본성에 부합되는 법해석 여부를 평가하여, 합리적인 법해석의 방향을 제시하고 한다.

II. 법해석의 방법론

1. 법제정과 법해석의 맥락이해

법은 언어로 표현된 법률을 단지 국회에서 형식적으로 제정함으로써 실현되는 것이 아니라 구체적인 사실관계에 적용될 법규정의 의미를 법원이 올바르게 찾아서 해석함으로써 실현된다. 법을 현실에 적용하기 위해서는 불완전하고 불분명한 언어의 개념으로 구성되어 있는 법률의 규범내용을 올바르게 이해하여, 적용될 구체적인 사안이 추상적인 법규범의 규율목적에 부합되는가를 판단해서 포섭시켜야 한다. 따라서 법해석은 법규범과 현실 생활사태를 연결시키는 작업이라 할 수 있다.[4] 한편 규범은 본질적으로 현실의 상황을 예상하고 일정한 목적, 원칙 그리고 이념에 따라 다양하고 구체적인 표상들을 일정한 기준에 맞게 유형화시켜서, 가능한 모든 경우를 포함할 수 있도록 추상적인 언어를 통해 규정하는 방식으로 이루어진다.[5] 따라서 법해석은 법제정의 방식과 반대로, 이렇게 추상화된 법문의 의미를 현실상황에 맞게 구체화시키는 작업이 필연적이다.[6] 그러므로 법해석의 매커니즘은 항상 법제정의 매커니즘과 상호 연관시켜 파악될 수 있는데, 우선 법제정의 과정은, 당위의 범주인 추상적, 일반적, 초실정적 그리고 초역사적인 법이념 또는 법의 일반원칙과 존재의 영역인 가상적 생활사태와 관계에서 연역과 귀납의 유추를 통하여, 즉 법이념으로부터 생활사태에 적용하기 위한 해석으로 연역의 모습과 반대로 구체적인 사실관계인 생활사태로부터 규범의 정형화를 이끌어내기 위한 귀납의 추론이 상호상응, 일치되는 점에서 구체적인 법규범이 만들어지게 된다. 그리고 같은 맥락에서 법해석은 역시 당위의 범주인 일반적, 형식적, 실정법규범과 마찬가지로 존재의 영역인 현실적인 생활사태와의 관계에서 연역과 귀납의 추론방법을 동해서, 즉 법규범으로부터 구체적이고 현실적인 생활사태에 적용하기 위한 해석으로서 요구되는 연역의 방법과 반대로 구체적이고 현실적인 생활사태로부터 추상적인 법규범의 의미에 적용하는 방식으로서의 귀납의 추론방법이 상호 일치, 상응되는 점에서 비로소 올바른 법적용이 이루어진다.[7]

이러한 맥락에서 접근하면, 일반적인 법학방법론이 단지 실정법규범의 형식논리적인 해석을 통한 법적용이라는 기술적인 차원에 머무르는 것과 달리, 법

4) Krey, “Gesetzestreue und Strafrecht-Schranken richterlicher Rechtsfortbildung”, *ZStW* 101, 1989, S. 838

5) 이러한 의미에서 지펠리우스는 “법률은 언어로 표현된 법적 표상(rechtliche Vorstellung)”이라고 강조하였다. Vgl. Zippelius, *Einführung in die juristische Methodenlehre,* 2. Aufl., 1974, 김형배 역, 『법학방법론』, 1976, 32면

6) Kaufmann, "Problemgeschichte der Rechtsphilosophie", in: Kaufmann/Hassemer/Neumann (Hrsg.), *Einführung in Rechtsphilosophie und Rechtstheorie der Gegenwart*, 2004, S. 133ff.

7) 졸고, “법존재론과 법인식에 관한 고찰”, 『외법논집』 제19집, 2005, 14면

의 존재론적 구조에 기초해서 법의 생성과 실현과정을 역동적으로 추론하는 방법론이 법이해와 법해석을 위해서 필수불가결한 조건이라 할 수 있다. 즉 일반적인 법학방법론은 법의 존재적 의미와 단절되어 법규범질서를 전제로 하여 오로지 법규범의 형식논리적인 해석만을 강조하지만, 진정한 의미에서의 법해석은 법의 존재론적 의미로부터 그리고 이를 전제로 하여 이로부터 추론하여 법이 현실과의 관계 속에서 어떻게 실현되는지를 역동적으로 전개시키는 작업이 더욱 중요하다.[8)]

따라서 법제정과 법해석의 필수불가결한 관계라는 맥락에서 볼 때, 법제정은 법이념과 장래에 생길 수 있는 생활관계와의 동화, 일치라고 할 수 있으며, 법해석은 법규범과 현실적인 생활관계와의 동화, 일치라고 할 수 있다. 또한 이러한 관계구조 속에서 법이념 또는 법규범의 당위의 영역과 생활사태라는 존재의 영역을 매개시키는 촉매로서의 사물의 본성이 필요 하며, 이는 당위와 존재, 가치와 현실을 결합하는 합리적인 기준이라고 할 수 있다.[9)] 생활사태에서 규범에 혹은 규범에서 생활사태로의 추론은 항상 합리적인 기준이라 할 수 있는 사물의 본성을 통한 추론이 필요하며, 이를 통해 올바른 법해석이 이루어진다.[10)]

2. 전통적인 법해석의 기준과 법해석의 한계

(1) 전통적인 법해석 카논[11)]

오늘날 전통적 법해석방법론의 초석을 다진 법철학자는 독일의 사비니

---

8) 김영환, “아르투어 카우프만의 죽음을 애도하며”, 『법철학연구』, 제4권 제1호, 2001, 12면

9) *Kaufmann, Analogie und ‘Natur der Sache’*, 1982, S. 44ff.

10) 졸고, “법존재론과 법인식에 관한 고찰”, 『외법논집』 제19집, 2005, 16면

11) 류전철, “법률해석의 방법과 형법”. 『법률행정논총』 제17집, 1997, 345면 : 구모영, “형법해석의 한계에 관한 방법적 성찰”, 『비교형사법연구』, 2002, 360면 : 최석윤, “형법해석의 한계”, 『김일수교수 기념논문집』, 2006, 340면 : 문정민, “형법해석의 한계로서 책임주의”, 『법학논총』 제11집 제2호, 2004, 105면 : 변종필, “형법해석에서 법정책적 논거원용의 타당성 문제”, 『형사법연구』 제26호, 2006, 512면 이하 : 졸고, “법학방법론의 역사적 발전과 법학교육의 미래”, 『법철학연구』 제9권 제2호, 2006, 141면 이하 참조

(Savigny)와 라렌츠(Larenz)를 들 수 있는데, 우선 사비니에 의하면 법학이 그의 과제를 수행하기 위해서는 무엇보다도 법의 해석방법과 법의 체계화가 필요하다고 주장하였다.[12] 이를 위해서는 우선적으로 문언의 형식으로 이루어진 법규의 의미이해가 필요하고, 그 법규 속에 숨어있는 사상을 재구성하여야 한다고 강조하였다. 이러한 과정은 올바른 법해석을 통해서만 가능한 것으로 파악한 사비니에 의하면, 법해석은 우선적으로 법문의 일상적인 의미에 따라야 하며, 둘째 법규의 체계와 논리에 따라야 할 것이며, 셋째 역사적으로 주관적인 입법자의 의도가 무엇인지를 객관적으로 고려하여 이루어져야 한다는 것이다. 그리고 이러한 법해석은 전체적으로 합리적인 구도 속에서 이루어져야 한다고 주장하였으며, 그는 이러한 법해석의 방법론을 통해서 법학의 체계화에 주력함으로서 법학의 다양성을 내적 상관관계로 통합시키려고 노력하였다. 사비니는 이러한 네 가지의 관점을 해석의 다른 종류로서가 아니고, 해석과정에서 결합되어야할 요소들로서 이해하였다. 그에 의하면 문리적 해석은 법률문헌에 근거하고 그것의 자연적인 의미를 밝히는 것이며, 논리적, 체계적 해석은 규범의 맥락, 즉 법률문맥이나 법률의 전체 관련성을 밝히는 것이라고 강조하였다. 또한 역사적 해석이란 법률 제정 시의 법적인 상황을 비교함으로써 해석을 요하는 법규의 의미이해의 근거점을 찾아서 해석의 기준으로 삼아야한다는 것으로 파악하였으며, 마지막으로 목적론적 해석은 해석하려는 법률이 법의 전체 규율목적에 어떻게 합목적적으로 부합되는가, 즉 법률의 의미와 목적을 참고하여 해석하는 방법이라고 주장하였다.[13]

한편 라렌츠(Larenz)는 기본적으로 사비니의 법해석방법론을 따르면서 다섯

---

12) 사비니는 이러한 법학의 통일성을, 유기적으로 생성되는 역사적 법제도 속에 살아있는 민족정신에서 구하려고 시도하였으며, 이러한 사비니의 법학방법론은 이른바 역사법학의 초석을 다지기에 충분한 것으로 평가된다. Vgl. Larenz/Canaris, *Methodenlehre der Rechtswissenschaft*, 3. Aufl., 1995, S. 11ff.

13) 사비니의 네 가지 해석 기준은, 첫째로 문리적(grammatisch) 해석은 문언(Wortlaut)을 고려하고, 둘째로 논리적, 체계적(logisch, systematisch) 해석은 문맥(Kontext)을 고려하고, 셋째로 역사적(historisch) 해석은 생성역사(Entstehungsgeschichte)를 고려하며, 마지막으로 목적론적(teleologisch) 해석은 규범의 규율목적(Zweck)을 고려해서 해석하는 것으로 평가된다. Vgl. Adormeit, *Rechtslehre für Studenten*, 3. Aufl., 1990, S. 74ff.

가지의 법해석 기준을 주장하였다. 라렌츠도 사비니와 마찬가지로 언어의미, 법률의 의미관계, 역사적인 입법자의 의사(법률제정의 의도, 목적, 규범표상), 객관적-목적론적인 기준 등의 법해석 기준을 제시하였고, 그 밖에 추가적으로 헌법합치적 해석기준을 주장하였다. 라렌츠가 추가적으로 제시한 헌법합치적 해석기준은 직접적으로 헌법의 우위라는 원리에서 도출되는 것으로, 사례의 정당한 판결을 위한 노력과 규범상황의 변화에 앞서 언급한 해석기준들과 더불어 법률해석을 함께 결정하는 요소라고 강조하였다.[14]

(2) 법해석 기준의 순위논쟁

상이한 법해석 기준들의 다양성은 법해석을 탄력적으로 적용할 수 있다는 장점을 가지지만, 반면에 서로 다른 법해석의 기준 때문에 상반된 해석의 결과가 나타날 수 있으므로 어떤 해석 기준을 우선적으로 적용할 것인가의 문제가 발생할 수 있다. 이른바 해석 기준들 사이의 순위 문제 혹은 모든 해석 기준들을 뛰어 넘는 소위 메타기준이 존재하느냐의 문제이다. 사비니는 자신이 제안한 해석 기준들의 순위나 상위원칙을 제시하지 않았으며, 라렌츠 역시 해석기준 사이의 순위를 제시하지 않았다. 그리고 이들 이외에 다른 학자들의 주장에서도 법해석 기준들 사이에서 순위를 정해주는 주장을 찾아볼 수 없다.[15]

다만 상이한 해석기준을 적용하였을 경우 상호 모순되는 결과가 나타나는 경우에 있어서, 우선적인 순위를 국가이론적 혹은 헌법이론적 고려에서 찾아야한다는 주장이 있다. 이러한 주장에 따르면, 국가이론을 고려하여 가장 우선적인 법논증 이론으로 삼아야한다 것과, 법해석에 있어서는 방법론적, 언어철학적 혹은 해석학적 고려가 아니라 우선적으로 국가이론적으로 고려하는 기준이 최우선의 해석순위가 되어야한다는 것이다.[16] 그리고 또한 권력분립이론

14) 류전철, “법률해석의 방법과 형법”, 『법률행정논총』 제17집, 1997, 346면 in: Larenz/Canaris, *Methodenlehre der Rechtswissenschaft*, 3. Aufl., 1995, S. 227ff.

15) Esser, *Vorverständnis und Methodenwahl,* 2. Aufl., 1972, S. 122ff. : Kriele, *Rechtsgewinnung,* 2. Aufl. 1976, S. 85ff. : Zippelius, *Juristische Methodenlehre*, S. 39ff.

16) Koch/Rüßmann, *Juristische Begründungslehre*, 1982, S. 179ff. : Müller, *Juristische Methodik*, 3. Aufl., 1988, S. 104ff.

으로부터 사법부는 법률에 구속되어야 한다는 원칙과 요구에 따라, 다양한 해석 기준들 중에서 법률언어의 의미와 입법적인 목적이 우위를 차지한다는 주장이 전개된다. 이러한 원리에 의하면, 법률의 문언이 명백한 경우에는 다른 해석목표를 위해서 법률 문언의 의미를 수정할 수 없으며, 법률의 문언이 명백하지 않아서 법률적용을 결정할 수 없는 경우에는 입법자의 입법목적에 따르며, 입법자의 목적도 밝힐 수 없는 경우에는 법률의 이른바 이성적 목적에 비추어 법류문언의 해석을 보충할 수 있다는 것이다.[17]

(3) 법해석 기준의 한계

앞에서 살펴본 바와 같이 법해석방법론은 법이 규정하는 법문의 의미를 구체적 사건에 적용시키기 위한 합리적인 방법을 모색함을 목적으로 하며, 이를 위해서 앞서 전술한 문리해석 등의 다양한 법해석방법론 등이 적용될 수 있다. 그러나 이러한 법해석방법론들은 궁극적으로 법에 대한 이해와 직접적으로 관련되어 평가된다고 할 수 있다. 예를 들면, 법의 실체, 법의 본질, 법의 의미, 법의 존재론적 구조, 법의 이념, 법의 효력 등에 관한 법철학의 근본적인 문제에 대한 올바른 접근이 또한 필연적으로 올바른 법해석을 위한 방법을 제시해 준다고 할 수 있다.

법실증주의는 형식적인 합법성을 갖춘 실정법만을 법으로 평가하기 때문에, 주어진 실정법의 법문의 가능한 의미를 법해석의 기준으로 설정하고 법문의 논리 및 체계를 문리적 법해석의 범주로 평가한다. 이러한 법해석은 법질서의 안정을 추구할 수 있으며, 법해석의 독립성이 인정되는 방법론으로서 평가되지만, 사회현실을 고려하는 합목적인 법해석의 차원에서는 한계에 부딪히게 된다. 그리고 법사회학의 관점에서는 법의 실정성의 평가보다는 사회적 현실로서의 법제도의 의미파악에 주력하기 때문에, 법해석에 있어서도 법문의 문리적 해석에 주력하는 것이 아니라 사회의 자생적인 질서 및 사회현실을 반영하는 목적과 사회현실의 이해라는 맥락에서 법해석의 기준이 결정된다고 할 수 있다. 이러한 입장은 법현실주의에서도 같은 의미로 이해될 수 있으며, 결과고

17) 심헌섭, “법철학적 법학방법론-법철학과 합리적 법학방법”, 『서울대 법학』, 제24권 1983, 7면

려적 해석의 관점이 중요성을 띄게 되어 법의 사회적 기능성과 사회적 요구를 수용하는데 적극적이며, 또한 사회적 현실을 반영하는 법해석방법론으로 평가된다. 또한 자연법론의 입장에서의 법해석도 실정법의 문언적 의미에 구애받지 않는다는 점에서 사회학적 법학에서의 법해석과 동일한 평가가 인정되며, 무엇보다도 입법의 목적이 무엇인가를 합목적적으로 판단하는 목적론적 법해석의 방법을 선호하게 된다. 그리고 무엇보다도 자연법론에 있어서의 법해석은 도덕적 원칙에 입각하여 선험적 가치와 원리의 실현 및 구체적 타당성을 고려하여 합목적적인 법해석을 방법을 제시해 준다고 점에서 차이를 인정할 수 있다.[18]

3. 법률의 흠결과 보충

일반적으로 생각하는 법해석방법론은 법률의 문언적 의미를 밝히고 그 의미를 구체적 사안에 적용하는 것으로서 법규 문언의 의미론적 해석과 사안의 확인으로 법적 판단이 이루어진다고 할 수 있다. 일반적으로 법의 해석은 법문언의 일반적인 의미를 평가하여 개별적인 사항을 포섭시키는 과정으로서 개념을 평가하고 실질적인 적용의 모습을 결정하는 작업이지만, 본질적 의미나 해석의 한계 등과 관련하여 보는 관점에 따라 그리고 적용되는 의미의 평가와 관련하여 다양한 모습을 띄게 된다. 엄격한 법실증주의적 해석방법론에 의한다면 법문언의 내용과 일치되어 해석함이 요구되기도 하지만, 반대로 문언적 의미와 관계없이 현실적인 모습에 따라 자유로운 평가의 모습을 강조하는 자유법론에서의 해석방법론에 따르면, 규범의 체계나 형식에 억매이지 않고 구체적이고 다양한 현실의 의미에 적극적으로 대처하여 비교적 자유로운 법해석·적용의 모습이 인정되기도 한다.[19]

18) 졸고, "법학방법론의 역사적 발전과 법학교육의 미래", 『법철학연구』 제9권 제2호, 2006, 141면

19) 자유법론의 기본적 입장 및 해석방법론에 대하여는 Riebschläger, *Die Freirechtsbewegung, Zur Entwicklung einer sozialogischen Rechtsschule*, 1968, S. 30ff ; Wieacker, *Privatrechtsgeschichte der Neuzeit*, 1967, S. 579ff ; Kantorowicz, *Kampf um die Rechtswissenschaft*, 1906 ; Fuchs, "Recht und Wahrheit in unserer heutigen Justiz", 1908, in : *Gerechtigkeitswissenschaft*, S. 65ff ;

법률의 흠결(Gesetzeslücke)은 입법자가 의도한 실정법의 법의미 또는 계획에 반하는 불완전성을 의미하는 것으로[20] 입법론적으로 문제되는 법흠결과 구별된다. 법학방법론의 일반적인 해석원칙인 법률의 문언의 가능한 의미라는 기준이 가지는 기능은 법을 적용하는 법관이 법률의 문언적 의미에 해당되는 사안에 대해 법을 찾아내는 작업으로서의 법발견이지만, 이와 반대로 해당사안에 대한 법적용이 법문의 가능한 의미라는 기준을 넘어서게 된다면, 이는 적용될 사안에 대하여 적합한 법규정이 존재하지 않는 이른바 '법률의 흠결'[21] 을 인정하는 것으로서, 이러한 경우에는 보통 유추라는 추론방법에 의하여 관련되는 법의 의미를 찾아 구체적 사안에 적용할 수밖에 없게 된다. 이러한 경우에는 법관의 의한 법형성이라는 기능적 관계가 나타나게 되어, 법해석에 있어서 엄격하게 법관의 법률에의 구속을 강조하는 원칙과 대립되는 결과가 될 수 있다. 법률의 흠결 여부에 대한 판단은 실제로 법의 해석과정을 통해서 확인되어지고 동시에 흠결되는 법의 보충도 함께 이루어진다.[22] 왜냐하면 입법자가 의도한 것과 달리 법률의 해석에 있어서 흠결되는 지의 여부와 이에 따른 보충은 소위 법문의 가능한 의미 내에서의 해석이 불가능한 것으로 판단되는 경우에 결정되기 때문이다. 따라서 법률의 흠결은 법해석에 앞서서 결정되는 것이 아니라 반대로 법해석의 결과에 의해서 평가되어 진다고 할 수 있다.

자유법이론을 주장한 법사회학자 칸토로비츠(kantorowicz)는 법률의 흠결시 우선 규범의 목적을 위한 적절한 표현을 결하고 있는 경우에는 자유해석, 즉 법을 보다 넓은 또는 좁은 의미로 이해함으로써 법을 그 목적에 적합하게 하는 것과 같은 해석에 의해서 충족되어야 한다고 주장하였다. 이 경우에 있어서 목적은 입법자의 주관적인 의사나 법에 의해서 보호된 이익이나 혹은 여러가지

Kaufmann, "Freirechtsbewegung-lebendig oder tot?", *JuS*. 1965, S. 1-9ff.

20) Larenz/Canaris, *Methodenlehre der Rechtswissenschaft*, 3. Aufl., 1995, S. 191ff.

21) 법률의 흠결(Gesetzeslücke)은 입법자가 의도한 실정법의 법의미 또는 계획에 반하는 불완전성을 의미한다. 이에 관해서는 Larenz/Canaris, *Methodenlehre der Rechtswissenschaft*, 3. Aufl., 1995, S. 191ff. 참조

22) Larenz/Canaris, *Methodenlehre der Rechtswissenschaft*, 3. Aufl., 1995, S. 220ff. : Engisch, *Einführung in das juristische Denken*, 1983, S. 150

규범을 지배하는 추상적인 원칙이 아니라, 현재의 사회적 효과라는 관점에서 파악하여야 한다. 따라서 법의 목적은 사회적, 경제적 자료를 기초로 한 법사회학적 연구와 사회철학에서 파악되어야 하며, 그리고 모든 규범은 완전한 목적론적 통일성을 구성하기 때문에 실정법의 다른 규범에서 도출된다고 강조하였다. 또한 실질적으로 규법 자체를 결하는 흠결의 경우에는 자유로운 법발견에 의해서 보충되어야 한다고 강조하였다.[23]

III. 사립학교법 상의 임시이사의 정식이사 선임 가능 여부와 관련된 법해석

1. 2007. 5. 17. 선고 2006다19054 전원합의체 판결의 분석

(1) 판시사항[24]

구 사립학교법상의 임시이사에게 정식이사를 선임할 권한이 있는지 여부(소극)

(2) 판결요지

1) 다수의견

학교법인의 기본권과 구 사립학교법(2005. 12. 29. 법률 제7802호로 개정되기 전의 것)의 입법목적, 그리고 같은 법 제25조가 민법 제63조에 대한 특칙으로서

23) 이동희, "칸토로비츠의 자유법과 법학방법론", 『법학논총』 제31권 제2호, 단국대학교 법학연구소, 2007, 340면

24) 본 논문의 주제에 국한해서 논지를 펼치기 위해 대상판결의 판시사항 중 소의 이익에 대한 판단 부분은 다루지 않기로 한다. 참고로 대상판결의 소의 이익에 대한 판시사항은 "구 사립학교법상의 절차에 따라 선임된 임시이사들이 그 선임사유가 종료한 때에 정식이사를 선임하는 내용의 이사회결의를 한 경우, 임시이사들이 선임되기 전에 적법하게 선임되었다가 퇴임한 최후의 정식이사들에게 위 이사회결의의 하자를 다툴 소의 이익이 있는지 여부(적극)"에 관한 것이었다.

임시이사의 선임사유, 임무, 재임기간 그리고 정식이사로의 선임제한 등에 관한 별도의 규정을 두고 있는 점 등에 비추어 보면, 구 사립학교법 제25조 제1항에 의하여 교육인적자원부장관이 선임한 임시이사는 이사의 결원으로 인하여 학교법인의 목적을 달성할 수 없거나 손해가 생길 염려가 있는 경우에 임시적으로 그 운영을 담당하는 위기관리자로서, 민법상의 임시이사와는 달리 일반적인 학교법인의 운영에 관한 행위에 한하여 정식이사와 동일한 권한을 가지는 것으로 제한적으로 해석하여야 하고, 따라서 정식이사를 선임할 권한은 없다고 봄이 상당하다.

2) 반대의견[25)]

학교법인은 기본적으로 민법상 재단법인에 해당하는 것이고, 다만 그 조직·운영에 관하여 법적 규제와 행정감독을 강화함으로써 사학의 공공성을 높이기 위하여 사립학교법이라는 특별법에 의하여 설립·운영되는 특수법인으로 규정하고 있는 것으로 보아야 한다. 따라서 학교법인에 대하여는 사립학교법이 우선 적용되나 그 외 사립학교법에 규정되지 않은 사항에 관하여는 민법의 재단법인에 관한 규정이 적용되어야 한다. 그런데 민법 제63조에 의하여 법원이 선임한 임시이사는 일반 이사와 동일한 결의권이 있다는 것이므로, 비록 그 선임 주체가 다르다 하더라도 사립학교법 소정의 임시이사들 역시 정식이사와 동일한 권한이 있는 것으로 해석하여야 하고, 따라서 임시이사들로 구성된 이사회에서 정식이사를 선임한 이사회결의를 무효라고 볼 수 없다.

3) 다수의견에 대한 보충의견[26)]

이사회의 권한에 관한 일반규정인 구 사립학교법 제16조 제1항 제4호는 이사회가 임원의 임면에 관한 사항을 심의·의결한다고 하여 후임이사의 선임권이 이사회에 있음을 규정하면서 위 이사회의 범위에 관하여 특별한 제한을 두고 있지는 아니한데, 만일 같은 호의 이사회에 임시이사만으로 구성된 이사회

25) 대법관 김영란, 박시환, 김지형, 이홍훈, 전수안

26) 대법관 김황식, 박일환

가 포함된다고 이해하고 이에 따라 이러한 이사회도 정식이사로 구성된 이사회와 마찬가지로 아무런 제한 없이 새로운 정식이사를 선임할 수 있다고 해석한다면, 이는 학교법인의 설립 및 운영의 자유를 위헌적으로 침해할 수 있는 방법을 허용하는 것으로서 합헌적 법률해석의 견지에서 허용될 수 없다.[27]

4) 다수의견에 대한 보충의견[28]

임시이사로 하여금 정식이사를 선임할 권한을 주는 것은 결국 구 사립학교법 제25조가 임시이사 재임기간의 기준으로 삼는 임시이사의 선임사유가 해소되었는지 여부의 판단 권한을 임시이사 자신에게 주는 셈으로서, 이는 아무 법적 근거도 없고 성질상 임시이사에게 그 권한을 부여하는 것이 매우 불합리하기도 하다. 또한, 국가권력이 파견한 임시이사에 의해 학교법인의 두뇌에 해당하는 이사회의 조직이 전면 개편될 수 있다면 결과적으로 국가가 간접적인 방법으로 사학을 접수하는 것이나 마찬가지로서 사학의 자율성은 근본적으로 훼손되고 말 것이므로 결국 헌법이 보장하는 교육의 자주성은 무너지고 말 것이다. 나아가 학교법인에는 적지 않은, 때로는 막대한 기본재산이 있게 마련인데, 임시이사가 정식이사를 선임함으로써 사학의 운영 주체가 변경되는 것은 그 재산의 귀속 주체에 실질적인 변경이 있는 것이나 마찬가지로서 재산권 침해의 문제도 야기된다. 물론 그 기본재산은 개인의 재산이 아니라 학교법인의 소유로서 공적인 성격의 재산임에 다언을 요하지 아니하지만, 정부기관이 학교법인의 의사를 배제한 채 선임한 임시이사가 다시 정식이사를 선임하여 학교법인의 이사회를 전혀 새로이 구성할 수 있다면 과연 그 전후의 법인 사이에 동일한 정체성이 유지되는지 심히 의문이 아닐 수 없고, 이러한 경우 비록 그 재산의 소유자가 형식상 동일한 학교법인이라 하여도 실질적으로는 귀속주체가 달

27) 보충의견의 핵심은 학교법인의 정체성과 자주성을 대변할 지위에 있는 자들의 의견을 완전히 배제한 채 임시이사들에 의하여 사립학교의 운영주체가 변경되어 버리는 결과를 그대로 용인할 것인가, 아니면 학교법인의 정체성과 자주성을 충분히 존중하되 필요에 따라 적절한 통제를 함에 그치도록 할 것인가 사이의 문제를 평가한 것으로, 기본적으로는 임시이사에 의한 독단적인 정식이사 선임결의의 문제를 지적한 것으로 판단된다.

28) 대법관 양승태

라진 것에 다름없다 할 것이니, 이러한 결과는 결국 헌법 제23조가 보장하는 재산권에 관한 침해로서 허용되어서는 아니 되는 것이다.

5) 반대의견에 대한 보충의견[29]

사립학교에서의 교육의 자주성 및 학교운영의 자율성은 교육의 공공성에 저촉되지 아니하는 한도 내에서만 존중될 수 있는 것이라고 보아야 한다. 그리고 우리 헌법과 구 사립학교법뿐만 아니라 공익법인의 설립·운영에 관한 법률의 그 어디에도 구 사립학교법 제25조 제1항에 의하여 교육인적자원부장관이 선임한 임시이사의 권한을 정식이사의 권한보다 제한하는 규정은 전혀 두고 있지 아니하므로 법의 일반 원칙에 따라서 구 사립학교법상의 임시이사는 민법상의 임시이사와 마찬가지로 정식이사와 동일한 권한을 가진다고 해석하여야 한다. 비영리 공익법인이면서 공법관계와 사법관계가 혼합되어 적용되는 특수법인인 학교법인의 임시이사의 지위와 권한을 명시적인 법적 근거도 없이 자의적인 해석에 의하여 제한하는 것은 법 해석의 한계를 일탈한 위법한 해석이라고 아니 할 수 없다.

(3) 사안의 개요

1) 기초사실

1992년경 상지대학교에서 학내분규가 발생하였고, 피고 학원 이사들 전원은 장기화된 학내분규에 대한 책임을 지고 1993. 4. 21.경 일괄 사표를 제출하였으며 이에 새로 신임이사들이 선임되었는데, 교육부장관은 피고 학원에 대한 실태조사를 벌인 후 이사 선임절차상 하자가 있다는 이유 및 극심한 학내 소요사태가 계속되어 행정이 마비되고 재학생 전원이 유급될 위기에 처하는 등으로 학교법인의 설립목적을 달성할 수 없게 되었다는 이유로 사립학교법 제20조의2에 의하여 1993. 6. 4.자로 1990. 6. 9.자 이사취임승인 처분을 취소함과 동시에 사립학교법 제25조에 의하여 임시이사들을 선임하였다.

---

29) 대법관 이홍훈

그 후 교육부장관은 임기가 만료되는 임시이사를 순차로 새로운 임시이사로 교체하였고, 이로 인하여 피고 학원은 약 10년간 임시이사 관리체제로 운영되어 왔는데, 2003. 12. 18. 임시이사들이 이사회를 개최하여 정식이사 선임결의를 하였고, 같은 달 교육부장관의 취임승인이 있었다. 원고들은 10년 전 임시이사가 파견되기 전에 적법하게 선임되었다가 퇴임한 최후의 정식이사들로서, 임시이사들이 자신들과 아무런 협의도 없이 위와 같이 정식이사 선임결의를 하자 이 사건 이사회결의 무효확인소송을 제기하였다.

이에 따라 위 주장의 당부 및 아울러 그 전제로서, 이와 같은 경우 "원고들처럼 임시이사 선임 전에 이미 사임하거나 임기가 만료된 이사가 위와 같은 이사회결의의 하자를 다툴 소송법상의 자격(원고적격 내지 소의 이익)을 갖추고 있는지 여부"가 소송법적으로 문제되게 되었다. 원고들 중 1인은 자신의 후임이사를 선임한 후 사임한 바 있었는데 그 후임이사에 대하여 관할청이 취임승인을 거부한 사정이 있고, 나머지 원고들의 경우 자신들에 대한 취임승인(위 1990. 6. 9.자 취임승인)이 관할청에 의하여 취소되었으나 그것이 연임에 대한 취임승인이었고 그 전임자로서의 취임승인은 취소된 바 없으며, 그와 같은 취임승인 거부 및 취임승인 취소 후 위와 같이 임시이사가 선임되었기에, 원고들은 공통적으로 "임시이사가 파견되기 전에 적법하게 선임되었다가 퇴임한 최후의 정식이사들"이라 할 수 있다.

2) 1, 2심의 판단

1심에서는 원고들이 패소하였다(소 각하). 이사회결의에 하자가 있다고 하더라도, 원고들의 이사 사임 또는 임기만료 이후에 이루어진 이상 원고들에게는 소의 이익(확인의 이익)이 없어, 이 사건 소송은 부적법하다고 보았다.

반면 2심에서는 원고들이 승소하였다. 우선 소의 이익과 관련하여서는, 직전 임시이사들의 경우 결의를 한 당사자들로서 무효확인을 구할 이유가 없어 이 사건 이사회결의 무효확인소송의 제기라는 피고 학원의 업무수행에 부적당하다고 할 것이고, 달리 임기가 만료되지 아니한 다른 이사들이 존재하지 아니하므로, 이 사건 소송의 수행에 관한 한 퇴임이사로서의 직무수행권(이른바 긴급처리권)[30] 이 원고들에게 있고, 또한 이처럼 원고들에게 다툴 이익을 인정하지 않으면 이해관계인으로서 원고들에게 인정되는 임시이사 해임신청권을 침해하는 결과가 되며, 나아가 이사회결의의 효력 여부에 관하여 사법심사를 배제하게 되어 원고들의 재판청구권까지 침해하는 결과가 된다는 점에서 소의 이익이 있다고 보았다.

다음으로, 임시이사에게는 독자적인 정식이사 선임권한이 없다고 보았다. 구 사립학교법에는 임시이사 체제의 종료방법에 관한 규정이 없는데, 학교법인의 지위, 그 이사제도의 본질, 학교법인에 대한 국가 감독권의 한계, 사립학교법상의 임시이사 제도의 취지 및 임시이사의 지위와 권한, 그리고 종래 임시이사 체제의 관행적 종료방법 등의 제반 사정과 함께 학교법인의 경영권은 학교법인의 이사에게 있다는 점을 감안할 때, 임시이사체제를 종료할 경우 적어도 임시이사 선임 직전의 이사들과 협의하는 등으로 그들에게 실질적인 이사회 구성권한을 부여하여 학교법인의 경영권을 환원하도록 하여야 하고, 만약 본건 이사회결의에 따르게 되면, 본질적으로 학교법인의 지배구조를 변경하여 '사학의 공립화'를 초래하는 것이어서 보상없는 재산권의 수용에 해당하여 헌법상 재산권의 본질을 침해하는 것이기도 하다는 것이다.

2. 판결에 대한 평가

이 판결은 임시이사에 의한 정식이사 선임이 갖는 기본권 침해적 성질을 중시하여 합헌적 해석론의 입장에서 구 사립학교법을 체계적으로 해석함으로써

---

30) 이 경우 이른바 긴급처리권의 인정여부가 논의될 수 있다. 민법 제691(위임종료시의 긴급처리)는 "위임종료의 경우에 급박한 사정이 있는 때에는 수임인, 그 상속인이나 법정대리인은 위임인, 그 상속인이나 법정대리인이 위임사무를 처리할 수 있을 때까지 그 사무의 처리를 계속하여야 한다. 이 경우에는 위임의 존속과 동일한 효력이 있다"라고 규정하고 있다. 따라서 본 판결에서는, 위 조항을 유추적용하여, 이사의 임기가 만료되거나, 사임하였으나 남아있는 이사만으로는 정상적인 법인의 활동을 할 수 없는 경우 임기만료되거나 사임한 구이사로 하여금 법인의 업무를 수행케 함이 부적당하다고 인정될 만한 특별한 사유가 없는 때에 한하여 종전의 임무를 계속 수행할 권한과 임무가 있다는 것으로 해석할 수 있다는 주장이다. 이에 관해서는 강경근, "헌법적 관점에서 본 대법원 상지학원 판결의 의미", 『고시계』 제52권 제7호, 2007, 6면 참조

학교법인에게 인정되는 사학의 설립 및 운영의 자유, 자기결정권 등의 헌법상의 기본권을 두텁게 보호하려는 취지로 볼 수 있다. 요컨대, 이 판결은 국민의 교육받을 권리를 제대로 보장하기 위해서는 학교법인 자체의 사법인으로서의 정체성과 자주성을 확보하는 것이 중요하고 그것이 헌법 정신에 부합하므로, 공공성을 추구한다고 하더라도 학교법인의 자주성을 침해하지 않고 서로 적절히 조화를 이루도록 하여야 한다는 점을 강조하는 입장으로서, 비리를 저지른 학교법인의 임원에 대하여 그에 합당한 민·형사상의 책임을 묻고 행정적 제재를 부과하는 것은 당연하지만, 이를 시정하기 위한 수단이 지나쳐 함부로 학교법인의 정체성까지 뒤바꾸는 단계에 이르면 위헌적 상태를 초래하는 것이 되어 허용될 수 없다는 판단으로 이해된다.

이 판결과 관련하여, 법원이 선임하는 민법상의 임시이사에 대하여는 정식이사 선임권한을 긍정한 선례가 있었으나, 임시이사 선임사유가 종료하여 정상화 방법이 문제된 경우 구 사립학교법 제25조에 따라 교육부장관이 선임한 임시이사들로 구성된 이사회에서 정식이사를 선임하여 그 이사회결의의 효력이 정면으로 문제된 선례는 없었고, 사안을 달리하는 사건에서 임시이사는 정식이사를 선임할 권한이 있다거나 임시이사의 권한과 의무는 정식이사와 동일하다는 정도로 단편적으로 언급한 것들이 있을 뿐이다. 이 판결로 폐기된 70누116 판결도 행정소송재판으로서 정상화방법과 관련하여 이사회결의의 효력이 정면으로 문제된 사건이 아니었고, 단지 그 일반적인 법리 설시 부분에 배치되는 내용이 있어 이 판결로써 정리된 것이다.

3. 대법원 판결 다수의견에 대한 법해석 평가

대법원 판결 다수의견은 사립학교 설립자 또는 설립자의 의사를 이어받아 영속성이 인정되는 측의 의사를 배제한 채 임시이사가 독단적으로 정식이사를 선임하는 것은, 학교법인 또는 그 설립자의 사학운영의 자유와 독자성 및 학교법인의 정체성을 침해하고 설립자의 의사에도 부합되지 않으므로 이를 인정할 수 없다는 취지로 파악할 수 있다.

다수의견에 의하면 구체적으로, 구 사립학교법에서 민법상의 재단법인의 일종으로 인정되는 학교법인에 대하여 민법 제63조에 대한 특칙으로서 임시이사의 선임사유, 임무, 재임기간 그리고 정식이사의 선임제한 등에 관한 별도의 제한규정을 두고 있는 것은, 궁극적으로 교육의 자주성, 전문성, 정치적 중립성 및 대학의 자율성을 보장하는 헌법 제34조에 의해서 인정되는 학교법인의 설립자 및 학교법인 그리고 그 운영주체인 이사들의 사학의 자유, 즉 사학의 설립 및 운영의 자유를 두텁게 보장하려는 취지라고 해석하였다. 이에 따르면 사립학교는 설립자의 의사와 재산으로 독자적인 교육목적을 구현하기 위해 설립되는 것이므로, 사립학교 설립과 운영의 자유는 무엇과도 바꿀 수 없는 본질적인 요체이므로 설립 당시 설립자의 의사인 설립목적을 존중하는 것은 당연하다고 평가하였다. 따라서 만일 임시이사에게 정식이사 선임권한까지 부여한다면, 임시이사 선임의 사유인 학교경영의 정상화 수준을 넘어서 학교법인을 운영할 권한과 임무가 손쉽게 제3자에게 넘어가게 되므로, 학교법인에 본질적인 변화를 가져오게 되고 그것은 학교법인에게 보장된 헌법상의 기본권으로서의 교육의 자주성, 전문성, 정치적 중립성을 해치게 되어 이를 인정할 수 없다는 해석이다.

또한 사립학교법에서 규정하는 국가의 감독권도 학교법인 설립자가 작성한 정관 기타 설립 당시의 설립자의 의사에 부합되게 운영될 수 있도록 이를 보장하기 위한 범위 내에서 행사해야 한다고 해석되어야 하므로, 임시이사 체제의 한시적, 잠정적으로 제한되었던 학교법인의 사학운영의 자유가 영구적, 확정적으로 제한되는 것을 의미하는 임시이사들의 정식이사 선임 결의는 비례성의 원칙에도 반하게 된다고 판단하였다. 따라서 임시이사 선임사유가 해소된 경우 정상화 방법에 관하여 아무런 규정을 두고 있지 않았던 구 사립학교법에서는 이러한 경우 민법의 일반원칙으로 해석하여 판단해야 하므로, 종전이사로 구성된 이른바 구재단 측을 배제한 채 임시이사들이 정식이사를 선임한 이사회 결의는 무효라고 해석하였다.

4. 반대의견의 법해석 논증

대법원 판결 반대해석의 논거는, 학교법인에 대하여는 사립학교법이 우선 적용되나 사립학교법에 규정되지 않은 사항에 관하여는 민법의 재단법인에 관한 규정이 유추 적용되어야 한다. 따라서 민법 제63조에 의하면 법원이 선임한 임시이사는 일반 이사와 동일한 결의권이 있으므로, 비록 그 선임 주체가 다르다 하더라도 사립학교법 소정의 임시이사들 역시 정식이사와 동일한 권한이 있는 것으로 해석하여야 하고, 따라서 임시이사들로 구성된 이사회에서 정식이사를 선임한 이사회결의를 무효라고 볼 수 없다는 것이다.

이러한 법해석에 대한 근거를 살펴보면, 민법상의 임시이사는 일시적인 기관이지만 통상적으로 선임된 이사와 다를 바 없으므로 법인의 업무를 집행하고 대표하는 기관이라고 해석된다.[31] 임시이사는 정식이사가 선임될 때까지 일시적 기관이라는 점을 제한하고는 법인의 이사로서의 권리 및 의무를 가진다고 할 수 있다. 따라서 임시이사가 적법한 절차에 의하여 변경한 정관은 유효하며, 관할청 인가를 조건으로 이사 전원과 이사장을 새롭게 선임하는 행위도 유효하게 할 수 있다고 해석된다.[32] 또한 사립학교법에서는 임시이사에게 특별한 의무를 부과하고 있는 바, 조속한 시일 내에 임시이사 파견의 사유가 해소될 수 있도록 노력해야 한다는 의무이다. 임시이사 파견사유가 해소되는 것은 학교의 정상화를 의미하는 것이고, 이는 곧 정식이사 선임으로 귀결되어 지므로 따라서 임시이사는 정상화를 노력할 의무에 기인하여 정식이사를 선임할 수 있는 것이 자명한 이치라고 할 수 있다.[33]

---

31) 곽윤직, 『민법총칙』, 박영사, 1998, 218면 이하 : 이영춘, 『한국민법론 : 총칙편』, 박영사, 2004, 831면 이하

32) 임재홍, "사립학교법상 임시이사의 정이사 선임권 - 서울고등법원, 2004나30776에 대한 비판", 『민주법학』 통권 제33호, 2007, 495면 이하

33) 이 판결이 나오기 전 '광운학운' 사건에서 대법원은, "교육인적자원부 장관에 의하여 선임된 임시이사의 권한과 의무는 이사회에서 선임되어 교육인적자원부 장관이 취임승인한 소위 정식이사와 동일하다고 할 것이나, 임시이사로서는 같은 조 제2항에 의하여 조속한 시일 내에 임시이사의 선임사유가 해소될 수 있도록 노력할 의무를 진다."고 판결한 바 있다. 이 판결은 임시이사의 권한과 의무는 정식이사의 권한과 의무와 동일하지만, 다만 조속한 시일 내에 학

'임시'라는 개념에 대한 사전적 의미는 항구적이 아닌 일시적인 기간 동안, 즉 정해진 시간의 의미로 이해된다. 제한적이고 축소적인 의미가 아니라 단지 기간이 제약되어 있음을 의미하기 때문에 어떤 일을 처리함에 있어서 권한이 축소되거나 특정한 업무에 제약되어 처리하는 조건의 의미로 해석해서는 않된다. 따라서 학교법인의 임시이사는 파견사유가 해소되면 더 이상 존재할 필요가 없는 시간적인 의미에서 '임시이사'로 해석될 뿐, 정식이사를 선임할 수 있는 권한이 축소된 의미로 해석할 수 없다. 그리고 설령 임시이사에서 '임시'의 의미를 일정한 시간적 제한인 일시적 관점에서 파악하거나 혹은 업무의 기능과 관련된 제한적 또는 축소적 관점에서 해석하더라도 결과는 다르지 않다. 비록 임시이사의 '임시'가 일시적 혹은 제한적 의미를 지닌다고 하더라도 임시이사의 본질은 학교법인의 정상적 운영을 위하여 노력하는데 있으므로, 그 일환으로서 정식이사를 선임할 수 있다고 해석된다. 따라서 다수의견 스스로 법규정 문언의 좁은 범위 내에서의 해석에만 매달린 채 본질과 목적이라는 큰 틀에서의 의미를 간과하는 오류를 범하고 있다고 할 수 있다.[34] 따라서 사립학교법의 규율 목적이나 사회관계적 맥락이해에 따라서 임시이사는 학교의 정상화라는 목적에 따라 해석되어야 하므로, 권한범위를 축소시켜 정식이사를 선임할 수 없다는 해석은 이러한 관점에 따른 해석이라고 할 수 없다.

IV. 법제정과 법해석의 맥락이해에 따른 대법원 판결에 대한 평가

법해석의 논증절차에 있어서 중요한 것은 사실적인 생활관계에 따른 개별적인 법적 사태의 의미가 무엇인가라는 것으로, 적용될 법규범은 이러한 구체적인 생활관계와 연역과 귀납의 추론방식이 상호작용하여 너무 일방에 치우치지 않는 일치를 통한 의미부여라는 점이다. 왜냐하면 존재의 영역에 있는 이러한

교정상화를 시켜야 할 의무가 추가적으로 부여되는 것으로 해석된다. 대법원 2005.4.16선고, 2005마53

34) 고영남, "학교법인 임시이사의 권한-상지학원 사건을 중심으로-", 『민주법학』 제34호, 2007, 33면

사실적이고 구체적인 생활사태는 이미 규범적 의미를 함축하고 있기 때문에, 법규범을 맹목적이고 형식논리적으로 해석하는 방법은 올바른 법해석, 법실현이 될 수 없기 때문이라는 것이다. 이러한 맥락에서 법제정과 법해석은 구체적, 사실적 소여로부터 이념과 원리를 도출하는 방식으로서의 귀납추론의 방식과, 반대로 일반적, 추상적 이념으로부터 개별적 사태에 적용시키는 연역추론으로서의 유추가 필수적이라 할 수 있다.[35] 따라서 법제정은 법이념과 장래에 생길 수 있는 생활관계와의 동화, 일치라고 할 수 있으며, 법해석은 법규범과 현실적인 생활관계와의 동화, 일치라고 할 수 있다.

다만 자의적인 법제정이나 부당한 법해석의 추론을 방지하기 위해서 유추를 합리적으로 담보할 수 있는 기준이 필요한 바. 사물의 본성에 따른 유추가 요구된다. 법이념 또는 법규범의 당위의 영역과 생활사태라는 존재의 영역을 매개시키는 촉매로서의 사물의 본성은, 유추추론의 핵심이 되며 법제정 및 법해석을 위한 유추적 방법의 기반이 된다. 왜냐하면 사물의 본성은 사물에 맞는 정의와 규범에 맞는 정의의 중간에 위치하고 있기 때문이며, 그 자체로서 모든 법인식에 대하여 문제가 되는 객관적인 법적 의미의 담당자이기 때문이다. 따라서 사물논리적 구조, 사물의 이치, 자명한 원칙, 조리 등으로 이해되는 사물

---

35) 카우프만은 유추를 통한 법실현의 해석학적 절차를 단계별로 구분하였다. 제 1단계는 당위의 범주인 추상적, 일반적, 초실정적 그리고 초역사적인 법이념 또는 법의 일반원칙과 존재의 영역인 가상적 생활사태와 관계에서 연역과 귀납의 유추를 통하여, 즉 법이념으로부터 생활사태에 적용하기 위한 해석으로 연역의 모습과 반대로 구체적인 사실관계인 생활사태로부터 규범의 정형화를 이끌어내기 위한 귀납의 추론이 상호 상응, 일치되는 점에서 구체적인 법규범이 만들어지게 된다고 하였다. 그리고 제 2단계는 역시 당위의 범주인 구체화된 일반적, 형식적, 실정법규범과 마찬가지로 존재의 영역인 현실적인 생활사태와의 관계에서 연역과 귀납의 추론방법을 통해서, 즉 법규범으로부터 구체적이고 현실적인 생활사태에 적용하기 위한 해석으로서 요구되는 연역의 방법과 반대로 구체적이고 현실적인 생활사태로부터 추상적인 법규범의 의미에 적용하는 방식으로서의 귀납의 추론방법이 상호 일치, 상응되는 점에서 비로소 올바른 법적용이 이루어진다는 주장하였다. 카우프만에 의하면 이러한 법해석의 방법으로 법이 구체화되고, 추상적 의미의 법이 발견되어지며, 법이념과 법원칙이 실현되며, 법의 획득이 이루어진다는 것이다. 따라서 카우프만은 법은 단지 법이념이나 법규범(당위)으로부터 순전히 연역적으로 도출되는 것이 아니고, 또한 구체적이고 현실적인 생활사태(존재)에서 순전히 귀납적으로 구성되는 것이 아닌 당위와 존재의 상응, 일치(Recht als Entsprechung von Sollen und Sein)로서 평가된다고 주장하였다. Vgl. Kaufmann, *Analogie und 'Natur der Sache'*, 1982, S. 18ff.

의 본성은 법제정과 법해석의 과정에서 뺄 수 없는 필수적인 기준으로 작용되며, 또한 여타 다른 기준에 앞서서 우선적으로 적용되는 원칙이라 할 수 있다.

본 논문에서 다루어지는 주제는 임시이사 체제에서 정식이사 체제로 전환되는 정상화 방법에 대한 특별한 법률 규정이 없는 상태에서, 누구에 의해서 어떤 방법으로 정식이사를 선임하는 것이 올바른 방법이냐를 평가하는 것이다. 관련 대법원 판결의 다수의견에 대한 보충의견은, "민법 제1조는 민사에 관하여 법률의 규정이 없으면 관습법에 의하고, 관습법이 없으면 조리에 의한다고 규정하고 있고, 조리는 사물의 본성, 사물의 이치, 사물의 본질적 법칙, 사람의 이성에 기하여 생각되는 규범 등으로 표현된다. 우리 민법은 이처럼 법률과 관습법이 존재하지 않는 경우 조리에 대하여 보충적인 법원성을 인정하고 있고, 이는 성문법주의 하에서 법률의 흠결이 불가피하다는 고려에 기인하는 것으로 이해할 수 있다. 이 사건의 경우 구사립학교법상 임시이사가 파견된 사립학교의 정상화방안에 대하여 법률의 흠결이 있는 셈이고, 이 때 관계법령인 구사립학교법의 입법취지와 함께 관련된 사물의 본성, 즉 학교법인이나 이사제도의 본질에서 해답을 찾고자하는 것은 보충적 법원으로서 조리를 원용하는 것과 다름없어서 민법 제1조의 일반원칙에 부합하는 것이다"라고 판결하였는데[36], 이는 임시이사 선임사유가 해소된 경우의 정상화 방법에 관하여 법률의 흠결이 있기 때문에 민법의 일반원칙인 조리에 따라 해결해야 한다는 취지로 해석된다.

이러한 법률의 흠결은 2005년 사립학교법이 개정되어 제25조의3을 신설하여 이 문제를 입법적으로 해결하였다. 2005. 12. 29 개정된 내용은 다음과 같다 :

제25조의3(임시이사가 선임된 학교법인의 정상화) ① 관할청은 제20조의 규정에도 불구하고 제25조의 규정에 따라 선임된 임시이사의 선임사유가 해소되었다고 인정된 때에는 지체 없이 임시이사를 해임하고 이사를 선임하여야 한다.

② 제1항의 규정에 따른 이사의 선임은 상당한 재산을 출연하거나 학교발전에 기여한 자 및 학교운영위원 또는 대학평의원회의 의견을 들어 관할청이 선

36) 대법관 김황식, 박일환

임한다.

③ 제2항의 규정에 따라 이사를 선임하는 경우 이사의 3분의 1 이상은 초·중등학교는 학교운영위원회가, 대학은 대학평의원회가 추천하는 자로 선임한다.

④ 2 이상의 학교를 설치·경영하는 학교법인의 경우 제3항의 규정에 따른 이사의 추천은 제14조 제4항의 규정을 준용한다.

새롭게 신설된 사립학교법 규정을 살펴보면 사립학교의 자주성보다는 사학의 공공성과 운영의 투명성에 비중을 둔 것으로 판단할 수 있다. 이러한 공공성과 투명성의 강화는 법인이사회의 인적 구성에 대한 변경과 그 절차, 형식을 엄격히 함으로써 이루어진다. 사립학교의 자율성보다는 학교법인의 공공성이 사학의 운영에 우선된다는 자명한 이치를 입법의 방식을 통해서 표현하였으며, 이러한 기준이 관련 대법원 사건에서 법률의 흠결에 대한 사물의 본성에 입각한 해석 기준이라 할 수 있다. 왜냐하면 임시이사체제를 끝내고 학교법인을 정상화시키는 방법에 대한 법률의 흠결 때문에 논란이 붉어지게 되었고, 사물의 본성에 기초한 새로운 기준을 도입하는 입법의 방식을 통해 문제를 해결하였다고 평가할 수 있기 때문이다. 이와 같은 관점에서 평가해보면, 임시이사체제를 종료시키는 단계에서 임시이사가 정식이사를 선임하는 이사회 결의는 사학의 공공성을 위해 정당한 행위로 평가될 것이다.

V. 결론

법은 언어로 표현된 법률을 단지 국회에서 형식적으로 제정함으로써 실현되는 것이 아니라 구체적인 사실관계에 적용될 법규정의 의미를 법원이 올바르게 찾아서 해석함으로써 실현된다. 법을 현실에 적용하기 위해서는 불완전하고 불분명한 언어의 개념으로 구성되어 있는 법률의 규범내용을 올바르게 이해하여, 적용될 구체적인 사안이 추상적인 법규범의 규율목적에 부합되는가를 판단해서 포섭시켜야 한다. 따라서 법해석은 법규범과 현실 생활사태를 연결시키는 작업이라 할 수 있다.

법해석의 일반적인 방법은 법률의 문언의 가능한 의미라는 기준에 따라서 법을 적용하는 법관이 법률의 문언적 의미에 해당되는 사안에 대해 법을 찾아 내는 작업으로서의 법발견이지만, 해당사안에 대한 법적용이 법문의 가능한 의미라는 기준을 넘어서게 된다면, 이는 적용될 사안에 대하여 적합한 법규정이 존재하지 않는 이른바 '법률의 흠결'을 인정하는 것으로서, 이러한 경우에는 보통 유추라는 추론방법에 의하여 관련되는 법의 의미를 찾아 구체적 사안에 적용할 수밖에 없게 된다.[37] 자유법이론을 주장한 법사회학자 칸토로비츠(kantorowicz)는 법률의 흠결시 우선 규범의 목적을 위한 적절한 표현을 결하고 있는 경우에는 자유해석, 즉 법을 보다 넓은 또는 좁은 의미로 이해함으로써 법을 그 목적에 적합하게 하는 것과 같은 해석에 의해서 충족되어야 한다고 주장하였다.

상지학원 사건의 경우 구사립학교법상 임시이사가 파견된 사립학교의 정상화방안에 대하여 법률의 흠결이 있는 셈이고, 이 때 관계법령인 구사립학교법의 입법취지와 함께 관련된 사물의 본성, 즉 학교법인이나 이사제도의 본질에서 해답을 찾아야 한다. 임시이사의 역할은 특별한 경우에 학교법인을 운영하기 위한 것으로서 임시이사체제가 종료되는 시점에서는 새롭게 정식이사를 선임하여 자신들이 임시적으로 맡았던 역할을 넘겨주는 것이라고 해석하는 것이 바로 사물의 이치에 맞는 해석이라 할 수 있다. 당시에는 법률의 흠결이었지만 나중에 신설된 임시이사가 선임된 학교법인의 정상화 방법의 규정도 이러한 법해석이 올바른 것이라는 것을 뒷받침하고 있는 것으로 평가된다. 따라서 임시로 역할을 맡은 임시이사는 오직 일상적인 운영만을 할 수 있을 뿐 정식이사를 선임하는 것과 같은 역할을 할 수 없다는 형식논리에 따른 해석은 설득력이 없으며, 진정한 의미의 법해석, 법발견 또는 법실현이라 할 수 없다.

37) Larenz/Canaris, *Methodenlehre der Rechtswissenschaft*, 3. Aufl., 1995, S. 191ff.

21. 집행유예 기간 중 다시 집행유예를 선고할 수 있는가?

(1989.9.12. 전원합의체판결 87도2365)

판시사항

집행유예기간 중 다시 집행유예를 선고할 수 있는지 여부

판결요지

(다수의견) 형법 제62조 제1 항 단서에서 규정한 "금고이상의 형의 선고를 받아 집행을 종료한 후 또는 집행이 면제된 후로부터 5년을 경과하지 아니한 자"라는 의미는 실형선고를 받고 집행종료나 집행면제후 5년을 경과하지 않은 경우만을 가리키는 것이 아니라 형의 집행유예를 선고받고 그 집유기간이 경과하지 않은 경우를 포함하나, 형법 제37조의 경합범관계에 있는 수죄가 전후로 기소되어 각각 별개의 절차에서 재판을 받게 된 결과 어느 하나의 사건에서 먼저 집행유예가 선고되어 그 형이 확정되었을 경우 다른 사건의 판결에서는 다시 집행유예를 선고할 수 없다면 그 수죄가 같은 절차에서 동시에 재판을 받아 한꺼번에 집행유예를 선고받을 수 있었던 경우와 비교하여 현저히 균형을 잃게 되므로 이러한 불합리가 생기는 경우에 한하여 위 단서 규정의 "형의 선고를 받아"라는 의미는 실형이 선고된 경우만을 가리키고 형의 집행유예를 선고받은 경우는 포함되지 않는다고 해석함이 상당하다.

(반대의견) 형법 제62조 제1항 단서 소정(但書 所定)의 "금고이상의 형의 선고를 받아"라고 함은 실형만을 지칭하는 것은 아니고 집행유예의 선고를 받은 경우도 포함하며, 집행유예기간 이전의 범죄 가운데 형법 제37조 후단 경합범(後段競合犯)의 경우에 대하여도 그 의미를 달리 해석할 것이 아니다.

(개별의견) 형법 제62조 제1항 단서의 "금고이상의 형 선고를 받아"에서 말하는 "형"이란 실형만을 가리키는 것이지 집행유예를 받은 형까지도 포함하는 것으로는 해석되지 않으므로 형의 집행유예기간 중이더라도 여죄인지의 여부에 관계없이 집행유예를 할 수 있다.

참조조문

형법 제62조 제1항 단서

주 문

상고를 기각한다.

이 유

검사의 상고이유를 본다.

형법 제62조 제1항 단서에서 규정한 "금고 이상의 형의 선고를 받아 집행을 종료한 후 또는 집행이 면제된 후로부터 5년을 경과하지 아니한 자"라는 의미는 실형의 선고를 받고 집행종료나 집행이 면제된 후부터 5년을 경과하지 아니한 경우만을 가리키는 것이 아니라 형의 집행유예를 선고받고 그 유예기간이 경과하지 아니한 경우도 포함된다고 하는 것이 당원의 견해(1960.5.18.선고, 4292형상563판결 ; 1984.6.26. 선고, 83도2198 판결 등 참조)임은 소론과 같다.

그러나 위와 같은 해석을 엄격히 하여 집행유예기간이 경과하기 전에는 어떤 경우에도 다시 집행유예를 선고할 수 없는 것으로 한다면 형법 제37조의 경합범관계에 있는 수죄가 전후로 기소되어 각각 별개의 절차에서 재판을 받게 된 결과 어느 하나의 사건에서 먼저 집행유예가 선고되어 다시 집행유예를 선고할 수 없게 되는데 이것은 만약 위 수죄가 같은 절차에서 동시에 재판을 받아 한꺼번에 집행유예를 선고받을 수 있었던 경우와 비교하여 보면 현저히 균형을 잃게 되므로 이러한 불합리한 결과가 생기는 경우에 한하여 위 단서 규정의"형의 선고를 받아"라는 의미는 실형이 선고된 경우만을 가리키고 형의 집행유예를 선고받은 경우는 포함되지 않는다고 해석함이 상당하다 할 것이다.

원심이 확정한 사실에 의하면 피고인은 1986.9.4.춘천지방법원 영월지원에서 사문서위조등의 죄로 징역 1년에 집행유예 2년의 형을 선고받아 검사와 피고인이 모두 항소하였으나 1987.2.19. 춘천지방법원에서 항소가 모두 기각되어 위 판결이 확정되었고, 한편 피고인에 대한 이 사건 사문서위조등의 범행은 위 판결이 확정되기 전인 1984.10.25경에 저질러졌다는 것이다.

따라서 위 판결이 확정되기 전에 범한 이 사건 범행은 위 확정판결의 죄와 형법 제37조 후단의 경합범관계에 있으므로 이에 대하여는 새로이 그 형의 집행을 유예할 수 있다고 하여야 할 것이다. 원심이 집행유예의 판결이 확정된 후에 행하여진 범죄에 대하여도 그 유예기간 중에 다시 집행유예를 선고할 수 있는 것처럼 실시하고 있는 판단부분은 잘못된 것이라 하겠으나 원심의 위와 같은 잘못이 이 사건 판결의 결론에는 영향을 미치는 것이 아니다.

1960.5.18.선고,4292형상 563 판결, 1968.7.2.선고 68도 720판결;1969.6.10.선고 69도 699판결, 1969.10.28.선고 68 도26 판결; 1984.6.26. 선고 83도 2198 판결; 1989.4.11.선고 88도 1155 판결 등에서 위 견해와 달리 집행유예기간 중에는 새로 재판할 사건의 범죄행위가 먼저 집행유예의 선고를 받았던 범죄사실이 있기 전의 행위이었거나 그 후에 있었던 행위이거나를 막론하고 그 사건에 있어서는 다시 집행유예를 선고할 수 없다는 견해를 표명한 바 있으나 이 판시부분은 폐기하기로 한다.

따라서 같은 취지에서 피고인에게 집행유예의 선고를 한 원심의 조치는 정당하고 이와 다른 의견으로 죄형법정주의의 원칙을 내세워 집행유예기간 중에는 어떤 경우에도 다시 집행유예를 선고할 수 없다는 취지의 논지는 받아들일 수 없다.

그러므로 상고를 기각하기로 하여 주문과 같이 판결한다.

대법원장 이일규 및 대법관 김주한의 반대의견은 다음과 같다.

(1) 형법 제62조 제1항 단서는 금고 이상의 형의 선고를 받아 집행을 종료한 후 또는 집행이 면제된 후로부터 5년을 경과하지 아니한 자에 대하여는 형의 집행을 유예할 수 없도록 규정하고 있는바 여기에서 "금고 이상의 형의 선고를 받아"라고 함은 실형만을 지칭하는 것은 아니고 집행유예의 선고를 받은 경우도 포함하는 것으로 해석되며 이는 같은 법 제63조에 집행유예의 선고를 받은 자가 유예기간 중 금고 이상의 형의 선고를 받아 그 판결이 확정된 때에는 집행유예의 선고는 그 효력을 잃는다고 규정된 데에 비추어 보아도 명백하다 할 것이므로 이 점에 관한한 다수의견과 견해를 같이 하는 바이지만 다수의견이 집행유예기간 이전의 범죄가운데 일부의 경우에 대하여 앞서 본 "금고 이상의 형의 선고를 받아"의 의미로 달리 해석하는데 대해서는 다음과 같은 이유로 이에 찬동할 수가 없다.

(2) 법규의 의미 내용인 문리가 명확하여 논리적으로 모순되지 아니할 때에는 그 문리대로의 적용이 실제로 불가능한 경우 등 예외적인 경우 이외에는 여기에서 자의로 벗어나는 해석을 하여서는 아니되는 것이며 더우기 법률에의 구속에 정도가 다른 법률에서 보다 더 엄격해야 할 형법의 해석에 있어서는 그 명문규정이 어느 일면 불합리한 결과를 초래할 가능성이 있다 하더라도 입법작용에 의한 개정을 기다려야 할 일이지 그 불합리한 결과를 막는다거나 피고인에게 유리하다 하여 명문규정을 억지로 고쳐서 적용하여서는 아니 된다 할 것이다.

그런데 형의 집행유예에 관한 위 제62조는 집행유예 기간 내에 범한 죄에 대한 경우와 집행유예를 선고한 판결확정 전에 범한 죄에 대한 경우를 구별하여 규정하고 있지 아니하고 형법이나 다른 어느 법률에 의하더라도 집행유예 기간 중에 범한 죄와 그 집행유예 판결확정 전에 범한 죄를 구별하여 해석할 수 있는 근거를 찾아볼 수 없으므로 다수의견과 같이 집행유예를 선고한 판결이 확정된 죄와 그 판결확정 전에 범한 죄에 대해 동시에 심판하였더라면 한꺼번에 집행유예가 선고되었으리라고 인정되는 경우에는 판결확정 전에 범한 죄에 대하여 다시 집행유예를 선고할 수 있다고 해석하는 것은 법관의 법률해석의 범위를 일탈하는 것이라고 하지 않을 수 없다.

(3) 뿐만 아니라 다수의견이 불합리한 결과가 생길 수 있다고 지적하는 경우를 보더라도, 그 가운데 검사가 수개의 죄에 대해 의도적으로 나누어서 기소한 때에 기인한 경우이거나 실체적 경합관계에 있는 2 이상의 죄가 함께 기소되었으나, 일부 죄에 대하여는 집행유예가 나머지 죄에 대해서는 무죄가 선고되고 검사만이 무죄부분에 대해 상소를 제기한 결과 상급법원에서 무죄부분에 대해 징역 또는 금고형을 선고하는 경우처럼, 판결확정 전에 범한 죄와 확정된 죄를 동시에 심판하지 않은 것이 피고인의 책임없는 사유로 인한 경우에는 불합리한 결과가 생길 가능성이 있다고 하겠으나, 이러한 사례들은 실제로 문제된 때가 거의 없으며 흔하지도 않다. 오히려 이와 반대로 대다수의 경우에서처럼 그것이 피고인이 판결확정 전에 범한 죄를 부정직하게 숨긴 탓으로 검사가 함께 기소하지 못함으로 말미암은 경우라면 이는 피고인 이 자초한 결과이므로 그 숨겼던 죄에 대하여 다시 집행유예를 못하게 되었다 하여 반드시 불합리하다 할 수 없으며(어느 누구도 자기가 범한 죄를 다 털어 놓아야 할 의무는 없고 또 죄를 숨긴데 해대 직접적으로 불이익을 줄 수는 없는 것이지만 죄를 숨김으로 인하여 생길 수도 있는 불이익은 어느 면에서는 감수할 수도 있는 것이므로 그 불이익을 반드시 제도적으로 방지해야 하는 것은 아니라 할 것이다.) 또 집행유예판결이 확정되기 전에 범한 죄 가운데 그 재판이 진행되는 동안에 범한 죄는 집행유예기간 중에 새로 죄를 범한 경우와 달리 취급할 아무런 이유도 없는 것이므로 다수의견은 결국 불합리한 결과가 생길 수 있는 극히 일부의 예에만 집착한 나머지 특별히 관대한 처분을 할 필요가 없는 대다수의 경우에 대해서 불필요하게 집행유예를 허용하게 되는 또 다른 불합리한 결과를 초래하게 하여 그 해석의 결과가 타당성마저도 지니지 못하였다고 할 것이다.

(4) 다수의견이 모순된 점은 집행유예실효제도와의 관계에서 더욱 뚜렷이 나타난다. 즉 집행유예의 실효에 관한 형법 제63조에 규정된 "금고 이상의 형의 선고를 받아"의 의미를 실형 뿐 아니고 형의 집행유예도 포함하는 것으로 해석하여 온 데에는 이론이 없었던 터이므로, 다수의견에 따라 그 집행유예의 판결확정 전의 죄에 대해 집행유예를 선고하면 먼저 번의 집행유예의 선고는 실효되는 것이 명백하며 그렇게 되면 유예되었던 형을 집행해야 되는 반면에 그와 같이 형의 집행을 받게 된 사람에게 새로 집행유예의 선고를 하게 되는 기이한 결과가 발생하여 집행유예제도의 목적에 반하게 된다. 그런데 우리나라의 집행유예 실효제도 아래에서는 그 실효여부를 법원이 다시 정하는 것이 아니라 일단 실효사유가 발생하면 그 사유의 발생 자체로서 집행유예의 선고가 실효되도록 규정되어 있기 때문에 위와 같은 모순된 결과가 발생하는 때에 한하여 집행유예가 실효되지 않도록 이를 선별하여 처리할 수가 없게 되어 있다. 물론 다수의견에 의할 때에는 위와 같이 집행유예가 가능한 경우에는 먼저 번의 집행유예의 선고가 실효되지 않는다는 해석을 시도 할지 모르나, 위 제63조는 물론 형법의 어느 규정에도 집행유예기간 중 집행유예가 선고된 경우 가운데 어느 특정한 경우에는 집행유예가 실효되지 않는다고 해석할 수 있는 아무런 근거가 없다. 그렇다면 위와 같이 해석하는 것은 위 제62조 제1항 단서에 관하여 무리한 해석을 하여서 생긴 모순된 결과를 막기 위하여, 또다시 위 제63조에 관하여 근거 없는 해석을 시도하는 것으로서 결론부터 설정하여 놓고 이유를 억지로 갖다 붙이는 식으로 무리에 무리를 거듭하고 있다는 비난을 면할 수 없으며 이는 결국 다수의견이 법관의 법률해석의 범위를 넘는 자의적인 해석을 하고 있음을 스스로 드러내는 것이라 아니할 수 없다.

대법관 윤관, 대법관 김상원, 대법관 김용준의 별개의견은 다음과 같다.

다수의견이 그 판시와 같은 이른바 여죄(餘罪)의 경우에는 집행유예 기간 중에도 집행유예를 선고할 수 있다고 하여 결과적으로 원심판결을 유지한 것은 찬성하나, 다만 형법 제 62조 제1항 단서에서 규정한 "금고 이상의 형의 선고를 받아" 에서의 "형의 선고"를 실형뿐만 아니라 집행유예를 받은 형의 선고까지도 포함하는 것으로 해석한 나머지, 집행유예기간 중에는 집행유예를 선고할 수 없다고 하여 반대의견과 그 견해를 같이 하고 있고, 그러면서도 유독 여죄의 경우에만 집행유예기간 중에도 집행유예를 할 수 있다는 것이어서 이 점들에 관하여 다른 의견을 밝혀두고자 한다.

형법 제62조 제1항 단서의 "금고 이상의 형의 선고를 받아"에서 말하는 "형"이란 실형만을 가리키는 것이지 집행유예를 받은 형까지도 포함하는 것으로는 해석되지 아니한다. 왜냐하면 집행유예의 선고를 받은 후 무사히 그 유예기간을 경과하면 형법 제65조에 의하여 형의 선고는 그 효력을 잃게 되는 반면에 그 기간이 경과하기 전의 미확정상태에서는 형의 집행의 종료 또는 면제란 처음부터 있을 수가 없기 때문이다.

다시 말하면 형법 제62조 제1항 단서에서 "금고 이상의 형의 선고를 받아"라는 부분만 따로 떼어서 보면 그 "형의 선고"는 실형뿐만 아니라 집행유예를 받은 형의 선고도 포함하는 것으로 보이지만, 위 문언에 바로 연결되어 있는 "집행을 종료한 후 또는 집행이 면제된 후로부터 5년이 경과하지 아니한 자" 라는 부분까지를 묶어 보면 "금고 이상의 형"은 당연히 실형만을 가리킨다고 볼 수 밖에 없는 것이다. 그런데도 다수의견은 앞뒤 문언의 연결고리를 제쳐둔 채 앞부분의 "금고 이상의 형의 선고를 받아"만을 떼어 그 형 속에는 집행유예를 받은 형도 포함된다고 해석해 버리고 만 것이다.

형법 제35조 제1항에서의 "금고 이상의 형을 받아 그 집행을 종료하거나 면제를 받은 후"라는 문언은 형법 제62조 제1항 단서의 그것과 다를 바 없는데, 당원은 위 제35조 제1항의 금고 이상의 형은 실형만으로 보아 온 것이다.(1983.8.23.선고, 83도 1600 판결 등 참조).

다수의견과 반대의견이 지지하고 있는 지금까지의 당원의 판결이, 집행유예기간 중에는 집행유예를 할 수 없다고 한 이유를 요약해보면, 집행유예는 그 기간이 경과되기 전에 실효 또는 취소되면 그 유예된 형이 집행되는 미확정상태에 놓여 있으므로 그 기간경과 전에는 형의 집행종료 또는 집행면제 후 5년이 경과한 자에 해당하지 아니하며, 또 이러한 자에 대하여 집행유예를 선고하는 것은 법의 적용에 모순이 있고(1960.5.18 선고, 59형상 563 판결 등 참조) 집행유예기간 중에 있는 자에게 다시 집행유예를 선고하여 그 판결이 확정되면 먼저 번의 집행유예가 실효되어 그 형의 집행을 받게 되므로 두 번 째 형의 집행을 유예한다는 것은 집행유예제도의 목적에 반한다(1965.4.6.선고, 65도 162 판결 등 참조)는데 있다. 그러나 이는 어느 것이나 형법 제62조 제1항 단서는 그것이 그 제1항 본문의 집행유예사유를 제한하는 예외 규정이므로 이를 엄격하게 해석하여야 하고, 집행유예가 실효 또는 취소되어 그 형의 집행을 받게 된 경우에는 이미 집행유예 기간 중에 있는 자가 아니므로 집행유예를 할 수 있는 요건을 가리는데 있어서 집행유예의 실효 또는 취소사유는 처음부터 고려의 대상이 되지 아니할 뿐더러 그것 때문에 집행유예 기간 중에 집행유예를 선고하는 것이 바로 집행유예제도의 목적에 반한다고도 할 수 없다 할 것인데도 앞에서 본 바와 같이 문언 해석을 외면하고 집행유예의 실효와 취소에 관하여 규정한 형법 제63조와 제64조를 끌어들여 다분히 나름대로의 목적론적 유추해석에 얽매인 데서 연유한 것이라고 볼 수밖에 없다. 그리고 이와 같은 전제에서 보면 지금까지의 당원 판결은 왜 형의 집행이 미확정 중인 자에게 다시 집행유예를 할 수 없다는 것인지, 또 왜 법의 적용에 모순이 생기는 것인지에 대하여 납득할 만한 설명을 하여 주지 못한 셈이 된다. 다수의견은 집행유예기간 중에는 집행유예를 할 수 없다고 하면서도 유독 이른바 여죄의 경우에는 그것이 가능하다고 한다.

죄형법정주의의 원칙상 형법의 해석은 엄격하여야 하고 차등해석은 배체되어야 한다. 여죄만을 따로 차등을 두어 집행유예기간 중에도 집행유예를 할 수 있다는 문언이나 그렇게 유추할 만한 근거마저도 우리 형법전에는 아무데도 없다. 여죄의 경우뿐만 아니라 다른 경우에도 그에 못지않게 집행유예를 선고할 만한 사안이 얼마든지 있는 것이고 그와 같은 기회는 균등히 보장되어야 한다. 요컨대 형의 집행유예기간중이라 하더라도 여죄인지의 여부에 관계없이 집행유예를 할 수 있다고 보는 것이 이에 관한 형벌법규의 해석에 보다 충실히 접근하는 것이 아닌가 한다.

(판례에 대한 평가)

1. 다수의견 등의 핵심 주장

(1) 다수의견 : 집행유예기간 중에 다시 집행유예를 선고할 수 있는지의 여부에 관하여, 일반적으로는 불가하나, 다만 이전의 집행유예의 판결이 확정되기 전에 범하여진 범죄의 경우에는 예외적으로 다시 집행유예를 선고할 수 있다.

(2) 반대의견 : 다수의견과 같이 예외를 인정하는 것은 허용될 수 없다. 다수의견이 취하고 있는 일반론을 그대로 관철하여야 한다. 즉 사안에서와 같이 특별한 예외를 인정할 근거가 없다.

(3) 별개의견 : 다수의견과 반대의견이 고수하고 있는 종전의 판례에 반대한다. 즉 다시 집행유예를 선고할 수 없는 경우는 그 이전에 오직 실형을 선고받은 경우로 한정하여 보아야 한다. 앞서 비록 유죄판결을 받고 일정기간이 지나지 않았다고 하더라도 그것이 집행유예의 선고인 경우는 다시 집행유예를 선고할 수 있다고 보아야 한다.

2. 각 논의의 비교

(1) 다수의견의 논거

일반적으로는 집행유예기간에 다시 집행유예를 선고할 수 없다고 보는 논거는, 우선 제62조 1항의 단서 조항, 즉 "단, 금고이상의 형의 선고를 받아 집행을 종료한 후 또는 집행이 면제된 후로부터 5년을 경과하지 아니한 자에 대하여는 예외로 한다"에서 "금고이상의 형의 선고"에는 집행유예의 판결로 포함되는 것으로 볼 수 있다. 형벌의 우열은 사형-징역-금고-벌금 등의 형벌의 종류에서 매겨지는 것이며, 집행유예와 선고유예 등은 부가적인 유예처분일 따름이다. 따라서 "금고이상의 형"이기만 하면, 그것이 비록 집행유예되었다고 하여도 이에 해당한다. 그리고 제63에서 "집행유예의 선고를 받은 자가 유예기간중 금고이상의 형의 선고를 받아 그 판결이 확정된 때에는 집행유예의 선고는 효력을 잃는다."고 되어 있고, 여기서도 "금고이상의 형의 선고"에는 집행유예된 판결도 포함된다고 할 때, 설사 집행유예기간 중의 범죄에 대하여 다시 집행유예를 선고할 수 있다고 하여도, 그것은 결국 이전의 집행유예를 실효시키는, 즉 이전의 자유형을 집행토록 하는 효과를 낳는다. 따라서 집행유예의 판결이라고 하지만, 이는 결국 실형을 부활시키는 것으로 후의 집행유예의 판결과 모순된다.

그러나 판결확정전의 범죄에 대하여 다시 재판을 하게 되는 경우에는 예외적으로 집행유예 기간 중이라도 다시 집행유예를 선고하여야 하는 이유는, 보통의 경우라면 그 범죄들은 같은 절차에서 동시에 재판을 받아 한꺼번에 집행유예를 받을 수 있으므로, 우연히 별개의 절차에서 재판한다는 사실만으로 그와 달리 실형을 선고할 이유가 없다. 예컨대 문제의 사안에서와 같이 수 개의 범죄를 저지른 바 있고, 그것을 함께 재판한다면 전체적으로 집행유예의 판결을 받을 수 있는 경우에, 과거의 것이 미처 발각되지 않은 상태에서 최근의 것으로만 재판을 받아 이미 집행유예를 받은 상태에서 그 후 다시 과거의 범죄 가 발각되어 재판을 받는 경우 집행유예의 기간 중이라고 하여 실형을 선고하는 것은 부당하게 가혹한 것이 된다.

(2) 반대의견의 논거

다수의견과 같이 예외를 인정할 실익이 크지 않다. 즉 판결확정 전의 범죄에 대하여 사후에 다시 심판하게 되는 경우는 대체로 피고인이 이전의 형사절차에서 과거의 여죄를 자백하지 않은 탓으로 발생하는 경우가 대부분이므로 그런 경우까지 피고인의 법익을 고려할 필요는 없는 것이다. 그리고 다수의견과 같이 예외를 인정하게 되면, 그에 따라 63조에서도 또한 예외를 인정하여야 한다. 그러나 이는 지나치게 법규를 자의적으로 해석하게 되는 결과를 낳는다. 따라서 다수의견과 같이 예외를 인정할 법적 근거를 찾기 어렵다.

(3) 별개의견의 논거

형법 제62조의 해석에서 다수의견과 반대의견과 다른 원칙을 세울 수 있다. 그것이 문리해석의 관점에서 오히려 타당할 수 있다. 그러한 원칙을 전제로 한다면 형법 제63조의 경우에도 마찬가지로 해석될 수 있고, 따라서 다수의견과 반대의견이 염려하는 바와 같은 모순은 애초에 생길 여지가 없다. 또한 형법 제62조의 예외, 즉 집행유예를 할 수 없다는 단서 규정은 그야말로 예외로서 가능한 한 엄격하게 해석될 필요가 있다. 그것이 형벌의 정신에 부합하는 것이다. 나아가 집행유예의 형사정책적인 목적을 고려할 때, 가능하면 집행유예의 선고를 폭넓게 활용할 수 있는 여지를 주는 것이 좋겠다.

3. 법학방법론상의 이해

(1) 다수의견은 문리해석의 관점에서 형법 제62조 단서의 해석의 원칙을 세우고, 목적론적 관점에서 예외를 인정하는 것으로 볼 수 있다. 이는 이른바 "목적론적 축소"라고 이해할 수 있다. 즉 다수의견은 법발견의 3단계에서 법규보충적 법발견의 차원에서 이해될 수 있을 것이다.

(2) 반대의견은 다수의견이 목적론적 관점에서 예외를 인정하는 것을 허용할 수 없다고 보는 것이다. 특히 63조와의 체계적 해석을 생각할 때, 그러한 예외를 두는 것은 사법권의 과도한 월권으로 형법의 질서를 중대하게 훼손할 우려가 있다. 반대의견은 법규보충적 법발견은 법규에 흠결이 있는 경우에만 할 수 있다고 보는 견지에서 위 조문은 그에 해당하지 않는다고 본다. 오히려 그러한 해석이 법규의 질서를 문란케할 소지가 다분하다고 보는 것이다.

(3) 별개의견은 문리해석의 관점에서 볼 때, 62조 단서규정을 과연 다수의견이나 반대의견과 같이 해석하여야 하는가에 의문을 제기한다. 즉 별개의견은 문리해석을 취하면서 다수의견이나 반대의견과는 정반대의 해석을 도출한다. 그리고 체계적 해석에 있어서도 다수의견과 반대의견은 형법 제63조와의 관련

성을 문제삼는데, 그것도 역시 형법 제62조의 단서의 해석의 원칙을 어떻게 세우는가에 달려 있다고 본다. 즉 해당조문을 실형의 선고만으로 해석하는 것을 원칙으로 삼는다면 형법 제63조에서도 마찬가지로서 체계상의 모순은 발생하지 않는다는 것이다.

나아가 집행유예라는 법규의 취지를 생각할 때에도 역시 그와 같은 해석이 타당하다. 즉 목적론적 관점에서도 집행유예의 선고에 대한 예외의 범위를 줄이는 것이 바람직하다고 보는 것이다. 요컨대 별개의견은 법규내재적 법발견의 차원을 유지하면서 사안의 형평에 맞는 해결을 도모하는 것이라고 평가할 수 있을 것이다.

찾아보기

인명색인

ㄷ

드워킨 18

ㄹ

라드브루흐 79
라렌츠 78, 85
라케브린크 79
뤼스만 90
르웰린 22

ㅁ

마이호퍼 85

ㅂ

바라타 85
베르크봄 83
벨첼 83, 86

ㅅ

사비니 26
삭스 50, 69, 81
샴벡 86
슈미트호이저 50, 70
슈트라텐베르트 85

ㅇ

아리스토텔레스 78
아퀴나스 18

에를리히 79
에써 75
엥기쉬 74, 78
예링 43

ㅋ

카나리스 77
카우프만 27, 70
칸토로비츠 434
코트렐 359
코흐 90

ㅌ

티보오 41

ㅍ

페히너 86
푸흐타 43
풀러 18

ㅎ

하쎄머 50, 70
하이데거 79
헤겔 20, 79
헥크 90

색인(사항)

5·18민주화운동특별법 15

C

contra legem 96

E

extra legem 95

I

intra(secundum) legem 95

P

praeter legem 95

ㄱ

가능한 언어의 의미 70
가상적 생활사태 27
가치중립성 20
가치충전개념 35
가치허무주의 21
개념법학 20, 43
개념의 뜰 90
개념의 핵 90
개방적 구성요건요소 64
개별사건법률 273

개별책임의 원칙 168
객관적 처벌조건 68, 69
객관적 해석 26
거동범 119
경범죄처벌법 140
경합범 257, 450
경향범 119
공공의 위험 65
공동불법행위 151
공무원수뢰죄 168
공문서 112
공문서부정행사죄 215
공범 168
공소불가분의 원칙 258
공소시효 274
공연음란 65
공연음란죄 15, 117
과다노출행위 15, 120, 140
과수원실화사건 15
과학적 실증주의 20
관례 396
관습 14
관습법 16, 363
관습법의 소멸 390
관습법의 효력 상실 390
관습헌법 393
관행 396
교육의 공공성 418
교육의 자주성 418
교조주의 20
구성요건표지 65
구체적 타당성 348
국가배상법 307
국가배상책임 313
국내어음 287
국민주권 411
국민투표권 401
귀납 27, 29
규범명제 393
규범성 398
규범적 개념 35
규범적 구성요건요소 64
규범흠결 95
규율흠결 95
금액 227
금액 판결 15
금액판결 55
금지되는 유추 69, 70
기초법학 14
기판력 258
긴급처리권 414
긴급피난 58

ㄴ

난해한 사안들(hard case) 13
논리적, 체계적 해석 34
논리적·체계적 해석 26
논증의무 37

ㄷ

다액 227
단순사기죄 258
당위 18, 27, 29
당위규범 408
당위와 존재의 상응 30
당위와 존재의 상응, 일치 76
당위질서 18
대의민주주의 411
대통령의 불소추특권 283
도덕적 구속력 18, 23
동성애 207
동성혼 207
동시이행항변 293

ㅁ

메타규칙 37
메타법 18
면소 판결 268
면소판결 257
면책사유 68
명료성 397
명시적인 흠결 58, 253
명시적 흠결 94, 95
명확성의 원칙 63, 64
명확성의 원칙과 47
모욕 65
목적론적, 객관적 해석 34
목적론적 축소 25, 59, 90, 94, 165, 167
목적론적 해석 26
목적법학 43
무과실책임 150
무흠결성 20, 21
문리적 해석 26
문리해석 34
문서위조죄 112
문언중심주의 235
문헌학적 해석 34
미란다사건 133
미성년자 145

ㅂ

반노사건 130
반대해석 147
반음양 187
백지규범 35
법개념 53
법과 도덕 17
법구체 33
법규보충적 법발견 459
법규와 논리 22
법도그마틱 19
법률실증주의 23
법률 안에서 95
법률언어 35
법률에 반하는 96

법률요건 147
법률을 초월하는 95
법률을 통한 95
법률의 흠결 57, 94, 242
법률주의 63
법률해석권 233
법명제 53
법문언의 의미 14
법문의 가능한 의미 49
법문의 의미 51
법발견 25, 33, 434
법사회학 21
법실증주의 14, 15, 17, 19
법실현 33, 87
법실현의 구체화 15, 74, 86
법실현의 해석학적 절차 34
법에 따른 95
법역사학파 20
법의 리얼리즘 21
법의 지배 19
법의 해석과 적용 13
법이념 27
법인식 87
법적 긴급피난 96
법적 안정성 273, 339
법적안정성 19
법창조 213
법철학 40
법치국가 19
법치주의 374
법학방법론 13
법해석 13
법해석방법론 14
법해석학 28
법행발각 전 255
법현실 14
법현실주의 15, 17, 21
법형성 13, 33
법획득 33
법효력 20
법흠결의 보충 15
변제항변 293
보안처분 66
보충 57
복사문서 108
부정의한 법 359
부정행사 221
부진정소급효 273
부진정신분범 168
불고불리의 원칙 269
불문헌법 393
불법국가 18
불법유형 70, 83
불법행위 144
비난받을 짓 65
비례성의 원칙 422
비법인사단 366

ㅅ

사단법인 366
사립학교법 418
사립학교의 공공성 422
사립학교의 자주성 422
사문서 112
사물 논리적 구조 86
사물의 본성 14, 15, 27, 28, 29, 59, 75
사법안정 21
사법적극주의 22, 197
사실명제 393
사실심판결 258
사실의 확정 33
사실적 관행 423
사용이론 35
사학분쟁조정위원회 425
사회의식 23
사회적 맥락 23
사회질서문란 65
사회학적 법학 21
사회현상 23
살아있는 법 22
삼단논법 74
상계항변 293
상당성 35
상당인과관계 145, 146
상습범 257
상습범 판결 15
상습사기죄 258
상습성 257
상응 27
서술적 개념 35
선량한 풍속 35
성문헌법 395
성별승인법 185, 203
성적소수자 197
성적 수치심 118
성전환자 15, 37, 171, 183
성전환자 호적 정정 사건 15, 183
성전환증 175, 183
성차별금지법 203
성표현물 123
성풍속 121
소극적 후보자 90
소급입법 273
소지 15, 213
소프트코어포르노그라피로 127
손해 313
손해배상책임 145
수축 271
시원적 흠결 95
신뢰보호원칙 95
신뢰보호의 원칙 273
신의성실 35
신행정수도 394
신행정수도의건설을위한특별조치법 393

실정법 18, 23, 359
실질적 임차인 15, 348
실화죄판결 52

ㅇ

아름다운 판결 15
양도담보 95
양성의 평등 371
양형이론 66
언어의 가능한 의미 81, 83, 238
언어의 일상적인 의미 51
역사법학 42
역사적, 주관적 해석 34
역추 25
연역 27, 29
염소판결 15, 271
영아살해죄 15, 165
예방목적 66
예외적 흠결 95
우선분양권 349
위법성조각사유 58
위험책임 150
위험한 물건 211
위험한 물건의 휴대 15, 56
유추 15, 25, 27, 28, 29, 59, 75, 90
유추와 사물의 본성 74
유추해석 금지의 원칙 15
유추해석금지의 원칙 67
유형화 14, 47, 63
은폐된 흠결 58, 94, 95, 167, 253
음란물 121
음란성 35, 118, 120
음란한 행위 117
의회주의원리 411
이사선임권 424
이성법 18
이용 15
이익법학 43
인간으로서의 존엄과 가치 197
인간의 존엄과 가치 207
인적처벌조각사유 69
인적처벌조건 68
일반법학 20
일반불법행위 145
일반조항 35, 47
일사부재리의 원칙 258
일치 30
임대주택법 342
임시이사 417, 418
입법목적 422
입법의 맥락 14
입법취지 36
입증책임 145, 155

ㅈ

자기결정권 125, 424
자기 책임의 원칙 150
자수 237

자연권 18
자연법 14, 15, 17, 18
자유법론 15, 17, 44
자유법이론 434
자유재량행위 400
작량감경 228
재량권 401
저항권 18
적극적 후보자 90
절차적 자연법 18
정당성 21
정당한 이유 35
정당화 사유 68
정식이사 418
정체성 415
정합성 18
제정법 14
조리 365
존속살해죄 167
존재 27, 29
종교적 자연법 18
종중 363
죄형법정주의 47
주관적·역사적 해석 26
중립적 후보자 90
직계존속 166
직무수행권 414
진정소급효 273
진정신분범 168
집행면제후 449
집행유예 449
집행유예기간 449
집행유예실효제도 454
집행종료 449
징계책임 313

ㅊ

책임무능력자 144
책임원칙 66
책임주의 원칙 170
천부인권 18
초법률적 법 18
초실정법 18
초월적 심급 23
축산물위생처리법 271
축소해석 25, 26, 90, 94

ㅋ

카논 33

ㅌ

트랜스젠더 185

ㅍ

판례 14
페미니즘 126
평등대우기본법 202

포괄일죄 261
포괄적 일죄 258
포섭 74
풍속위반성 65
피해자의 구제 154
필요적 면제사유 241

ㅎ

하드코어포르노그라피 127
학교법인의 자주성 415
학장해석 25
합법성 21, 23
합헌적 법률해석 437
항상성 397
행복추구권 197, 207
허용되는 해석 69, 70
헌법개정 399
헌법원리 396
헌법합치적 법률해석 92
헌정질서파괴범죄 280
현실적 생활사태 27
형벌 66
형벌불소급의 원칙 273
형법의 보장적 기능 48
형식논리적 해석 26
형식적 임차인 15, 339
형의 감경 241
화폐평가절상 사례 96
확장해석 26, 90
확정판결 259
후발적 흠결 95
휴대 213
흠결보충 95

법의 해석과 적용

초판 1쇄 발행 2017년 8월 31일
초판 2쇄 발행 2018년 10월 22일
초판 3쇄 발행 2023년 9월 18일

지은이 김학태
발행인 고윤성
기획 신선호, 박경민
편집장 장혜정
도서편집 노재은, 변다은
디자인 정정은, 김대욱, 최재영
캐릭터 변혜준
인사행정 이근영
재무회계 김문규, 정예찬
발행처 한국외국어대학교 지식출판콘텐츠원
02450 서울특별시 동대문구 이문로 107
전화 02)2173-2493~7
팩스 02)2173-3363
홈페이지 http://press.hufs.ac.kr
전자우편 press@hufs.ac.kr
출판등록 제6-6호(1969. 4. 30)
디자인 · 편집 (주)이환디앤비 02)2254-4301
인쇄 · 제본 (주)케이랩 053)583-6885

ISBN 979-11-5901-232-7 93360 정가 29,000원

*잘못된 책은 교환하여 드립니다.

HUiNE은 한국외국어대학교 지식출판콘텐츠원의 어학도서, 사회과학도서, 지역학 도서 Sub Brand이다. 한국외대의 영문명인 HUFS, 현명한 국제전문가 양성(International +Intelligent)의 의미를 담고 있으며, 휴인(携引)의 뜻인 '이끌다, 끌고 나가다'라는 의미처럼 출판계를 이끄는 리더로서, 혁신의 이미지를 담고 있다.